潘天壽文集

壬戌春自題

潘菽文集

潘菽自题

潘军文集

第壹卷

中篇小说·长篇小说卷

文化艺术出版社
Culture and Art Publishing House

| 在天坛（2011年，北京）

父母大人（1994年11月，上海）

平生第一张照片（1958年春，怀宁）

高中毕业（1974年，怀宁）

▎知青岁月（1975年，怀宁）

手迹

参加了抢救，他汉山没冲走了尊埭，机人的下
何接着，嘴么如何水机人和尊挖到了一块。

霞叹了口气，■ 在江什么部份了什么也
没说。那时心霞已有些亲后了。

那年秋天，旺和霞往近周了四日。穿他们
笑奔如刻双奔同州甚塘时，家中孙平已住高烧
了两天。■干涤上了亥怯肺炎，正在石镇出医
院注射睡富来。孩子病心至周玉受了风寒激
此，他伤太妻发了 ■■■■■■■ 一次争吵。
霞妻姥尖没有带如孩子，一立气上赵自己睡了
而立了陪孩子盖如被子。天看孩子青奔出瓜股
布满了针眼，霞气得骂坊了一句粗话：我叔看
自己挑尸！

火也洗起来骂道：我挑尸？你老了才挑尸
呢！

这句活无疑刺伤了正值表期出霞，她泽身
抖参持汉不出活。这时旺走了进来，揭手就对
儿子一耳光，骂道：全吹床长大了滚！

那天夜里，火刻我远心住了一宿。我也迟
了他儿问。我汉你无话如何得向霞汉十谙，迟

| 《风》书影

| 小说集书影

编辑说明

潘军是中国当代著名作家、剧作家，也是新时期先锋派文学的代表人物之一。同时，他还是一位颇有影响的影视导演。其特立独行的性格与创新求变的写作一直为文坛瞩目。在作家写作生涯三十周年之际，我们选编了这套《潘军文集》，以飨读者。

《潘军文集》收入作者大部分小说、散文、随笔、剧作，按体裁分类，编为十卷。其中，小说七卷，剧作一卷，散文、随笔两卷。每卷内作品大致按写作时间排序。

另外，我们还将"潘军创作年表"、"潘军主要著作目录"、"潘军主要影视作品目录"以及"主要研究论文索引"等资料附录于后。

本套文集，最后经作者确认。

编　者
2011 年 10 月 25 日

总目录

第一卷（中篇小说·长篇小说卷）

编辑说明
中篇小说

夏季传说
结束的地方
桃花流水

长篇小说

风
　　附录：
　　　想象与形式
　　　——关于《风》的一些话

第二卷（中篇小说·短篇小说卷）

中篇小说

白色沙龙
省略

南方的情绪
蓝堡
流动的沙滩
爱情岛
情感生活的短暂真空时期
三月一日

短篇小说

悬念
陷阱
那年春天和行吟诗人在一起的经历
白底黑斑蝴蝶
蓝堡市的撒谎艺术表演
小姨在天上放羊
纪念少女斯
寻找子谦先生
九十年代的获奖作品
去茂名的路上幻想一顶帽子
花袭

第三卷（中篇小说·短篇小说卷）

中篇小说

海口日记
朗诵南方风景
杀人的游戏
对门·对面
故事

关系

短篇小说

溪上桥
假面小孩
报人
对话
对窗
1962年，我五岁
抛弃
半岛四日
和陌生人喝酒
上官先生的恋爱生活
1967年的日常生活
某部的于村
纸翼
轻轨
临渊阁
枪，或者中国盒子
草桥的杏

第四卷（中篇小说·长篇小说卷）

中篇小说

秋声赋
我的偶像崇拜年代
从前的院子

长篇小说

《独白与手势·白》
　　附录：
　　　　《独白与手势·白》初版后记
　　　　《独白与手势》（修订版）自序

第五卷（长篇小说卷）

长篇小说

《独白与手势·蓝》
　　附录：
　　　　初版后记

《独白与手势·红》
　　附录：
　　　　初版后记

第六卷（中篇小说·长篇小说卷）

中篇小说

重瞳——霸王自叙
　　附录：
　　　　关于《重瞳》的一些话
合同婚姻
犯罪嫌疑人
戊戌年纪事
　　附录：
　　　　关于《戊戌年纪事》的几句话

长篇小说

死刑报告
　附录：
　　《死刑报告》初版后记
　　关于《死刑报告》——答《北京晚报》问

第七卷（早期小说卷）

短篇小说

教授和他的儿子
没有人行道的大街
别梦依稀
初雪
红门

中篇小说

墨子巷
篱笆镇
大江

长篇小说

日晕
　附录：
　　多余的话
　　《日晕》（台湾版）序言
　　重印《日晕》自序

第八卷（剧作卷）

话剧

地下
合同婚姻
重瞳——霸王自叙
  附录：
    从小说《重瞳》到话剧《霸王歌行》

戏曲

江山美人
爱莲说

电影

草桥的杏
纸·盒子
天亮
天足
重瞳——霸王自叙
  附录：
    关于电影《重瞳——霸王自叙》的编导阐述

第九卷（散文·随笔卷）

山水美人

泰山行记
初识青岛
皖南写意
拥有炊烟的天空
山西一到
拜谒仲甫先生墓
徽州再记
苏州三日
山水美人
香山龙门
走马大连
梅子岭
滇行日记
到海口去——听海笔记之一
避暑山庄
山水不是风景
往西沙
旅美记行

红泥的记忆

这孩子
与父母书
戏园子（外四篇）
我的奶妈

送二妹去美国

我的绘画生涯

1999年12月31日：自叙

外祖母

童年记趣

红泥的记忆

宋叔

"独立居主人"宣言

女儿潘萌

我家的时尚女孩

一起走过的日子

下雨的时候

丁字街

从前的院子

病中琐记

蓝边碗

毕业的故事

我的读书

老友记

本命年

窃书记

故乡·朋友·文人画

相遇

安庆的父辈

我们的大学——写在母校建立八十周年

送潘萌赴美留学

安庆的麻将

我的电影悲欢

关于我的母亲

清澈见底的河流

《清明》和我
清澈见底的河流
牛汉先生
我印象中的韩少功
老唐
说说杨立新
老友田瑛
我的"亲友团"
宗仁发和作家们的《作家》
金萨克酒吧
八骏图
彦周先生
公刘先生
关于田瑛,想到就写
音声相和　斐然成章
风中的马原
去汨罗乡下看韩少功
纪念
悼念斤澜先生
与铁生书

西窗偶记

秋天笔记
西窗偶记
怕散文
手写的欢乐
亲近手稿

文学期刊的样式
我看《秦桧传》
流浪的艰难
不能过去的往事
光着脚丫上路
麻将之所以好玩
一种状态的呈现
安徽何以不能成为"文化大省"？
是使命，也是日常生活
约会
漂泊是一种方式
关于"第一系列"
闲话足球
对出版的几点感想
"世界杯"札记
就地卧倒
独自跳舞
这两年
别样视角，一种人生——我读《外交官看世界》
央视春节晚会可否停办？
今天的大学——在安徽大学的一次讲演
晚报应该面带微笑

小说者言

小说者言
自己的小说和需要的写作
书中旅行与为朋友写作
关于"今日写作"的一封信
形式的挑逗

我理解的小说和小说家
作家的沉默和沉默的作家
见证时间：凝视博尔赫斯
一个中国作家的立场——在中德文学研讨会上的发言
回顾"先锋文学"
说不尽的博尔赫斯
"写作中"与"写出来"——闲谈"伟大的中国小说"

第十卷（散文·随笔卷）

看与思

关于"寻找"的备忘录
　　——与《寻找男子汉》有关无关的都说
读画杂记
《大陆人》导演阐述
九月手记
重排《茶馆》之我见
我的话剧观
我所认识的基耶斯洛夫斯基
达利的背影
也说《大宅门》
《辛德勒的名单》札记
京剧杂谈
北京现在的玩意儿
缅怀，以诗情画意的方式
　　——关于朱赛佩·托纳多雷的"回家三部曲"
战争电影：再现和表现
重看《教父》
和珅·历史·电视剧

奈许的幻觉与尼克松的心理
　　——关于人物传记片的思考
关于死刑的电影
黑与白
　　——黑白电影与电影里的黑白
砚边点滴
与话剧有关的笔记

序与跋

《白色沙龙——大陆新潮作家潘军先锋小说选》序言
《中国当代作家作品选集·潘军卷》自序
《潘军中篇小说自选集》自序
《潘军小说文本系列》自序
《中国当代小说珍藏版·潘军卷》自序
《潘军散文》自序
《风印》自序
《水磬》自序
《逸韵——安徽省合肥一中作文选》序
为什么需要写作
序《水边的戏台》
罗朗与罗朗的画
　　——序《罗朗画集》
拾穗者说
　　——序孙必泰《拾穗集》
序《唐罡画集》
需要的写作
　　——《戊戌年纪事：潘军最新小说》自序
别样的痛，别样的温暖
　　——序钱红丽《俗与媚》

麦田的守望者
　　——序《安庆版画五十年》
关于土地，我们需要怎样的诉说？
　　——序王新宇《风吹云散》

答问录

小说的今天
　　——答《安徽青年报》记者问
隔海呼渡
　　——答台湾《幼狮文艺》读者问
近观影视之散见
　　——答《作家》杂志问
答安徽大学校友问
恐惧的对面就是爱
　　——答《中国书报刊博览》记者问
答《中国文艺家》杂志问
最好的感觉是说不
　　——答《安徽商报》记者问
作家最重要的品质是立场
　　——答《新安晚报》记者问
间谍不朽
　　——关于电视剧《五号特工组》的答问
我喜欢做充满悬念的事
　　——答《合肥晚报》记者何素平问

访谈录

建构心灵的形式
　　——访谈录之一

漂泊与选择
　　——访谈录之二
先锋是一种文学精神
　　——访谈录之三
云霄上的浪漫主义
　　——访谈录之五
在路上
　　——访谈录之四
小说外话
　　——和牛志强对话
视觉叙事的魅力
　　——关于《独白与手势》的对话
潘军和小说
　　——在中央电视台"读书时间"的谈话
沉思与漫谈
　　——与《新安晚报》记者黄从慎的对话
流动的生活会使小说飞腾
　　——和康志刚的对话
与《北京文学》编辑谈博尔赫斯
与"文学比邻"的几次谈话
在另一片天空飞行
　　——对话中国先锋作家潘军

附录一：潘军创作年表
附录二：潘军主要著作目录
附录三：潘军主要影视作品目录
附录四：主要研究资料索引
　　（截至2011年12月）

后记

《潘军文集》第一卷
目　录

中篇小说

夏季传说 ·· 3

结束的地方 ··· 25

桃花流水 ·· 50

长篇小说

风 ··· 77

　附录：

　　想象与形式

　　　——关于《风》的一些话 ·· 348

潘军文集

第壹卷

中篇小说

夏季传说

到了夏季，罐子窑关于四爷的传说已经不多了。

一天夜里，几位年迈的妇人凑在老祠堂里纺棉花，清冷的月光自天井泻下来，在纺车上流动。纺车的节拍和着四野的蛙鸣。其中有位叫蛾子的突然"呀"了一声：

我看见老四了。

蛾子说当纺车转过九圈四爷的形象就显现了。据说这一夜这个老妇后来空摇着纺车，手中的捻条变得又硬又涩，再也牵不出纱来。她紧握着捻条仿佛握着一只鸟雏，一松手便会扑腾腾飞了去。是这位风烛残年的女人使得四爷的传说在夏季重新开始。这也是好几年前的事了。

四爷是我的本家，是我爷爷的堂房兄弟。很久以前的一个风雨之夜，我那给日本人当翻译的爷爷给人杀了，身首异处。四爷便从山上下来将我父亲这个穿开裆裤的孤雏接走。四爷其实就是我的爷爷，可是长期以来我父亲只许我喊四爷。

记忆中的四爷形象似乎永远是凝固而模糊的。这很奇怪。时间没有改变四爷，或者像流水消蚀石头那样于不经意中进行了改变，但石头还是石头。岁月使得四爷成为我们家族的骄傲。四爷还是我的四爷。从我第一次见到四爷以至最后目睹他的遗容，四爷是同一个四爷，是同一生命阶段的四爷。在我成为一名职业小说家之后，我把四爷理解为"洞中的四爷"。四爷在人间的历程仿佛只有三天：昨天、今天、明天。我的四爷飘飘洒洒走完了充满诗意和哲理的三天。他的灵魂化作一缕青烟成为夏季黄昏里的一片风景。在这样的时刻，我坐在故乡一座靠近水边的吊脚楼里，伏案西窗，开始写作关于四爷的小说。我看见四爷正掮着一把精致的夜壶向我走来……

四爷是做夜壶的好手。你见到你会相信他是世界上最优秀的陶工。你见了四爷的夜壶你会被它的惊世骇俗所震撼。我听说从前一些肾病患者都要千方百计地来买四爷的夜壶。他们说这是奇特的偏方，他们说用了这夜壶小便就会像山泉那样叮当作响。四爷的夜壶造型别具一格，你见了你会从容想起一些梦中的动人图景。

我的四爷捎着夜壶进城来了。夜壶挂在扁担头上随着四爷闲散的步伐悠悠晃晃。这是很多年前的一个夏天，明媚的阳光在四爷的夜壶上颤动。我的四爷捎着夜壶招摇过市。那椭圆的仿佛喇叭花似的夜壶嘴收集了市上男的目光。他们像苍蝇一样围拢上来：这壶从哪儿买的？四爷笑而不答。那群人跟了四爷好大一截子，等贪婪的目光泯灭之后，他们几乎同时愤怒地喊道：这个流氓！我的四爷哈哈大笑，唱起了家乡罐子窑传诵的一支古老的小曲，大意是：老子不日你娘你就不会认老子。四爷后来对我说起那天的情形又唱了一遍。他的嗓子像他那把陈旧的唢呐沙哑而嘹亮。

那时候我正在枣树下玩着彩色的风车。风车鼓动着三角小旗啪啪乱响。你见了那场面你会认为那是一部中国童话的插图。很多年后，一位从事民间工艺美术的朋友根据那个遥远的夏季黄昏绘制了一幅色彩斑斓的作品。然而枣树下的光屁股男孩已经不玩风车了而是对着一把精致的夜壶撒尿。那位朋友最后一笔是把男孩的生殖器放大了数倍，然后他说：不能屈了那把漂亮的夜壶。

我在四爷创作的喇叭花里撒了第一泡尿，叮叮当当形成美妙的音符。四爷问道：快活吗？我说不晓得。四爷摸着我脑勺后的小辫说：你长大就晓得了。我珍存着这把精巧的夜壶直到现在。在每年夏季来临之后，我都要把它搬到枣树下清洗一次。有一回，我惊奇地发现自喇叭花蕊中突然飞出了一只带斑点的黑蝴蝶。你无法想象那是一只多么精神的昆虫。黑蝴蝶在我们家偌大空寂的庭院里自由翻飞，在那棵枣树的枝叶网隙中往返飘舞，最后穿门而出向西飞去。

向西是罐子窑。

罐子窑是我的故乡，这里培养着四爷的传说。但是第二天我接到的竟是四爷的死讯。我记得那个忧伤的下午我始终待在枣树巨大的阴影里，注视着阳光下那把灿烂的夜壶。那时候我父亲正坐在新型抽水马桶上批阅一份重要的公文。四爷的死讯显然没有触动他，可他的决定又非常果断。你去一下，带上点钱，父亲头也不抬地说。

你最好亲自去，我说，毕竟你是四爷养大的。

父亲用一句粗话打断了我。

这是我第二次返回故里。一路望着已不新鲜的景物，我心里很惝惶。我想罐子窑真可以看做四爷的革命圣地，他几十年的汗马功劳使我们家族实现了由农村到城市的战略转移，但他自己却像一只鸟那样最终飞回了巢穴。1958年的夏季在我记忆里占据着重要位置，我有生首次亲近了我的故乡。一辆黑色的轿车载着四爷载着我向西行驶，连绵的山脉被不断抛向身后。然而再往西，山道弯曲而狭窄。轿车寸步难行。四爷其时正犯着腰病，当地政府便临时雇用了"篮子"①，四爷迟疑地坐上去，把我放在两膝之间。篮子抬起来时你会产生腾云驾雾之感，你在经历短暂的不安后心境会更加坦然。篮子悠悠前行。篮子晃晃前行。篮子里的爷爷频频向两旁的乡亲们招手致意。而我幼稚的目光萤火虫般地在许多陌生的面孔上飞来飞去。人们跟着篮子走动，炽热的泪眼如同蜘蛛的网络经纬交错把四爷织在其中。他们像从前那样喊四爷叫支队长。他们说支队长你还那么威风，你记得我么支队长？四爷两眼湿润两颊绯红四爷说记得记得我怎能不记得呢？他宽大的袖子在黄昏中飞舞像滑翔的鸟翅。那个苍山如海残阳如血的黄昏在我记忆里永不褪色。我最后的目光为西天残余的晚霞所痴迷。我想那晚霞消融的地方就是我的故乡罐子窑。

你到罐子窑很难看到庄稼也找不到牛。可是你能看见一条优雅的河和泊在岸边的船。你眼前的这条河叫灵水，与江相通。你立在河畔向彼岸看过去，很容易发现曾几何时这里是个小码头。那紧贴水边倚坡而立的吊脚楼是当年水手们最好的栖身之所。当夜幕完全展开，吊脚楼会亮起橙黄的灯光，召唤着十里蛙声。但最深处的也是最能打动你的却是纺织娘手中流出的纺车声和梭子撞击声。你会觉得这声音使大山怀抱里的罐子窑充满着无限的生机与欲望。你踏着这神秘之声的节拍沿河边徘徊，

---

① 篮子：一种简易滑竿。

水中的月影使你产生出奇异的感觉：温馨而苍凉。

　　1958年的夏夜似乎格外漫长。那时候我和四爷就住在灵水西岸一座最高也最美丽的吊脚楼里，温柔的月光从格子窗棂间穿射而入，让你想到古典诗词里的某些意境。四爷坐在西窗之下，从那里可以看到我家从前的天井。那时，四爷说，你爷爷一早总是站在天井边上念书。你爷爷是正经的读书人。正经的读书人是不到衙门里做事的。四爷说这座楼从前也是我家的，我爷爷通常在这里同外江的商贾洽谈生意。四爷最后说：你爷爷命软，死得太早了。说实话我印象中的爷爷仅仅是个概念，而且很长一个时期，我不希望别人说起我爷爷。我早就把四爷看成了自己的亲爷爷，在许多阳光灿烂的日子里，我骑到自家庭院的矮墙上幻想出四爷骑马挥枪的勃勃英姿。我把那个"沉重的包袱"理解为一颗足以炸死鬼子一个排的大地雷。可是四爷从不对我讲他的故事。你还是孩子，他说，你不懂。

　　那天夜里后来四爷失踪了。天亮时我起来撒尿，发现四爷的床铺空着。那时候月亮还没有隐去，河边异常寂静。一只水鸟洁白的身影从窗口掠过，让我断送了睡意。我追随着它走近窗户，蓦然间看见了杞柳下沉默的四爷。在他的身边蹲着一位妇人的背影。妇人的双手平放在青石埠头上，她优美的发髻上斜别着一枚银簪。正是这枚银簪让我把那个宁静如水的黎明铭刻在心。

　　灵水河边那棵苍老的杞柳业已悲壮地倒下，成为顽童们嬉水的理想场所。他们一丝不挂地立在老树的躯干上叫闹着，再下馄饨似的挨个栽到水里。夏日的阳光在圆圆的光脑壳上流连忘返。

　　水边的青石埠头还在。它冰凉的表面给人以历史感。青石光亮可鉴，你对着它你可以看到自己的影子。这影子不属于现在也不属于从前，它是你心中的影子，比什么都真实。

　　我此刻就蹲在这青石上。几天前的黄昏我在这里遇见了老迈的蛾子。当时她正对着青石梳头，用的是一把缺齿桃木梳。蛾子的头发依旧茂盛但已纯粹苍白。她把头发先梳理成两股扁平的辫子，再挽成一个椭圆充实的发髻。蛾子最后要做的是把那枚银簪从髻中横贯而过。这个细节后来让我联想到匕首穿透心脏，竟有些不安了。

昨天夜里我看见你四爷了,她说。

蛾子衰老而麻木的脸上重叠着欢乐的忧伤,仿佛一曲动人的挽歌。你从她渐渐清朗的眸子里会看出,从前的蛾子是个不多见的美人。起风了,外江的船队吆喝着升帆起锚。灵水河是一条悬河,倘若不是顺风,船是很难走出山外的。蛾子望着远去的帆影喃喃自语:稻子黄了,该回家了。

我原是船上人,蛾子说。若不是那天我哥哥喝醉了我不会落到这方土上。我哥哥硬说这条水能把我们淌回家。我明知是错了,可我怎的就喜欢上了这水。你把手伸到水里就像伸到自己腋窝里。那是古历五月初八,水暖着。蛾子说她本想第二天等她哥哥醒了就掉头,但是很不幸,她哥哥当晚就病了,船只好就地下锚。第二天是个阴天,蛾子回忆说,我一早起来到船头上晾衣。我手里"啪"地一甩就听见跟着响起了一阵唢呐。那真是好听的调子。我朝岸边望过去,看见一个光着膀子的男人坐在青石埠头上一边洗脚一边吹着铜唢呐。那是你四爷。

蛾子说着又把盘好的发髻松散开来,对着青石重新梳理。她梳得很慢很慢,桃木梳经过头发的声音非常悦耳,她的苍苍白发在夕阳的余晖下无比辉煌。蛾子拿着那枚银簪对我说:这东西是你四爷从前送我的。

这东西原是你爷爷从外面带来的。蛾子又补充说。

那一年夏季我回罐子窑参加四爷的葬礼,在墓地,我第二次见到那枚银簪。它让我很自然地想到1958年那个黎明的河边,那个凝固在四爷身边的背影。这已经成为我记忆中一片永远不散的云霓。我默默注视着这个叫蛾子的老妇,从她暮色笼罩的面容上寻觅从前青春的痕迹。那时候黄昏中的墓地开始呈现出寂静,蛾子略为佝偻的身影在风中摇曳如同最后的烛光。这位两鬓飞霜的老人围绕四爷潮湿的墓地彳亍而行,走了完整的一个圆。她那尖小的足迹酷似四爷夜壶上的纹饰:一条飞动的蛇,首尾相接,交会之处便是令人瞠目的"喇叭花"。

1958年四爷重归故里的第二天,他带着我去了一间低矮阴暗的作坊。后来我知道这是从前四爷的作坊,但从一切布置看,从前不过是昨天。凳上的熟泥还软着,泥车转动起来没有吱呀的声音。四爷撑开窗户,把毛料制服挂到门后生锈的钉子上。四爷从容上车,像优秀的骑手策马平川。眨眼工夫他已做出了夜壶的主体。他把这空心的泥球置于门外的阳光下。然后回到泥凳前精心雕塑一朵怒放的喇叭花。这是夜壶嘴，四爷说，它要咬你的小鸡儿。四爷花了半天的工夫完成了这件举世无双的作品，它如今放在我家芳香的庭院里，枣树多姿的投影与它相伴。

夜壶上的蛇是我的属相。四爷也属蛇。

四爷的夜壶总让我感受到某种命运的启迪，这是很多年以后的事。

我在水边徘徊。渐渐暗淡的水面折射着往昔的悲凉。我想那该是个忧郁的清晨，四爷的唢呐并没有驱散滞留的薄雾，却牵住了一条迷失方向的乌篷船。然而这个早晨的全部情景最后都走进了另一个散淡的视野。那是我爷爷的视野，那时候这位身着长衫的书生正在最高的吊脚楼上打点行装，他将抛开祖宗交托的窑厂去日本人的江南大营。这是1939年农历五月初九。在罐子窑，已经没有人穿长衫了。所以后来人们对这位体弱多病的书生的回忆，都离不开一件长衫。一件银灰色的长衫，人们记得，那些日子是我爷爷一生中最憔悴的时光，丧妻的哀伤在他白皙清癯的面颊上犹如秋天最后一片树叶，久久不曾飘离。

传说正是这样开始的。很多年后，乌篷船上的女人回忆起那个曙光惨淡的黎明心情仍然激动不已。她说当唢呐声间歇时，她看见那座最高的吊脚楼上还亮着灯光。接着她看见了一个颀长的银灰色的身影。蛾子说在这一天里这两样东西都让她悒惶不安。直到傍晚她那醉酒的哥哥突然发起烧来她才清醒，但她已经手足无措了。

我只好去了岸上，蛾子说。我在一个高大的门槛上停下来。我敲门。门很快就开了，开门的是你四爷。

那时候我爷爷正坐在堂前喝功夫茶。据说那些日子他常常抱着一壶茶消磨时光。但是这一天他失去了忧伤的平静，以致断然放弃了去江南日本兵营的念头。我爷爷似乎有了一种美好的预感，他相信自己的命运出现了吉祥的机缘。所以当大门洞开，乌篷船上的女人俊俏的身影镶嵌其中时，我爷爷不禁站立起来，紫砂茶盏微微一晃弄湿了长衫的下摆。我爷爷激动的目光对着女人高昂的胸脯射过去，这一瞬间他悟出了青春的含义。但是另一个男人厚实的背脊隔断了爷爷的视线。这是第二次了，爷爷想。第一次是在清晨的河边。我爷爷后来或许也意识到了，这件事从一开始就埋伏着凶险。可是在此时此刻，这位身着长衫的白面书生要做的是走下台阶走到天井，他没有发现在天井的上空停着一块不祥之云。

老爷，救救我哥哥吧！

船上的女人从四爷面前绕开给我爷爷跪下，异乡的口音听起来像吟唱一支民谣。爷爷连忙将女人扶起，他从她惶恐的瞳仁里看见了自己不再阴郁的面容。

蛾子说世上的事都是有缘分的。她说她怎么偏偏就敲开了这一家的门，而这家门又似乎是向她开着的。那天夜里后来的事很简单，爷爷吩咐四爷随蛾子去了船上，背回了她那病重的哥哥。蛾子说她当时真是说不出的高兴，脸上的愁云随风吹去。可是当他们刚进村口，蛾子突然看见了一颗流星。我心里好慌哪！蛾子说。我担心这好事不会长。蛾子说着浑浊的老泪溢出松弛的眼眶，把那枚银簪抚了很久很久。

我对不住你爷爷。是我送了他的命。

1939年正月的一天，我爷爷在江城芜湖的街头上小心地挑选一枚银簪，突然被一辆双人摩托送进了日本人的大营。那是个晦气的日子，天空飘着细雪。我爷爷惊恐不安地随日本兵走进一座暗红色的小洋楼，在门口等候他的是司令官松崎。爷爷迟疑地看着松崎的左臂，白手套空荡的小指使他想起几年前在京都大学公寓里的一场围棋厮杀。他最终赢了骄横傲慢的松崎次郎，使他在耻辱的怒火中当众剁去了一根小指，喷出的血溅到我爷爷的脸上。据说我爷爷三天后便爬上了开往上海的邮船。在邮船离岸的前一刻，松崎次郎赶到码头，向他的对手挥动缠着纱布的手臂，最后这手臂凌空有力地劈下。

松崎司令官在请我爷爷坐下后，吩咐他的侍从捧上一副精致的棋具，然后他叫边上人退下，自己从口袋里掏出一样东西置于棋盘之上：那正是他从前失去的小指，风干后如同一截老树的根须。

老同学，我请你来，就为这个。松崎微笑着说。

我现在不下棋了。我爷爷说。

不。松崎说，棋是中国很高尚的文化，可它最终属于日本。你执白。

我说过我不想下棋了，松崎君。

我现在是松崎司令官。

我爷爷就这样被松崎次郎扣下了，他后来公开的身份是松崎的翻译官。其实松崎是个中国通，他留住我爷爷只是为了陪他"手谈"。我爷爷不过是松崎喂养的一只鸟，无力挣脱樊笼。他最后只是以不骚扰他的家乡作为唯一条件，顺从敌人的摆布。我的父老乡亲，请你们高抬贵手饶恕这个懦弱的书生吧！他不是汉奸，他也做不到宁可玉碎不为瓦全。他的历史平平淡淡只有自己的眼泪没有同胞的鲜血。但是我那可怜的爷爷最终没有逃脱命运的惩罚，在他同松崎下完第一盘棋的同一时刻，他那贤良的妻子竟奇怪地淹死在家门口的灵水河里。目击者后来对这起命案的描述都闪烁其词，他们说那女人"就像被风刮进了水中"；将近半年后的一个深夜，爷爷他那尖削的头颅被一把快刀剁了去，无首的身躯竟爬回了自己的家门。

蛾子说，她来岸上的那晚天气异常的闷热。事隔多年她仍然忘不掉那颗流星。就像天裂开了一个口子，蛾子说。那天夜里蛾子就一直坐在天井下。驼背郎中离开时在门外同我爷爷的窃谈没有引起她的注意，她只看见我爷爷付给了郎中一笔钱。我爷爷在门前徘徊了很久，清白的月光把他的身影聚拢到脚下仿佛踏入了一个陷阱。那时候四爷已回到了河边的吊脚楼（打这以后这儿便成了他的住所）。他的屋子让给了漂泊的外江兄妹。一夜的辛劳使他困倦不已，但现在我相信，那一夜他没有睡。四爷一定是站在西窗下鸟瞰我家的天井。他看见我爷爷后来也拿过小竹椅坐到那水上女人面前，同她攀谈。他看见女人说着说着就抽泣起来，我爷爷递给她一块大手绢。我记得有一次父亲说起过这件事。他说外江兄妹住到我们家来的那夜，爷爷通宵未眠。他在灯下写信，我父亲说，写了很多张，又撕了很多张。我父亲说到天明时书案上的灯还亮着，爷爷已经伏在桌上睡了，可是吊脚楼上的唢呐声又突然把他惊醒。

嘹亮的唢呐在夏日清晨散发着米酒醇香。罐子窑的老人都记得那些日子这奇特的香味导致的美妙结局。那时分正是他们再次操演性爱的良机，唢呐声让他们的肉体兴奋无比，而灵魂则追逐着芬芳继续梦中的逍遥。但是四爷的唢呐却让我爷爷感到隐约的惶恐与凄凉。在我爷爷惺忪的视野里，灰暗的天空呈现出一片虚无。不过很快他看见了天井里的女人粗壮的辫子上的红头绳——这是那个早晨唯一的暖色。我爷爷在窗口立了很久，后来他想：这么好的头发上仅有一根头绳是不够的，应该别上一枚银簪。

大约在蛾子扎好辫子的同时，我爷爷把一封信装进了信封。然后他身轻若燕地来到天井，他要蛾子用船送他过河。那时候河边晓雾已散，灵水潺潺而流。乌篷船像一把大剪刀从一大块锦缎上裁过，你听到的橹声其实就是这一男一女重合的呼吸。我爷爷背着手侧立船头，南来的微风轻撩着长衫的下摆。也许在这一刻，摇橹的蛾子看出了我爷爷颀长而单薄的身体。多少年后她回忆起这一情形仍然感叹说"那真像风中的芦苇"。蛾子说这身影又一次提醒她注意起16岁的经历，让她想起另一个男人。那是她家乡的一位游方郎中，尖削的手指曾触摸她虚弱的脉搏。但是这个能除人百病的郎中不久竟死于一个小疾。年轻的郎中把平时珍惜的长衫穿进了棺材。那也是银灰色的，蛾子说。在这以后的许多日子，蛾子实际上已从我爷爷身上看到了死亡的颜色。

船抵彼岸，我爷爷居然纵身一跃离开了小船。你可以想象出他的身姿多像一片飘零的落叶。他并没有很快赶路，而是把右手迟疑地伸到长衫里面，我想他或许想拿出那枚被身体焐热了的银簪。可是他掏出来的还是那封信。蛾子至今记得我爷爷用中指和食指弹了弹饱满的信封，但她那时还不知道这个细微动作的意味深长。这封信是寄往江南日本大营的。两年前，我因撰写一部革命回忆录，曾接触到一批当年日本占领时期的档案，意外地发现了这封信。那委婉的语气、谨慎的措辞使我在那一天里备感凄凉。这封信表达了爷爷"安守家园"的心情，你从字里行间看到的就是他那风中芦苇般的身影。这封信显然曾经被松崎次郎揉成一团，我不知道是什么原因使它完好无损地保存至今。

银灰色的长衫走过沙滩便消失在那片芦苇后面。这时候太阳才刚刚露头，所以你看见乌篷船调头后就变得耀眼灿烂。那是阳光与露水交融的结果。但是摇橹的女人似乎还沉浸在那迎风抖动的银灰色里，橹声在水面悠扬而空洞。如果不是最后出现的一阵明亮的唢呐，这个早晨必定充满着无边的忧愁。那是另一个太阳。它冉冉升起时，穿长衫的男人已经离灵水很远了。

四爷去世的前一夜，我梦见了他。梦中的四爷眉疏目朗，坐在西窗下把玩着铜唢呐。作为背景的是他的夜壶,巨大无比,纹饰一清二楚。那时候夕阳涂满了吊脚楼。因此这梦的图景鲜红欲滴。四爷吹起唢呐,他的身体蛇一样摆动,我听不见这乐器的声音。我想这一定是支美妙动人的曲调。可是后来四爷沮丧地对我说:我已经吹不响它了。

我把这个梦告诉了蛾子。她竟有些吃惊。她说四爷临死前确实说过类似的话,但不是前一天,而是前三天。是古历七月初四,蛾子说。三天后,也就是七月初七,他死了。

这也是你爷爷的祭日。蛾子又补充说。

蛾子的手离开纺车朝脑后伸去,拔下了银簪。她把它平放在干枯的掌心。于是银簪在明净的月光里展现了它的全部。这是一枚精雕细刻的凤簪,无疑是上等的银器,其造型与纹饰都让我想起一部历史的插图。在这个寂静的夏夜,我获得了关于银簪的故事。

我爷爷拿出银簪是在从城里回来的一个月之后。你会猜到那是个多好的日子。但是你不知道那也是奇怪的一天。蛾子说那天的黄昏特别明亮,人们看到太阳和月亮同时出现在云彩飘舞的空中。这种日月对峙的情景在罐子窑人眼里无疑是罕见的奇观。在经过漫长的日月更替后,寂静的夜晚亮若白昼。那时候蛾子刚为呻吟病榻的兄长端去一碗中药,在她健康的面颊上思乡之情已荡然无存。蛾子在灵水里洗过的头发差不多被风吹干,她后来就站到天井下双手背过去托着这片轻柔的乌云。你会觉得这来自江湖的女子浑身都散发着惊人的魅力。你会说这本身就是一幅画,而画框正是我爷爷的窗口。我爷爷一边喝茶一边欣赏,最后他也成为画中之人。

蛾子说她第一眼看见这枚银簪就爱不释手,可是她不敢要。那时候,蛾子说,我还是个姑娘。我爷爷只是强调这么好的头发应该佩戴这枚银簪,就像好马必须配上好鞍。蛾子其实多虑了,她应该知道过了这个晚上她就不再是姑娘。这个晚上后来发生的事和月亮一样干净。他们睡得很香也很沉,因为第二天真到太阳穿入天井时也没听见吊脚楼上的唢呐。蛾子还是没有收下我爷爷的银簪。她侧过身去细心梳理着拖至腰下的辫子,又细心扎好了红头绳。这让我爷爷非常不安。他慢慢握起银簪,然后轻轻地对蛾子说:这已经是你的东西了,我先替你保管着。蛾子说不知我可有这等的福分。我爷爷说他一定明媒正娶。蛾子就沉默了,这时候她想到了病榻上的哥哥。蛾子什么也没说，替爷爷穿好鞋子便离去了。她一出门就嗅到浓郁的中药香。蛾子小心地移到往日住宿的屋前，突然从里面飞出一只药罐。蛾子说那破碎的药罐后来怎么看都像一朵蔷薇。

苍老的蛾子重新将银簪送进白发，就像把一片叶子藏入森林。银簪与白发浑然一色成为月光的焦点。望着空转的纺车你会产生恍若隔世的感觉。你于是意识到正是这样故事最终成为传说，如月光在大地流淌。

四爷的唢呐第三天照常吹响。这是1939年春夏之交的清晨，罐子窑人再次操演性爱后又昏昏睡去，季节的更替便在弥漫着毫无节制的欲望空气里悄然完成了。夏季是欲望之火燃烧的季节，你于是相信传说业已进入发酵阶段。

乌篷船上的女人在成为我另一位奶奶之后依旧梳着一根沉重的辫子。编织的图案酷似四爷夜壶上的那条浮雕蛇。能看出这一层的只有四爷，他每天都被这种暗合折磨得气喘吁吁，因此你后来听到的唢呐声总是不很连贯并且略带沙哑。四爷目睹了我家天井附近发生的一切，他甚至眼光锋利如同一把匕首，划破了爷爷房间的窗纸，观赏到男欢女爱的生动情景。四爷明白我爷爷将要续弦，外江女人将作为我们家族重要一员也已成定局。所以四爷在不久的一个夜晚走进了我爷爷的书房，那时候我爷爷正秉烛作书，四爷的出现使他有了一丝的慌乱。我爷爷也许知道是四爷的唢呐先留住了外江女人，但他不会轻易放弃命运转折的机缘。

大哥，有件事想与你说说。
你说吧。
我想出去……
出去？做生意还是当兵？
做生意。
也好……出去见识见识。
我想先借一点本。
这好说。等我忙完了这事吧。我想快了。
大哥，你这是大事，最好能等到她哥哥……
我知道该怎么做。
四爷不说了。这时候他们都听见了天井里"啪"地一响，那又是摔碎了一只药罐。爷爷站起来踱了几步，然后吩咐四爷去请驼背郎中。四爷路过天井便听见厢房里含糊其辞的呻吟。他企图听明白可结果却感到这偌大的住宅里回荡着一股阴森之气。因此他后来在河边遇见洗衣的蛾子时，就小心地告诉她这些日子最好不要离开她哥哥的病榻。蛾子很吃惊，短暂的羞赧后她问起她哥哥的病情是不是在加重？四爷没有回答，而这时从背后刮来的一阵风竟吹灭了他手中的灯笼。蛾子吓得身子一软，四爷的手便及时把她的腰揽住。黑暗中蛾子抖瑟的辫子又一次让四爷想起受惊的蛇姿。辫梢搔挠着四爷的手腕，这奇异的感觉以后在他心头盘桓了几十年。岁月沧桑，黑蛇变作白蛇。这条蛇最后爬进了四爷的夜壶，结束了四爷辉煌惨烈的一生。

　　那一年我回乡奔丧时，四爷的尸体还横陈木床。四爷安详的遗容和浪漫的睡姿使我从悲哀中获得了一份特殊的宁静。按照当地的习俗，死者入棺前须净身更衣。主持这仪式的是一位来自东山的老道。据说他与四爷是多年的知己。老道用一把锋利的宝剑将四爷的内衣剥去，我于是第一次目睹了四爷的裸体。四爷依然健壮，他那受到致命一击的生殖器居然无比坚挺。老道将宝剑在四爷的生殖器上方凌空划了一个圆，最后发出一声长叹。

　　在从前那个夏季里，我的爷爷活得比较潇洒。外江女人青春的身体慰藉了他那颗衰弱的心。但他绝对没有料到此刻他与生命的尾声仅差一步之遥。那天夜里，当驼背郎中走进我家的天井，就立即嗅到了一股血腥气。郎中并不因此惊讶，相反，他很得意。他把爷爷又一次叫到门外窃谈，刚才的感觉证明了他最初的诊断没有偏差。郎中伸出两根象牙般的手指，我爷爷立即明白了其中的意思：你是说他只能活两个月？郎中说这是自然。船上的男人嗜酒成癖最终酿成大祸，绝症便不可医。你还是多尽些力吧，我爷爷叹道。然后他陪郎中去敲厢房的门，可是没有敲开。

　　郎中在我爷爷的书房里喝了一杯茶。这位以妙手回春自居的驼背丝毫没有从我爷爷银灰色的长衫上看见死亡。在那个时刻，郎中更感兴趣的已不再是死亡而是新生。他毛遂自荐地要为爷爷择定佳期。两人正说着，门被推开了，在天井站立很久的蛾子走了进来。郎中不甘寂寞的眼光将含苞欲放的女人浑身摸了一遍。他以为她要向自己了解哥哥的病情。可是蛾子却向我爷爷提出了一个古怪的要求：

东家，我想用你这件长衫改一条裤子。

这要求让驼背郎中侧身猥亵暗笑。可他又想这或许是异乡一种表示男女私情的习俗。时候不早了，郎中起身告辞，目光再次从蛾子胸前滑过。他很希望睡在病榻上的不是这女人的哥哥而是她本人，那么他便可以合理地动手动脚。郎中摇晃着走出我家大门，四爷点上灯笼，橙黄的灯光映照着郎中的驼峰。两人一前一后地走着，看上去就像一对劫舍者。四爷责怪郎中，认为他应该再敲一次门，替那个可怜的异乡男人看看。郎中说劫数已到，是没有办法的。郎中又一次伸出两根指头。四爷大吃一惊，持灯笼的手竟哆嗦起来。郎中的手势让他再次想起一个时辰前的预感：将损折两条人命。很多年过去后的一个阴雨连绵的下午，四爷对蛾子说起过这件事。但他仍然不知道这是驼背郎中的歪打正着。

蛾子说那时她只是隐隐约约地意识到身边埋着凶险。她每次与我爷爷同床共枕，总觉得是睡在一口棺材里——爷爷恍是家乡的那位薄命郎中。她实在觉得那件银灰色长衫上流淌着一股邪气。于是她决定采取以邪攻邪的方法，把长衫剪成贴身的内裤。然而这在我爷爷眼中完全是女人的浪漫之举，况且他又特别珍惜这件他祖父留下的衣裳。所以在驼背郎中离开后，爷爷对蛾子说：你要做衣服，可以进城选任何料子。

我……我就想用这长衫的料子，蛾子说。

这不行。爷爷断然说道。

……

那天晚上蛾子按照四爷的吩咐，没有在爷爷房里过夜。以后连续几天也都如此。最初爷爷只以为这是女人的赌气拿劲，但是他很快就发觉事情不是这么简单。爷爷注意到蛾子和四爷之间有某种微妙关系。其实爷爷一开始就有所察觉，外江女人最先是听见唢呐转过脸来的，所以当他决定收留船上兄妹之后，便将堂弟送上吊脚楼。我爷爷犯了一个错误，他忘记了吊脚楼是鸟瞰我家的最佳视角。现在爷爷要做的，是尽快扫除飘荡在他上空的唢呐声。在经过一夜的思考后，爷爷把四爷叫到书房，告诉他"出外谋生"宜早不宜迟。可是四爷说：我现在不能走。

这简短的回答像鸟翅的阴影从爷爷心头掠过。他的小心猜疑也因此变得真实可信。据说在这一天里我爷爷喜怒无常以致扬言要将全部家当付之一炬，而四爷的唢呐依旧在热风中回荡。这是1939年的夏天，命运决定着这截光阴令我们家族焦灼难耐。你站在水边的吊脚楼上往西看，灾难正以酩酊之姿晃入了我家门槛。你也许没看见，但你马上就会看见了。

　　隔着稀疏的竹帘我似乎已经看见从前的蛾子在灵水边继续梳理着发辫。我看见她初步盘好一只髻但很快又把它弄散。我知道那时候这小女人又在期盼着爷爷囊中的银簪。这天的云彩可真好啊，所以当我爷爷的身影再次在对岸出现时，他那件银灰色的长衫也因此变成了浅蓝。这蓝色后来又被流动的灵水染得更重，其实就是欲望火焰的颜色。几天的分居使摇橹的女人觉得自己成了一只失尽水分的空心萝卜。你从她摇橹的姿势上会领略到这层含义，你不觉得这女人两腿夹得太紧吗？

　　我爷爷看出了。他现在确信压在心尖的那块乌云业已驱散，而且他同时感到身体的某些部位正悄然变化。我爷爷是去县城取一只匿名包裹的，拿到手才知道不过是一个方寸小匣。我爷爷想这也许是哪位朋友馈送的贺礼，他行将梅开二度的消息早已不胫而走。这揣测使爷爷的回程迅速而轻捷。

　　你等急了吧？爷爷问。

　　我不急。不，蛾子说，我有点急。

　　我也很急。爷爷说。

　　……

　　我看见爷爷牵着蛾子的手走进了我家的天井。柔和的阳光把他们的身影投到台阶上。你再也听不到药罐的破裂声了，但你却能听见贪婪的磨牙声。在东厢房里，病榻上的男人此刻正忘情地啃着一只猪蹄。据说他这两天总共啃了一打。旺盛的食欲使蛾子相信哥哥的病开始好转，她根本不知道这是迈进地狱之门前的回光返照。

　　你看见我爷爷的房门掩上了吗？这之前从里面跑出一个脑后拖小辫的男孩，手拿着鸡毛兑换来的麦芽糖和城里刚上市的双色铅笔。这是我父亲。他蹦到天井里岔开腿撒尿，由于两手不空，他的小鸡左右摇摆，就这样又把裤子尿潮了。我父亲转身又去敲他父亲的门，可是无法敲开。

我父亲乱叫了一通，最后又回到阳光下继续玩他的双色铅笔。

我不愿意接着去写屋里的事了。可是我必须交代一个至关重要的细节。你知道那种活是不能耽误的，最好连话也别说。但我不是爷爷，他的方式在我看来有些特别。我爷爷平时沉默寡言，一上床就废话连篇。他说蛾子你真好哇你知道此刻我在哪里吗我在天上。蛾子说东家你不是在我身子里么东家。爷爷说你怎么还喊我东家东家的？我娶你的消息连外地的朋友都知道了。我今天进城取的就是一份贺礼。说着我爷爷便精光赤条地下床来拿过那只方寸小匣。蛾子问什么东西这么小？爷爷抚着女人光滑柔软的头发说也许是金簪玉簪吧。蛾子说我只要银簪。于是我要讲的细节便展示了。我爷爷重新回到女人身子里，他腾出两手用小剪刀撬着小匣。好奇和兴奋使这位书生的所有动作变得笨拙而粗鲁，但是女人却感到了空前的欢乐。蛾子想让爷爷把两只手也给她，她说：你别撬了……再好的宝贝我也不想要……我只要你……

爷爷已经把方寸小匣撬开了。你一定猜到了里面盛着什么物件。

白绫子揭开时我也很好奇，老迈的蛾子回忆说，接着我看见了一个小东西模样就像一味中药。等我看清那上面长着指甲时眼前便是昏天黑地。你爷爷浑身像筛糠似的发抖，他不知不觉退出了我的身子，他后来就上吐下泻发起烧来了。这个可怜人从此就这么废了，他那个活泼的东西也成了一味中药。

蛾子记得这一天是民国二十八年农历六月二十七。十天后，我爷爷便一步坠入黄泉。

在这以后的几天里你会不经意地就看见驼背郎中滑稽的身影。你又一次嗅到了天井里中药的芳香。据说驼背郎中给我爷爷下药下得很重，但是千方百计觅不到药引。要一对活蜈蚣，郎中说，否则暗症难消。郎中采取的另一个措施叫做"娇蛾品箫"，他要求蛾子每日三次持续半月深入浅出。驼背郎中把拇指放到口腔里示范，眼睛粘着女人膨胀的双乳。

四爷便是这时出现的。他怀抱着一把崭新的夜壶。那夜壶在夏日阳光下神气活现。郎中的目光立刻从女人胸前跳开，像苍蝇一样飞落到四爷夜壶口上。他拿出含得又湿又黏的拇指在夜壶嘴里旋转，身体左右扭动，似乎企图要甩掉高耸的驼峰。我说老四呀，郎中说，你狗日的怎么把夜壶口做成这般模样！四爷讪笑。四爷说这是祖传偏方，专治男人的毛病。驼背郎中若有所思，但很快换上不屑的神情：你个狗日的凡事总没个正经！郎中离开时又对蛾子摇动着拇指。蛾子后来回忆说，郎中的侧面就像一只衰败的老公狗。蛾子说那是她头回见到四爷的夜壶，她说她一看货色就知道老四的手艺不俗。但她那时还弄不清夜壶的奥秘。四爷在爷爷的房门前停了一会儿。蛾子说也许老四已经预感到这夜壶会招惹意想不到的麻烦了。

　　你可想而知那些日子我的爷爷过得多么沮丧。他实际上已经是魂飞魄散了。松崎司令官的断指像一颗在空中漫舞的子弹呼啸着上下左右，随时都可以钻入他的心脏。我爷爷整日昏睡，梦呓喃喃，一只苍蝇的低吟都会让他惊动让他不寒而栗。但是在那个阳光焦灼的下午，爷爷的愤怒却来自四爷的夜壶。

　　四爷掩上房门，把夜壶放到爷爷床前。爷爷虚弱的视线被夜壶的光泽刺激得明亮起来。像所有男人一样，爷爷含蓄地审视着别致的夜壶口。我想他那一刻一定膀胱酸胀。这酸胀其实也是快感的一支前奏。但是爷爷却无力把这前奏演奏下去推至高潮。我爷爷撒不出那种"疑是银河落九天"的尿来。他的尿落到夜壶里想必是支轻柔的小夜曲，其中含有感伤的休止符。爷爷欠了欠身，发出一声轻叹：老四，你的手艺真是不错。可是爷爷旋即起了警觉——

　　你是来羞辱我的吗老四？！

　　爷爷的声音阴森而低沉。并且将蛾子失落在床的银簪奋力向四爷掷去。多少年后，四爷坐在灵水边的青石上回忆起这个炎烈的下午，他对洗衣的蛾子说：那声音真像一匹受伤的狼。四爷说他被这声音吓住了，连解释的气力都失去了。那时候年轻的蛾子正立在天井里颠扬着簸箕，金色的秕糠在阳光下飞舞。蛾子被这景象迷住了。接着蛾子又听见屋里我爷爷的怒吼："你马上给我滚！"之后是"咔嚓"一响——那把别致的夜壶已被掼碎。蛾子连忙进屋，与沮丧出门的四爷摩肩而过。无意中她瞥见那枚银簪已握在老四的掌里。可是那时她已无心注意这枚小银器的归属，全部的目光为破碎的夜壶所吸引。那实在是个好东西。她不明白东家为何同它过不去。蛾子后来收拾这堆陶器碎片没有动用扫帚而是用手。她一片片地拾起来又一片片地拼凑，最后发现少了一片——那正是蛇头。蛾子怎么也没料到这蛇头竟会溅到四爷的裤裆里。多少年后，当日益衰老的四爷坐在河边说起这个属于从前的细节时，蛾子便发出了一声惊叫。在那个夏天行将结束之际，我想蛾子实际上已经看出死亡的阴影开始在四爷的面容上显现。

蛾子记得四爷离开家乡罐子窑是在一个细雨纷飞的黎明。这之前的那个夜晚显得格外冗长和不安。黄昏，灵水岸边来了一队外江的帆船，据说是来罐子窑做毛竹和大米生意的。所以沿岸的那些窗口在天还没有断黑时就提前挂起了红灯笼。悦耳的丝竹和妓女的小调使罐子窑醉意迷蒙。那个时候，我家的屋子却异常宁静。我爷爷支着芦苇般的身躯迈出了久日不出的房门。天井里依旧散发着中药沉渣的霉酸味，东厢房内响着什么锐器互相厮磨的声音。这声音被一阵阵自河边飘来的丝竹和小调声所淹没，因此听起来并不怎么刺耳。我爷爷下意识地朝东厢房望了一眼，发现腐朽的房门悄然打开了半扇，但他终于没有看清门后那张异乡男人的脸孔。天色渐渐转灰，我爷爷走进暮霭之中，银灰色的长衫在那个时刻竟然显得十分明朗。在离家门不远的大槐树下，爷爷遇见了沉思的蛾子。女人潮湿的眼眶令他暗自一惊。

老四是……好人。女人说，你不该这样对他。

这个我比你清楚。爷爷说。

简短的对话之后是难堪的沉默。爷爷没有理会女人的埋怨，撩起长衫转身走向村口。在那个位置上，一个来自外江船队的水手正用城里的水果糖和火药纸同一群孩子们嬉戏。那是个健壮的男人，蛾子这样回忆说，模样看上去像个天生的哑巴。当我爷爷走过他面前时，那人便突然埋头咳嗽起来以致半天直不起腰。不多时，天真正的黑了。爷爷和那人的身影同时消失在蛾子阴郁的视野里。

那时候我的四爷正在吊脚楼上打点行装。他已经决定天亮启程。你可以想象出这个强悍的男人此刻该是多么沮丧和忧伤。他把全部的家当杂乱地放进一只藤箱里，然后摸黑送上了蛾子的乌篷船。他想她一定会亲自送他渡过这湍急的灵水河，但从今以后他就再也看不见那片飘柔的乌云。四爷或许这样想了，分手之际他要把那枚银簪重新插进蛾子的发髻。

河边并不寂寞。灯笼的倒影映红了河水，就像于水中刚杀了一头牛。

水手和妓女的浪声浪语在河面上荡漾。这轻曼之声后来让伫立河边的四爷想起了留在作坊里的铜唢呐。四爷就离开了河边，当他走过那片小松树林时一个身影在自己的侧面一闪而过。那个时候，天空开始飘起了雨丝。

据说四爷这一夜在作坊里消磨了一坛家乡的米酒。趁着酒兴他一气做了十把夜壶，但他已无心思去雕刻那个富有想象力的纹饰。直到罐子窑响起第一声鸡啼，他才想起该同一切分手了。蛾子回忆说，老四晃晃地来到河边时浑身都散发着米酒的醇香，腰间别着一样明晃晃的铜唢呐。天开始泛白了，但在蛾子的记忆里那时分灵水河依旧颜色如墨。那水真重呵！蛾子说，我差不多要把橹扳断了。乌篷船就这样顶着细风细雨向对岸驶去。几十年后有人说起这个阴晦的黎明时，像是在叙述一段暧昧的戏文。"船至河心直打转，人可是没闲着呢！"他们津津乐道，目光里透着彻底无耻和下流。后来四爷的唢呐在晨风中吹响，对岸杞柳丛中的水鸟一齐向乌篷船"噗噗"飞来，使这个黎明像水墨画那样凝重而富有生机。

老四就这么走了。蛾子沉吟道，他把那天拾起的银簪插到我头上。我望着他翻过那道土岗。我以为他会回头看看我，可他只是停了停。他没有回头。老泪纵横的蛾子再次抚摸着那枚银簪，忧伤已像皱纹在她苍老的面容上永远地刻下。她的行动已非常的迟缓，在我搀扶她走上铺满夕阳的台阶时突然双腿发颤最终跌倒。

你看这上面……还有血！蛾子口齿不清地说。

蛾子记忆里那个黎明最后被巨大的恐怖所淹没。血。那个黎明唯一的颜色是血。蛾子先是被血浆滑倒。那血仿佛还散着一缕余热，但已没有腥味。蛾子就这样顺着石阶上斑斑血迹跌跌撞撞。她万没料到血迹的尽头就是我爷爷无首的身躯，像喝醉了似的伏在自家的枣木门槛上。事隔多年，老迈的蛾子回想起那个血色黎明时依然不寒而栗。她说她以后总时常想起那颗从我家天井上空划过的流星，那是她上岸的第一夜亲眼所见的。

民国二十八年农历七月初七是我爷爷升天的日子。据见过我爷爷尸体的人所言，夺去这位文弱书生性命的是一把快刀。爷爷的颈口横截面平整而光洁，可想而知刽子手的功夫精深。杀我爷爷的人显然怀着不共戴天之仇，以致决意不给这个穿长衫的书生留下一具全尸。在以后的一天里人们四处搜寻也无法找到爷爷的首级。到了第二天的傍晚，灵水岸边出现了四爷突然变得佝偻的身影，他手中提着的藤箱里竟是爷爷模糊不堪的头颅！

老四是蹚着水转回的。蛾子回忆说，那时候家中正忙着办东家的丧事。天热了，尸不能停。蛾子说当湿淋淋的四爷从藤箱里取出朽木一般的头颅时，在场的人全都像苍蝇一样惊飞而去，年轻的蛾子也晕倒在棺前。蛾子已记不清四爷当时的表情了，只依稀记得老四的头在棺木上重重碰了一响。而几乎在同一时刻，天井里也传来"咔嚓"一声——重病已久的异乡男子攒碎了最后的一只药罐终于咽气。这个骨瘦如柴的男人临终前居然有惊人的气力，以致后来替他收尸的郎中招术使尽也难以合上那双圆睁的大眼。异乡男子似乎料到自己劫数已至，所以他提前换上了平生最好的衣裳。不可思议的是，死者穿的内服却出自妹妹蛾子的衣箱。这让驼背郎中在夏夜骤起的雷电里顿生猥亵之念，他支走四爷去替可怜的外江男人张罗一副棺木，自己却努力把昏迷的蛾子搬到爷爷的床上。郎中跃跃欲试，驼峰犹如一弯大弓。但是激动中他的视线又被那只精致小匣所吸引，转动的眼珠大胆表现出人财双获之喜。驼背郎中一手解着裤带一手去开木匣，接着吓得扑通跪倒，于是这狗杂种拖着尿逃之夭夭。那时分天光已白，四爷踉跄而归，一夜的悲痛与辛劳使他整个看上去缩去了一圈。

昏厥的蛾子此刻也渐渐苏醒过来，看见老四正立在床前一声不吭。蒙眬中蛾子或许把适才驼背郎中的举止看成了老四所为，虚弱的目光由恐惧转为鄙夷并且显出了可怕的冷静。

你杀了……东家？

你杀了你哥哥？

你杀了他？！

我可怜的四爷就这样陷入了一宗历史命案。他的命运从此开始了非凡的曲折。在那个夏季，我四爷的头顶上始终闪着鸦翅的阴影。他像那把唢呐一样沉默寡言。四爷最懊悔的是那天夜里不该一气喝下一坛米酒。他想大哥便是在这时刻惨遭毒手的。但他无法理清大哥究竟为谁人所害。

他更不清楚又是谁那么敏捷地将削去的首级悄然趁黑送上了乌篷船！这可恶的手段使我们家族在半个世纪里不得安宁。我可怜的四爷！在第三天的清晨，四爷把两个男人安葬在灵水岸边的一块坡地上，使两座青冢隔着一株桃树相望。多少年后每到桃花盛开的季节，它们便成为家乡罐子窑最为迷人的风景。

在那个遥远的夏日清晨，我的四爷掮着我幼小的父亲走出了寂然无声的罐子窑。现在我倚在这座吊脚楼油漆剥离的窗边，注视着眼前这条灵水河。河水悠悠，让我午后的心情备感凄凉。我看见我的先辈们正沿着河边缓缓向东移去。在青冢之间瘦弱的桃树下默立着同样瘦弱的蛾子，一身素服使她看起来仿佛风中飞动的灵旗。那时候我的小父亲正伏在四爷肩上用泥搓捏着一条小蛇，人事不知的大眼不时看着天空划过的水鸟。蛾子现在说起这个细节时面色阴郁，她比划着的双手微微颤抖。蛾子说那时她突然想让父亲的小手再来偷偷摸一次自己膨胀的乳房。

我的四爷就这么忍辱负重地上路了。关于他的去向，民间至今传说纷纭。有人说四爷去的地方是江城芜湖。他忘不了松崎那截风干的小指。四爷认定谋害大哥的元凶就是这日本杂种，他扬言要一把捏碎松崎骄傲的鸡巴。可我知道的是他在路上遇见了一伙打家劫舍的土匪。据说这伙人已跟踪四爷三天三夜。土匪先是把四爷当做好汉，说老四你他妈真有种一刀就把你那当汉奸的堂哥脖子给抹了，并推举四爷来当这支草寇的首领。四爷大怒，四爷说我大哥不是汉奸，老子操你祖宗。于是土匪就用驳壳枪抵着我小父亲的脑瓜，张开的机头如同血盆大口。四爷那时还不知这伙流氓的险恶用心，因为只要承认所谓为国锄奸大义灭亲的事实，南京方面就会收编这些游兵散勇。我可怜的四爷无奈屈从。果然不到半月，四爷便成为国军新编35旅的一名连副。这个历史性的变化使四爷锄奸灭亲之举有可能成为定论。在漫长的人生岁月里，四爷就像一片苇叶随波逐流，几经沉浮。

我的四爷从此开始了戎马生涯。这位优秀的陶工居然也是出色的枪手。关于他同日本人交手时的传闻日益神奇。最近的说法是他在一次巷战中一把刺刀穿透了两个鬼子的胸膛。几年后，四爷所属的部队一夜间起义投诚。在一个漆黑的雨夜，他被派往灵水支队当支队长。四爷终于亲近了家乡罐子窑，我想象他可能也像电影里演的那样跪到河边大口地喝水，然后把衣袖捋到肘间。事实是那天夜里四爷悄然渡过了灵水河。他所做的第一件事是在大哥的坟前置放了一把青香。这是民国三十七年三月里的事，年迈的蛾子这样对我说，我记得桃花正开着，第二天是清明。我四爷在荒芜的坟地肃立了一宿；黎明时他被雨淋透的衣服已经吹干。当他正要转身离去时，遇见了前来上坟的蛾子。我无法复制那幅动人的图景，我注意到蛾子叙述至此时昏暗的眸子突然转为明静，再现了昔日村姑的青春风采。但是蛾子的眼神转瞬即逝，溢出的老泪无声淌下像刀刻的印迹。他只是看着我，不开口，蛾子含着泪说，然后摘走了一朵好看的桃花……四爷走了。他高大的身影在蛾子泪光里与灵水融为一片。不久河面上飘来了沙哑的唢呐声。

我晓得，蛾子泣不成声地说，那是老四在同我说话……

时至今日，我眼前总是时常出现两只上下翻飞的白鸟。那是我爷爷和我的四爷。在仇视汉奸的年代里，四爷成为英雄；可是当我爷爷被理解为可同情的知识分子时，四爷又被看做沾满同胞鲜血的坏蛋。此起彼伏，此伏彼起，我的家族就是这样令人沮丧。现在我坐在故乡的案头写着这部沮丧的家族历史，我笔下流淌着的是不尽的辛酸之泪。我怀念我的先辈，在这个夏季最后的时光我心里纳满了苍凉。我的故事已走近尾声却永远无法结束。

四爷从坟地回来终日郁郁寡欢，每日最好的光阴是在作坊里消磨。他又开始制作他的夜壶，不再练习射击。他的枪法越来越坏，以致在一次偷袭时意外走火险些敲掉了自己的小腿。甚至在战局紧张阶段他也依然如故。四爷希望我父亲将来也成为一名优秀陶工，以后就把他带进作坊。我少年的父亲并不专心用艺，但是却能把那条环绕壶身的蛇雕刻得栩栩如生。多少年后这个漫不经心的细节让我联想到四爷最后的结局。我意识到父亲心中仇恨的种子业已发芽，我甚至疑心爬进四爷夜壶的蛇是听从了父亲意念的指挥。

1958年我父亲已是一名科长，而四爷却辞去了有分量的官职返回故里，重操制陶旧业。四爷一辈子没有婚娶。但我坚信，他那令人同情的形式下存在着异常充实的内容。四爷的身体一定会让女人迷恋不舍，我现在注视着老迈的蛾子也能推测出她与四爷之间有过多少次浪漫情怀。我想蛾子是依靠四爷的力量活下来的，四爷的滋润使得蛾子把苍老向后推迟了十年。

你四爷是个能干的人，蛾子这样说，不像你爷爷。你如果是过来人你就不难听出这妇人话语的弦外之音。你应该懂得四爷的功夫是四爷的夜壶练就的。你会认为我四爷最终死于夜壶也是命中注定的虽死犹荣。

我的四爷追随我爷爷而去了。他要到阴间向我爷爷诉说自己一世的辛酸。他们是同一个日子死的，所以在最后选择四爷的坟地时，我建议把他安置在爷爷与外乡男人之间，让那棵根深叶茂的桃树后移成为墓地的背景。风水先生在略作踌躇后欣然接受，他说这块场子似乎是专门替老四留下的。这个决定也许会驱散乡亲们心头盘桓已久的疑云，但他们依然关心着当年我爷爷究竟死于谁手。

下葬的日子出奇的阴冷，让人在夏季里怀念腊月黄天。当年迈的蛾子围绕新坟默默走过一圈时，我隐约感觉到了某种命运的启示。那天深夜我从噩梦中惊醒，随即听到来自灵水河边浑浊不清的哭泣。那是一个已不年轻的女人积郁多年的哭声。

1993 年 4 月　海口
（原载《收获》1993 年第 3 期）

结束的地方

久经沙场的宋英山支队长在一个雨夜惨遭杀害是1947年11月间的事。当时都认为凶手是马夫刘四。这个当铺伙计出身的壮汉在血案发生的72小时后即被枪决,三枪毙命,尸体随便埋在罐子窑侧面的西山脚下。46年后,那个几乎被人踩平的土丘上开出了一簇白色小花。有人数了,正好是72朵。刘四生于民国十一年,祖籍江苏扬州。现有的材料表明,当铺伙计刘四是随宋英山支队长来到皖南的。刘四如果活到今天,也到了72岁。这种暗合在将近半个世纪后出现,预示着前所未有的风调雨顺。

1993年1月,一位身材挺拔、面貌严肃的外省人来到罐子窑。此人大约五十多岁,步伐稳健,操北方口音。外省人奇异的身影吸引了当地的土著。人们私下议论,称外省人叫京官。在不久的日子里,人们隐约知道京官到此是为"找一件重要的东西"。那时正值临近春节的农历岁末,人们杀猪宰牛,牲畜的血使村前那条很窄的河流成为橙色。外省人保养得很好的脸孔就映在这橙色的水面上——在很多时候,外省人喜欢观赏当地人兴致勃勃的宰杀,却一语不发。

年逾古稀的寡妇明秋像往日一样,在太阳行将落山之前,出现在人们广阔的视野中。寡妇明秋像一朵衰败的菊花挣扎在朔风中沿河边缓缓走来。她衣着整洁,依旧梳着半个世纪前的发式。那是当地不曾见过的发式,有一种惊世骇俗的大家气派。在寡妇业已灰白的云鬓上插着一根碧玉簪,让人联想起著名的戏文。也许是寡妇别致的发式抑或为这真正的珍宝所吸引,外省人专注的神情有了瞬间的游移。(他开始吸烟,并把那种高级的香烟散发给当地人。)

你是北京来的?你肯定是个大官。你这人的面相一望便知是大福大贵。

对于当地人的好奇发问,外省人表示了节制的感谢。但刚才他对老寡妇的短暂留意,仍然激发了人们的热情。那个女人可是见过大世面的,你看她头上!只有扬州的女人才有这种气派。扬州的女人是最了不得的女人。我爷爷说,这个明秋年轻时望一眼让人胆寒,连当年大名鼎鼎的宋英山都替她洗脚。

外省人淡淡一笑,背过手离去。

1947年10月的一个细雨蒙蒙的傍晚,支队长宋英山秘密睡到了一张柔软的床上,缎被的光滑与冰凉使他混沌的记忆仍停滞在白天的那场伏击里。这是他游击生涯里真正的一战,面对敌人逼近的枪口,他稳稳扣动了驳壳枪艰涩的扳机,然而子弹在撞击岩石之后反弹到他的小腹,支队长旋即晕倒,在昏迷前的最后一分钟,他看到马夫刘四的飞刀直插敌人的眉心,迸散的鲜血如同在扬州城里所见的节日礼花。

过多的失血使宋英山在这个秋雨之夜更显出书生的原形。在经过郎中仓促的诊治后,少妇明秋开始为支队长擦洗身体。在触及伤口的部位时女人将煤油灯拨暗,动作有些迟疑。明秋在昏暗中忙完这一切,听见了院子的门声。马夫刘四立即张开驳壳枪的机头,听见身后的女人说:不要紧,是冬来。刘四表情放松并随手将一枚子弹退出。他打算把空枪交给冬来玩一阵子。一年多没见到这孩子了,刘四说,还套狗吗?

似乎有一种预感,十岁的冬来在走进自家院子时,便像一只良犬嗅出了外人的气息。他注意到窗户上灯光的变化,放慢了脚步。一整天与狗周旋而最后两手空空,使这个瘦小的少年格外沮丧。所以当刘四将一把真枪交给他时,少年并没有表现出应有的惊喜。冬来只是把枪认真握了握,就还给了刘四,然后抽抽鼻子:腥。这时候明秋出来倒水,对儿子说:饭温在锅里,快去吃。儿子顺势朝里屋看了看,不吱声地走进了灶间。刘四陪冬来吃饭,说城里的宋老师病了,想在这里住几天。冬来问:几天?刘四说:就那么几天吧。刘四察觉出少年的不满,就摸摸他的光头说:过几天叔叔陪你去套狗。冬来放下筷子说:你不是我叔。从前我叫你老四,你叫我少爷。你管我娘叫太太。少年尖刻的话语让刘四不知所措,他下意识地摸了摸肩上的一块疤痕,那是两年前不满八岁的冬来用牙齿替他刻下的。

当铺伙计刘四在1945年冬天成为真正的家人。在普天同庆抗日胜利的锣鼓余音中，穷困而健壮的刘四享受了一个女人赐予的欢乐。太太，太太，太太，在性欲达到高潮时伙计刘四失声大喊，从此将从前的太太变成了自己现在的女人。存放于记忆中的这一天漫长而深刻，两年后，成为谋杀长官凶犯的刘四被绑赴刑场执行枪决时，那一天的情形再次重现在他眼前。那时他恍然悟出，自己已是在劫难逃。

现在，面对黑夜的阴雨，马夫刘四肩上的疤痕又开始隐隐作痛。他不寒而栗，于黑暗中发现了自己的一块肉，被一个不满八岁的男孩咀嚼。他的肉被男孩一口咬下，他看见自己的肉并没有带出多少血丝，而是白白的，男孩一口一口地嚼着，嘴角布满了油渍和白沫。刘四没有被失肉的剧痛打倒，但男孩吃肉的嘴脸让他在噩梦中挣扎达半年之久。

少妇明秋给屋檐下的刘四披了件衣裳。刘四就势握住女人的手。马夫说：冬来会不会到外面说什么？女人没有回答，而是叹息道：这个孽种。我这辈子最悔的事，就是没有把这东西在肚子里搞掉。

外省人每天黄昏都到河边看宰杀，他的沉默寡言使原本热烈的气氛变得平淡。人们的注意力已经分散，开始同陌生人进行试探性的交谈。你到罐子窑来做什么？都年关了你们城里人不兴过年吗？你是做什么工作的，手里肯定有权吧？外省人仍是很淡地笑着，但他的笑容令周围的孩子们惧怕。孩子们盯着这人剪到身后的双手，发现每个指结上都长着又黑又硬的长毛，像猪鬃一样。

寡妇明秋的话题在第二天便中断了。对于往事，当地人的重提兴趣只限于此时此刻的只言片语。所以后来寡妇从大家身旁走过时，只有外省人还留意着她的背影。外省人散淡的目光像倦鸟一样停在寡妇别致的发式上，有一天他自语道：放下来会很长的。

支队长宋英山苏醒后首先发现的是身上的这床缎被，这让他联想到城里女人细腻的身体。在这种联想走向结束时，宋英山看见了挑帘而入的明秋。女人典雅不俗的发式让青年革命家缅怀起扬州城里的缱绻时光。

那是个面容愁苦却让他心潮起伏的军阀姨太太，曾以补习旧体诗词的名义与中学教员宋英山有过几夜风流。后来东窗事发，无边的追杀使宋英山逃入皖南，中学教员在13个月后成为名噪江南的游击支队长。

这就是宋支队长。马夫刘四介绍说。

宋英山。支队长向前倾了一下身并向面前的女人伸出纤细的白手。

明秋没有去握那只手，而是立在一旁说：你别动，免得牵了伤口。

宋英山这才意识到自己挂彩，灼热的疼痛渐渐从腹部升起。他重新躺下，请女人将油灯拨亮一些。女人照话做了，支队长注意到这个女人的面貌和形体都一如她的发式。这就是刘四的女人，支队长想。他的目光移到马夫身上，慢慢回忆起白天的事情。如果不是刘四的飞刀，他的身体或许已经被敌人射成了一面筛子。那时候宋英山还不知道自己其实是被自己所击倒。

明秋为宋支队长煨了一罐红枣粥。明秋想让刘四去喂支队长吃。可刘四说，我手笨，还是你去。明秋就把红枣粥倒在碗里，用嘴唇试了试温度，然后让刘四扶起支队长，自己坐到床沿准备喂粥。宋英山的目光在女人脸上迅速掠过，但他还是从女人的眉宇间捕捉到了那种略带愁苦的表情。在不经意的目光交流中，支队长已在心里完成了两个女人的重复叠化，这是他在以后不到一月的时间里，枪伤奇迹般痊愈的重要因素。所以宋英山往往告诫他的马夫：人是要有点精神的。

明秋举起的汤匙刚接近支队长的嘴唇，一阵寒风吹进了屋内。光着下身的冬来拎着一条还在滴尿的裤子对母亲说：

我尿床了。

在少妇明秋略带愁苦的目光中，17岁那年夏天的经历像一把锈涩的剪刀狰狞地向她张开。这把想象的锈剪以惊人的利索剪开了她刺有翠竹幽兰图案的宽松裤脚，最后剪破了少女的贞操。那时候瘦西湖的水面上正传来歌女的丝竹之声，淹没了少女明秋的呻吟。蒙面人扎起裤腰，认真地把一枚劫来的碧玉簪放到少女的两腿之间。你让爷乐了，爷不亏你。蒙面人嗡嗡地说，爷叫黄庆，扬州城无人不晓的。日后有什么难处，到寄啸山庄找爷。爷不让你看脸，爷的脸没有爷裤裆里的家伙好。你要爷时，就举一下这根簪子。

少女明秋留下这把簪子，并把它别在头上。这个耻辱与深仇的标志每天让她正视两次。耻辱已无法洗去，剩下的只有报仇。在以后无数个夜半，耻辱之簪都化作一把锋亮的飞刀直扎黄庆的心脏。明秋在黑暗中勾画出蒙面人丑陋的嘴脸，但又难以将这张丑脸固定。沉积在少女明秋记忆中的只有蒙面人瘦猴一般敏捷的身影，当夏季来临时，魔影在梦中再次将她侮辱。

支队长宋英山再次昏睡已是午夜时分。这是个寂静缠绵的秋夜，细雨均匀微弱的声响和间或浑浊的狗吠，把青年革命家送进了乱真的温柔之乡。

梦中的宋英山身着青灰长衫，正用纤细的手指梳理着一捧柔软的丝发。这是他从前每次幽会的必经程序。他喜欢在男欢女爱之前有一番诗意的铺垫。支队长惨白的脸上开始出现肤浅的红晕，让守候在床边的明秋松了一口气，一整夜的辛劳使女人仿佛瘦了一圈。她有了困意，而这时外面放哨的马夫已回到她身后，热烈的气息正在用力将女人的困意散开。少妇明秋随手在男人的裆下摸了一把，不禁一笑。然后她将头上簪子拔出，头发便像决堤的水那样倾泻下来。这个男人真是好体魄，像匹大马。后来明秋就骑上了这匹大马。只有在这时候明秋才荒唐地觉得，和自己在一起的不是马夫而是一匹大马。这匹健壮的大马让她纵横千里，飞上九天。

和往常不同，这一次刘四没有在攀上山巅时连声称"太太"。他一声不吭，连大气都不敢出。在马夫愚钝的感觉里，少年冬来阴沉的目光越来越锋利，一如他绑腿上的飞刀。肩上的疤痕又开始生痛，刘四在完事后失去了以往的舒展与欢娱，他侧过身面对壁上明秋梳头的投影，发出几声低微的叹息。在这个犹如枯井的秋夜，马夫刘四第一次留意到身边的凶险。

明秋完全没有觉察到男人的不安。在她梳理好头发之后，她照例将玉簪伸到男人的眼前。她需要男人在记住她身体的同时也记住这个意味深长的提示。刘四本能地往边上一翻，右手迅速拔出腿上的飞刀。男人的反常让女人有了短暂的困惑。你怎么了，不敢正眼看它了？明秋低沉但威严的责问让刘四放松了身体，但他的内心却陡然爬上难忍的痛苦。

他想起自己当初的诺言。刘四用手拭了一下飞刀的锋口，对明秋说：我这把刀会找到黄庆的脑壳。女人背过脸去，认真地将玉簪别到头上。

17岁的少女明秋没有去寄啸山庄寻仇，而是接受了当铺老板何风池的聘礼，于一个蛙声十里的夏夜做了何老板的三姨太。在扬州城，何风池也是一呼百应的人物，声威足以压倒土匪黄庆。那时明秋把复仇的理想寄于大腹便便的当铺老板，但她没有料到，当铺老板在第一次亲近女人身体之前便为那枚碧玉之簪而喜形于色。这可是难得一见的珍宝啊！当铺老板双手玉簪叹道。明秋注意着男人检测珍宝的老道手段，痛苦的泪水自眼角悄然溢出。她一把从当铺老板手里拿回玉簪，将松散的头发重新盘起，再别上玉簪。何风池以为自己不慎而冷落了新人，便急忙宽衣解带，但明秋已走出了红烛高烧的洞房。

那是个热不可耐的仲夏之夜，扬州城正秘密传递着东洋人攻占上海的沮丧消息。而在那时，三姨太明秋独自沉浸在命运的悲切气氛之中。天上一轮满月，地下一层青霜。明秋默然走进后院，眼前一道划过的寒光让她受到意外的惊吓。她跌倒在地，这时听见一个浑厚的声音从桃树下响起：太太，我吓了你吗？接着走近了一个赤裸上身的少年。

你是谁？

我叫刘四，是店里的伙计。

刘……你在干什么？

我，我在丢刀。天太热，困不着。

叫刘四的便从树干上拔出一把刀子。那刀约有七寸长，形状如同一片枯老的树叶。明秋没有细看，而是在心里盘算：这刀能杀人吗？

明秋再次正视刘四的飞刀是在七年之后。那时她已是八岁男孩冬来的母亲，但仍不失少妇的风采。抗战的胜利使当铺生意火爆，何风池整日忙碌于算盘之上，彻夜的麻将声让明秋辗转反侧。国恨已消，私仇未报，女人每日梳妆总会把尖锐的目光投向那枚玉簪。不知从何时起，明秋已在心里多次把玉簪幻化成一把飞刀，她自然想到业已成为壮汉的伙计刘四。在伤感与寂寞同时袭来之际，明秋愿意到后院去看刘四练飞刀。伙计的刀法越来越让女人惊喜，于是在一个冬夜，明秋用手握住了那把利刃。这真是一把好刀，她感叹道。

突然的动作与感叹让刘四有些茫然。在以往的日子里，三姨太是不会用手来触这把刀的。三姨太总是站在一旁静静地看着，不言语。

三姨太把飞刀在手里掂了掂，还给伙计：

你能替我杀一个人吗？

日本人？

是中国人。

在过去的二十几年里，对于马夫刘四来说，最大的懊恼莫过于1946年春天的那个晚上。在经过严格的查证后，刘四弄清了往日出入寄啸山庄的玩鸟客便是恶棍黄庆，瘦猴一般的身体上支着一顶光头，右眉上有一道刀疤，使眉毛断成两截。女人手里的玉簪是这次谋杀的命令。我会割下他的脑壳，刘四说，让你对着那只烂葫芦撒泡尿。女人无声，再次把那枚玉簪竖到男人眼前。男人夺过簪子扔进了女人的马桶，然后将飞刀藏于腰后，顶风出门。

那时候天空中飞舞的都是玉簪的光芒，又都是女人的眼睛。虽然已立下誓言，但对于乳臭未干的年轻人，初次萌动的杀机仍让他心惊胆战。伙计刘四沿着城郊一条小路匆匆前行，在路过一家小酒馆门口时，听见了一个男声低沉的呼喊。刘四住脚，顺声望去看见屋檐下立着一个修长的身影。那人摘下压得很低的礼帽，刘四这才认出是中学教员宋英山。

是宋老师。略显慌乱的当铺伙计走近中学教员，在后者同样惊慌的神气中，刘四想起几日前城里的传闻：中学教员宋英山睡了马师长的姨太，正亡命在逃。这位中学教员曾因生活窘迫来当铺典当过祖传的一只德国怀表，与刘四有过一面之交。

也许是共同的经历，抑或是借酒壮胆，刘四接受了宋英山的邀请，两人上了楼。那时候中学教员正策划一项改变命运的大事，准备去皖南找新四军。在他曾经与当铺伙计的几句闲聊中，隐约记得刘四的一个远房亲戚就在皖南。宋英山希望自己此举一帆风顺，想说服当铺伙计与他同行。

形势发生了变化，宋英山压低嗓门说，扬州城是待不下去了。我打算去皖南找新四军，你听说过叶挺这个名字吗？还有陈毅……

伙计刘四没有心思去听中学教员的形势分析，此刻只顾喝酒。几杯下肚，眼已发直。刘四说：我要走了。我要去……去杀一个人。

杀谁？

黄庆。

你怎么敢杀黄庆？

他、他他妈的……

中学教员拉住当铺伙计，继续说：你知道吗，黄庆杀死过日本的一个少佐，是抗日的功臣，正红着。再说，你是姓黄的对手吗？

那一刻"抗日的功臣"就像日本飞机的一颗炸弹落在刘四头上，让他魂飞魄散。我怎么能去杀一个抗日的功臣？刘四咬牙切齿地想，这个大鸡巴功臣，我操他老娘！后来当铺伙计像条丧家之犬出现在明秋面前，他看见女人一声不响地从马桶里摸出了那沾满尿水的玉簪，重新别到头上。刘四对女人扑通跪倒。刘四说我是个孬种我白睡了你你杀了我吧！女人平静地用手抚着男人粗硬的短发：不怪你，怪我命。这时屋内的灯光突然转暗，刘四的视野已被老爷臃肿不堪的身躯占满。在老爷宽大的腋下，晃出了少年冬来瘦小的身影。这突如其来的打击如雪上加霜，伙计刘四浑身哆嗦言不成句：老……爷……

老爷用脚尖拨了拨依旧跪着的伙计：你这条狗。又转脸微笑着对三姨太：你跟狗也睡？

三姨太说：他比你有用。

老爷扬起的大手掌还没有落下，刘四便如同一头豹子猛然窜起，吼叫着将老爷撞翻。

少妇明秋在做母亲的第五个年头便完全相信了，她生养的是一个孽种。那个早晨，她让伙计刘四杀鸡，这个日益强壮却又有姑娘般腼腆的青年尚在迟疑，五岁的儿子已从树上滑下，夺过了伙计手中的菜刀。我来杀，儿子说，明秋还来不及制止，儿子已两腿叉开，将鸡头与鸡爪分踩于脚下。不是那样杀！明秋叫道，把刀丢掉！但儿子已手起刀落，仅一刀，鸡便身首分家。无头的鸡在地上跳跃抽搐，鸡血如柱腾起两尺高。这个血腥的场面让明秋晕眩，拨动了她最脆弱最恐惧的一根神经。

这是个孽种。明秋多少次这么想到。这也是致命而沉重的打击。从此明秋的记忆里，这个血腥的场面与那个夏天耻辱的经历，构成了一把锈剪的双刃。现在，这把剪刀再次向她张开。昨夜发生的事，明秋心中有数，她不相信一个十岁的孩子会那么清醒地尿床。尿是冬来自己撒在身上的，这个孽种以此把她与男人隔开。当她给冬来换裤子时，面对那根生姜似的小鸡巴，明秋顿生恶念，想一把将它拧断。可是，这毕竟是自己身上掉下的一块肉啊！明秋不敢相信，当年就那么一下，便种下了这颗孽种……三岁上树，五岁杀鸡，七岁套狗，八岁咬人……他还想干什么？明秋的心像浸在盐水里。刘四的担心是对的，如果消息从儿子嘴中走漏，势必会招惹杀身之祸。因此在支队长伤势得到控制后，她安排刘四陪冬来出外套狗，把警卫的工作留给了自己。

马夫同意了这种安排，尽管对单独与冬来的接触尚有犹豫。当然马夫还有另一种担忧，但没有说出口。马夫离开时只是再三叮咛女人，不要问支队长什么。女人最初以为这是男人朴素的防范，但她不曾料到，男人向她掩盖了一个巨大的秘密。

保养得很好的外省人在这个清晨显得有些憔悴。他被那个挥之不去的梦魇压迫至惊醒。那是个蓝色的梦境，只有一个红色的球体在其中滚动，忽大忽小。多少年来他一直为这个伸手可触的画面所折磨。但他至今无法弄清它的起源与内涵。外省人现在靠在床上，把一只空药盒揉烂放进烟缸。忽然他有了后悔，因为多日前在这家宾馆住下时，他曾答应，把空药盒留给那个短发服务员的小孩，当做玩具火车的车厢。可是每次吃完药，药盒便给揉烂了。这是最后一个，他想，我这些年吃的这种药恐怕也有一车厢了。揉烂的东西是无法抚平的，外省人决定去商店给小孩买一个真正的玩具火车。要过年了，县城这些日子越来越热闹，正与宾馆相反。这家宾馆眼下的客人已寥若晨星。所以每次他出门，服务员都打趣地说：留下帮我们值班吧。谁也不知道这位外省人来此地的用意，大家只看见每个下午他都骑着租来的单车出门，去距县城15华里的罐子窑。

这天外省人去逛了商场。他挑选了一只很贵很漂亮的玩具火车，但是后来的事让他沮丧。他把玩具火车送给那个小孩，说：喜欢吗，这是伯伯给你买的新年礼物。小孩说不喜欢。小孩说我要你的盒子，我自己会做火车。他叹了口气，是呀，盒子，我怎么会把它们揉烂呢？他对小孩说，伯伯会给你许多那种盒子的。外省人那时想，自己这辈子还得吃那种药，许许多多。

在少年冬来的每日生活中，最重要的事情莫过于套狗。这种嗜好已延续了三年，他成了套狗能手。冬来使用的是自制的狗套。那是一根两米长的铁丝，一端做成环，一端经过一根伞柄样的竹竿，与手柄相连。三年的经验，少年冬来谙熟套狗的全部技能。他先用一块山芋或者饭团将狗引至身边，待狗低头吃食时，便出其不意将铁环稳稳套进狗的颈项，再猛地收拢手柄，铁环瞬间紧缩，被勒的狗用力挣扎，冬来则用力抓着，二者用力，至狗死方休。

1947年秋天罐子窑的野狗不多了。在这个吃狗肉的美好季节里，少年冬来成为乡亲们宠爱的对象。人们喜欢冬来不过是想从他手里得到一些狗肉狗皮。他们知道，这个机智勇敢的套狗少年在每次得手后，只需要一副狗的后腿和一只狗尾。狗腿的肉自然是最好的，但是他们不明白狗尾的用处。去过冬来家的人曾看见套狗少年的小屋里挂着一排狗尾，成为一种罕见的景观。

少年冬来又要出发了，他的目标是一匹来自外乡的大黑公狗。他已经两次接近它，但那畜生反应灵敏，未等下手便逃命在先。非得弄死它，少年出门时看了看天空，在阴云的缝隙中他看见了一线光亮。这是好的兆头，少年想。为了保险，他向从前的伙计去借飞刀。意外的接近让刘四感到高兴。在他印象里，冬来是第一次主动同他讲话。这好像是对某种事实的认可。他当然不清楚此刻少年感兴趣的只是那把刀。你想跟叔练丢刀？刘四说，叔教你。冬来说：我想借你的刀用一下。我去套那只狗。刘四看了看正在洗衣的明秋，然后对冬来说：我陪你去。也许是对那匹大狗的畏惧，抑或希望从前的伙计从母亲身边走开，少年冬来便点头答应了。

马夫刘四把驳壳枪留给了明秋，把刀借给了冬来，他已两手空空。这让他心中隐隐有些不踏实。战争像头顶上密布的阴云，蕴含着猝不及防的袭击。过去的一天漫长而疲倦，更累的是一颗心。那时马夫的理想是希望夜夜搂紧自己的女人睡个安稳觉。可是很难，马夫阴郁地想，很难搂紧。再说搂紧的未必就是自己的女人。这个女人原本就不属于他。

这个女人或许不久就会离他而去。马夫再次回想起一年前的那个北风呼啸的晚上，夜黑风高却失去了杀机。如果不是遇见亡命的中学教员，他或许能够得手，那么女人便不会再别那枚簪子，那么女人就会完完全全属于自己了。后来的事更让人气恼。恶棍黄庆不再是抗日的功臣，支队长说，黄庆杀日本少佐不过是为了尝一下东洋女人。现已查明黄庆不久投靠了南京。黄庆现在该杀，谁杀了黄庆谁就是我们的功臣。可是黄庆……马夫重重叹了口气，在这个早上，他第一次埋怨自己追随的支队长。

宋英山支队长醒来已是日近中天。虽然没有阳光，但从窗外农家的炊烟上，支队长能比较准确地判断出时间。他看了看德国怀表，时针已越过了11。这个简单的阿拉伯数字总让他想到一对情侣的话别。刚才的梦中，与女人话别的场面再次重现。那是一次凄凉悲切以泪洗面的话别，女人最后一次帮了中学教员，让他踩着她瘦削的肩头翻过院墙。这个画面颇让青年革命家尴尬。他想如果将来革命胜利了，他的经历被拍成电影，这个镜头便要删除。支队长跳动的思绪至此被小便的酸胀感中断，他醒过来，觉得这一觉睡得过于冗长。他朝门外喊了声：刘四。

闻声而入的是少妇明秋，这个刘四的女人越发变得光彩夺目，让宋英山不敢正视。女人就是这么一个奇怪的尤物。几夜风流便让她如此娇媚而动人。

明秋拎起床边的尿壶，略带腼腆地看了看支队长。宋英山挪挪身子：刘四呢？

陪我儿子出去了。明秋说。

这个刘四！宋英山有些气恼，怎么这样麻痹大意无组织无纪律！

明秋解释说：是我让他们走的。人多了，反倒扎眼。明秋把尿壶塞进被窝说：支队长你方便吧。明秋说支队长你别在意你看我儿子都到你肩了。

1947年秋天的这个正午就这么过去了。青年革命家宋英山由此开始了一页新的情感生活。他发现美丽的故事就在身边，他自己也是这故事中重要的角色。宋英山断断续续的小便声成为一名生手弹奏的琵琶声。他内心激动，女人亲切而庄重的目光像母亲的手在抚摸着他腹部的伤口，他仿佛听见了伤口嗞嗞的愈合之声。宋英山的目光在女人别致发式上流连忘返，最后停在那枚玉簪之上。他赞美这件头饰，但女人的面色在瞬间转为暗淡。明秋回避了玉簪的来龙去脉，在经过一声低叹后，她抬头看着神情不再慌乱的支队长：

你知道一个叫黄庆的吗？

黄庆？是扬州城那个有名的恶棍吗？

就是他。

他已经成了我宋英山枪下之鬼！

1947年夏季对于青年宋英山来说有着深远的意义。一年的游击生涯没有去掉扬州城中学教员的生活习性，这个爱诗词也爱整洁的男人鹤立鸡群，虽然被上级委派为支队长，但在队伍中难以获得应有的威信。人们私下议论他可笑的枪法和贴身的小镜子，他多次为马惊吓成为有趣的话柄。甚至他在扬州城那悲壮的一幕，也不连贯地出现在夜间营地的草棚之中。年轻的支队长对此愤怒而沮丧，面对一群目不识丁的战士远没有在课堂上那么轻松。在那个夏季来临之前，宋英山有过多次的彷徨。他开始失眠，在无法入睡时便把身边的马夫弄醒。那时候马夫正枕着梦中女人的雪白胸脯，夜半的交谈令他分外兴奋。在很多夜半，马夫把这种交谈视为例外的亲近与信任。这个平素木讷的男人对支队长几乎无所不谈，他当然不会留意后者的心不在焉。有一天夜里，宋英山突然提到黄庆，宋英山说种种迹象表明这个惯匪已死心投靠了国民党，据说当了个营长，目下正在皖南活动打我们游击队。最后支队长问：你当初为什么要杀黄庆呢？马夫心里咯噔一声，他不想揭开这大耻大辱的谜底，只是咬牙切齿地说：他是我的仇人。这个夜晚后来马夫的神情转为灰暗，他在马棚里又磨了一遍从未见过血的飞刀。马夫在停滞在刀刃的月光中再次看见女人头上的玉簪。

1947年的夏季注定要给宋英山带来好运气。他被任命为游击支队长，彻底丢开了厌倦的粉笔，佩带了20响的驳壳枪。那是个很小的支队，是支队的支队，但对外的称呼仍是支队长。在一个夏日黄昏里，宋英山矫健的身姿出现在长江边。饮马长江构成了这个黄昏中最为动人的风景。青年革命家深邃的视线顺江水而下，那时他唯一的缺憾是手中少了一只气派的望远镜。夕阳的余晖已在江面上消散，但在宋英山的视野里正呈现着明日的辉煌。他已经看到自己日后衣锦还乡的情景：在他的队伍开进扬州城时，他将勒住马缰，用望远镜去寻找一张女人期盼的面孔。

他的支队初战告捷。

现在想起那场战斗，年轻的支队长仍有余悸。那是一次遭遇战，打响后才知对手就是黄庆的那个营。有利的地形是那场战斗获胜的重要原因，但在事后，大家便认为胜利应归功于支队长的指挥有方。因为支队长击毙了黄庆，当那个断眉毛的头颅被打烂后，宋英山立马横枪的英姿便成为支队的旗帜。捷报形同鸟翅掠过蓝天，几个月后又如同落叶落入了罐子窑，这是1947年秋天的最后一片落叶，悄然飘下却震动了一个女人的心。

黄庆……真的……死了？

他就死在这支枪下。

女人眼前一阵天昏地暗，在行将倒地之前，奋力拔出了头上那枚别了整整十年的玉簪。

外省人再次来罐子窑已是农历腊月二十四。按当地的习俗，这一天是小年。外省人弄不清这小年的含义所在，他只感到村里过年的气氛已经趋向浓烈。性急的孩子们开始零星地点放鞭炮，河边陡然失去了几日前的热闹，河水也不再是橙色。气氛的改变让外省人有了短暂的困顿和惆怅。连日的失眠和黎明前的梦魇，他对异乡的环境逐渐感到了厌倦。冬日的阳光一晃而过，河边寒意逼人。外省人低头吸咽，他的脚步迟缓而沉重。他打算放弃某种意图，等这支烟吸完便返回县城退房，然后去赶最后一班客车。或许就不该到此一游，他想，那东西看来是无法找到了。这时候他听见一个苍老的声音在身后响起：几点了？

外省人稍稍侧身说：五点十分。日子越来越短了。寡妇明秋从外省人身旁走过，又停了停：你是外地来的？

对。您这是……

我去看一个人。你脸色不大好。

水土不服吧。

不是水土。

那是什么呢老人家？

你身上有东西压着。

在那个遥远的秋日里,少年冬来再次失败。饭团没有吸引住那匹大黑公狗,它停在离食饵一丈的位置,机警的目光注视着周围。大狗似乎已意识到凶险就在身边,但没有退却。这种对峙的局面将近有一个钟点。三心二意的马夫此时已失去了耐性。天色阴沉,马夫的心中同样聚集着乌云。他隐约觉得,让女人独自留守可能是一个错误。

马夫说:把刀给我。我来放倒那畜生。

但是少年没有把刀递过去。少年仍低声重复着那句话:非得弄死它。

急躁的马夫提高嗓门:刀!

大狗便在这"刀"声中掉过身去。

少年瞪了马夫一眼。1947年秋天少年冬来的目光磨得就像那把飞刀。磨刀人三年的工夫已将刀锋磨出彻骨的寒光,最终为自己磨出的寒光所惊吓。现在,马夫想收回那把刀。他的刀法堪称精湛,几乎百步穿杨。但在马夫看来,刀的使命业已结束。这把刀仿佛天生只需要找到一个人头,那个头颅已经烂了,被枪打烂。这是个十分无奈的结局。仇人黄庆的脑壳找到的是支队长的那把驳壳枪。断成两截的左眉,那无疑就是黄庆。当支队长被战士们抬举着向营地返回时,没有人注意到马夫握刀的手已经出汗。黄庆的脑壳就这么轻松地被一个体弱多病的书生给打烂了,就像风吹掉一片枯叶。那实在是歪打正着。

冬来,把刀给我。

我不要这刀。我只是借用几天。

冬来你不能玩这种东西。

你要叫我少爷。你操了我娘我也还是少爷。

你这孩子……

叫我少爷!我前头走,你后头跟着。

在少爷冬来幼稚而阴冷的眼中,从前的伙计刘四早已变幻为一条剥了皮却仍在跳动抽搐的大公狗。这狗爬到娘雪白的胸脯和肚皮上嗷嗷乱叫张牙舞爪。娘一动不动。娘两颊绯红。娘后来在那个冬夜跑出了扬州,娘为什么要跟这狗一样的男人在一起?那个冬夜,在他们跑出几里路后,八岁的冬来才起身追赶,但已没有踪迹。五天后,冬来神奇地出现在娘的眼前，那时刘四已随中学教员进了深山。冬来问：狗走了？娘一愣：你说谁？冬来说：老四。娘一记耳光：孽种！冬来没有摸脸，他也不知道什么叫孽种。冬来说我是狗行了吧？我就守着你。娘说你滚，我不要你守。冬来说：我要守，你是我娘。冬来想我就做一只家狗，我要杀尽野狗。

他们返回时天色已见晴朗。雨后的乡村明净而清新，这使马夫阴郁多时的心情渐渐好了起来。马夫不再纠缠过去的玄思，但在不久，他一眼看到女人的发髻上已抽去了玉簪。

故事就这样在1947年秋天将逝的日子出现了转机。故事在呼啸的风中飞行，它飘忽不定无法把握的形式仿佛人类的命运。故事亦如同少妇明秋柔软亮泽的头发，在失去玉簪的控制后自由飘洒。那实在是罕见优美的头发，散开的瞬间好似一笔浓墨在宣纸上化开。这婉约的诗意让支队长宋英山涌起莫名的伤感。他意识到自己的英雄业绩触动了女人的某根神经，但他无法将此与那枚摘去的头饰相连。女人晕眩在宋英山的怀里，古典的英雄救美传说在屋顶下回荡。宋英山不明这其中的含义，他需要感受的是一种氛围。他果断地抚摸着女人流畅的头发，在他低沉而炽热的呼唤下，女人惨白的脸上开始出现红晕。

明秋……明秋……

是你……打死了黄庆？

是我。我结果了他。

你就是我的恩人了。

明秋，你言重了。

你要我如何……谢你？

明秋……

支队长没有轻举妄动。我们是从前新四军的队伍。我们有纪律。我们不能随便和女人做那种事情。明秋的确是个好女人，是这山区独特的一片风景。明秋是雨中的一朵云。明秋……这个明秋还是马夫刘四的女人。刘四不是支队长而是支队长的马夫，可刘四命中就能拥有这样的好女人。在这一刻，宋英山的心绪迷乱而酸楚。

少年和马夫便是此时走进院子的。天转晴了，屋顶上却没有炊烟。马夫感到的一丝暖意并不是来自灶间，暖意是从支队长那间屋子流出的。

门帘纹丝不动，女人在那屋里一定待了很久。马夫低声生硬地咳嗽，他不知道自己为何要这样干咳几声。他的脚步迟疑不决。这时候少妇明秋已挑帘而出，女人蓬散的头发只是简单地挽在一起，显得有些臃肿。马夫心下一紧，判断尚未做出便看见女人头上已摘去了玉簪。马夫的脸色刹时显出苍白，寒气自脚心生出。女人平静的目光从马夫脸上轻松滑过。女人说你咳什么？马夫说我喉咙痒。女人说我看你喉咙有痰。女人就去了灶间。马夫倚门向屋里望了望，看见支队长还躺在床上，脸对着枕边的驳壳枪。从微微抖动的被子形状上，马夫认定支队长没有睡着，这使他在这后半天里如陷泥塘。马夫刘四此时已经看到，灾难正以酩酊之姿向他走来，一切都躲不过去了。

少妇明秋在这个夜晚异常冷静。阴雨看来是完全止了，剩下的只有风声。那风从掌灯后开始响起，起落有致，一如童年的歌谣。明秋照例给门外放哨的马夫披了件衣裳。这个普通的行为却让刘四备感安慰，大大缓解了关于那枚玉簪摘去的忧虑。马夫刘四在确信今夜平安无事后悄悄摸上了阁楼，粗糙的大手在女人细腻的身体上寻找。女人不动。女人没做出反应。马夫的手顺着女人的腹部下滑，黑暗中听见女人低沉的声音：把手拿开。

刘四的手像烫了似的提起，悬在黑暗中。

明秋坐起来：你为什么要瞒我？

刘四一时无语。

明秋说：你这人没良心。

刘四说：我不敢说。我怕……

明秋就下楼去了。刘四的眼中出现了一只鸟，正扑腾腾地拍打着双翅行将飞去。刘四现在只能眼睁睁地看着这只鸟飞，飞到另一棵树上。这鸟就是明秋。1947年秋天马夫刘四度过了一生中最难熬的一个夜晚。无边的沮丧与懊悔让他初识命运的险恶。刘四伏在明秋适才躺过的地方，那儿还残存着女人的体温。刘四的眼前飞舞着女人雪白的身体和与之交欢的种种细节。马夫叹息着。马夫的叹息如同马的叹息，短促而粗壮。那马已经牺牲。它最后的报答是以身躯抵挡了射向主人的子弹。它的主人总是这般的走运。现在回想起这一幕，马夫越发觉出了人命的贵贱之分。那时宋英山十分慌乱，马被勒得原地打转。那一仗打得乱七八糟，宋英山落马后胡乱地朝天开枪。可是扑通一声从树上落下了一个人。意外射中的这人左眉被刀疤割为两段，这人就是黄庆。老天爷竟以这种方式把黄庆交给了宋英山。

击毙黄庆的那个晚上，一只跳蚤在刘四身体上跳动，让马夫异常烦躁。这个极小的生灵整整折磨了他一夜，他忘了失马的悲伤。那真是一匹好马，白色的身体与黑色的鬃毛就像枯枝上绽开的一树梨花。孤独的马夫走到门外抖动衣裳，他不想让一只跳蚤中断对马的哀思。马夫看见不远处的马灯下，战士们正围着所拥戴的支队长，听他讲述白天的动人事迹：……树影晃动，我抬手一枪，那家伙就……

其实是三枪。马夫想，也许还不止。那个画面马夫现在还伸手可及。那真是个意想不到的画面，就像戏台上的事。

外省人从河边回来的时候天色已晚。他骑着单车，顺风而下，越骑越快。河边与老寡妇的简单对话让他不安。他听不懂老妇的话，把它视为乡村略知巫术的老人习惯的告诫。但他不敢正视她的眼睛。冷静平淡的眼神仿佛具有一种难以名状的穿透力。又有什么可看破的呢？外省人有些困惑，我不过是到这地方来找一件东西。我与这里没有任何关系，但是仿佛有什么东西在追逐着他。这东西追逐了他多年，是无形的，不可捉摸。

下坡时他跌倒了，车的前轮碰上了一块石头。一只黑狗自右侧向他逼近。这是只很凶猛的畜生，形状一点也不张狂，但两眼埋着阴险。他没有立即爬起来，而是双手撑地向前移了两下，黑狗愣了愣，掉头逃去。他拍拍尘土站起来，望着黑狗逃进暮色，心里一下感到了轻松。

外省人回到县城宾馆，两位当地的干部便迎过来。他们已等了很久。他们亲切地喊了他的名字，在看过他随身的有关证件后，他们改称他"首长"。

你们……

我们是政府办公室的，首长。

我并没有让人通知政府。

下午刚接到市里的电话，我们就……

难怪我在路上跌了一跤。

首长的意外感叹让来人不知所措。他们有些紧张，不敢再说。面对着首长严肃的布满狐疑的面孔，他们进退两难。看来首长的病情不可忽视。上面电话里讲得很清楚，务必在除夕之前将人安全护送回去，但眼下接近他还是个问题。

1947年的秋天充满诗意。这是个奇异的季节，五彩之气在青年革命家头顶上萦绕。宋英山心潮起伏，业已从挂彩的沮丧中抽身。他意识到生命的顽强与男性自尊的不灭，当明秋再次替他的腹部换药时，下体的骤变使他险些横生邪念。他坐起来，以赞叹窗外秋意的方式加以遮掩。他希望女人早点完成换药，又希望那只玉手在腹部的周围逗留滑行。

你觉得怎么样，支队长？

我感觉好多了。

还疼吗？

不疼，只是有些痒。

那是在长肉了。支队长你还是躺下来。

我坐会儿吧。

我扶你躺下来。

宋英山便重新躺下。他的动作缓慢，脑勺紧贴着女人的肘弯。他的头沉沉压下来，女人的胳膊并未及时抽出。女人柔情似水，支队长心跳似鹿。明秋，你真好。你让我想起一人。明秋说是不是从前的相好？宋英山点了点头。明秋说我早有耳闻，那个人是不是很好？宋英山说人倒是不错，只是我们毕竟不是一个阶级。明秋问：阶级是不是很重要？宋英山一时无话。他的思绪被女人身体的芳香所中断，那实在是久违的气息。支队长小心翼翼地提出一个请求：你能摸摸我吗，明秋？见女人没有及时表态，宋英山便又加上一句：我身上有些酸胀，像被绳子捆住了。女人还是没有回答，但她的手已探向男人最需要抚摸的地方。

1947年10月的最后一个下午就这样刻画出来，成为青年革命家有生之年压轴的图景。他的视线为窗外突然绽放的阳光所迷失，所以没有看见阳光下埋伏着一个男人的投影。当马夫刘四以迟缓的步伐走近大门时，支队长正陶醉在云雾之中。刘四暗自庆幸自己的女人没有宽衣上床，但女人的手在被子里的所作所为他大致清楚。马夫决定制止事态的恶化，他重咳三声：明秋，弄点吃的。

女人在里屋回答：不是刚丢饭碗吗？

刘四说：不是我吃。是给狗吃。

明秋走出来。女人略带轻蔑的目光打在马夫脸上。女人说：那狗的胃口也太大了。

马夫的突然归来让支队长顿生冷汗。宋英山欠起身体，向窗外望去。他仔细审视马夫进来的路线与位置，那个地方，完全有可能明了这张床。支队长为自己刚才的失态有了一分钟的后悔。发生了什么呢？我确实感到身上有些酸胀。我并没有要求女人的手找到那个地方，但是刘四生硬的干咳让他警惕。

自夏天击毙黄庆之后，马夫对他的脸色有点不阴不阳。他除掉了马夫的仇人，马夫却因此显出烦躁。起先他只是认为，马夫为没有亲手复仇而遗憾，但现在看来，事情远不是这般的简单。昔日马夫的不离左右让宋英山感到安全，这感觉突然改变了。刘四的进进出出倒令支队长不免有些惊慌。宋英山靠在床上思索片刻，主意已定，便唤马夫进来。

你进山问问情况，支队长交代说，顺便带点药材回去。

马夫迟疑了一下：支队长，我的任务是陪你养伤。

我没什么。山里正缺药，马上出发。

支队长，万一……

枪我留下。你路上小心，去吧。

交代完这一切，宋英山从怀里摘下那只家传的德国怀表，放到刘四手上：这个你带上。你跟了我这么久，这个就算我一点心意了，送给你。

意外的馈赠让马夫手脚无措。刘四正欲推辞，听见明秋在门边说：支队长你好大方呀。

黑狗已进入圈套。少年冬来在支开从前的伙计后开始有了那种职业的状态。他调换了食饵，从怀里掏出一块用酒腌制的狗肉。这喷香的食物曾伴随他度过无数个枯燥的秋冬之日，但他总吃不够。他怀疑少了许多狗腿，终于在一个深夜，少年冬来被梦中的狗肉芳香所醉醒。这香气还在身边弥漫，稠稠的口水挂在嘴角。黑暗中冬来听见了隔壁的声响，那是母亲的呻吟和一个男人粗短的喘息。这重叠的声响破坏了少年美好的梦境和味觉。不一会儿，娘说话了：你走吧，趁着月亮。男人说想再歇会儿，被窝刚焐暖咧。娘说还是走吧，天一亮就不便了。男人懒懒地打了个漫长的哈欠，说：就走吧。娘说外面露水大着，穿暖些。男人说不冷，狗肉吃了添火气。娘说那你再带点腌的去，饭头上煮了就好。少年的狗肉就这样让另一只大狗拖去了一些，那杂种吃了肉壮了阳便时常从山里窜回来糟践娘。在这个阳光充沛的下午，少年冬来苍白的面孔在一把雪亮的飞刀上晃动。这确实是一把顶好的刀子，少年一试锋芒，它从哪儿来就该回到哪儿去。

外山的大狗终于难抵同类肉质的诱惑露出了锋利的狗牙。忘情与贪欲使这畜生放松了警惕。一个奇怪的东西正向它接近，行姿也似走兽。少年冬来灰衫披头，手脚着地向目标移来。这个敏捷似猴的小人以疾风过眼之势甩出了手中的狗套，一举成功。大狗的喉部受到突然的意外的一勒，使它将下咽的肉哽于食管，它拼命一奔，少年连同狗套全被掀倒在地。少年就势绕一棵山毛榉一滚，狗套的铁丝便缠绕了树干，凭借这树的力量，大狗顽强抵抗的结果是使自己迅速走向死亡。那一刻少年悠然自得。畜生，是你自己勒死了自己！少年大声喊道：吐出来！畜生，吃下的全给老子吐出来！

大狗绷如弯弓的身躯渐渐松软，两眼暴突但也渐渐阴暗。大狗的嘴半张着，奶一般的沫子顺着拖长的舌头淌下。一腔热血自喉管涌出，它躺在被自己挠出的浅土坑里，死了。大狗最后的努力是把自己作为雄性的标志夸张挺起。这奇异的景观让少年有了瞬间的痴迷。他拔出飞刀，削铁如泥般稳稳割下了这道动人的风景，掂了掂，然后对着它吐了一口痰，奋力扔到树上。少年说：我不要你的肉，也不扒你的皮。我只想弄死你。非弄死不可。畜生，懂吗？

1947年秋天少年冬来完成了使命。他毁掉了狗套。在以后漫长而悠远的岁月里，他不再与狗打交道。

经过耐心劝导，县政府的人终于请首长登上返回的专车。外省人面色阴郁，他抬头看了看天空，冬日的太阳已相当疲软。那东西是无法找到了。也许人世间很多的东西，一旦丢失便永远无法再得到了，就像一滴雨落入河里。首长的自言自语让护送他的人感到困惑，以致他们在那一刻断然放弃了"首长有病"的念头。他们认为首长的感叹富有哲理而意味深长,这样急着把首长送走,可就是一个不大不小的错误。从上面的介绍看,首长与此地毫无瓜葛,可他又是有目的地来这里"找一件重要的东西"。那究竟是什么东西呢?他们这样问过。首长便用手凌空划了一个大圆圈:说不清楚。

车开动了,外省人有了一种被掏空的感觉,他不再说话,注视着外面不停变化的景色。他看见一只黑色的小鸟正向西飞去。向西应该是罐子窑。对那个不大的乡村,外省人的记忆现在又显得模糊,但他眷恋那条小河以及河边的种种景色。城里已没有河流了。城里只有很咸很涩的自来水。城里已没有山,连坟都没有。据说城里今年的春节禁止燃放鞭炮烟花,那算哪门子节呢?外省人收回疲倦的视线,合上双眼。那条小河再次闪现,河水渐渐变为橙色。外省人感到呼吸有些困难,河边老妇的简短言语如同一道佛咒,重重压上胸口。突然"叭"的一声炸响,车滑向路边。还没来得及做出反应,就听见司机骂道:妈的,胎爆了!

换胎的工作在司机搞妈日娘的声音中进行着。送行的人看来没什么分量,所以忙着做下手并不断给司机点烟。司机的情绪有些恶劣,埋怨刚出门就犯事不是吉祥之兆。外省人在路边做了一次小解,突然神色转为惊讶:这正是那天他骑车跌倒的地方!外省人机警的目光撒向四周,一切都有些不妥。

等车胎换好,他们发现首长已不在了。

马夫刘四接受命令送药进山,女人没有送他一程。当大门在身后关闭,马夫就认定一个阴谋即将开始。马夫没有迟疑。他知道此刻窗户上贴着一双监视的眼睛。这厌恶的目光打在背上,点燃了马夫抑制多天的愤怒。马夫看看西山头上欲坠的太阳,心中作出了大胆的决定。

现在都平静了。

支队长宋英山可以下床料理自己的小事。伤好得这么快,在青年革命家看来,药的因素并不很重要,重要的是人的精神。精神这东西虚妄而空泛,但如果找到了便能显示出惊天动地的力量。支队长显然是找到了。宋英山顺利完成了小解,浑身轻松了许多。刘四上路了。望着马夫远去的宽厚背影,支队长更多的怀念是那块家传的德国怀表。他多少有点后悔，那表跟了他多年。怀表突然送出去，宋英山自己也感到吃惊。马夫丝毫没有流露出敲诈的意思。马夫也未必觉了什么。总之怀表送出去不自然，反倒让女人挖苦了一番。支队长不禁叹息，对自己笨拙的反应能力很不满意。宋英山的心绪再度灰暗，但女人的关门又使他迅速找到了转变的支点。他回到床上，虽然身上的酸胀感已经消除，可是不可抗拒女人的抚摸。

女人没有过来。这让支队长意外而伤感。他的精神消解在软软的阳光里变作一条上岸的鱼，只需要一口水。宋英山夸张地呻吟着，仿佛以此拨动一颗恻隐之心。门帘果然动了，明秋倚门朝这边看：支队长你又怎么了？

没什么。宋英山拍拍床沿：明秋，你坐这歇会儿。

有事吗？

我想同你说会儿话。

女人就坐到指定的地方，脸却对着窗外。女人说支队长，你有话就讲吧，我听着。女人一反常态的严肃让支队长有些慌乱。他注视着女人好看的侧面，发现眼角上挂着一颗泪。宋英山沉默了。

支队长，我就值一块怀表的价吗？

明秋，看你想到哪里去了！我是看刘四……

刘四是我什么人？

你们……

明秋突然抽泣起来。宋英山心情复杂地伸出胳膊，把女人拥到怀里，另一只手熟练地将窗门关起，室内便倏然黑暗了。

在村口的一堵矮墙后面，闪现出马夫凶恶的眼睛。窗门关闭的瞬间，马夫的手伸向右腿，但是飞刀呢？飞刀还在那小杂种手里。那么就用石头或者绳索，或者就用双手，那根细脖子比鸡巴粗不了多少，只需一下，两下，掐死他！马夫腾起弯曲多时的身体准备行动。天上传来几声乌鸦的鸣叫，马夫一惊，腿居然迈不开了。不吉之声如同绳索捆住了跃跃欲试的马夫。杀了他，我也就没命了。再说，他枕边有枪……1947年10月罐子窑最后的阳光落在一个命运卑微的汉子身上，使寂寞的乡村散发出不可抗拒的晦气。当阳光彻底消失之后，死亡的阴云悄然覆盖了村庄。

血案发生在子夜时分。这之前少妇明秋的屋子里没有任何反常。明秋给支队长换了药，男人的伤口出乎意料的愈合让她感到安然。几小时前，她在男人怀里哭成了个泪人儿。男人搂抱着她，抚她的头，摸她的背。后来男人自己也流泪了，男人感叹人间的不平和岁月艰苦。男人更多的是一种充满伤感诗意的假设。如果没有战争，没有压迫，他愿意脱离这戎马生涯与女人比翼双飞。女人就问飞到哪里，男人说飞到一个没有人烟的地方，然后再造出一片新人。女人便笑了，用手背抹去眼角的泪珠。女人说你口气还真大，可你这么单单薄薄的身子恐怕做不出那么大的事情。男人说表象是证明不了本质的。女人不懂这句话，她只感到男人的手重新规定了抚摸的路线。女人按住男人不断下滑的手，说：支队长，时候不早了，我得去做饭。

外面其实还很亮。

这天说黑就黑。那小杂种一会儿要回来了。

刘四不是走了吗？

我是说冬来。

宋英山很不情愿地抽回手。他开始检索记忆。这些日子，他似乎没有把那个少年放在眼里。那还是个孩子。但第一天夜里，当明秋给他喂红枣粥时，那孩子光着下体，拎着一条滴尿的裤子的形象又生动地重现于眼前。现在琢磨起这个形象，有趣的色彩业已褪去，剩下的是意味深长。据说这少年是套狗能手。这么小的人儿对付一条狗不是件简单的事。宋英山就很畏狗。狗不同于狼。狼是公开的敌人，因此可以公开地警惕与戒备。狗却不同，狗通常被看做人类的朋友。狗以忠诚为人类称颂。可是狗的忠诚只是对着主子，对外则是全然不同的另一副嘴脸。狗与人类厮守共处，却让人防不胜防。

少年冬来没有回家，但他随时都会进门的。这个游手好闲的少年混迹乡里，行踪不定。明秋像往常一样，把儿子的饭菜集中到一只大碗里，置于锅中用热水温着。但在这个晚上，明秋似乎有了种预感。那时候外面的风声如同陈旧的纺车，天黑得吓人。村里异常宁静，连狗都不叫。老实的庄稼汉和正经的手艺人过早拥着自己的女人上床了，实践着艰苦年月唯一的欢乐。明秋给支队长换好药，身子有些沉重，想美美睡上一觉。昨夜她几乎没睡，马夫的叹息让她心烦意乱。可是从下午到现在，支队长如饥似渴的眼神和慌张不定的手势，正软软地逼迫过来。这个书生清秀而浪漫，但天生一副小胆。而且这个书生毕竟替她杀了仇人。明秋几次涌起献身的欲望，但都被那种挥不去的预感所淹没。那是一种无法言明的预感，全部的指向都是埋伏的凶险。明秋决定放弃这个晚上，以接受男人的全面抚摸作了总结。明秋贴近男人的身边说：放心睡吧，日子还长。

少妇明秋仍旧回到阁楼。她重重放下身体，困意却已消散。楼下男人温柔的话语和细腻的抚摸还残存在身。她觉得自己喜欢上了这个读过书也教过书的男人。如果真有这书生幻想的那种日子，哪怕过上一天，她也感到满足。1947年秋日这个越陷越深的夜晚，少妇明秋初识了书上所言的那种叫做爱情的甜蜜语调。这搅人心扉的美好感觉使女人把一切思绪删繁就简。她抚摸自己。她成了一只小船进入到一条湍急而清洁的河流。她只需做最后一次努力，就能抵达彼岸了，这时候，男人帮助了她。男人终于冒险摸黑上楼，仿佛老练的艄公递上一根篙子，小船随即平稳。平稳的小船在艄公的驾驭下驶入波岸浪谷。艄公大声喘息，艄公小声欢叫，艄公的身体像大鱼一样颤动，然后又是一次大声的欢叫，四肢渐渐变软了。艄公从牙缝中挤出女人的名字，就不再动弹。越发浓郁的血腥味弥漫小楼，证实了女人一天的预感。

1947年11月最初的一个清晨，杀害支队长宋英山的凶手刘四伏法。这个26岁的马夫开始拒不承认自己的犯罪事实。但留在支队长后背上的飞刀和藏在马夫内衣口袋里的怀表，构成了谋财害命的铁证。那时候少妇明秋被当做同谋，关在一间破旧的庙宇里。她的辩解被看做是不实之词，况且她也只能解释一块怀表。

沉闷的锣声使乡村的这个清晨显得有些热闹。人们像看戏那样涌向西山脚下，看见五花大绑遍体鳞伤的马夫被推到一个土坑前。马夫迷乱的视线在围观的人群中掠过，他在寻找自己女人的脸孔。他没有找到女人，视线却意外地同树上一个少年的眼光交接。那少年眼光中充满着无限的快慰与满足。马夫死到临头才恍然大悟，竟开颜一笑。时辰已到，行刑官让马夫喝了碗当地的山芋酒，问道：刘四，还有什么话讲吗？

有。

讲吧。

宋英山是我杀的……

行刑官略感惊讶，正想说什么，又听见刘四突然大声呼喊：我杀了宋英山——

行刑官往后一退，做了个手势，枪响了。刘四像绊倒似的栽到土坑里。

1993年1月下旬，寻找外省人的小组来到罐子窑。当地的土著眉飞色舞地介绍着京官的情况，却不能带来实质性的进展。最后一天，寻找的人来到那条小河边，一个小男孩向他们讲述了一件小事。他就站在这里。我来杀鸡，鸡太大，我不敢杀，他就过来帮我。他一刀就把鸡头剁了。我说我家过年要全鸡，我哭了。他替我擦了泪，赔了我50块钱，就沿河边往西山那儿走了。男孩为了证实自己讲的都是真的，又说：不信，你们去问明秋奶奶。她当时恰好从这里路过。

寻找小组又找到年迈的寡妇。但老人的话更是深不可测。老人说：来年一定风调雨顺。老人就只讲了这么一句，然后开始专心致志地梳头。那灰白的头发如同雾里藏针。老人自语道：我不用簪子了。

1996年1月5日，作家在写作一篇关于往事的小说时，意外发现了一则不起眼的消息：

> 隐匿近半个世纪之久的恶匪黄庆最近在云南××县伏法。黄庆祖籍江苏扬州，现年78岁，年轻时即为土匪，横行乡里，无恶不作。抗日战争结束后，黄犯投靠国民党，多次进犯我皖南游击区。（曾有传闻其已被我方游击支队击毙，现证实此属谣传。）解放后，黄犯恶习不改，曾于1967年策划过江东武斗，于1988年参与过抢劫信用社。自1991年起，黄犯以经商为名来滇，暗中进行非法走私毒品交易，终于难逃法网……

1996年2月 郑州

（原载《钟山》1996年第4期）

桃花流水

一

　　1945年8月日本宣布无条件投降的十多天后，44师参谋长王崇汉突然接到战区司令长官顾祝同的命令，让他迅速赶到江南老镇渔安，去接受一批日本人移交的舰船。命令中明确指出，如果这批战利品还具实战价值，就按一个独立旅的建制实施操作，尽快搞出一个方案来。独立旅划归战区司令部直接指挥。

　　命令送达的当日，王崇汉便由宁溪出发了。据后来随行的副官介绍，参谋长接到命令之后表现出了极大的无奈与不安。他显然是不愿意去渔安的，副官说，而且他对和一堆破船打交道也非常反感。这或许让他忧伤地想起自己的家史，他的祖先曾是李鸿章的同僚，中日甲午战争失败后，这个人莫名其妙地被拖到菜市口问了斩。行刑前只留下一字感叹：船！然而从后来的事实看，这差不多就是牵强附会的臆测。相反，这个曾在日本学习海战的男人抵达渔安后，首先要做的，是选择一艘炮舰作为自己的办公地点与栖身之所。他很少像其他军官那样去渔安镇里转悠，顶多是去码头上散散步。

　　历史上的渔安盛产过两样东西：鳜鱼和妓女。这个发迹于清康熙年间的江南古镇，别有一派"秦淮风景"。这里的胭脂巷与翠花楼也伴随着小调丝竹，但妓女以卖笑者居多。当然妓女之所以成为妓女，最终还是要陪人上床的。略有区别的是，她们有着相对的专一。在某个时期内，她们只陪"自己的男人"上床。除非这个男人不来了，她们再另作物色。渔安的繁荣得助于这些女人，因为对男人而言，外养一个女人并不是件容易事。于是就有男人在渔安另开了店号，一面经商，一面把赚到的钱用于养女人。这是一种奇特而有趣的流通形式。

1938年日军攻占南京后，渔安镇的妓女全部逃到了皖南山里。那时的渔安如同残阳夕照，情景凄怆。现在日本人打败了，这些隐匿山林的女人便像鸟儿一样纷纷飞回，那阵势也可以看做一种凯旋。负命在身的王崇汉就是于这样的时刻抵达了渔安镇。他完全能够想象出老街上热闹喧天的场面，但他勒住了缰绳，临时放弃了原定的路线，而是从镇西的另一条不易察觉的小道，绕了很大一圈后到达了江边。参谋长的这个决定当时并没有引起随行人员的过多留意。重新关注这个细节是在七天之后。其时这个45岁的男人正躺在一片血泊之中。

血案发生在后半夜。据副官回忆，这一天里参谋长并没有什么异常迹象。上午，他在自己办公的这条"野川丸"上主持召开了一个工作会议。鉴于所有接收的舰船作战设施全部遭到破坏，他建议尽快致电顾长官放弃所谓独立旅的构想，而公开将这批强制退役的军舰拍卖给地方。但是这个建议没有得到一致的拥护。个别军官认为，作为军备，这些舰船修修还是可以正常服役的，至少能够担当防御性的巡逻以及水上运输任务。他们认为参谋长这个建议显得过于草率了一些。于是便休会了。不过，副官强调说，这并没有破坏他的情绪。相反，参谋长散会后兴致很好，甚至去江边遛了一会儿马。然后他就去了镇上，这也是不多见的。参谋长从渔安镇回来时已临近黄昏，他带回了一些卤菜和当地产的一种山芋酒。一般这种时候，副官回忆说，我们是不去打扰他的。因为他有个习惯，只要独自喝酒，之后就会铺开笔墨纸砚吟诗作画。但我们不知道这个晚上喝酒的是两个人。

现场很容易证实这一点。王崇汉眉心正中一枪。子弹入口很像一朵刺绣的桃花，只是颜色过于暗淡。这是近距离的射击，但绝非自杀，尽管使用的武器是参谋长贴身的那支德国1930年制造的左轮。令人费解的是，枪内的其他五枚子弹都卸在桌上，分别盛在两只酒杯里。刺客的指纹比比皆是，毫无遮掩。再从刺客登船的途径看，显然这个人是从水里来的。由北侧的船舷绕到了参谋长的寝室。所有这些不难看出，刺客与王崇汉是熟悉的。甚至可以断定，参谋长主动安排了这次神秘的会见。但他或许不知道，他静候多时的是死亡。

这宗案件立刻上报了战区司令部，令顾祝同大为震惊。他很快派来了一个特别调查组,我爷爷是成员之一。老人在1987年对我谈起这次秘密行动,他说顾长官如此重视"王案",与其说是对损折一员爱将的负责,倒不如说是担忧本战区和他本人的名誉。因为有人分析,王崇汉之所以提出拍卖军舰,是预先同商家咬过耳朵的,想从中渔利。还有人更是危言耸听,怀疑王参谋长私下同日本人有过勾搭,如今形势大变,便急于毁掉一些什么证据。

当然这些猜测不久就被否定了,我爷爷这么说道:现在看来,王崇汉提出卖船不过是急于离开渔安而已。而且那些舰船不久也就真的拍卖了,成为当时很轰动的一条新闻。

二

年富力强的王崇汉参谋长于一个深夜被刺,已是半个世纪前的旧事。我在1987年获悉这个悬案之后便十分好奇。但我的兴趣更多的是游离在这个案件之外。在无法弄清刺客面目的情况下,我只能去追寻英年早逝的参谋长的旧时踪影。在我爷爷作出结论之前,我就已经相信王崇汉与古镇渔安有过一截极不寻常的情缘。我认定这是他的一块伤心之地,有着不堪回首的往事。我甚至假想出在一个朦胧的月夜,从前的参谋长牵着心爱的白马,矜持地走进了胭脂巷,然后在一扇柿木的门扉前停下。在这条巷的尽头,是闪动月影的一线长江。很多次,我被这个杜撰的画面弄得魂不守舍。那时我才30岁,而假想中的那个英武的男人比我还年轻。但我们又拥有完全一致的浪漫情怀。

第二年春天,我便带着这个故事的开头乘船去了渔安。那时的渔安已是一个县级市的规模,出于发展旅游业的考虑,从前的老镇依旧按老样子保留着。那条鼎鼎大名的胭脂巷如今更名为映霞街。几乎家家都开着铺面,卖些这一带出产的文房四宝和二胡、月琴之类的民族乐器。这条狭窄的街上也有客栈,但一律称作旅社。我观察了一会儿,正想选择一家住下,忽然就听见背后的门里一个女声在喊:先生,住店吗?

喊我的是一位年轻姑娘,长得明眸皓齿,梳着两条齐腰的辫子。她当时站在天井边上,阳光斜着射入,使她的肤色看上去白皙而健康。这无疑是个漂亮的姑娘,我想我没有必要再做选择了。我走进这个幽深而高大的屋子，觉得很惬意，但又隐约感到几分可怖。毕竟这屋子太老了，欣赏是一回事，住下便是另一回事。所幸的是，楼上的客房已经过了改建与装修，除了没有卫生间和铝合金窗户，屋内的感觉和普通招待所的标间很接近，有一台黑白电视机、一对人造革沙发，楼板上还铺着红色的化纤地毯。我挑了一间朝西的屋子，由窗户可以清晰地看见长江和镇子北坡上的桃花。眼下正是花季，北坡上一片粉红，层层叠叠，令人神往遐思。

但是我没有向姑娘说明此行的目的，我只说我是省城的一个文化干部，到渔安来搜集民间故事，可能要住些日子，一般都是早出晚归。她好像对我的职业很好奇，但不知道什么样的故事才叫"民间故事"。这么一交谈，倒引起了我的考虑。我想这姑娘一家一定是祖祖辈辈都没有离开过这个古镇，她的家人说不定会对我提供些什么。于是我说：只要在渔安流传的，都属于民间故事。最后，我们交换了姓名，她叫王玉蜓，今年19岁。这个被称作清流的旅社并不属于她家，但有一度她的家人在这屋里住过。那是刚解放不久，她说，胭脂巷从前的那些女人都被政府弄走了，空下的房子用于安排穷苦人。那时候我爷爷刚刚出事，就被安排进来了。

我便问：你爷爷出什么事了？

她好像并不愿意提起那件事，迟疑了一会儿，她说：他险些在江里淹死了。

1988年春天我在渔安镇住了近一个月，和行前预料得一样，我没有找到任何关于"王案"的蛛丝马迹。我设想的青年军官与青楼女子的缱绻情怀也多半停留在虚妄之中。但我十分意外地获得了另一个优美清丽的故事。这个故事是真实的，也是由一个男人和一个女人担任主角。更有趣的，是这个故事与当年王崇汉参谋长接收的那批日本舰船有关。

故事的叙述者是小蜓的爷爷王申老人，这个从前的水手。我在一个明媚的下午见到了他。其时他不过是年逾六旬，看上去却已相当衰老了。最初，老人对我十分冷淡，甚至带有一点敌意。我想他可能把我当做了城里来的小白脸，正在打他孙女的主意。这种人他见得多了。然而当我提到那批日本舰船时，他才觉得我来渔安是在做一件正经事。他用听起来很沙哑的声音对我说道：我一直想说说这船。在老人后来断断续续东扯西拉的叙述中，我大致弄清了故事的轮廓。但要把这个故事生动地讲出来，仍离不开我局部的想象。在渔安的那些天中，我主要就是在做这项工作。同时，我又不忍放弃我对王崇汉旧时一幕的精心编织。所以我准备并行把这两个故事慢慢讲出来，这或许会给阅读带来麻烦，但是我别无选择。十多年后的今天，当我决定写一篇叫做《桃花流水》的小说时，我才蓦然意识到当初的固执也不妨看做一时聪明。

三

1953年春天的渔安镇是充满生机的。连日的晴朗天气使这个江南古镇像一面色彩绚丽的刺绣。随着抗美援朝战争的全面告捷，人们仿佛又一次感到和平亲近了自己。这种喜悦很容易让人们联想到1945年的8月，那一次是中国人把日本人打败了。人们至今还记得，那些日本兵举起双手像牲口一样被驱赶到码头的热闹场面。日本人走了，丢下了一堆破船。但是这些船不久便给一些轮船公司和航运公司买走了。到了这年春天的一个下午，有人发现停靠在渔安码头上的那艘"江宁—2号"，就是从前的"野川丸"。它的模样变化很大，已经由作战的军舰改成了两层的客轮，也重新刷过了油漆。如果没有一定的舰船知识，很难识破这一点。

"江宁—2号"属于上游芜湖的一家公私合营的轮船公司。这家规模不大的公司主要从事上至武汉下至上海的客运业务。但是，经过上级管理部门的重新检测，"江宁—2号"由于船体狭窄而不能继续担当客运任务，更适合去做一条货运的驳船，它的动力机械仍十分优良。按照指示，"江宁—2号"这天是最后一次执行客运任务。渔安也是最后的一个停靠码头。这个消息，对船长袁铿来说是求之不得。这个毕业于汉堡船舶学院的年轻人从接管"江宁—2号"的第一天起，就十分沮丧。他坦率地向公司提出，认为这种滥竽充数是一件十分危险的事，船的吨位与吃水面积会使乘客身心不安，尽管它有良好的速度。从现在的情况看，上级主管部门的调整与袁铿的上书关系极大。

那个下午船长的情绪似乎很好。在水手们看来，这个阴郁的年轻人虽然有着精干的航行本领，但平时很不好相处。除了工作关系，他没有更多的言谈。他从不与同事一块喝酒、打扑克，也没有串门的习惯。这个人还有洁癖之嫌，他那间船长室是不轻易让人进去的，即使进去了，也不允许对方在这里抽烟。那个狭小的空间布置得颇有情调，挂着一幅工笔的桃花扇面和一幅德国带回的铜版画，一般人不知道这画的内容是诺亚方舟的圣经故事。在画的下面始终摆着新鲜的水果，如案头清供。袁铿大概只有一个爱好，就是吹笛子——那是一根岭南笛，音色浑厚而忧伤，船上的人并不喜欢。也许是自己的建议受到了重视，抑或对今后的工作充满憧憬，船长袁铿在这一天里举止都很反常。他还专门买了两包哈德门牌香烟请各位船员抽，并且提前发出许诺，等抵达芜湖港后，他在镜湖边的鸿宾楼请客。水手们显得意外而不知所措。后来他们才渐渐感到，船长的反常与一个女人有关。

"江宁—2号"在渔安停靠后，轮机出了点故障。这样，原定一小时后离港的计划需要改变。船长要求在三小时内结束维修，趁这会工夫，他下船去镇北的那面半坡上看桃花了。袁铿显然算不得性情中人，他似乎有着与生俱来的忧郁。实际上这个26岁的青年是追寻一个姑娘的身影而去的。这姑娘自南京登船后就没有走出船长的视野。她大约是美术院校的学生，携带着全套的写生工具。她的年龄可能刚近二十，有着沉静的外表和鹤立鸡群的气质。这天她穿着一件桃红色的毛线外套，里面是靛青的士林布旗袍，黑皮鞋白丝袜。最引人注目的，是她的齐肩短发上扎着一条杏黄的丝带，束成了蝴蝶形状。第一眼看上去，船长还真以为是一只黄蝴蝶落在她头上呢。然而正是这个装束引起了船长的回想。他隐约记起，一年前当他接管这条不伦不类的船时，这只黄蝴蝶似乎也曾从他视野中掠过。但那回是在镇江码头。而且那正是他最烦躁的时期，因为他刚刚发觉这所谓的"江宁—2号"是日本人遗下的破军舰改造的。他感到不可思议，自然也无心去留意一个姑娘。

袁铿还注意到，这姑娘并不属于小鸟依人的一类。或者至少他感觉到，这是个习惯于独往独来我行我素的女人。她始终戴着墨镜，不苟言笑意味着拒人于千里之外。有时候，她像男人那样架起一条腿，而另一条腿一直踏在油画箱上。但是这一副孤傲的做派却勾起了男人征服的欲望。

袁铿赶到桃园时，那姑娘已支起了画架。当她感到有一个男人正向她走近时，她也并没有转过身来。她随意点染着，显得有些心不在焉。袁铿有些尴尬，但他并不羞怯。他在看画的同时也不时用眼角的余光打量着作画的女人。她现在摘下墨镜了，露出了漂亮的眉目。那时袁铿就想，如果娶这么一个女人当老婆，想必会开心，但日后生了孩子便不得安宁。或许这一瞬间想得太多了，年轻的船长不禁自嘲一笑，然后就蹲下来去看油画箱里的颜料。这时，他听见女人突然问道：你想干什么？

袁铿说：我看看颜料，像是慕尼黑的产品。

女人迟疑了一会儿，又问道：你在德国待过？

袁铿说：我待了三年，前年秋天才回来。

女人说：怪不得我没见过你。

袁铿说：我见过你。

然后他就说起了一年前在镇江码头的那档事，不过他夸大了事实，把印象变成了"深刻印象"，之所以没有接近她，是他觉得"那时你看上去还像个孩子"。

女人便第一次笑了，说：一年工夫我就长大了吗？

袁铿说：女人的变化总是令人吃惊的。

四

作画的姑娘叫陶侃。袁铿对这个名字也一样有好感，而且他觉得他们有缘，因为两人姓氏的谐音让他想起晋人陶潜的那部名篇绝唱。袁铿在当天的日记里有着充满诗意的渲染描述，他写道：我明白什么事已经发生了，因为我感到郁闷已久的心扉突然被打开，射进了一道强光。

但是这一天后来的事让年轻的船长多少有些惆怅。他原以为陶侃会随他的"江宁—2号"回芜湖，不料被谢绝了。陶侃说，她打算在渔安住上一个时期，并且已在胭脂巷预订了客房。陶侃说：我需要静下心来完成我的计划。说完这句话，她把那幅未完成的写生从画板上取下来，签上英文姓名，送给了船长。

关于这一点，袁铿在日记上是这样表达的：她的画让我激动，但她蛰居渔安的选择让我失望。我实在不情愿这样的姑娘住进那样的屋子，尽管已经改朝换代，但我总觉得那里仍散发着从前的晦气。

这天的日记还记载着另一件事，是袁铿第二天补记的。

"江宁—2号"离开渔安港不久，便进入到夜航状态。那时江面上雾气氤氲，探照灯的光区里灰蒙蒙一片。当船正欲驶进主航道时，突然全船灯光大灭。其时船速是每小时20海里，因是逆行，所以马力开得很足。如果不是袁铿处理冷静，这条船完全有可能偏离航线而撞到一座小孤山上。这种照明故障并没有让船长诧异，但他惊愕于检查之后的发现：各部门的报告都没有问题。正当船长深感蹊跷时，所有的灯全亮了！

我在黑暗中度过了五分钟，袁铿这样写道：在这黑色的五分钟里，我的感觉是上帝的手控制了这条船。

袁铿感到了一种莫名的恐惧。事实上，这条铁船自从交到他手上之后，就如同梦魇让他时常不安。所幸的是他现在解脱了。袁铿返回芜湖后，公司通知他新的客轮很快就到，这回是很正规的客轮，不过也是从武汉那边买回来的，现正在船坞里进行检修和油漆。袁铿因此有了半个月的假期，便决定重返渔安来陪伴那个叫陶侃的姑娘。爱情使他暂时忘掉了一切。

第二天袁铿便启程了。他没有搭乘公司的船走水路，而是直接去了长途汽车站。他知道开往南京的班车虽然不路经渔安镇，但停靠铜陵。从那儿翻过一道岭便离渔安不远了。这样算起来，时间还是提前了很多。那正是春暖花开的时节，江南处处风景如画。人们彻底摆脱了战争的阴影，似乎还沉浸在解放的喜悦之中，期盼着百废俱兴。那也是春心荡漾的季节，艳遇正被证实为爱情，使这个矜持的年轻人变得洒脱而富有人情味，以至看上去像另一个人。然而从故事的发展观察，这种朴素的理解显得片面而肤浅。

这天袁铿搭乘的是一辆篷车，车型是苏式的那种嘎斯。车开出近两个小时后，袁铿突然想起了一件事没有办。他在渔安时曾许诺在鸿宾楼款待全体同仁，但却忘了兑现。这个小小的过失让他的情绪变得有些恶劣，那时他想，男人是应该看重诺言的。这个习惯他从小就养成了。就在他恍惚之际，车翻了。袁铿还来不及反应便被压在了一堆人的身下，但他只是额头与肘部受了点外伤，也没有骨折。他挣扎着爬出来，然后又敏捷地将一个女孩抱出。这辆车翻进了路边的稻田里。没有人死亡。黑脸司机一边拭着头上的血一边开始检查事故原因，嘴里不停地念叨：

怎么就翻了呢？

不用说袁铿是多么沮丧。这个敏感的男人注视着眼前的车祸，想到的却是昨天夜里在江上经历的凶险，仿佛觉得这相继发生的两件值得后怕的事存在着某种联系。他感到头痛，这痛感不是来自伤口，而是脑壳的内部。他沉重地走到一边，想甩掉乘客们连声的哭泣与抱怨。这一刻他产生了懊悔。他想这么急着从国外回来，或许是一个错误。但那时这个本质阴郁的男人却不知道，眼下的渔安之行是错误的延续。从袁铿日记里可以看到，翻车之后他曾有过返回芜湖的犹疑，但在这时，一辆拖茅竹的货车停在了他身边。这个司机是船长的熟人，于是袁铿又成行了。袁铿写道：这些都是天意。不过从以后的事实看，这无疑是对天意的曲解。所以我们只能宽容地一笑，恋爱中的人一般都是这样，正如西方一位老人所言：在他们眼中，一片凋零的叶子也会成为一只飞鸟。

恋爱在任何时候都具有神奇的力量。倘若不是这天的车祸，21岁的陶侃或许就没有多少感叹了。甚至会适得其反，她会私下认为这个道貌岸然的男人其实骨子里仍是贪色之徒。这个浪踪四方的姑娘内心却十分幽闭，她已不习惯夜间接待一位不速之客，况且还是个男人。但是，当她看见来访的男人头上还在滴血时，便一下受到了感动。

爱情往往就是这样。

意外的车祸使这两个年轻人一天走完了一年的路。这时，他们像是真的相爱了。

五

1988年春天我在渔安结识了小蜓的爷爷王申老人，经过几次接触，这位当年"江宁—2号"轮船上的水手给了我极大的信任。他很愿意把袁铿船长的故事告诉我，并建议把它写成一本书或者拍成一部电影。王申老人对我说了很多"邪乎"的事，我听得很有兴趣，但又怀疑其可信程度。因为我很难相信，一个留过洋的船长会同一个目不识丁的水手成为莫逆之交。不过，我的顾虑很快就打消了。

王申说，他头回见到袁铿就觉得这人很像他儿时的一个伙伴。虽然这显然不可能，但船长听了还是很高兴，船长说：你就当是吧。船长还说他也很希望有个值得信赖的朋友。王申说这不过是说笑而已，他们真正好起来，是在袁铿认识陶侃小姐之后。每回船长来渔安，都住在水手家里。那时候可不像现在，老人回忆说，男女交往还是清清爽爽的，虽然他们都是见过大世面、跑过大码头的人。老人说这话时还看了我一眼，我自然明白其中含义。不过男女的事就是很怪，他不说倒没事，一旦点破反倒让我想得多了，我甚至担心在以后的那些天里，能否像当年的船长那样"清清爽爽"。不知是这胭脂巷旧时的痕迹过于深刻，还是眼前这小镇姑娘的形象特别鲜活，那些日子我心里倒是真有一点异样的感觉了。小蜓不在的时候，我便有些失落。做事也不怎么专心。一个黄昏，我从江边散步回来，刚进巷口就听见小蜓在楼上的窗口喊我，一边收着衣服。但我没有听清她所说的内容，只看见她在笑。那个瞬间，我突然想起了我要追寻的王崇汉来。我没见过他的照片，因此我把他想象成另一个我，而他的相好就该与小蜓的模样相似。为了讲述的方便，我姑且称那虚构的女子叫青萍。我的思绪紧接着那个假想的月夜，往下流淌了。故事的时间，在经过我老迈的爷爷校正之后，确定为1931年春天，也是桃花盛开与江水猛涨的时节。那时的王崇汉与现在的我都是31岁，但那会儿他只是个国防部的作战参谋。

  王崇汉参谋是下午乘坐一艘小型巡逻舰由南京抵达渔安镇的。两年前，这个刚从日本归国的年轻人，本该派遣到旅顺口的海防要塞任职，但由于一项紧急计划的制定与实施发生了变化。这个代号为"桃源"的计划是想在渔安附近兴建一个舰艇基地。国防部早就相中了这个拥有一面江湾与三平方公里半岛的地形，认为十分适宜于建成一个隐蔽的军港。"桃源"计划的实施，对南京乃至长江中下游一线的防卫，都将起到不可估量的作用。工作小组曾多次来渔安考察。这一次他们计划住上一个时期，以完成各项技术指标的测试。为了不引起外界注意，也便于保密，这些人分散住在几艘船上。作为下级军官，王崇汉与另一个参谋改作便装住进了临时租借的机动帆船。这个人就是我爷爷。按照纪律，离港是需要报告的，我爷爷回忆说，可是这个王参谋当夜就失踪了。

  故事正是这样发展的。悄然上岸的男人此刻正在胭脂巷的深处等待着一扇门打开，月光只映照出他的下半身，他的腿似乎微微发抖，不知是激动还是紧张。不多时，门缝里透出了煤油灯的光亮，随着一声生涩的门响，那个美丽而凄迷的身影再次出现在男人眼前。男人立刻关上门，然后就拿过油灯深情地看着女人的面容。男人的心头一阵抽搐，一别多年，女人已是花容不再，憔悴不堪了！男人放下灯，搂紧了女人。那时月光从天井里泻下，落在了他们肩头。他们就这样紧抱了很久，没有一句话。

我不知该怎样来描述这个晚上。最初，我的初稿里是另一番情形，充满了久别重逢的喜悦。可是当我把这段自以为优雅的文字读给我爷爷听时，老人便及时打断了我。他几乎是武断地指出，这绝对是不可能的事。老人对从前的那一幕记忆犹新。他说，第二天黎明王崇汉返回船上时，他其实是在假寐。这一宿他也没有睡好，总怕王参谋会闹出什么事来。起先，老人回忆说，我和你想得差不多。但看见王崇汉躺下之后一直在叹息，就觉得这事不简单。他蜷缩一团的身体让我感到难受。我不想惊动他。过了会儿，我好像听见他裹着脑袋在哭。

与我的杜撰相比，见证人的解释怎么说都不失为权威。我只好将那得意的一页撕去。这时我爷爷又说道：王崇汉或许是上岸会某个女人，他对这一带很熟悉。当兵之前，他曾拜南京的一个画师学画，经常来渔安买文房四宝。这个画师后来就成了他的岳父。

于是我很不情愿地把那个销魂的春宵变成了忧伤的一夜，尽管最初的一刻仍是意想不到地激动。女人的激动并非来自男人的身体，而是身体外面的那件长衫。女人问道：你不当兵了？

男人没有回答。他为这句平常的问话感到难过，表情也变得阴郁而复杂。他想这些年来这个叫青萍的女子一直在默默替他担忧，而厌倦的戎马生涯彻底剥夺了他的自由，也断送了他一生中最珍贵的情缘。男人发出了一声长叹，他已经从女人脸上捕捉到了新的失落，但他却没有料到，当自己准备脱去长衫时，女人按住了他的手，女人说：就这么穿着吧。女人说我梦里的你最早就是穿着一件长衫。然后女人便凄然泪下。

男人仿佛听出了另一层意思，女人提到了"最早"实际是在暗示着"最后"。今夜就是他们的最后！男人自然想到这渔安青楼的规矩，自己一别就是几年，这个青萍完全有可能另许他人。但他不甘心这个结局，同时也想作进一步的印证，男人还是一下扯开了胸襟。

女人叫道：你别脱！

男人暗自心惊地坐到床沿上。在预感得到证实之后男人的目光里除了痛苦,更多的是无奈。他强作镇定地想了一会儿,想留下一笔钱就走。但这时他看见青萍已在磨墨,并将宣纸慢慢铺开。这个情形让男人想到他们最初的相见,那是在十年前,他来渔安挑选一种熟宣纸,便在这座木楼下随意作起了一幅画以试效果,却引起了楼上一个小女子的认真关注。那时,这个叫青萍的女孩顶多16岁吧?男人忧伤地想着,面对眼前这人事全非的结局,男人心中纳满了苍凉。他想等这幅画作完,天也就该亮了,他们的缘分便如同那一江春水,一去不再复返……

王崇汉作画这个情节不属于杜撰。第二天,我爷爷曾私下问过他昨夜的失踪。他说是去镇上替一位熟人作画了。他还说当年自己来这一带买东西,那人给了他不少方便。我爷爷认为这不过是王参谋的信口胡诌,我却相信这是事实,并且十分重要。

六

1953年3月21日,袁铿船长在日记中记录了一件奇怪的事。

那是他在渔安住下的第13天上午,他和陶侃去附近的那个江湾半岛上钓鱼。事先已说好,今天只钓鱼,不作画。袁铿虽然喜欢绘画,但恋爱使他失去了耐性。他觉得看女人作画使自己变成了一件木偶,乏味而枯燥。同时也让陶侃分心——这一连几天的外出写生都很平庸。袁铿写道:我不会作画,但我认为我是懂得的,这归功于我的天赋以及自幼的爱好。但今天我们是去钓鱼,过一天野外露营生活。

就在他们将要出门时,争吵发生了。袁铿看见陶侃又拎起了那只油画箱,就问:怎么又要带它?

陶侃说:它并不妨碍我们。

袁铿有点生气,说:一个人得言而有信,说好了今天只钓鱼的。

陶侃说:那只是你的计划。

袁铿认为这是狡辩,这个认真的男人便较上了劲儿,他说:我没想到像你这样的女人也不讲理!

陶侃自然感到委屈,就说:既然你这么看,那你走吧,离我远点!

说着她就来推袁铿,可是当他们的手刚一接触便听见轻微的"啪"

的一响，接着两个人都猛地将手收回了。

　　袁铿写道：我知道这是静电感应。干燥的季节接触和摩擦都能产生这种不流动的电荷。但眼下是湿润的季节，而且，在这一天里我只要一接触到她的肌肤，这该死的电荷便突然迸发！我们成为一个导体，这种现象意味着两端的电荷相等而正负相反——天，这是什么兆头？

　　这便是年轻船长所说的怪事。最初我很不以为然，因为类似这种静电感应几乎人人皆有。但是，在我咨询过有关专业人士之后，我就真以为有些怪了。没有人会相信静电感应是一对一的关系，而且频率之高！这种局限让我不禁想到十几天前那神秘的灯灭和同样神秘的翻车。难道这就是陶侃所言的"离我远点"？

　　故事中的陶侃小姐总让我失去自信。这个拥有良好教养和出众才华的姑娘每一次出现都仿佛戴着一张面纱，我无法看清她的面目。她举止大方却充满怪异。她何必要拎一只油画箱去钓鱼呢？是担心错过意外的风景还是怕完不成她所谓的计划——我一直把它看做一次个人画展的筹备。事实上，那一天她根本就没有闲暇作画，在两个人的争吵消除后，陶侃的心情又像孩子一样快乐起来了。

　　她的愉快让我欢喜，袁铿这样写道：而且我发现这是个耐性极好的姑娘，尽管水面上毫无动静，她仍然在专注垂钓。她大概属于那种执著的女人，仿佛做任何事都带有使命感。她能一辈子执著地与我相守吗？看着她坐在油画箱上那如同塑像般的神情。我内心涌上了一股冲动。我放下我的鱼竿，坐到了她边上。她还是平静地盯着水面，但她的胸脯出现了难以察觉的起伏。她在期待还是……我便探身去接近她白皙的颈项，那幽灵又出现了！我甚至感觉到了嘴唇的麻木……

　　陶侃哈哈地笑了，正想说什么，这时突然传来了"砰"的一声枪响。枪声惊起了隐匿在芦苇中的鸟群，也惊动了这对恋人。袁铿严峻地观察着四周，他很快就看见了一个男人的身影，原来是他的水手到这儿寻猎来了。

　　1988年春天，王申老人向我讲述这一幕时显得十分愉快。他说，当他手持猎枪向那对人走去时，觉得很好笑，因为他一眼就看出，真正受到惊吓的不是陶小姐而是船长，尽管后者把手插在裤袋里做出满不在乎的样子，但他的脸色却无法掩饰。陶小姐倒很随便，老人回忆说，等我走到眼前,她便放下手里那个小木箱,拿过了我的枪。她问我这枪好打吗?我说好打,就想让她试一把。船长不同意,说姑娘家哪有玩枪的?陶小姐就卖了个俏说:我偏玩。说着就让我帮她填药。她端枪的样子还像那么回事,眼睛四下看看,等了好一会儿,见到了不远处的一棵树下偎着一只野兔。这时她轻声问我,这枪的有效射程是多少?我没听懂。她又改口问:能打多远?我说:十丈吧。她就一下把枪举起,接着就开了火——她还真打中了!

然而这个富有戏剧性的场面,袁铿在日记里没有提及。第二天上午,袁铿便与水手一起离开了渔安。他告诉陶侃,说他的新船已经下水了,船名还是"江宁—2号"。他希望女人能与她一起完成这艘船的处女航,女人答应了。但女人同时表示,航行结束之后她仍需要待在渔安。她再次重申:我必须完成我的计划。

袁铿的日记里也多次提到这个"计划",但没有显示其具体性。他也没有更多的臆测,认为"过细地研究一个女人是乏味的"。返回芜湖之后,这个男人的注意力很快转移到新船的"处女航"上,这又让他感到了沮丧——所谓新船仍是个二手货,七拼八凑的痕迹比比皆是,首次试车就出现了故障。在3月25日的日记中,船长这样写道:试车的失败让我心灰意懒。我甚至抱怨我那死去的母亲,当初为什么偏要我确立这个志向?我厌恶同水打交道,我现在更痛恨船——无论什么船!母亲,我可怜的母亲!

这无疑是反常的,我能想象出当时这个年轻人内心的痛苦。我注意到,他第一次在日记中提到了"母亲"。这个已故的女人。带着这个问题,我曾专门询问过王申老人。

老人说,他也只知道船长的母亲过世了。船长平时从不对人谈他的身世,但很忌讳与人争吵时别人骂娘。有一回,就是新船试车的那天,老人回忆说,船长因船停靠码头不合规矩同大副吵了起来。大副那天正好喝了点酒,觉得很没面子,就借酒劲骂开了口,说你有什么了不起?不就是喝了点洋墨水吗?船长倒还不在意,说你这人怎么一点教养都没有?大副说,我没教养,你这婊子养的才没教养呢!这一说,船长就顺手抓起一个扳手,朝大副脑门上劈了过去——要不是我们拉得快,大副挨上这一下可就险了。我死死抱住船长,他像狮子一样吼道:放开!我要杀了他！那样子真叫怕人。大副吓跑了，一上岸就喊着要调走……

谁也没料到这个白面书生竟会如此动怒，为了一句骂人的口头禅险些闹出人命。事隔多年，王申回忆起来还是直摇头。他说船长那一天里都没有吃饭，他劝过多次，船长只感叹着一句：我娘养我不容易。

这天夜里，人们听见了码头上的笛声。

七

1953年春天对袁铿船长而言是一个无奈而沮丧的季节。在短短几十天里他经历了"有生以来最大的困惑与烦恼"，而意外的恋爱又使他感到了"驶出百慕大三角之后的激动与如释重负"。船长在3月27日的日记中这样写道：爱情！这东西像火，但更像风——我需要借助它的力量，把我内心的愁苦与悔恨一扫而空。我必须追逐着这阵风，紧紧追逐着！

写好这篇日记，年轻的船长便又去"追逐这阵风"了。这一次，他和渔安的水手结伴而行，同时也修改了路线，搭乘从前的"江宁—2号"出发——这艘船业已改造成驳轮重新投入了航运。作为以前的主人，袁铿理所当然地受到款待，新船长还特地在船长室准备了几盘点心和水果。但是袁铿没有享用，他说：我想吹吹风。他还道出驾船与乘船的不同感受，说当自己在驾船时，常常弄不清是他在驾船还是船在驾他，就像立在船尾看那犁痕车辙般的浪，弄不清水是在往东流还是朝西淌。而乘船时他是清醒和轻松的，他的兴趣便在于这沿岸的风景。袁铿的话让边上人费解而困顿，他们弄不清的是这个意气风发的男人到底想说什么。他好像说了很多，又似乎什么也没说。

然而这一天没有什么风景可看。船离开芜湖不久，天色便阴沉下来，云仿佛越压越低。袁铿有点困惑，因为昨夜他在码头吹笛子时，天上出现的鱼鳞斑纹，今天理当是个艳阳天气。这就叫天有不测风云，袁铿这样告诉同行的水手，经验也有靠不住的时候。水手或许早就厌烦了船长的这种大惊小怪，出于礼貌和拉好关系，也就附和道：这狗天气就像女人的脸，说变就变。船长便又较真儿了，他问道：为什么偏要说像女人的脸呢？男人的脸就不变吗？如果男人不习惯变脸，那便善于变心了。接着船长搬出《红楼梦》里的那句话，说女人是水做的，水怎么流淌也不会脏到哪里去；而男人是泥做的，世界上能找到一块干净的泥吗？船长还引用《圣经》，说：女人是男人身上的肋骨所制这或许不错，和肉相比骨是多么干净？肉会腐烂，骨却不朽。

水手没想到自己的一句附和会引发船长这番横贯中西的感叹，便躲到一边吸烟去了。很多年后，王申老人说起这事还觉得很好笑。那会子船长一门心思地扑在女人身上，老人这样对我说道：就是胭脂巷的婊子，他也会看做金枝玉叶。可是谁能料到这一天后来出了鬼呢。

那艘驳轮刚刚抵达渔安码头，天便下起了雨，而且来势还不小。他们差不多全淋湿了，所以一进镇子便紧贴着街边屋檐走。袁铿本想去水手家歇一阵，等换好衣服再打着伞过来探望陶侃。可是，他发现女人租住的那屋大门洞开着，似乎在呼唤着自己。他又想起上次来渔安的情形，觉得自己的狼狈反倒容易引发女人的柔情，就立刻改变了主意。他告诉水手，一会儿等雨小了，请他送把伞过来。他怀疑这阵突如其来的雨不会轻易逃去，在雨中和一位姣好的姑娘散步，自然不失为一种情调。

于是袁铿越过街道，走进了斜对面的那扇门。他很喜欢这种格局的房子，天井里居然还养着鱼，窗台上也插着采来的桃花。这个如今属于镇上管理的小旅社生意十分清冷，上回来楼上就只住着陶侃。袁铿当时很想就地住下，但又怕自己的不慎会引起姑娘的多疑，而且陶侃也并没有流露出挽留的意思。陶侃说：你要常过来看我。这不是挽留，袁铿想，这个年纪不大的姑娘心里是非常有数的。相比之下，自己倒显得不够老练了。袁铿很不希望女人看低自己，事实也是，他追逐这阵风只是借助风力，而不是被风卷走。但是他难以言表，谁敢对一个恋爱中的姑娘说：我是因为苦恼而恋爱的？

袁铿故意放轻脚步，想给女人一个惊喜。正准备上楼，忽然听见左侧的那间屋传出哗哗的水响，继之听见陶侃轻微的歌声，他便断定女人是在洗澡。这一瞬，他脑子里产生了强烈的偷窥念头。他迅速想到，楼上的这个位置是个堆杂物的库房，楼板肯定有缝隙。他慢慢上了楼，仿佛被某种力量所驱使，男人很快接近了那间库房。但又为这个可耻而兴奋的欲念所折磨，迟疑不决。这个时候，他听见了一声惊雷！袁铿吓得浑身一颤，立刻走开了。他看见天井里的那方天充满了恼怒，如注的大雨像一排排子弹似的在眼前炸开了。

陶侃的房门紧锁着。袁铿在回廊上徘徊了一会儿。为刚才的欲念感到懊悔。不多时,管理人员送开水上来了。这个体态比水瓶还难看的妇人却十分热情。她谙熟来人与她的房客的关系,便从腰间拿出钥匙替袁铿打开了锁,同时把热水瓶交给了他,说:一会儿你也去洗个澡。袁铿很是局促,担心自己适才的冒失没有逃过妇人那双弯眼。

袁铿掩上门,长吁了一口气。他有意放松自己地踱着步,发现桌上摊着一张地图。这是一张华东区域的地图,上面却以渔安为中心用红笔标着不少记号。袁铿感到困惑,不明白这个不起眼的小镇何以成为中心。然后他的视线就被那只曾经引发争吵的油画箱夺去了。他似乎是好奇地将它打开,不禁大吃一惊。他还来不及细想,就听见了身后的门声。袁铿立即转过身,背着手将油画箱合上——水手王申送伞来了。

船长的脸从来没有那么白过,像纸一样。多少年后衰老的水手对我说:我还以为他让雨淋病了,一试他的额头,也不烧。船长说,我们出去等吧,别弄脏了她的房间。说着,他蹲下来用衣袖揩尽了楼板上的水渍,退出来,再把门锁上。我有点纳闷,这个一贯讲究的人今天怎么就不讲究了?那衣服可是正经的毛料的。然后船长把我拉到一边,很有些紧张地告诉我,说一会儿见到陶小姐,他怎么说我就跟着怎么说,让我千万记住。我就更纳闷了,不知道他在玩什么花招。这时候楼梯上响起了脚步声,陶小姐散披着潮湿的头发来了。看见我们,她好像吓了一跳,她说:你们没走?船长突然就笑了,说:查巡航道,路过当然要打个招呼。陶小姐就拿钥匙开门,说:进屋坐吧,把湿衣服换了。船长说不了,码头上的船在等。说完这话,他看了女人一眼,就和我下楼了。陶小姐送我们下来,一边唠叨:早知这样还不如不来呢。船长还是笑着说:等到处女航那天,我来接你,快了。我们就真的往码头那边去了。到了码头,他交代我不要在家里多住,尽快回单位。他说要是碰到陶小姐,就说病了,临时请了假。说完这些,他便去买下一班的船票了。

这就是我最不明白的事,王申老人清清嗓子说,船长没干什么,不过是碰了一下那个小木箱子,何必要扯这么大的谎呢?他来渔安就是为了陪伴陶小姐,怎么突然就改了主意?

船长以后就再也没有来过渔安。

八

小说写到这里，我有必要加上一段说明。文中关于袁铿船长的日记，并非我的杜撰，也不是叙事的某种策略。那一年我去渔安，王申老人对我断断续续讲了一些有趣的事，我都一一作了记录。在我整理这些笔记时，我发现其中暴露了很多疑点，难以自圆其说。于是我便列出了一些问题与老人作进一步的深谈。老人却没有作出更多的解释。从他犹疑不定的神色中，我断定他有难言之隐，但又不便多问。他后来谈起这个故事的结局，让我至今忧伤不已。然而那时我并没有意识到老人所言的结局还不是故事真正的结局。我认识到的结局是在多年之后，它完全出乎我的预想。

那次，我是带着一份遗憾离开渔安的。几年后，也就是1992年，有一天小蜓突然来省城找我，带来了一包东西，这便是袁铿的日记。小蜓说，她爷爷不久前去世了，临终之前才把这件事托付给她。老人说，这包东西是1953年3月底的一个深夜，袁铿亲手交给他的。船长说这东西很重要，他担心被人偷走。船长还说除非他死了，否则这东西是不能拿出来示人的。

袁铿的日记起于1945年2月15日，按照推算那一天应该是农历正月初四，这一天，18岁的袁铿失去了母亲。日记中没有说明他的母亲因何而死，据我分析应该死于某种疾病，死亡的地点是重庆北碚。这页日记无疑是悲伤的，袁铿这样写道：我可怜的母亲终于撒下我西去了。这些年来，我们母子相依为命，不知流离了多少地方，现在却只剩下了我！现在我才知道，母亲是用命换来的钱财供我念书的，自己到死却没有一口像样的棺材……母亲，您安息吧！明天我得上路了，带着这幅桃花扇面，去办我的事。我一定会办成的，九泉之下，您别拦着我……

日记的第二篇却已到了1945年10月3日（之前撕去了几十页），主要记录着他在上海搭上了去巴黎的邮轮，同样流露出对母亲的怀念，只是强调：妈妈，别怪我，是上帝帮我做出了选择。

我们可以想象当初袁铿出国留洋，是有悖母亲愿望的。

这之后的日记主要记载着袁铿旅欧的勤工俭学生活，其中散发着异国他乡的游子情怀。也透露出对战争的憎恨以及对国民党军队的诅咒。同时，他反复提到"又一次从噩梦中惊醒"。

归国后的袁铿，日记中以记载工作情况为核心内容，类似"航海日志"。但也涉及对长江中下游一带某些城市的眷恋，往往触景生情。但是其中没有小镇渔安。直到他邂逅陶侃之后，渔安才占据显要的地位，他还写了一首绝句，其中两句是：梦里几度回渔安，桃花流水两相伴。（后来证明是抄袭。）

但是，他为什么又要离开姑娘呢？

袁铿没有解释。而且日记到这一天也断了。甚至连他期盼已久的"处女航"也一字未提。

1953年4月5日，油漆一新披红挂彩的"江宁—2号"，在经过反反复复的敲敲打打修修补补之后，终于开始了它的处女航。这一天是清明节，却没有人们习惯认为的那种细雨纷纷，天空一片湛蓝。轮船公司特地赶制了新型款式的船员制服和大檐帽，使人们觉得很像一台大戏的彩排。当船长袁铿拉响第一声汽笛之后，这艘貌似豪华的客轮从水中拔出笨重不堪的锚链，蹒跚而犹豫地离开了码头泊位。船长的神情专注而严肃，他亲自把持着舵盘，很想一口气能开到吴淞口。但是这艘船的动力有限，行驶如同一个迟缓老者的步伐。那时候水手王申正在细致地整理着粗糙的缆绳，一边纳闷地想着，船长为什么又一次食言，居然不向他心爱的姑娘发出邀请？自从一周前由渔安掉头而返，船长就再也不谈论这件事了。水手不禁想起那次在驳轮上与船长关于天气的对话，觉得这个男人过于自相矛盾。但是水手信任这个男人。他也私下猜测个中必有隐情，但百思不得其解。他收留着船长隐藏的那包东西，但不希望船长与那个来自南京的姑娘就此了断。

"江宁—2号"抵达渔安港的时间比预计晚了一个小时。那时已是暮色苍茫，江面上的风渐渐大了。这时候，袁铿船长离开了驾驶室，走到了船舷的另一侧，伏在栏杆上凝视着越发黝暗的江水，似乎感到那拍击船体的浪的节奏与自己的心律完全一致，紊乱而不易把握。船的那一边开始上人了，乘客嘈杂的叫喊令船长心烦意乱。他想在这么一个小码头耽搁其实并不值得，他有些倦了。所以毫不犹豫地把舵盘交给了大副——这个人现在老实了，却仍然在工作时偷着喝酒。

袁铿朝水里吐了一口唾沫，刚一转身，便吃了一惊——

陶侃亭亭玉立地出现在面前，她今天的着装和一个月前他们初次见面时一样，但手里只捧着一束桃花，这大约是最后的桃花了。

短暂的沉默之后，陶侃说：我想知道你为什么要躲着我？

袁铿轻叹了声：以后我慢慢告诉你。

陶侃紧逼道：不，我现在就想知道！

袁铿几乎是哀求地说：我脑子很乱……

陶侃停顿了一下，说：你是不是爱上了别的女人？如果是，我就不再难为你了。

女人的声音变得有些暗哑，走向了船尾。男人注视着这风中的背影，不禁怆然泪下。他又慢慢走过去，然后搂住了女人的肩。

陶侃含着泪再次问道：到底发生了什么？

袁铿还是那句话：以后我会告诉你的。

陶侃回过头同样是哀求地：现在不能说吗？袁铿？是不是我太任性了还是……

袁铿打断说：不，你是个好姑娘……

陶侃得到了一丝安慰却更为困惑，她不知道这个男人心里在作何盘算，于是她只想求得一个明确的态度，她问道：你爱我吗？

袁铿点点头，说：我爱你……我这辈子都会爱你……只是……

汽笛骤然响起，船起航了。江面上的风越来越大，袁铿都觉得有些战栗。他扶着陶侃：去舱里吧，别着凉。

陶侃说：不，我想站在这儿。你刚才说只是什么……

袁铿岔开话头：去我那里好好睡一觉，等到了上海，我们慢慢谈好吗？

陶侃厌烦地甩开男人的手：你今天不说清楚，我宁可冻死在这儿！

袁铿没有办法，只好说：我下底舱给你找条毛毯吧。

说完，他便快快离去。这时候陶侃像绷紧的琴弦似的一下松了下来，眼泪止不住地往下淌。她扶着栏杆，呕吐了几口酸水。陶侃咀嚼着袁铿刚才的话，唯一解不开的就是那个"只是"。只是什么？她怎么也想不明白。突然传来一阵惊呼，她回过头，就看见一大块阴影向这艘船逼过来，然后听见一声巨响，紧接着船身剧烈一震，她被摔到了甲板上……

这就是令人胆寒的"江宁—2号"沉船事件，时间是1953年4月5日19点20分。

九

新近出版的《渔安志》第217页是这样描述"江宁—2号"沉船事件的：

……其时夜雾迷蒙，江面风急浪高，"江宁—2号"离港后便开足马力进入主航道行驶。约十分钟后，与迎面开来的铁甲驳轮相撞。驳轮因偏离航向失去控制，直撞"江宁—2号"左舷，发出一声爆响，其声如雷。"江宁—2号"由于当值舵手（为本船大副）酗酒而躲闪不及，遂酿成惨剧。船被撞击后左舷断裂，迅速下沉。除面上两层乘客相继被救逃生，底舱乘客与船员大部溺水身亡，其中包括船长袁铿。

第219页又写道：

令人惊惑的是，撞击"江宁—2号"客轮的竟是这艘船的前身，也即1945年缴获的日舰"野川丸"。

关于这个细节，当年逃生的水手王申也给予了证实。王申说，他是在第二天才看清那条狗娘养的船的，它也瘫在水里，但没有沉没，后来被拖走了。抢救与打捞工作进行了两天。事故发生的当晚，附近的部队便赶到了现场。长江航运局也派来了一批潜水员。那一夜渔安码头完全笼罩在一片悲声之中。遇难者的尸体千姿百态地蜷缩着，整齐地排在码头上，远远望去如同乱石铺成的台阶，可谓惨不忍睹。第二天上午，潜水员在底舱的楼梯后面找到了船长袁铿的尸体。

据潜水员后来介绍说，船长被一摞尸体压在最下面，可以想象得出当船体断裂，巨大的水柱冲击而来时，人们求生的欲望是多么强烈而恐惧。然而令人费解的是，作为一船之长，袁铿熟悉这条船就像熟悉自己的身体，而且按照事后的计算，水灌满底舱的时间不会少于15秒，他是完全有可能逃生的！袁铿似乎在生命最后的关口，平静地接受了上帝的这份安排。

船长的尸体于当天运回了芜湖。那时候，仿佛从一场噩梦中醒来的陶侃正在渔安镇简陋的卫生所里接受输液。陪伴她的是水手王申，他的左臂刚刚打完石膏用绷带吊在胸前。从水手沉痛的表情中，女人明白了一切，但已是欲哭无泪。填满女人胸膛的是难以磨灭的恐惧和悔恨。她想如果不是由于自己任性，袁铿是不会去底舱找毛毯的。这个巨大的阴影将一生追随着她。陶侃决定以女友的身份去芜湖参加船长的祭奠，那时她想，自己应该是袁铿唯一的亲人了。在离开渔安之际，陶侃向轮船公司负责人提出了一个要求，希望安排一条小船环绕"江宁—2号"的"遗体"慢慢走一圈，以作最后的凭吊。

夕阳的余晖在那个遥远的黄昏呈现出惊心的美丽，江面一片血红。现在，一切都平静了。江水喑哑而迟缓地向东流淌着，不断有漂浮物自眼前通过。"江宁—2号"露出水面的桅樯与烟囱，在夕照中如同几块断碑，散发出类似古战场风声鹤唳冤魂号啕的悲怆气息。陶侃凝视着江面，忽然水中一件东西拽住了她的视线。她问王申：那是什么？

王申说：好像是船长屋里的那张画。

陶侃便指挥小船靠近过去，伏下身将东西捞起。果然是那幅桃花扇面，精致的装裱使它的面貌完好无损。这张章法奇崛绘制精心的工笔画幅作于辛未年春月，没有署名但有题句，曰：

梦里几度回渔安
桃花流水两相伴

据王申老人回忆，当时陶侃捧着这件湿淋淋的遗物，像受到突然的惊吓似的浑身战栗，接着便一下晕倒了。于是人们又一次把姑娘送到了卫生所。但是第二天，人们发现这个年轻的女人突然失踪了！在寻找的路上，有人仿佛听见山林里传出了五声枪响。

……

我的故事到这里实际上可以结束了。如同百川归海，我意外而兴奋地发现，我的目的达到了。这让我想起那个叫陶侃的女人，因为她的情况与我相似，我们同样在不经意中完成了各自不同的计划。但那时我还只是陶醉在自以为是的虚构中，没有一样实在的东西能证明我的种种假设。

1995年4月，我出差去沿江的某个城市。一个下午，我去书店买书，看见书架上有一本《黄埔同学会书画作品选集》，便顺手拿过来翻了翻，居然发现了这幅失踪多年的桃花扇面，这让我欣喜异常。而更令我惊喜的是，这幅画的作者就是王崇汉！

在画幅的下面标着几行注释，照抄如下：

这幅没有署名的作品，经证实为王崇汉（1900—1945）先生所作，由其女捐赠。

画中的辛未年为1931年。据王先生好友介绍，该画记载着一段鲜为人知的爱情故事，几经周折，才得以保存至今。

十

让我们再回到故事的开头。

参谋长在江边遛完马，便把缰绳递给副官，说：我去街上理个发，顺便买些宣纸。这地方宣纸很有名的。

副官问起这批船的处理，参谋长说：由顾长官安排吧，我只想早点交差。参谋长轻轻叹了口气，接着说：抗战结束了，我也该抽时间陪陪女儿。我答应这个周末陪她去燕子矶打枪，你看，又让顾长官弄上了这条船。咱们做军人的，就这个命了，丢掉的很多东西，再也找不回来。

说完，参谋长便离开了码头，持重地向渔安镇走去。那时，胭脂巷所有的门窗都打开了，沿街都是鞭炮燃过的碎屑。参谋长在一个柿木门扉前停了一会儿，心情变得忧伤。他不禁回忆起20年前第一次走进这个门洞时的情景，那一天，天井里的阳光十分明媚。

参谋长迟疑地收回目光，刚一回头，看见前面的那个茶棚下有一副异样的眼光在注视着自己，这是一双陌生而熟悉的眼睛，参谋长脚下显得犹豫，仿佛预感到了什么。他注意到那个一边喝茶一边用草帽扇风的青年，似乎已在这里等候了自己多时。于是，他也进了茶棚，坦然坐到了青年的对面。参谋长的举动令青年略显不安，他企图以喝茶来掩饰自己的紧张与羞怯。

参谋长微笑着说：年轻人，家住哪里呀？

青年说：四海为家。

参谋长说：听口音不太像这地方的人吧？

青年说：可我对这儿一点儿不陌生。

参谋长说：你做什么职业？

青年说：卖画。

参谋长调整了一下坐姿，说：这地方可从来不缺字画。

青年说：这地方难道只卖淫吗？

说着，青年从怀里掏出了一幅画卷，展开于桌，是一幅精美的桃花扇面。

青年冷冷地问道：参谋长有何见教？

参谋长一把抓住青年的手微微地颤抖着，他的声音突然变得喑哑，他问道：你娘呢？

青年猛地将手抽回了。青年收起扇面，重新塞入怀中，他说：晚上，我去会你！

参谋长在船舱静候着，面前的卤菜和酒早已摆好。他又一次看了看怀表，已是凌晨一点多。他担心这孩子会不会临时有了变卦，或者登船受到了阻挠，很想去外面看看。这时，舱门悄然打开了，青年水淋淋地走到了参谋长的对面。参谋长关上门，找出自己的衣服让青年换上，但青年拒绝了。和白天相比，青年现在显得冷静而漠然。

参谋长说：把酒喝了，免得着凉。

青年端起酒杯，却慢慢将酒洒到了桌下。他的泪水不禁夺眶而出。参谋长的身体晃了一下，他的预见已被证实，于是，也洒下了一杯酒。

沉默良久之后，参谋长轻声问道：你娘走得累吗？

青年抽泣着，没有回答。

参谋长的双眼也湿润了，继续说：这些年我一直都在寻找你们母子，找过很多地方，也托过许多朋友打听……可该死的战乱，厌倦的军旅生涯让我不能如愿……我愧对你娘，愧对你们母子……

青年抹去泪水：这就够了？

参谋长沉痛地：不！

青年霍然站起：王崇汉，你知道我娘是怎么死的吗？她浑身都烂了！你居然还同我谈什么战乱军旅！你南京的家乱了吗？你南京的女人烂了吗？你那宝贝女儿吃过狗剩的食吗？

参谋长没有言语，他踱了几步，从枕头底下拿出他心爱的德国左轮，检查了一下，然后把枪放到了青年面前，他说：儿子，杀了我吧。

这突然的举动却并没有让儿子惊慌。

参谋长重新坐下，说：我想这是最好的了结方式，也很简单。我愿意去陪你娘。我可以先写下遗嘱，把一切讲清楚。

这时的青年产生了犹疑。面对失散14年的父亲，他的心情开始变得复杂。这个父亲其实是刚刚诞生，然而与他假想中的那个男人却非常一致，就是这个英武的男人，他的泰然自若视死如归完全不是矫情，不是表演。青年持久的仇恨在这个瞬间开始瓦解，而母亲临终前忍痛的抽搐又强烈地折磨着他。

他毅然拿起了枪。

参谋长微微抬了一下手：还是让我先写下几句话……

不！青年打断说，我把你交给上帝！

说着，青年利索地退出五枚子弹，分别装在两只空杯中，他发疯似的不停转动着弹轮，终于在死寂的一刻将它停止。

青年说：这，公平吗？

参谋长想了想，点了点头。然后就平静地闭上了眼睛。

青年抬起枪，对准了参谋长的眉心，他内心在向上帝祈祷：我亲爱的主，饶恕这个男人吧，请饶恕他……

砰！

……

1999年3月25日
北京天坛之侧

（原载《上海文学》1999年第7期）

潘军文集

第壹卷

长篇小说

风

第一部

历史上最沉痛的悲剧,莫过于人们喊叫"不可能"喊得太早……

——悉尼·胡克

第一章

  谁也不知道那场火是怎样烧起来的。很长时间过去后,人们对那个久久不肯离去的黄昏记忆犹新。落日的辉煌像一簇祥云滞留在古老的梦境里。据说当大火像林子一样矗立起来时,村子却异常地宁静,连狗也不叫。有人看见一只巨大的红蝙蝠呼啸着从钢蓝色的火焰中穿过,这一过程始终伴随着竹子烧裂时发出的那种声响。那红色的飞翔物似乎瞄着月亮飞去了。于是那夜的月亮鲜红鲜红……

  这是许多年前的事了。它像民间的一句谚语流传到现在。我不是目击者。在相当长的一段时间里,我仍然把它看做一场普通的天灾。对于其中一些近乎玄奇的因素,很自然,我把它们看做人对历史的一种润色。但是,有一点我感到很奇怪——我常常在梦中复制着这个传说,而且越来越清楚地复制。甚至某些细节,我事先并没有听别人说过,但与后来调查所证实的完全一样。我预感到我与那场火存在着某种联系。正是基于这种感觉,使我坚定了写这部书的信念。一切从头开始。

——作家手记

长水故道边上有个地方名字极古怪，叫罐子窑。何时有了这地方，县志无有记载。显然它是以制作陶器而得其名的，几乎户户都出操这门手艺的人。其实也并非只做罐子，碗、钵、油坛、夜壶都有。所以为何偏偏要称为罐子窑，至今无法查考。

制陶是极有趣味的活儿。从坡上挖取黏土，倒入池里化浆；滤浆沉淀的即为细泥。手艺人把泥搬回作坊里堆着，用时抠下一团，置于形同肉案的泥凳上揉，像揉面一样，不黏手为熟。再把熟泥团安放车上——车也是用泥拍打成的，模样、大小和倒扣过来的澡盆差不多，中心有轴。车面上还有一只由碎碗底嵌进去的"脐"。做活时，手艺人用搅车棍插入这脐，朝顺时针方向猛力搅动，车便飞快旋转起来。于是手艺人凭借这惯性，双手从泥团中拉拽出一件件的陶器。成形后，还要用油亮的枣木板周身"熨"一遍，再拿棉线锯其根部，就可以取下送到外面去晾。待八成干逐一上釉，之后便可码到窑里起火烧冶。行话称进窑的叫坯，出窑的叫货。

这种窑，不同于一般的砖瓦窑或炭窑。它是长形的，有七八丈长，卧龙似的倚坡匍匐着。高的一端是窑头，低的则为窑尾。窑膛内设有七级台阶，叫"七档"（坯就码在这些档上）。窑的两侧相对开着五十四只"眼"和十个小窑门，供塞柴、蹲窑用（烧时，窑门须用泥堵死）。然而这么一条窑，仅三个人伺候。在窑尾烧的叫烧小火的。烧左侧的叫烧大眼的，烧右侧的称作烧小眼。其实"眼"无所谓大小，之所以要这么称呼旨在突出大师傅的权威性。他主宰着窑的命运。窑是一档一档地由尾往头烧。一窑的货色如何，全仰仗大师傅的本事。大师傅并不是用手烧窑，而是用眼——看火。这看火的名堂是极为玄乎的，你无法说清楚。

县城与罐子窑距离三十六华里，但不通车。那年的秋天，我为民间的一个浪漫的传说所诱惑，第一次来到这地方。我记得我是下午动身的，骑着一辆很旧很脏的单车。其时秋已深了，太阳非常软，落叶纷飞。路很不好走。前一天的雨把路面泡得稀烂，再让太阳一晒，就全是疙疙瘩瘩的。我好像是骑在一匹没有备鞍的马上。不久我看到了一棵大枫树，它的寿命至少有一百年，依旧根深叶茂——那叶子完全红了，像凝固了的血一样有厚度有分量。接着我产生了一个极其恐怖的幻觉：我仿佛看见了许多串刚被剁下来的手掌挂在一只青筋暴跳汗毛林立的大胳膊上。

我下了车。这儿是一个只有七八户人家的小村子。大枫树下面摆着一个简陋的茶摊。茶具一律是陶的,又一律上着酱油似的釉子。我心里捉摸着,这些东西全是罐子窑出品的。罐子窑不远了。那天只有一个茶客,是位须髯飞霜的老者,看上去已愈古稀之外,却天生一副仙风道骨。他用一把精巧的小茶壶喝茶。在他的身边,斜靠着一根用斑竹做的钓竿。我移到树下的时候,那把壶在他手里仿佛一片羽毛,茶所剩无几。他的喉咙像车水一样响,以致两只正欲斗架的公鸡同时蹿开。这情景让我差一点儿笑出了声。我在老人对面的条凳上坐下来。自然我是打算同他搭讪的。可他的眼皮始终低垂着,好像我不过是树上飘落下来的一片叶子。这时候茶家也不知上哪儿去了,我便很有些尴尬,就拿出香烟,先敬他一支。他毫不推辞地接过烟,仍然是一语不发。他把过滤嘴拽掉:"烟也带屁股,又不是堂客!"

他的声音很低沉,甚至带有一点浑浊。说实话,我当时对他产生了亲近感。这是个有魅力的老人。而且从那一刻起,我就推断他年轻时,必然是非常讨女人喜欢的。

"老人家,去罐子窑怎么走?"我问道。

"跟我走。"他放下那把大茶壶,立起来。

那一次我很累。我随着他走。他走的是一条很奇怪的路,从一大片芦苇丛里穿过去,又拐到一片干涸的河床上。"没有水了。"他说。他一路上总是重复着这句话。

现在我知道,他是沿着长水的故道走的。我仔细对照了这个县过去的地图,他没有错。从前的长水流经这里形成了西去的态势,很有点山不转水转的味道。民国三十七年之前,罐子窑还是个规模可观的商埠。长水通江,且水面宽阔,可泊驳船。

黄昏时分,我进了罐子窑。老人并不多管我,自个儿走了,不知去哪里。我不想去惊动村里的干部,带着介绍信住进了一家私人客栈。当时里面的人正在议论城里刚上映的一部香港片子。我的到来似乎破坏了热烈的气氛,店家也许因此把住宿费抬高了一档。五块一夜。他说完便领我上了阁楼。这会儿暮色业已从四面围上来,村里陆续亮起了灯光,黄黄的。我很喜欢这个阁楼,它的结构和徽派建筑中大户人家的私宅有点相似,是木制穿枋的,隔墙也是木板。南北各有一扇小窗。床很大,还挂着看上去脏兮兮的夏布蚊帐。床的周围有一些残余的花板，彩也十分陈旧，但是图案依然清晰。有八仙过海，有梁祝楼台相会，有鲤鱼跳龙门。床的内侧镶有一面圆镜子，水银大都驳落了。床前置有一只七寸高的踏板，同样雕着花饰。踏板的两端是当地人所称的那种脚柜，一般是姑娘出阁时娘家陪嫁来的。

"等会儿田藕来替你铺床。"店家说。这个精明的中年人又迟疑地转过身，看看我："同志，你是打老远来的吧？"

我向他出示了证件。他好像很随便地看了一下，然后说："省里下来的。这么年轻就在省里谋事，不简单不简单。乡政府该出面嘛！"

"我就住这，"我说，"这儿蛮好。"

"你住宿报销吧？伙食不用掏，还是五块一天。城里叫'吃床腿'可是？我有国家正式的发票。"店家的情绪明显好了许多，他让我有什么事尽管吩咐。"我姓陈，耳东陈，叫陈士林。我原来是大队会计，现在负责乡镇企业。"

我同他握了握手。这地方我很喜欢。

这以后我就躺下了。我告诉陈士林，晚饭开迟一些，我有点乏。下午随那老头乱逛了一场，不知绕了多少冤枉路。那实在是个古怪的老人。他的精力体力那样好，他完全还能生儿育女。我想等事情办得有点眉目了，最好还能去看看他，同他聊聊。他肯定住在这附近。这里的人也肯定知道他。我这次来得比较匆忙。那位大名鼎鼎的英雄郑海与我的家族没有任何的联系。我知道这个名字却是在很小的时候。我曾经听到许多长辈谈起过郑海——他们说郑年轻有为，说郑智勇双全，如此等等。直到不久前，我才第一次真正接触到这位出现在传说中的英雄。那是在一次有关党史资料整理的座谈会上。有人介绍中的郑海似乎与我想象中的郑海距离很大：他戴着一副金丝眼镜，有点白面书生的味道。我实在难以想象这个纤弱的男子能够戎马疆场。我甚至怀疑他是否能提得起那只二十响的驳壳枪。当然，这是不容怀疑的。但是有一个问题却疑云重重。这就是郑海的死因。郑海死于渡江战役之后不久。档案上只说"牺牲"。然而谁也没有看见现场。因此他究竟是战死沙场还是惨遭暗杀，至今仍是悬案。郑海死后的第三天，县委才得到消息。那正值最热的季节，尸体无法保存，所以大家后来见到的不过是一堆黄土。几年后，有关领导对郑海的死表示了怀疑，于是掘墓开棺，验尸的结果表明：死者是男性，胸部确有一个枪眼，但这一枪是从背后射入的。接着，一个尖锐的问题提了出来：死者是郑海吗？专程前来鉴定的法医希望有关部门能提供一张郑海的半身照片。然而这一要求无法得到满足，因为谁也没有见过郑海。后来，我在一本内部交流性质的革命回忆录中，发现了一篇涉及郑海的文字：郑海，又名郑伯滔，书香门第，三代行医。那篇文章说郑海当时以行医作掩护，在罐子窑这一带从事地下工作，曾为渡江战役提供了重要的军事情报。"但这位优秀的干部不久便不明不白地死了。"显然，文章的作者至今仍持怀疑态度。我于是写信给那位作者，可是很不巧，他（或她）也去世了。（那篇文章因审查拖了近两年才得以发表出来，作者的署名却没有加一个黑框。）

我不能不疑惑。出于一种职业的敏感，我决定先下罐子窑走马观花。

有人上楼来了。我欠起身，想把行李简单地安排一下。这时候门在我面前推开了，一个笑盈盈的姑娘抱着浆洗得平整的床单和被里走进来："同志，你下去用饭吧，我来收拾。"

我想这大概就是田藕了。她长得很清秀，皮肤白皙，两只眼睛透明传神。她大约不过十七八岁的样子，梳着两条齐腰的辫。那额前的刘海分明是她自己卷的。这个姑娘和这地方所有的人一样，似乎见识过一些人事，有一种让人说不出来的豪迈。她养着一只很可爱的小狗。她管它叫"黑儿"。

我对她点点头，就下楼去了。

陈士林安排了一桌丰盛的晚宴。这位前任的大队会计如今是乡办企业的负责人，不用说是位权势人物。他的每一句话，给我的感觉是，似乎都在暗示着他的能力。我对这种人本能上是排斥的，但我不能排斥热情。在杯来盏去之间，我在悄悄反省自己。我无权评判每个人的生存方式。在以后的几天里，陈士林给我的印象十分良好。他是高中文化程度，没有考上大学。他曾在县里物资部门干过，一九六四年搞责任田时辞职回乡。"那时候头脑发热，"他这样检讨着，"不过现在也很好，钱没少赚。"他属于那种想得开、善于宽慰自己的男人。如果不用心细看，是很难发现他知足常乐的表情下面埋着惆怅的。我们差不多喝光了一瓶酒，都带了几分醉意。最后陈士林摇摇晃晃地站起身，说：

"城里人都他妈的没有卵子！"

时值今日，这句没头没脑的话仍然叫我不知所措。那晚我们只是泛泛而谈，没有涉及令人不悦或者非常愉快的事。陈士林长相斯文，有一种乡绅的风度。实际上他也算一个文化人。他的古文底子不薄，记忆力也相当强，还下得一手好象棋。在交谈中他常常顺手拈来一些典故、一些诗词名句，都是自然贴切的。他也许因为怀才不遇而憎恨城里人。尽管他手里有大把的票子，他还是有挥之不去的失落感。这是我的判断。

几天后我从别人那里了解到陈士林的身世，感到非常意外。陈士林可能是个私生子。他像一朵蒲公英似的飘落到这地方。人们仿佛有一天突然发现了这只孤雏，觉得挺好玩，可谁也不知道他来自何处。那时候，他不到十岁的样子。谈话的人大概限于某种心理障碍，就此打住了。私生子都精明，那人说，你看如今的陈士林！

我非常迫切地想知道这些。虽然我是来调查一位英雄的真实死因的，但不排斥我对一个私生子的兴趣。可是我一直不便开口……

——作家手记

半夜里，我被一种奇怪的声响惊醒。好像是一对巨大的翅膀扑扑的鼓动声，朦胧中我觉得蚊帐被这阵风撩开了。惨淡的月光从北窗射进来，不远的角落里传来蛐蛐单调的低鸣。夜仿佛一口很深很凉的枯井。我立刻拉灯，可是用力太猛，线断了。奇怪的是灯亮了耀眼的一瞬后竟又反弹了回去，吧嗒一响室内恢复了黑暗。在那光明的瞬间，我仿佛看见一个红东西蹿出了窗外。我失口叫了一声，声音居然那样的恐怖。我背上出了汗。

不一会儿，楼下有动静了。我想可能是陈士林醒了，就没有再喊他。我毕竟是个男人，事情弄成这样已经很丢脸了，倒真像应了几小时前陈士林甩出来的那句粗话。楼梯上脚步声响起来，而且有灯光从门缝里透进来。我便下床开门，上来的却是田藕，还有"黑儿"。

"同志，你吓住了吧？"她说着就笑了起来。

不用说我是很狼狈的。"灯坏了，"我边穿长裤边掩饰，"我不过是随便拉了一下。"

田藕把手中的蜡烛方灯放在桌子上："你看见什么了？"

我看了看她，点上香烟。我疑惑不解，似乎刚才这楼上发生的一切她都知道了。不过，我倒想问问这姑娘。

"你怎么知道楼上的灯坏了？"

她又笑了笑。这回她笑得有点儿勉强，我从这种笑中意识到她是个正儿八经的女人而不再是天真烂漫的小姑娘。这极短暂的时间里她突然成熟了。她的胸脯明显地鼓了起来。

"我想你是吓住了。"她平静地说，"以往来城里的客人，也这样。你肯定看见了什么东西。你不要怕。就算是鬼，也有善鬼好鬼。他不会害人。他不过是太冷清了想同外面来的人会一会。"

我没有笑，因为她说得太像煞有介事，说得太认真。我静静地吸着烟。"也许是幻觉吧，"我说，"幻觉往往很美。"

"不是幻觉！"

她说根本就不是幻觉。她说我有文化我读过许多书我不相信书上讲的都是对的。在南方，鬼魂像风一样地漫游。

这是我始料不及的。田藕你别太激动。你坐下。我承认世界上许多事情是说不清的，所以我也不断然否认你的观点，况且我刚才确实见到了一个红色的东西飞出了窗外……

"红色的？那一定是我奶奶……"

她的神色越发凝重了，忧伤使她看起来端庄而富有教养——这感觉实在有点不可思议。我又想到她的父亲陈士林，他的愤怒也许是悲哀所致。我进一步设想，他的母亲一定死于城里人之手，比如说被城里的医生误诊或者因为没有及时付款而切断了氧气和血浆什么的。我很想同陈士林再聊聊。

"你父亲……"我说，"他现在睡了吗？"

她一愣，接着她笑了："你弄错了。陈士林不是我爸爸。他是我叔叔，实际上也未必是我叔叔。我爸爸进城开会去了，昨天才走。这个客店是我们两家合伙开的。"

　　田藕就是这样一个非常有意思的姑娘。她本人就是个美丽的矛盾。正如她所言，她爱读书但又怀疑书上的道理。第一次见面的印象总是深刻的。那次谈话我有几点感到迷惑，至少是好奇。田藕在楼下怎么知道楼上发生了事？好像她预先布置了这一切来捉弄我这个城里人。"以往来城里的客人，也这样。"这说明类似的场面已经发生过，而且不止是一次两次。为什么这种怪事只限于"来城里的客人"时发生？还有，她对我强调的"红色"似乎特别敏感。我记得她一下站了起来，肩上披着的衣服差点儿滑落。关于陈士林，她说："实际上也未必是我叔叔。"说这话时她的眼神流露出一种轻蔑的开心。这与我后来听到的陈士林的"背景"正好是个印证。她大概潜台词是说，陈不是她的亲叔叔，她没有这个来历不明的叔叔。这只能是一种判断。也许这句话还包含着别的意思。

——作家手记

第二天一早，陈士林就领着乡长来了。乡长是位约莫四十开外的女人，叫秦贞，口气像苏北那一带的。她的装束很入时，也很大方，是一身毛料的银灰色西服套裙。早晨这季节凉意很浓，我注意到她把棉毛裤卷到了膝上，由于她比较富态，所以一坐下来就露出了棉毛裤的边缘。显然，这位乡长来时精心打扮了一下。在她的印象里，作家比记者还带有钦差大臣的味道，何况我是由县政府直接介绍下来"了解情况"的。

秦贞看了我的介绍信，连说了几声欢迎欢迎。她执意要我住到乡政府招待所去："我们还是头回接待作家哩！"

我婉言谢绝了。我说这儿很好，我喜欢这个老房子。为了让这位颇有势派的女乡长宽心，我说这次下来主要是了解乡镇企业发展的情况。这儿非常有特色，我必须多到下面走走，回去给省报写一篇。

"那实在太感谢了！"秦贞说，"我这就去同几个厂打招呼，让他们准备准备。"

"不用不用，"我说，"我只需要随便看看。有什么不方便的，我找老陈好了。老陈，你看呢？"

"责无旁贷嘛！"陈士林笑着说，吸烟。

"那你算找对人了！"秦贞说，"陈士林可是这罐子窑一带的地保咧！在我们乡，罐子窑是老先进老典型了，你会有写的。比如说糙坯子……"

"操什么?"我没听清楚。

"糙坯子,就是田藕的爸,是绰号,大号叫陈士旺。别看名字土拉吧唧的,手可巧着哩!他做的货漂洋过海销到了外国。上到省长、专员,下到书记、县长,家里都有他的泡菜罐!这不,又去地区开表彰会了……"

"秦乡长你也来一支吧?"陈士林突然递给秦贞一支烟。秦贞怔了一下,手在半空悬着:"老陈你开什么玩笑!"

"女人抽烟也是时代特色嘛!"陈士林说。

"去去!你这家伙总没个正经相!"秦贞推了陈士林一把,敛住笑容,想把刚才岔开的话续下去,可一时又没找到头绪。于是她就大口地喝茶。(陈士林背过脸去咧了咧嘴,似乎很鄙夷乡长适才一番笨拙的表演。)

我也笑了。

这时候门外有人喊:"秦乡长电话——"

秦贞连忙放下茶杯,匆匆与我握手道别:"再会再会!多包涵多包涵!"

秦贞刚出门,陈士林就悠然自在地吐了一个烟圈:"傻×一个!"

我大吃一惊。我实在没料到陈士林居然如此地蔑视他的顶头上司。他难道就不怕一个陌生人私下塞他一拳吗?不过,对这种人我偏偏有些好感。或许陈士林早已揣测到这一点了。好一个陈士林!

我也点上香烟,微笑着———一种怂恿的微笑,我看着陈士林。

"别听那娘们儿狗屁滔滔!她懂个卵!"陈士林把一只腿从另一只膝上搬下来,"什么先进,什么典型,全他妈的吹灯日×——瞎捣!"

我哈哈大笑。

他凑过来狡黠地盯着我:"实际上你也不会去写这些鸡零狗碎的玩意儿。你肯定不会写!"

"何以见得呢?"

他做了个手势。"我读过你的书,"他说,"所以我想你不会去写。如果我猜得不错,阁下此番是奔一个莫名其妙的幽灵来的!"

第二章

　　那年我第一次下罐子窑的收获是十分可观的。在那不长的几天里我了解了许多鲜为人知的事。这些事，其中有不少传说，甚至还有虚无缥缈的传奇故事以及不可思议的事实。所有这一切头绪纷乱的素材，使我在一定程度上放弃了原来的计划。郑海不再成为本书的灵魂，但他仍然是个至关重要的人物。

　　我的意思是想写一部庞杂的书。至于写什么，我不愿意多想——我历来不多想这个问题。至于怎么写，我大体有了一个构想。

　　第一，鉴于我要写的内容时间跨度很大，我有必要不停地调整视角。许多发生了的事限于我的视角位置，我难以说清楚。我只能权且充当一位"全知全能"的上帝，去编排左右这些陈旧的东西。但需要声明的是：我绝不凭空捏造。我可以借题发挥，可以推测，可以再现，当然更多的可能是表现。

　　第二，有些故事我是听来的。为了保留它的原生面貌，我尽可能采用口述实录。这或许会让人觉得语言风格的不统一。然而这种"不统一"又可能形成本书的叙述风格——请允许我行使自己的权利。

　　第三，在以后的篇章里将会出现不少"短路"，读者可能有所埋怨我的漫不经心我的草率。实际上这冤枉了我。在本人看来，创作的过程与欣赏的过程是齐头并进的。在不断出现的"短路"间，创作者的意旨传达给了欣赏者，于是他们判断。

　　作家只能写出小说的一半，另一半由读者写——用心来写。所以我曾经说过这样的话：好的小说是茶叶而不是现成的茶。你想喝就请你自个儿来泡。至于水的度数如何，责任由你负，我只管茶叶。因此你要参与，不能闲着。

　　我们就这样开始吧。

——作家手记

　　你无法想象那条河是多么地令人销魂。你写过不少河不少水这是事实，但你即使见到了那条河你也难以把它活生生地写出来。

我就是这河驮来的。那时候，我大约不过十岁的样子。这是后来我娘告诉我的。我不知道我到底生于何时何地。有人怀疑我是私生子。我也许就是个私生子吧！

我至今还记得那一天。是个晦气的阴天，正渡桃花汛。我从山上跑下来，到河边去摘桃花。我喜欢桃花。我就这样在林子里玩到了天黑，突然觉得饿了。越想越饿，饿得没有力气爬山了。我站在河边，向船上人讨吃的。可是没有人睬我。我哭了。这时候从上游划过来一条船，可是船上人没有往这边看。我就一下装着掉到水里，于是岸上就有人大喊大叫说孩子落水了快救命哪！这一喊，那船便急忙拢过来。其实那水不深，直齐我的颈，而且我也会一点儿水。我就做出要淹死的样子，在水里直冒直冒的。等我第五次冒出水面时，我看见一根撑篙递到了眼前。"快捉住！"船上一个女人喊。我就一把捉住了……

那船非常普通，是长江中下游常见到的那种三板船，不过多加了一顶用竹席弯成的篷。船上有三个人。一个船佬，一个船娘，还有一个穿长衫戴礼帽的先生，大概是船客。我被他们手忙脚乱地拖上了船。船佬先把我放在一条板凳上，用胳膊替我压肚子里的水，压了半天没有压出一滴水却压出了一个屁。"你这小狗日的！"船佬照我的屁股拍了一掌，"急得老子一身汗！"船娘在边上哈哈笑，把眼角的泪水挥了去。那位先生也把眼镜拿下来拭了拭，然后说："你是哪家的孩子，怎么这么晚了还在江边耍？"

我说，我就是这家的孩子了。我没有家。谁给我吃的我就给谁当儿子。我饿。

起先他们都不以为然。船佬说你小狗日的莫不是来刮老子油水的吧？他从怀里摸出一块洋钱。"拿着走路，免得老子以后破大财！"我把钱推开了。我说我不是偷儿。我真的没有家。我说着哭着给船佬磕头，船佬这才正了神。他好像一下子变得温柔，不停地舔着嘴唇，拿眼去看船娘——她正在给我煮吃的。船佬走过去同船娘嘀咕了一会儿，用的全是这一带最原始的方言，但我大致能听懂。那船娘说："一个是养，两个也是养。就让他同糖坯子做个伴吧！"船佬点着头，招手让我进舱去吃东西。然后他把船拢到岸边泊住，下船去了。

那位言语很少的先生也进舱来,看着我吃饭。他又问我:"你果真没有家吗?"

我只顾吃饭。我不喜欢这个白白净净的先生。我那时觉得他在刁难我、盯我。

"你属什么的?"那先生问。

我摇摇头。

"你几岁了?"那先生又问。

"你看我几岁了?"我生气地说,"你这先生真是多事,又不要你养我!"

他笑了。"看不出这小东西倒蛮有出息!"他回头看看船娘:"莲子,这孩子我喜欢。就算是我的儿子吧,放在你们名下。"他似乎越笑越开心了。

"二少爷你可别瞎说。"莲子抿嘴一笑,"哪有大户人家做这种事的?老爷要是还在,会掌嘴的!"

"不不,莲子你错了。这种善事将来会有好的报应的。我相信这个真理。我在伦敦念书,就常去那些慈善机构玩。那里有许多像这样的孤儿,又都非常聪明伶俐。所以我时时想,那些为人父母的怎么心这样狠?"先生说完,用手来摸我的头。

"人心难测。"船娘说,把一盆脏水泼到江里。

这天吃过晚饭,二少爷就去了岸上,好像去办什么急事。天像要落雨的样子,他带了把黑伞。我累了,不一会儿就睡熟了。我在梦中听见外面已经下雨了,打得船篷脆响。

那只小船当晚泊在离轮船码头不远的一棵老杨树下。船头挂着一盏玻璃方灯。那黄黄的灯火在斜风细雨中一闪一烁,像一只疲乏惺忪的醉眼。船上的人都睡了。那孩子躺在女人怀里,梦里还不断地舔着嘴唇。他吃饱了,可一到梦里他就会饿。后来他说他有一次梦见自己一口气吃掉了一只磨盘大的乳房,但吐出来的却是一堆人的手指头。其中还有染着寇丹的女人指甲……这个古老的梦折磨了他几十年,至今冷汗不消。

船佬也睡熟了。这一天他过得很快乐。他在江上捞到了一个儿子。他觉得这个儿子一点也不比自己家里的儿子差。他上岸给孩子买了一套新衣裳，还买了一只糖捏的红鲤鱼。他沽了一斤酒，用干荷叶托着两只卤猪耳一路哼着家乡的黄梅调回来了。其实他的酒量很小。他喝不过自己的女人。美丽的船娘天生海量，扬言能喝干这条江——如果江是酒的话！奇怪的是这回她只喝了一杯。这酒好苦哇！她想，这是谁酿的王八酒！她把酒壶推到一边。有一点她没有料到，二少爷把壶儿提到嘴边，想也不想地一饮而尽了。好酒！二少爷说：痛快！似乎在这一刻，船娘才见识了二少爷。几年不见，这个男人还是那样的英姿飒爽。在南京码头，她见到这个男人的那一瞬间，她仿佛失重了，身体像鸽子一样地飞舞起来。当她听见一声"莲子"后，她的一颗泪珠从眼角无声滚下，而这感觉又十分古怪，像一把刀慢慢从眼角往下割……

　　这个夜晚，只有二少爷没有睡。他也不在船上。二少爷是黄昏后上岸去的。他说他去会一位朋友，今夜不回来了。此刻这位年轻斯文的先生正打着一把乡间少见的黑洋伞走在江城的小街上。这街是多么古色古香。又回来了。离家五载不过弹指一挥间，似乎一切都是原来的样子。二少爷在伞下点了一支烟，他仍然保留着用烟嘴吸烟的良好习惯。他有一根七寸的象牙烟嘴，这是父亲送他的宠物。他还在想那孩子的事。好像是有人在操纵这一切，偏偏在他回来的时候半路上闯来一个野孩子。那孩子嘴紧，只说自己是从山上下来的，哪座山？他脑子里闪过一座名山古刹，不禁哆嗦了一下。可那座山离长江很远，虽说是在同一个省的地界，毕竟一个毛孩子没有那么大的脚力……天地之大，无奇不有，无巧不有，谁能保证这个野孩子与他的归来没有干系呢？

　　二少爷的脚步加快了，他拐进了一条小巷。那个巷子的地势是一直向下倾斜的，二少爷的感觉像是在下山。在巷子尽头，他听见了第一声鸡鸣。

　　后半夜雨止了。风还是很大，船被浪推得摇摇晃晃。我让尿给憋醒了，睁眼一看，发现睡在我身边的船娘也不见了！船佬倒是睡得像死猪一样，扯着隆隆的呼噜。我觉得很奇怪，就爬到舱外来看。外面很黑，风声像饿狼一样低吼着,我好害怕。这样的夜总让人觉得要出什么险事似的。我哆哆嗦嗦地把尿撒到江里,回舱的时候我摸到了一把斧子,藏在被子里。不用说我睡不好了,扳着手指等鸡啼。可我又有一些好奇,船娘上哪了呢?会不会去找二少爷了?他们之间会不会有偷鸡摸狗的勾当?你看我那时竟生这种念头了,那么小的东西!我当然不是乱猜。我有理由。船佬上岸沽酒那会儿,我看见二少爷悄悄捏了一把船娘的手,船娘的脸就刷地红了,她甩开了他的手,好像低声骂了一句:狗!接着她的眼又红了,湿润润的。船娘说的一点不错,男人都是他妈的狗!连和尚也是狗。我就看见过大白天和尚摸小尼姑的。以后我长大了,我也觉得自己像只狗。我不是讲醉话。

你大概想知道我的来路吧。这两天我看见你在村子里转了不少地方。我料到会有人对你说:陈士林是私生子!你不要不承认。我们中国人讲究面子,不敢当别人面揭短。我不怕。我不管这些。一个男人和一个女人几十年前睡了一觉,于是有了我。那两个人便是我的父母了。他们是谁?我不知道。我倒是感谢那双野鸳鸯,要不我就看不到这人世间的五颜六色了。那两个人哪怕是哥哥日了妹妹还是儿子操了娘,我都不管!

几十年过去了。这个谜仍是揭不开。有时候我也可怜我那风一样来云一般去的双亲,他们竟没有勇气来看一看我这块骨肉。他们或许见过我,甚至就在我身边转悠着,但他们就是不敢站出来认我。不瞒你,这些年我一直在打听他们,当然他们可能早已不在这土面上了。或者,我替他们活着……

我现在再告诉你我爬上那只船以前的事。我说过我是从山上下来的。哪座山,我具体地弄不清了。好像不是座名山。在山上几年我没见到什么香火。庙倒是有一座,也不知道是供哪尊菩萨的,反正是个老家伙,胖乎乎的,耳垂落到了肩上。我不是在山上生的,据说是一个樵夫在山脚下拾到的。那时候我大约不满周岁。我跑下山的前一天夜里,樵夫喝醉了酒,又哭又笑闹了一整夜。就在这天夜里,一个男人进了我们的小屋。樵夫打算点灯,可那人把划着的火柴吹灭了。他们坐在门槛上,低声说着什么。我只听见那人说"那小东西还好吗?"我猜指的就是我。樵夫说:"放心去吧,有我在,亏不了孩子。"那人叹了口气,半天不响。过了会,樵夫又说:"你可想看看?我来点灯。"那人说不。那人说不点灯照样也能看得清楚。接着他们摸索到我的床边,我吓得透不过气来。刚想叫,一只大手落到了我脸上,那手好凉哪!那只手先在我脸上轻轻地摸着摸着,再一直往下摸,摸到我的鸡子,我听见那人说:"还真硬朗!"不久,他说还有要紧的事要办,就走了,樵夫送他出了门。送了好远一截子。我悄悄爬到窗口去看,那夜没有月亮,天上只有几粒星子,像贼一样躲躲闪闪。我好像看见那人的个头很高⋯⋯

我从此知道了原来樵夫不是我的父亲。我是个没有人敢认敢领的野种!既然这样,我干吗还要守在这穷山上?那山太冷清了。我要下山来赶热闹。这不,一下山就热闹了。那天夜里后来再没有发生什么事了。可是二少爷和船娘一直没有回来。

　　灰色的长衫在小巷尽头消失了。不一会儿,临江的一个阁楼窗口亮起了灯。那灯光恍恍惚惚,把一个男人的身影映到墙上。他摸出镀银的香烟盒,从中拿出一支哈德门牌的烟卷安在象牙烟嘴上。他含着烟嘴没有点火,似乎这是一个下意识的动作。他在想那个孩子。从见小东西第一眼起,他就有了一种可怕的预感。他仿佛面对一个筹划已久的阴谋。那孩子便是导火索,他将引爆一声巨响,引起一场大流血。这一切来得太突然了,以致他这样文韬武略的人一时间乱了方寸。

　　屋檐下的水滴落在青石条上,声音单调又稍带一点恐怖。他慢慢站起来,踱了几步。他看着墙上自己无比高大的影子觉得很不舒服。他把灯挪到高一点的地方,让影子退到脚下。这样就宽松一些,平和一些。有人已盯了我好久,他想,只要我一露脸,他们就会将这支冷箭射过来。他们以为这种手段是克服我的最佳手段,让你见血往心里淌!天哪,那小东西,那硬朗的小东西!

　　他这才点上烟,意味深长地吸了一口。当然,这不一定是真的。只是一个假设。白天的事不过是一宗普通的船佬救孤,像一出折子戏。我这人太敏感了?可是莲子为何落泪呢?天下只有娘识得出自己的儿,女人的感觉,母亲的感觉,这可是连上帝也自愧不如的呀!她用酒漱了漱口。她不喝。她说酒苦——谁酿的王八酒!了不起的女人,让人永远不够的女人!莲子还是当年的莲子。莲子还是我的莲子。你骂我可你还是……你会来的。

楼下有了动静。他转过身,用右手抄起长衫向楼口走来。他先看见一顶竹斗笠,然后看见了莲子那张美丽的脸。

"莲……"他接过斗笠,用手来扶莲子,但她身子一闪,他的手落空了。他不尴尬,他知道女人可怕的不是同你赌气,而是平静如水。

他默默地替莲子泡上茶。

莲子还是不看他。她立在窗口,看着从眼前流过的江。那江是黑色的,风从上面魂一般地走动着。沉默在蔓延,窗外的雨似乎接近尾声了,然而这阁楼上的戏才刚刚拉开序幕。此刻男人就在女人的背后。他几次冲动地想扑上去把她搂到怀里。几年不见了,莲子依然那么勾人心魂荡人心魄。这个微雨之夜正是男欢女爱的良宵。莲子,你转过身来吧!果然,莲子就转过身了,接着平静地说:

二少爷,你的儿子回来了。

我的作家先生,请你放松一些。我不喜欢看人做出思考的样子。有一本书上说得好:人们一思考,上帝就发笑。我们还是随便聊聊,我姑妄言之,你姑妄听之。你最好放弃那种自作多情式的想入非非。我知道你不是个平庸的小说家,所以你要赶快打消你的一些平庸的念头。比如说,你可能会把二少爷同那个黑夜上山摸我的男人看做同一个人。也就是说,你认为我陈士林乃二少爷与莲子私通的结果。这就十分幼稚了。我告诉你,二少爷没有那个男人——就算是我的父亲吧,生得魁梧;他们的嗓音也不像。我还要告诉你,二少爷也不是你要追踪的那个郑海,他叫叶之秋。

你仔细看了这房子了吧?叶家是罐子窑的大户,我来的时候,已经比较败落了。其时叶家老爷刚过世,家由大少爷叶千帆掌握着。不过后来我发现,大少爷是不大问事的,把持叶家的是一只白嫩的手。那就是叶老爷的姨太唐月霜。叶家有六个作坊,一条窑——就是村南的那条,叫龙窑。还在县城设有一个钱庄。那船也是叶家的。叶老爷叶念慈六十七岁那年下扬州会诗友,在青楼结识了唐月霜,就有意纳妾。于是按唐的意思买了这条船。唐说,她命中与火相克,必须走水路。这唐月霜长得并不标致,但气质高雅,琴棋书画都能来一下子,是扬剧的票友;到这地方不久便会唱黄梅调了。这可是个非凡的女人!

不知你是不是已听说过了那么一件事。有一回唐月霜在皖水岸边散步,遇到了一位鹤发童颜的老叟,她让他看手相。老叟就提着她的手看了,说:"含章可贞。"走了几步,老叟又回头说:"括囊无咎,慎不害也。"唐月霜听过有些不悦:这不是叫我做叶家老妈子吗?继之又感到惊慌:难道我身边有什么凶险?就赶快调过身体去追那老叟,可是他早已消逝了。据说这以后,唐月霜就变得阴郁了,慢慢地,似乎脑子也有了病。不过我见到她时,她还是个活脱脱的城里富贵人家大小姐的模样,少奶奶的打扮,年纪大约在二十至三十之间。我至今忘不了她见到我那一刻的目光。她好像很激动,又似乎带有一点不可理喻的惶恐。"天哪,这孩子……"她说。我记得她是这样说的。这时候在我身后的二少爷笑着说:"太太,你好像认识这小子?"这显然是句笑谈,可唐月霜把手中的檀香扇一拢:"二少爷,你怎么不说这孩子是我生的?"她的口气虽然平和但十分尖刻。叶之秋弄得有些不知所措了。这时候,门外响起了马蹄声。接着我听见莲子说:"大少爷回来了。"

大少爷叶千帆是个身材高大,腰板笔直,不苟言笑的男人。他上身穿着白纺绸的褂子,下着黄色马裤,留着络腮胡子。当他提着猎枪和两只野兔走进庭院时,大家都不说话了。他首先看见了叶之秋,说:"回来了?路上好走吗?"说完把野兔扔给莲子:"烧出来,给二少爷洗尘。"叶之秋大概还沉浸在刚才的尴尬中,所以没说什么,只对兄长拱了拱手。

"这是谁家的孩子?"叶千帆注意到了我,看着叶之秋说:"你的?"

叶之秋这才笑了起来:"大哥,你可真会成人之美。我倒真希望有这么个儿子……"

突然屋里"吧嗒"一响,谁把一个罐子摔碎了。紧接着一只大黑猫逃也似的奔出来,听见唐月霜(她不知道什么时候进屋去了)说:"你这贱骨头!"

叶家兄弟相视了一下。叶千帆低声说:"父亲刚走,难免她……过几天,我们再谈她的事。这孩子到底是怎么回事?"叶之秋就把路上的情况说了。叶千帆走过来摸摸我的头:"你倒像一条汉子,好,认我做老子吧!"他说着把我举起来。可是走过来的莲子说:"大少爷,这孩子还是让我领吧，你成天走东闯西的……"叶千帆把我放下来，叹了口气："儿子离不开娘，谁叫我们叶家都是和尚呢？莲子，你把他领好。"于是他让我跪在莲子面前，让我喊娘。我没开口。等我正打算开口的时候，那个唐月霜又过来了，说："大少爷，别忘了这屋子里还有一个女人……她也是可以当母亲的！"

　　事情弄麻烦了。表面上看是一场玩笑，可气氛却是笑里藏刀！真的，虽然我那时候还很小，但那个黄昏给我的印象太强烈了，太深刻了。我在以后的几十年里还时常在梦中复制这个场面……

　　陈士林的叙述始终是在平缓的语气中进行的。好像他所谈的不是他自己的事而是在说别的人，他不过是一个冷静的旁观者；或者，是一个机智的故事转述人。有一点颇值得玩味，陈的叙述一旦进入在我们看来的那种"关键时刻"，就无影无踪了。他似乎在努力拆穿什么，但同时又企图把另一些什么埋得更深，这是我得到的感觉。那一次我随着他沿着长水的故道徜徉。我发现，这与我来时在路上，在那株古枫树下遇见的老者后来经过的路线不完全一样。陈士林走的要直一些。他完全撇开了那片芦苇荡。我没有多想，但直觉告诉我，老人领我走的路线似乎要可信一些。当然这种细微的变化，地图上是无法反映出来的。"没有水了。"陈士林说，"我就知道它会干的。可它并没有死，它在地下流淌着。"这个中年人说这些话时是深沉的，他很怕你产生以为他浪漫的感觉，所以他后来又说："我常常听到脚底下叮咚作响。"

　　暮色苍茫时分我们回来了。陈士林没有和我一道回客栈。在村口，我们分手了。他说晚上不能来陪我聊了，因为要出窑，他要去看看货色。"这几个月生意还不坏。"他说，"过几天我带你去看看烧窑，也蛮有趣的。"

　　这样，我就回了客栈。又来了两位新客，田藕正忙着，算盘拨得流水一样响。我在院子里吸烟，看见老槐树上突然筑起了一个空巢。我开始仔细观察这座著名的住宅。这是一个四方端正的院落，连房子在内，占地面积约有三百平方米。房子的年代虽然久远了，但保存完好，似乎连草也没丢一根。门前的那块上马石倒是消蚀得十分光洁。我仔细摸着这块石头，它冰凉的表面给人以历史感。我的视线从大门正中穿过去，我想依照陈士林的叙述把二少爷一行回来的场面重新排演一下。槐树无疑是这场戏的中心位置，所有的人都在树下表演。但是，有一个人以后始终就没有出场，这便是船佬。莲子的丈夫。这个人至今是面目不清的，陈士林的叙述中对他轻描淡写，或许是他在以后的故事里无关紧要，或许是陈士林故意将他遗忘冷落。总之，得有个交代。我希望这个问题在田藕，也就是船佬的孙女身上得到一些弥补。于是晚饭后，我找到了田藕。

我爷爷叫陈宗淼——三个水摞在一起的那个淼。这个名字只是在祠堂修谱的时候用。窑上人平常都叫他"六指"，他的左手有六个指头。

我没见过我爷爷。就是我爸爸，他大概记得也不清楚了。爷爷死的那年我爸也只有十岁的样子。我爷爷是个老实人，为人忠厚。当时叶家老爷让他跟班跑船很信得过他，对他也不薄。一般人眼里，我爷爷倒像是叶念慈的干儿子似的。后来叶家大太太病死了，老爷让太太的贴身丫鬟莲子嫁给了我爷爷。这是民国三十一年的事。据说我奶奶并不愿意，结婚那天哭得很伤心。到了第二年春天，桃花开的时候，我爸爸出生了。这以后我奶奶的精神面貌才好起来。她很能干，跟随爷爷给叶家跑船，走江闯湖，见了一些世面。

渡江胜利后的那一年，我爷爷死了。是在江上死的，说是喝醉了酒，失脚落水给浪冲走了。这一点我很奇怪，我爷爷的水性是极好的，纵使醉了，也不至于会亡命。不过以后谁也没见过我爷爷了。我奶奶在江上捞到了爷爷的斗笠。那时候，我奶奶不过二十七八岁的样子，依然是很好看的，但没有再嫁。她的性子又温柔又倔强，居然一个人撑船跑江。据说，这之前她就在给共产党跑交通，她的上司就是你要找的那个郑海。关于这一点，我小时候曾经问过我奶奶，我把她当做英雄，可是她总是摇摇头，说："没有的事。"她甚至还说过，她根本就不认识什么郑海！

一九七五年三月的一个黄昏，我放学回来，看见久病不起的奶奶突然坐在镜子前梳头。我正想过去，被陈士林一把拉住了。他对我轻微地摇摇头，样子很沉痛。我好像预感到家里要发生什么大事了，非常害怕。我们没有惊动奶奶，看着她一下一下地把头上的白发拔去。那头发离开头皮发出"啪啪"的响。这天我父母都去县城卖货了，家中就我们三个。奶奶梳好头，喊陈士林过去，让他帮她换衣裳。我说我来帮您换吧奶奶。她说："藕儿你还小，到院子里念书去！"她的口齿和神志一样清楚。我就离开了。我在槐树下木呆呆地站了好久，听见陈士林在屋里哭了起来："娘，你老人家放心去吧！"我连忙又冲到屋里，看见奶奶已经平躺在床上，咽气了……不过半小时的光景，奶奶就这样去了。我后来才听大人说，这叫回光返照。我奶奶显然意识到自己的路走完了，我相信她能意识到的。

奶奶没有实行棺木土葬。遵照她的遗嘱，三年后的清明这天，将她的骨灰撒到江里。奶奶说她要死得清清爽爽，不喜欢别人在她身上乱动。

那天晚上后来不知因为什么停电了。田藕在我屋子里摆了一个铜的烛台。它的样子是一条盘绕的龙，看上去是很有年头的，擦得非常亮。田藕说，这烛台是她奶奶结婚时叶家老爷送的，原是一对，后来"凤台"弄丢了。那支蜡烛是红色的，也很粗大。屋里没有风，火焰笔直升起像一杆饱蘸着墨的羊毫。我喜欢这种类似伦勃朗的影调，它给人以幽雅，以宁静，又仿佛蕴含着深沉的历史感。我和田藕面对面地坐着。我觉得她不像是一个土生土长的农家姑娘。我不是指她的口才，也不是指她的长相。我想我指的大概是我们通常所说的那种气质吧。而且，我怀疑她的实际年龄。一个十七八岁的乡下姑娘是少不更事的。她不应该有着同身体一样成熟的思想。我一边听她的叙述，一边记录。她很能掌握节奏。在一些比较重要的地方，她有意放慢一拍或者重复一遍。后来她说："你是不是打算写一本书？"

我笑了笑，也算是默认了。我发现，坐在我面前的这个姑娘是可爱的。

她思索着，然后说："这恐怕不容易。因为许多事情无法弄清楚。"

我说，也许正因为这个"无法弄清楚"，我才有兴趣考虑写一本书。"不过，"我强调说，"目前我还没有足够的把握。我不想去解释什么，这是哲学家和历史学家的事。我想找到那么一种状态，一个作家只能做到这些。"我从口袋里拿出香烟，正想就着烛火点上，突然一阵风从背后袭来，蜡烛灭了。

黑暗中我听见田藕说：

"她来了。"

——作家手记

第三章

关于叶家，1956年出版的《长江中下游地区手工业发展史略》有过简要记载：

"自叶念慈始，罐子窑初步形成集体生产规模。其时有六处作坊，一口窑，陶工近五十余人。叶颇善经营，又聘江西技师指点，使得产品质量提高。民国二十八年有陶罐销意大利，翌年有龙缸销新加坡、印尼。"

"后，叶念慈病殁，由长子叶千帆继承家业。此人系行伍出身，对陶艺缺乏兴趣，又加战祸不断，生产每况愈下……其间有一陈姓陶工，对烧窑有新工艺突破，终因无人问津，技艺失传。"

对叶千帆的记载，县志人物栏还有一笔：

"叶千帆（1920—？），曾任汪伪'和平军'少校副官，后解甲归田。解放前夕随蒋军去台湾。"

涉及叶之秋的材料是比较多的：

"叶之秋，又名叶知秋，早年留学伦敦，回国后一度任江津大学副教授，曾领导进步学生运动……"

——《江南风云录》

"……当时，进步人士叶之秋先生不顾个人安危，率学生赴南京请愿。叶被捕入狱，从容不迫，继续以绝食方式进行斗争。"

——《回忆江东学潮》

"郑海支队当时在沿江一带活动，办有一份油印小报，名为《黎明》。帮助做这项工作的有像叶之秋这样的党外进步人士……"

——《皖南游击十年》

但是这些材料都不能比较完整地介绍叶家的任何一名成员。由于他们本身的分量，历史没有自作多情。这匆匆的一瞥使我们不可能认清他们的面目，甚至会混淆我们的视线。我们很容易认为叶氏兄弟的政治见解大相径庭，于是有了一种成见，把历史简单地理解为政治的进步与反动之间的较量。实际上这是一个地地道道的骗局。

叶念慈最后的结局？叶千帆是否还在海峡那边活着？为何不回来看一看？至于叶之秋，据说后来是遭人暗算了，但没有详尽的介绍。诸如此类的问题都没有结果。我后来采访了有关人士。他们对属于从前的事都表示"记不清楚了"或者"好像是那样的"。我想，这些旧账或许不重要。然而我越来越不怀疑，叶氏兄弟之间是有一段美妙的故事的。我关心政治以外的事情。

——作家手记

过了一会儿，楼梯上响起了脚步声。田藕这才重新划着火柴，把刚才吹灭的蜡烛点上。我想可能是陈士林来了，就站起身，打算去开门。可是，脚步似乎迟疑不决，又渐渐弱了下去。我想了想，还是把门打开了。我朝楼梯望过去，并没有发现什么。楼下亮着灯光，有两个旅客正在下棋。我就下楼去，问他们刚才是不是看见谁上楼来了。他们看看我，说没见到。这实在是很奇怪的，难道是我的听觉也出了毛病？我点上香烟，又想起那股突然的风。天气竟又暖了，偌大的庭院十分安静。一只黑色的大狗在门边逡巡，它的神情完全像一名盯梢者。这是谁家养的畜生？

我回到楼上。田藕还是那么平静地坐着。烛光在她的左侧，这使她的脸处于阴影的部分显出一种忧郁的美。她企图以表面的无动于衷来掩饰内心的惶惑，我是能感觉到的。

"那狗……谁家的？"我轻轻问了一句。

"是条野狗。"她说，并不去看窗外。

"常来这院子？"

"不，不常来……它很老了。年纪不比我小。它是来看黑儿的。"

"刚才那股风把我给吹蒙了。"

"是我奶奶。"

见我没吱声，田藕扬起脖子看着我："你不信？"

我笑了。

"是的,你现在不会相信……你在这屋子住久了,就会信的。"她认真地说。

"这屋子从前是你奶奶住的?"

"不,是叶家二少爷的书房……"

"叶之秋?"

"对,其实他在家的日子很少。这屋子常空着。我奶奶每天都来收拾一遍……"

"这些是你奶奶告诉你的?"

"她从不对我谈叶家的事。"田藕回忆道:"后来这屋子依旧空着。在我记事的时候,它已经不像书房了,没有一本书。书被人弄走了,也烧掉一些。奶奶还是每天来收拾,仔细地擦这些家具,连颜色也擦变样了,直到她病倒……她临死前的一个月,让我父亲和陈士林把她的床——就是现在这张,移到了这。她说,这屋子暖和……"

突然院子里那条大狗吠了几声。

田藕怔了一下,连忙站起来说:"我去看看,那家伙可能惹事了。"

    他对着蜡烛点上香烟,安在烟嘴上。现在,他感到累了。去岸上看来是个错误。那种雨是最容易伤人的。你不觉得是雨,等你意识到已经全身湿透。不知不觉地把你暗算了。这一路上似乎都埋着陷阱,总算迈了过来,到家了。可是很累很累……

    蜡烛的火焰跳动了几下。今夜没有月儿。这时候的山村是非常静谧的。爹走了。爹这辈子也实在不容易,守着这些山,这条水,这口窑以及这座房子。明儿去爹坟上看看,把这本《颜氏家训》给他老人家烧去。爹,您老走得太匆忙了……

    他在书柜面前徘徊。这些书没有人动过。像以往一样,每年的梅雨季节都要晒一回。还是那么香。现在好了,可以静一阵子读点书。外面总是不断喧闹着,不管它。战争,令人厌烦的战争何年才有个了结?有人为主义,有人为钱,有人为女人,不知老大为什么。他一夜之间脱离了军界,变得无忧无虑,仿佛成了另一个人。老大回来了。他大约不仅仅是因为爹死才解甲归田的,不,不是。他把那匹白马也牵了回来。那是匹少见的烈马,只有老大才能使它驯服。

叶家从来就没有人骑马的,他叶千帆破了这个规矩,而且,他还有枪!他也许会把那支左轮放在桌子上同我同唐月霜谈家业的分配。家业,老大你拿去好了,全拿去。我只要这些书。老大你还想要什么?

屋内突然变明亮了。他回过头,心头的一根弦顿时绷紧,他很费力地笑了一下:还没睡?

我想二少爷要看书,就……莲子说着把另一盏蜡烛轻轻放到书案上。这是座"龙台",和书房里的"凤台"是一对儿。

看见莲子,他的手有点颤抖。他想去扶她,可是门开着。他希望莲子能把门掩上。她没有这样做,欲走又止。

他把烟掐灭,叹了口气。少顷,他说:那孩子不是……别乱想……

莲子低着头一语不发。

那孩子不像是十岁的样子。他继续说,十岁的孩子是不敢往江里跳的——你还真以为是失足落水?小东西很有心计……何况,我们的孩子确实是给好人家抱走了……

不!莲子猛一抬头,面色苍白,她喃喃地:不,不……她抽泣着。

莲子,不许这样!二少爷严厉但又是压低嗓门说:我不许你再纠缠这桩事!如果你不听我的话,等料理好家事我就离开,永不还乡!说罢,他又拿出手帕替莲子揩去了泪痕,好了,去睡吧。

莲子默默点点头。

太太可曾睡下了?他问道。

房里没有灯。她说。

大少爷呢!

出去了……

去哪了?

不晓得。六指跟着他,说是去窑上看看。

这么晚了还去窑上?他把窗户打开,朝窑的位置看过去。虽然没有月亮,但借着微弱的星光,窑的身姿依稀可辨。没有火光,连一缕青烟也没有。一连下了这些天的雨,坯和柴都会回潮的,不可能起火……你去吧。他对她说。他又点上香烟,踱着步。他的身影有两个,分别在两侧的壁上移动,显得高大又显得凌乱。

莲子悄悄离开了。他倾听着她下楼的脚步。突然"扑通"一声。他想是莲子一脚踏空了。

后来我对这个梦的结尾也感到可笑。我们从弗洛伊德等人的著作里了解到,梦是属于意识的一个层次。但达利的绘画明确地告诉我,梦是超现实的东西,因此无逻辑可言。我做梦的经验一般不是完全凭空捏造的,总有那么一种启迪,或者一种暗示。这种启迪与暗示的明晰度直接关系到梦的变形度。我承认,这种梦是非常愚蠢的,它没有摆脱因果线型关系,只不过是对现实经验的一种折射与补充。从心理学的角度看,它仍然是一种假设,一种推理。说得更清楚一点,是带有成见的假设与推理。这就难免不损害到阅读的直觉感受。因此我有必要在此声明:我提供的只是一种可能性。在写作这部小说之初,我同我的责任编辑有过商量,即把这种可能性的文字用另一种字体排出。读者实际上也可以把这种字体的片段跳开,去寻求另外的可能性。这肯定是有的。比如说我梦中听到的那"扑通"一声,究竟是否由于莲子一脚踏空所致,我也不是十分有把握。莲子或许为了提醒二少爷叶之秋注意什么故意用力踏上一脚报个信儿也未尝不可。况且,那天晚上莲子去没去二少爷的书房谁也不曾看见。我说过这是一个没有水平的梦。作者的主观而已。

对于一些年代很久的事,要看清它总是挺难办的。文物、档案、当事人、目击者当然会向我们提供些可供参考的东西,不过远远不够。于是歌德说:

"被风吹起的一片树叶往往像一只鸟。"

——作家手记

我刚洗漱好,陈士林就进屋来了。他的脸色很困倦,一望便知昨夜他又不知去哪儿辛苦了。我想他不可能把一夜的精力花在麻将桌上。这个精明的男人很快就意识到我的微笑是"不怀好意"的,于是索性摊牌。"女人是不好对付的,"他点上烟说,"三十如狼四十似虎……"

我问他，外面有几个？我又说对这种事我并不在意。

他靠到床上，跷起腿，悠然自得地喷出一口烟，说："你在周围转转，看看有几个孩子长得像我。城里没准儿也有，说不定还有个科长局长哩！"他自个儿也乐了，脸颊泛上两片红晕，舌头润了润嘴唇，然后很潇洒地把烟灰弹到烟缸里，又接着抽了一口。

我一边替他泡茶一边打量着他的侧面。这是个有魅力的男人。他当然算不上英俊，但脸部的线条十分硬朗。似乎永远无忧无虑的眼睛与眉毛分得很开，鼻子挺拔，嘴唇喜欢抿着，挂着讨人欢心的微笑。他的机智与幽默，他的见多识广，以及他在讲话时的手势、走路的步态，无疑都是女人们所钟爱的。也许男人的风采只有到了这个年纪才充分展现出来。我走近他，把茶递过去。这一瞬间我发现他的右手在颤抖，以致烟灰都散落在床单上。他立即欠起身，把烟灰吹掉，然后轻轻叹了口气：

"荡不了几年了……"

"你是说，要结婚？"我问。

"结婚？"他摆摆手，"不，不是结婚。我这辈子根本就没想过和谁结婚。我不想去害人家。女人命是很苦的……我是说，我毕竟老了，不中用了……"

我没有理由怀疑他的表白是言不由衷。似乎一切都是这样的，最美妙的光景一旦出现，也就意味着离收场不远了。此刻的陈士林已经清楚地看见了自己的前途，那仿佛是古陌荒阡，夕阳的余晖正在天的尽头一点一点地剥落，余下的将是暮色苍茫……

"老陈，"我说，"你应当结婚。"

"不，你不懂这个。"他把手向上挥了一下，"我们不谈这个。我来，是想让你住到乡里去，那儿条件好一些，至少不停电。"

"我觉得这儿挺好，真的。我喜欢这座房子，非常有味道。"我不明白陈士林为何要赶我走，这里面必定是有名堂的。

"你最好不要住这……"他说，似乎有难言之隐。

"你是不是嫌房钱低了？那我可以增加。"我故意这么说。

他无奈地笑了："你这样说就见外了。我是把你当朋友待的，才不希望你在这房子里久待。待长了，你会闹病的。"

我暗暗吃惊。但是，我已打定了主意，绝不搬走。我是个无神无鬼论者。我借点烟来缓和一下自己内心的不安。我说这儿空气好，阳光又足，而且我的身体素质本来就不错，怎么可能会闹病呢？

他看着我，说："你在套我的话？"

我也看着他，未置可否。对他这种人我是不需要解释些什么的。

"其实，我没多少话好说。"他说，"我只是觉得这屋子晦气……我一直想把它拆了。"

"怎么没动手？"

"我娘不让。"

"你是说莲子？"

"对。我喊她叫娘。这地方人称母亲作妈。我是她带大的，这点区别，所以我从小叫她娘。这样也很好。"他慢慢坐下来，接了我递上的烟，点上，连吸了几口。

我说："老陈，有一句话恕我冒昧问一下：你娘后来没想过再嫁？"

"没有。也许动过这种念头，不过从来没说……"

"真不容易。"

"你以为我娘会感到很遗憾？不，你错了。娘是个硬朗的女人，我从未见过她落泪。她也不是沉默寡言的，爱说笑话。就是死到临头也方寸不乱，说孩子你就把娘当捆柴火烧了，这样干净……"

"听说，她为郑海跑过交通？"

"是呀，别人都这么传。可我问过娘，她说那是瞎扯，没有的事。她还说她根本就不认识什么郑海。"

"这怎么可能呢？"我说，"郑海在这一带活动多年，后来又死在这儿……"

"这一带？这一带大得很！一个乡、几个乡，一个区、几个区，甚至一个县、几个县。就好比你去国外认识一个同省份的人，你不也可以称作同乡？死在这儿，不错。可怎么死的？不知道。谁埋的？不知道。凭什么证明他就是郑海而不是赵海钱海孙海？就凭几年后刨出来的一把人骨和几片黄咔叽布？！"他的表情渐渐变得严峻起来，以致逼得我不知所措。

"你是说，死者不是郑海？"

他突然又笑了："我凭什么说不是呢？我不过随便说说，你可千万别当真。其实你老弟也有疑惑，要不你怎么来这穷乡僻壤？"

"不过，我觉得你并不是信口开河的，老陈。你也许比我更关心郑海。"

他深深地吸了口烟，等吐出来的烟雾慢慢散开，他才叹道：

"这个幽灵会纠缠我一辈子……"

以下这些笔记，是我离开罐子窑之后写下的。我查阅了有关材料，同时采访了几位"与郑海有点关系"的人物，所摘记的属于在我看来有些用处的东西。

一、"……那时郑海支队在沿江一带对敌人构成了很大威胁。几乎所有的城镇都张贴着悬赏郑海首级的告示。后来听说郑海被擒并处决，可是不久郑海的名字又出现了。"

——《皖南星火》

二、"大约是在'皖南事变'后的一年，有一天，我接到交通员的信，是郑海写的，让我去牛王庙与他碰头。我当时很兴奋，因为我是久闻郑海大名却没有见过他……那天夜里，我到了指定地点，学了两声猫叫，不一会儿，从竹林里走出了两个人。由于没有月亮，我看不清他们的脸。不过我想其中那位戴礼帽的就是郑海。他说你们要的东西我已弄到了，在大香炉里放着。然后他们就走了。我就这样得到了五支驳壳枪，不久，组建了江湾武工队。为了造声势，我们就打着郑海的旗号……"

——《回忆江湾武工队》

三、采访×××记录：

问：你是怎么认识郑海的？

答：认识？这谈不上。其实关于郑海，我也不是很清楚。我当时是那个县的书记，曾去看过罐子窑那一带的土改试点工作。那地方是三省交会的地区，虽然行政区划是属于我们县的，但实际上工作中往往出现重复，或者留有空白点。不过，我确实听到过郑海在那一带工作。他的名声很大，我当时以为他是邻省的领导同志，到这儿来视察的。后来，当地乡政府来电话说郑突然去世，我才赶到那里。

问：您是否亲眼见到了郑的尸体？

答：没有。当时天太热，尸体无法保存，下葬了。下葬之后才知道是郑海。

问：怎么知道的？

答：遗物。

问：是证件吗？

答：不，是一本工作手册。封皮上写着郑海的名字。那时正好赶上换发新的证件，旧的交了上去，新的还没发下来。

问：听说几年后对郑海的遗骨进行了鉴定分析，知道这件事吗？

答：我也是听说。我后来调到别的县去了。

四、采访××记录：

问：听说你当时在那个乡工作？

答：我是副乡长。

问：郑海是怎么死的？

答：怎么死的不清楚，后来鉴定是中弹牺牲。当时这一带刚解放，斗争很复杂。我不认识郑海。我是刚从军区干校抽下来帮助地方土改的，情况不熟。不过对郑海的名字也略有所闻，都说他很了不起，文武双全。

问：那么，你见到郑的遗容了？

答：不，我当时不过是二十出点头的小姑娘，还没结婚，胆子特别小。我不敢看，慌着张罗后事……

问：请谁收敛安葬的？

答：当地人对死人的料理非常讲究，不同的人不同的死有不同的料理。入乡随俗，我把这事交给了当地的骨干。

问：您还记得那些骨干的姓名吗？

答：年头太久了，都忘了。

……

这些似乎都印证了陈士林的判断。我们至少可以认为，陈士林并非是庸常之辈的胡说八道。从这个意义上，我不能不钦佩他。他的大胆假设使我豁然开朗。但是，我深知我并没有走出这座迷宫。甚至我觉得，我的脚才刚刚踏上迷宫的门槛……

——作家手记

第四章

我住下的第六天头上,被人称作"糙坯子"的陈士旺回来了。在地区召开的发展乡镇企业会议上,他受到了表彰,并且抱回一台十二英寸的黑白电视机。这在当时,确实是轰动乡里的一件大事儿。乡长秦贞亲自带着一辆天蓝色的双排座去县城车站迎接他。沿途还布置了几处豪气冲霄的横幅。最有趣的,是在窑头上竖起了一面国旗。卡车开到村口,锣鼓唢呐齐鸣,鞭炮大作。一开始,我还以为是谁家娶媳妇。后来田藕在院子里告诉我,他爸回来了。我便随她去了村口。

糙坯子第一眼给我的印象是憨厚。但他也不属于那种老实巴交的人,他显得沉着镇定。他的面相也是端正的,皮肤光洁,没有胡子的痕迹。我不明白为什么喊他叫糙坯子。女儿一般是比较像父亲的,然而我看不出田藕与他的联系,除了皮肤的光洁。

秦贞对围观的人挥挥手之后,便把糙坯子介绍给我。这个女人是非常热情的,讲话的水分也挺大,那口气仿佛把我当成了托尔斯泰。我倒觉得不自在同时又觉得好笑。我把手伸出,糙坯子立即把抱着的电视机塞给田藕,腾出的双手把我的手接过去,嘴唇动了两下,却终于什么也没说。我留心去瞟了田藕一眼,在她父亲同我握手的一刹那,她的眼圈突然转红,接着她把脸磨开,去看很远的一朵云。锣鼓又敲打起来了,敲得我心里慌得很,一种近似饥饿的感觉在胃里翻腾着。我有点后悔,不该来凑这个热闹。他们把我当成了首长,当成非常了不起的人物,这实在是天晓得的事。于是我从这热闹里生发出了一丝悲凉和无限的尴尬,我不知怎么才可以把糙坯子的手自然放开。幸亏这时自后面过来的陈士林递给我一支烟。我正准备从口袋里找火,可是糙坯子已经先我一步划着了火柴。我连声说谢谢。秦贞趁机说:"你可要把我们的糙坯子好好写一写,宣传宣传,作家同志!"

"现在可不能再叫糙坯子了,人家不光上了釉子还镀了金哩!"陈士林说,笑脸上露出不易察觉的狡黠。

糙坯子对此并不在意,依然憨笑着。同时他把身子侧了侧,好与边上人客气地打招呼,说烟和糖果都放在旅行袋里,叫大家晚上来家里坐坐，顺便看看电视。大家都说好，说罐子窑这回算是出人秒子了。不一会儿田藕挤过来，拽了拽父亲的手："爸，回家吃饭吧！"糙坯子点点头，又移到这边对我和秦贞说："等我吃了饭再向领导汇报。"秦贞说不急不急，主要精神地区报上都登了。她示意糙坯子先回去歇着，然后看看表，好像有另外的事等着她去处理似的。

糙坯子给女儿拖走了，人群也渐渐散开。几个孩子正在地上寻找未炸响的鞭炮，找到了就争抢，打打闹闹地在边上跑来跑去。偶尔点响一个，惹得鸡飞狗跳。这时候，日头已升到了顶上，影子聚到了脚下，各家的炊烟渐渐淡薄，天显得格外晴朗，万里无云。在离开的时候，乡长秦贞再次邀请我住进乡招待所，我自然还是谢绝。但是我明确表示会采访她和糙坯子的，请她放心。她牵牵衣服的下摆说："我不算什么，不过糙坯子的改革可不容易呀！"我懂她的意思。

"这还不是你乡长大人的培养？"陈士林又突然插上一句。

"老陈，你就是嘴臭！"

"你怎么晓得我的嘴臭呀？"

"老陈你给我严肃点！"秦贞脸涨得通红，又摇摇头对我说："这个人，真拿他没办法！上回行署杜专员来检查工作，他也没个上下的，差点儿弄坏了事……好，你休息吧，等你事情办完了，我给你饯行！"

当天夜里，糙坯子举行了"电视招待会"。左邻右舍的乡亲吃罢晚饭就拢进了"叶家大院"——虽然早已易主，但叶家是本县赫赫有名的大户，况且叶之秋先生一直是作为"进步人士"载入史册的，又因为陈家受恩于叶家，故仍唤其名。来的人很不少，挤满了客厅。后来糙坯子索性把电视机搬到了院子里。时值农历九月小阳春，秋高气爽，皓月当空，人家请你抽烟吃糖观看香港电视剧《霍元甲》，在这山沟沟里该是多么惬意的事！这方圆几十里几家有电视机？连狗也不叫了。

这之前人们又欣赏了糙坯子的奖状。那上面标着"自学成才"四个金光灿灿的大字儿。大家都说不简单。有位被称作王裁缝的瘦老头说，这状子不比古时的状元榜差多少。糙坯子散着高级的香烟说是大会上凭证供应的，市面上见不到。田藕把水果糖抓给随大人来的孩子们。过了会儿，糙坯子拿出一张大照片展开给大家看："这是大会代表和首长的合影。我在第二排的正中。"于是大家挤着看,说照得好,白白净净的。有人埋怨他的头发乱了一点,糙坯子说是风吹的。王裁缝突然用尖细的指头一按:"坐在你前面的这个戴黑眼镜的胖子是哪个?"糙坯子说:"专员嘛!"大家便围得更紧。一个小青年说:"有点像华国锋!"王裁缝扫了那后生一眼,斥道:"乱扯!华国锋有这样的富态?"这一说,大家都不响了,意识到了事情的严重性。倒是一旁的田藕"扑哧"一声笑了。她跑到院子里把电视机打开,七拧八扭,高声说:

"爸,这机子有毛病!"

大家一下拥过来,瞪着眼看屏幕,果然那上面像下雪似的,连个人影也没有。糙坯子也用手摸了一阵子,自语道:"机子不会有问题,专员亲自端给我的……"大家也都说不会,认为新机子和新娘子一样,有一个适应过程,慢慢就自然好了。田藕跑过来问我会不会是因为天线接收效果不行?我说大概是这个原因,这地方没有建立插转台。田藕想了想,决定用竹竿把天线竖到楼顶上,请我帮她。说着,我们就干起来。田藕找齐了材料,然后上楼。在楼梯上她说:"这就是山里的命!"竖好天线,再进行调试,一会儿声音有了,接着人影也中风似的晃动起来,大家的兴致也随之高涨。但是非常遗憾,图像虽然稳定了一些,还是不清晰。我吸完一支烟就离开了,只听到电视机里一个女人嗲声嗲气地说,某某地方又破获了一起特大诈骗案……

我回到屋子里,想把今天的事简单地记一下。刚把笔记本打开,糙坯子就来给我送开水。实际上我这儿还有半瓶,管一个晚上是够的。他大概是想来接近我这个"上面派来的人"。我谢了他,请他坐。他并不感到拘束,只是把凳子移到与我偏一点的位置,然后递给我香烟。这回我自己及时点了火。

"首长,我汇报一下……"他说。

"别这么喊,老陈。"我说,"我根本就不是首长。直呼其名好了。"

"你是首长派来的,我知道。"他认真地说。

我又说明了自己的来意,为了不至于让他失望,最后我表明对现在的事也一样关心。"到时候把这些都写到一本书里去。"我这样说。

糙坯子点点头,说:"我晓得你不是个简单人。孩子都对我说了,她还看过你写的书……你要我说什么呢?"

"随便说。想到哪说哪。比如从你的家庭开始……"

好，我就边想边说。我家里的情况你恐怕也大致清楚了。陈士林是我父母从江上捞起来的，他可能比我稍小一些，从小喊我哥。他是解放的头一年来的。那时候，我刚进作坊，上车做坯还摊不到，只帮师傅和泥上釉。窑上人见我整天泥巴拉唧的，就唤我糙坯子，一唤就到现在，几十年。第二年陈士林也去学蹲窑了，他脑子活，没几年工夫就由烧小火改作烧小眼。以后烧大眼的师傅死了，他就成了当然的接班人，烧得也确实不坏。前些年我销到外国的货，都是经他手烧出的。

我父亲走得早。刚一解放，他就走了。死在江上，连个尸首也没运回来。父亲是个老实人，跟了叶念慈多年，没有二心。他还救过叶家老爷的命。有一回，具体时间我也记不得了，他夜里送叶念慈去大通办急事。船弯到荷叶洲，突然有人对叶老爷放黑枪。父亲连忙把叶按倒，自己跳到水里，钻下去把船推开。这么好水性的人，最后竟死到了水里，真不是个理。我想他一定遇上了什么凶险。那会子外面乱得很，江面上时有歹人……叶老爷后来还是死了。由于受了惊吓，时常做噩梦，慢慢地病也上身了。我父亲就搬到老爷屋里陪住。到了第二年秋天，叶念慈不行了。据说老人临终前什么也说不出来，颤巍巍地伸出了两个指头，就倒颈了。这意思很含糊。有人说是舍不得二姨太唐月霜，也有的说是惦念着留洋在外的二少爷叶之秋。还有人说是想再建一条窑——一龙一凤。说不清。叶老爷死过不久，叶之秋回乡了。陈士林就是搭这条船回来的。

有一件事也好奇怪。叶家两个少爷都是相貌堂堂，一文一武，但都不曾娶亲。大少爷叶千帆整天在外面遛马，沉默寡言的。二少爷呢，一回来就守着书房念谁也听不懂的洋文。窑上的事，实际上由唐月霜掌握。这个女人又漂亮又精明，却又是绵里藏针的角色，谁都怕她，可她也不曾训过什么人。一个女流之辈能管好这一摊子事，真是了不得的。她的胆子也大，敢放枪，而且还准。叶千帆牵回的那匹马极烈，她却偏要碰。也不知跌了多少跤，但最终还是骑稳当了。后来她就常骑着马到龙窑头上来监督生产。可是不多久，她栽下来了，栽得很惨。这件事当时轰动了四乡。有人怀疑谁在马身上做了手脚，于是就猜到了叶千帆头上。

那一天我是记得的。叶家兄弟赶到了出事现场,唐月霜只剩下半口气,浑身是血,脸不成个样子。叶千帆把她抱起来,哭着——我第一回看他哭,像个孩子似的。唐月霜便死在大少爷怀里……叶千帆当场就用枪把马杀了。但是二少爷愤怒了,他打了他哥哥两嘴巴,骂他手太毒辣!他发誓一定要把这桩惨事弄个水落石出。不过两天,县保安队来抓叶千帆,可早没影了。他跑了。不久,报上有消息说叶千帆去了台湾。后来又听说二少爷被人杀了……

我是不是太啰唆了?过去的事又多又乱,理不出个头脑。我再简单地说一下我母亲吧。我母亲姓何,也不是这地方的人,是四川那边的。民国二十九年逃亡到了这里,叶家看她可怜,又看她生相不笨,就收养了她,给太太当丫鬟。到了十八岁,叶老爷把她许给了我父。第二年下霜的时候有了我。我母亲很勤快,一个人伺候着叶家,还领着我,后来又加了个陈士林。她是个心慈手巧的人,会一手好刺绣。我如今手头还留着几件东西。你可能也听说了,她给郑海的队伍跑过交通。但她本人不承认。解放后政府请她去县里当妇联主任,她不去。她就守着这座老屋,依旧做她的刺绣活。她不爱讲话,也讲不好。"文革"时一些人叫她揭发叶家人,她说没啥好说的,叶家人待她不错。没有叶家她恐怕早没性命了。于是都讲她没有觉悟,立场站错了。以后上面来人叫她讲讲叶之秋的好处,她还是说没啥好说。我母亲就是这么一个简简单单的人,辛苦了一辈子。她老人家要还在,看到我现在的样子,有多好。她实际是个喜欢热闹的人。从前在船上,一进江她就唱歌子,唱得连鸟也围着帆掀翅膀……

刚才那"扑通"一声响过后就再也没动静了。叶之秋开始并没有多想。他的心思被老大牵走了。从回来到现在,老大一直缄默着,这是极不正常的。几年不见,先严辞世,同胞手足百感交加理应促膝长叙。可是老大出去了,这么晚……他转动着手中的象牙烟嘴。这物件是他出洋时父亲给的。父亲总是想找一件儿子经常用得上的东西。他转动着它,仿佛在抚摸父亲一根冰凉的手指!啊,父亲,你怎么就这样默默地走了!您老人家惦着儿,如今儿回来了……他的眼睛湿润了,在泪和烛的光焰里,他看见了父亲伸着的两个指头。

他竭力让自己平静下来,于是去想莲子。那个细心的姑娘守着这座"龙台",我怎么就忘了把"凤台"带在身边?他觉得对不住莲子。也许因为当年莲子的终身事让父亲断定了,他内心的悲痛立时消散了一半。但是另一种悲痛又诞生了。他还是不能原谅父亲。为了莲子,他同父亲反目过,甚至以终生不娶相挟。父亲训斥了他,骂他是个没出息的东西。为了个丫头竟放弃前程,岂有此理!父亲厉声说。他就范了。他无能为力。他决心离开这个家。但就在这天夜里,莲子投进了他的怀抱。她要把自己先给了他。她要,一定要。这个四川妹子的欲望之火随着秋风在热烈燃烧,他被这炽热的火焰熔化了……

这时候他想到有点不对头了。那"扑通"一声之后的静寂蔓延开来,他不禁打了个寒战。他举着烛台,打算去外面看看。刚到门口,门突然开了,接着是唐月霜那张美丽而似笑非笑的脸。

二少爷,你受惊了。

他的确吃了一惊,但他说:哦,我以为……

以为是莲子来了?

不,我……你请坐。

二少爷,一家人就别这么请呀请的了。她在他对面的位子上坐下来。你眼中还有我这个太太,就算我的福分大了。太——太——可真有趣。

他把椅子移偏了点,坐下。

她看着自己葱秆一样的指头,说:二少爷,今天那孩子是不是有点来路不明呀?

哦,是从江上救起来的,是个孤儿,怪可怜的……

这么巧?像小说里的事似的……二少爷,你的脸色可不够好。

大概是国外水土不服的原因,伦敦的雾……

她笑了笑:你真的去了国外?

他非常惊惑:太太,我可不明白你的意思。

她这下笑得更厉害了,突然又止住,弹弹指甲说:二少爷,你是个聪明人。不过你父亲在世时喜欢唠叨那句话,聪明反被聪明误。这年头,做事得多长几个心眼,免得将来闹笑话……好了,你休息吧。

你……

还有什么事?

哦,没什么……我谢谢太太的关照。他搓着手说:父亲走了,家中的事就全拜托您了!

拜托我?她又笑了一下,我可没这个本事。你没看老大正忙乎着吗?不过,我也不是个稻草人……我也是需要人关照的,你说呢?

他没吱声,把脸稍稍磨开了点,墙上的人影已经宣布,什么事情要不可避免地发生了。

习惯是可怕的。尼采说:"习惯会使我们的双手伶俐而头脑笨拙。"我们实在是习惯了把目光停放在表象之上。对历史的断简残篇,习惯用以往经验的思维方式去加以缝补,从而浪费了可贵的想象。我发现我是犯了错误的。我几乎是毫无道理地把事情弄糟了。这些杜撰的故事虽然浪漫但仍是对前人编排的人生图景一次拙劣模仿。但我要指出,对此我不感兴趣。换句话说,我另有他图。因此我需要提醒我的读者,不要在乎我对过去的胡说八道。

从某种意义上讲,创作是一次精神漫游。它远离了哲学式的思辨。哲学往往同时伸出两只手,既想打别人的耳光又打自己的耳光,其结局总是悲惨的。

——作家手记

"你是不是觉得我爸爸很可笑?"第二天田藕来替我收拾房间的时候,突然这么问。

这很意外。我并没有这种感觉。糙坯子给我的印象以及后来同我的谈话,都让我感到朴素,还有一种亲切。但我不想把这些告诉田藕。我想她这么问总是有理由的,于是我问:"你怎么有这种念头?"

她沉默了。过了好一会儿,她才说:"我爸爸是个好人。"

我注意到这姑娘表情的沉重,很自然地想到昨天他父亲同我握手的那一瞬。我开始反省自己,感到突然把手伸出去是很浅薄的。其实这完全是一个下意识的动作,我没想到糙坯子当时双手还紧抱着电视机。田藕可能认为我是在摆架子，居高临下地对待她的父亲。这可就冤枉了我。不过这种事最好别作解释，让它自然而然地消失。田藕你太敏感了。

"我对你父亲的印象挺好，"我说，"我打算……"

她打断我的话："你别写他。千万别写！"

这又让我很疑惑，同时我的兴致也更高了。为了使交谈不至于这样的沉闷，我请田藕陪我出去走走。她犹豫了一下，还是答应了。她让我稍等片刻，她去把旅店的事安排一下，顺便换一换衣服。

利用这个空隙，我打开笔记本，对照几位谈话者的记录。大体上看来，关于叶家在陈士林到来的前后情况，没有明显的出入。各有侧重这是自然的。但是有一点很奇怪，糙坯子提供的许多细节，陈士林都没有谈。而这些，陈士林也自然是知晓的，除非是杜撰。按照陈士林的风格，对这类带有传奇色彩的东西，他会有声有色向你娓娓道来。然而他只字不漏！谁向叶念慈开枪的？六指是怎么死的？那颤巍巍竖起的两根指头究竟意味着什么？莲子与郑海有无联系？那只"凤台"今在何处？还有那位风姿绰约的唐月霜——她死得蹊跷！陈士林说，唐曾在河边遇到一位老叟，后来"就变得阴郁了"，"慢慢地，似乎脑子也有了病"。如果是这样，她可能是策马失足以致惨死。也就是说，与大少爷叶千帆没有关系。可是糙坯子则说"有人怀疑谁在马身上做了手脚，于是就猜到了叶千帆头上"，而叶千帆几天后就跑了。这又该作何解释？最耐人寻味的，是陈士林居然对棺材里的死人产生了怀疑。他承认"那个幽灵将会纠缠他一辈子"，无疑，他与那个幽灵有一种特殊的关系，至少在他看来是这样的。

田藕在喊了。我合上笔记本。现在我需要的，是先点上一支烟。

阳光很好。高的白墙小的青瓦夹杂在苍黄相染的树丛间，产生了一种恬静的和谐。田里的庄稼已收割尽了，换上的是绿茵茵的秧苗。这地方由于土质的原因，田地是比较少的。因此这水里的绿色就格外好看。放牛的孩子，此刻正懒洋洋地把牛往坡上赶。乌鸦旁若无人地立在牛背上左盼右顾。山是黛色的，腰间的晨雾渐渐被阳光稀释。似乎有一条曲折的小径自山巅跌落下来，使山下的一汪水失去了平静，变得活泼。这清新雅致的格调，对久居喧嚣都市的我是一种安慰。田藕换上了一件粉绿色的羊毛套衫，两条辫子也松开了，用手帕束着。我们并肩而行。几个顽皮的孩子跟了我们好一阵子,又喊叫又打口哨。田藕并不在意。所以这姑娘给我的感觉总不像是乡下人。我想这与环境也多少有点关系的。罐子窑虽处偏僻之地,但很久以前就有了群体的手工业,有了商品,而且,在长水没有改道的时候,形成了颇有规模的商品交易的场所。这里的人由此见识了许多人事,要开化一些。然而谁也不曾料到,长水一夜之间调了方向……

"这就是长水的故道。"田藕说。

我顺着她的手势看过去,干涸的河床像一条巨蟒蜿蜒东去,消失在一座大山——当地人称作后山的脚下。河床和地面一般的高,甚至有的地段高出地面呈现出丘陵形态。它的表面如今已是蒿草丛生,晒白的沙子掩埋了鹅卵石。我刨出一粒石子,朝一个茂盛的草丛投去,立刻就有两只叫不出名的鸟惊得双双飞起。我只看清它们是黑色的。我来的那天,一位神奇的老人便是把我领到了这儿。后来他自个儿走了,是沿着故道向着后山走的。我把这件事告诉了田藕。我又问她是否认识这位老者。

"他可能是外省人吧。"田藕说。

我想是有这种可能。从行政区划上看,后山是三省的分界。它的东南面与西北面属于其他两省。我记得地图上这座山的名称叫青云山,古时谓之苍岳,也算得上是道教名山。可是那老者为什么偏要领我在芦苇丛中穿来穿去而放弃正道呢?他对这一带应该是不陌生的。他也没有理由要捉弄我这个城里人。我觉得,他并不糊涂;甚至,他比我还清醒。四十年过去了,老人对长水的旧迹仍然记得那么清楚。他也许从前失落了什么珍贵的物件在这水里,至今惦念着,永远寻找……

"那老头蛮有意思。"

"他可不这么想。"田藕说,"一个人走惯了的路,忘记是很难的。"

"所谓老马识途?"

"也许他根本就不想忘记。"

　　从前的汉语文章是没有标点符号的,后来有了"句读",即句逗的意思。元贡公绍《韵会举要》云:"凡经书成文语绝处,谓之句;语未绝而点分之,以便诵味,谓之读。今秘书省校书式,凡句绝则点于字之旁,读分则点于字中间。"后人读书,读到炉火纯青则于句读处见功夫。这并非夸张。因为同一篇文章，乃至同一个句子，不同的句读便会导致不同的意思。《论语》有句云："民可使由之不可使知之"，我们现在通常断为"民可使由之，不可使知之"，其意是：可以让老百姓怎么去做，但不能让他们明白为何要这样做。依照这种断法，孔子便是愚民政策的吹鼓手。但是，梁启超先生却把它断作："民可，使由之；不可，使知之。"情形就大不相同了，孔子仍属万世师表。据一些专家说，此句还可断作"民可使，由之；不可使，知之"、"民可使，由之不可，使知之"。当年梁启超之所以这么断法，并非是为孔老夫子讼冤，而是为君主立宪呐喊助威。有趣的是这位博学的梁任公并不觉得牵强。他是自信的。作其他解释的人都一样的自信。但究竟孔子是怎样想的，似乎只有孔子一人知道。子非鱼，安知鱼之乐？

先人是很晚才发明句读还是有意不使用句读？我不明白。然而后人的句读总是各有目的所在，对此，我深信不疑。

——作家手记

第五章

他突然将她推开，接着感到一阵晕眩，烛光像波涛一样在眼前晃荡：你太……

她跌坐在椅子上，并不惊吓。她冷冷地笑了笑：太怎么了，太贱还是太骚？

你太难为我了……父亲尸骨未寒，你怎么能……他浑身战栗着，背过脸去。如果不是怕把风声闹大，刚才他会照着那血红的嘴唇一拳砸过去。

叶家难得出这么个孝子呀！她说，不过，二少爷……

别说了！

怎么，你都不许我这个继母说话？你不是很孝顺吗？

我求求你，别说了……

她站起身，在他的面前来回踱了几步。过了会儿，她又说：二少爷，其实我不说你也该明白，脸皮重要，脑壳更重要，你珍重。她准备出门。

你……他失声叫道。

我该休息了。

她回头看了看他，对着他的脸轻轻吹了一口气，就迈出房门：莲子，给我打洗澡水！

他目送她下楼去。楼道上没有灯光，黑洞洞的。她有节奏地踏着松木的台阶，似乎在刚才莲子一脚踏空的地方现在这个女人也停顿了。他感到她回了回头，对他露出一副得意的笑脸……他仿佛被黑暗中射来的两柱锐利的目光灼了，连忙把身体移到了门里，掩上门，额上汗涔涔的。

这个女人……太可怕了！

他想自己毕竟太书生气了，太幼稚了。自以为每一步都是经过深思熟虑的，谁料有眼睛早就盯上了他。这样事情会弄糟的。会不会是虚张声势？这女人闯江走湖见多识广，而且胆量很大。也许是捕风捉影，趁机要挟。一个几乎寸步不离罐子窑的姨太太能知道多少外面的事？除非有耳目。是谁？他首先想到了老大。难道叶千帆会同这女人串通一气来暗算我？他们不是正为家产私下摩拳擦掌吗？是假象？如果不是老大又会是谁？六指？莲子？还是专门在外面安插了别的什么人……

这时候外面响起了狗吠声。他想，老大回来了。于是他用毛巾擦了把脸，随便拿出一本书，安静地坐下来。他估计老大要来这屋子。果然，没一会儿工夫，叶千帆敲门了。

见你这儿还亮了灯火，就来坐坐，听你说说外面的事。叶千帆说。

他递给兄长一支香烟，他已经想好这出戏该怎么唱。

叶千帆摆摆手，说早戒了。他说：外面想必一定很热闹吧。

他自己把烟点上，安到烟嘴里：还是先谈谈家里的事吧。

叶千帆点点头，说：也好。如今父亲走了，太太来的日子很短，对家里的事还不完全了解。你难得回来，兄弟间是该好好计划计划……

关于家产？对此我不感兴趣。

不，也不仅仅是家产。

大哥，他吸了一口烟：我们是不是先把有些事情弄清楚？

叶千帆看了看弟弟：哪些事？

这个家不明不白的事太多了……叶之秋站起身：父亲是怎么死的？一年前谁向父亲打的黑枪？

良久，叶千帆说：这正是我要追查的！

一只手突然按在我的肩头，我吃了一惊。陈士林像一只猫似的进来，我一点也没发觉。他拿过我的笔记本，看看我刚写下的，也就是以上那一小节，笑了起来：

"真有你的。早知道小说可以这么弄，我也能写。"

"这活不难，不过也不轻松。"

"你干吗不去写诗？"

"我没写过诗。倒是写过诗评。"

"写诗不累。一张香烟皮在厕所里也可以写出诗来，说不定还是了不起的诗！"

"你是不是写过诗？"

"律诗倒是也作过。我喜欢填词。那都是年轻时候的事，如今没工夫捣腾这玩意儿了……"他突然又问："你这到底算历史还是算小说？"

"当然是小说。这是我的副产品，也许可以看做对历史的一种补充。"我说，我觉得他有话要说的，既然他看了我的笔记，知道了我个人的判断，他自然会有一个态度。诚然陈士林不是目击者，但他是从那个时代过来的，介入了那个大院的生活，他至少会有一种感受，比如二少爷是不是那种风流倜傥的公子，大少爷是否高深莫测暗揣杀机如此等等吧。

"如果你写小说，将来发表的时候，我建议把人物的名字都改一改。"他说。

"你是怕我伤害了谁？"我说，"这个我会处理的。"

"不是担心这个。"他变得有些忧郁，"我总觉得，叶家不是这么回事……"

"那么，你以为是怎样的？"

"你别又套我的话。"他拿出香烟点上就抽："叶家，怎么说呢，又平静又复杂，我说不好。这是真话。你说叶之秋和唐月霜有关系，我看不是这么回事。当然我也没有什么凭证。我随叶之秋回来后，唐月霜常领我到窑上玩，待我很好。这女人是很高雅的，脾气有点躁，虽说是大地方人，可与乡下人打得也火热。叶念慈死后，她是注意同二位少爷的距离的，没听到什么闲话。有一次，她晚上叫起来，说是看见鬼了。大家都跑进她屋里，大少爷还提着枪。并没见到什么。以后一个时期，她就让我睡到她那儿。要是这女人有什么名堂，又何必在身边安一副耳目呢？我那时懂事了，男女的事是知道的……"

"你对叶之秋的印象怎么样？还有叶千帆。"我说，"上次你说，你上船的那天夜里，二少爷去了岸上。后来船娘也不见了。"

"是那样的，这又怎么了？"

"你还说，你看见他偷偷捏了一下她的手，她似乎还骂了他。"

"对，我想你要是遇见一位漂亮的媳妇，没准儿你也会这么做。"他回答得非常从容。他咳嗽两声，抽痰，叭地一下吐到窗外，然后继续说："我娘在的时候，我问过她，从前是不是还有别的相好？娘就笑了，她说姑娘家就像一朵花，身边蝴蝶儿飞来飞去是常有的事。不过男人想吃豆腐就不能怕烫嘴。这种汉子就很稀罕。我娘是很烈的。"

我笑了笑。这个陈士林真是很会说话。不过我觉得这种心理也很正常。人的感情往往会把简单的事弄复杂，又可以把复杂的事处理得简单。我不打算就这个问题逼下去。我问陈士林，找我是不是有事？

"那女人请你吃饭。"他说。

"你是说秦乡长？"我说，"就免了吧，你替我说说，谢谢了。"

"我看还是去吧。"他说，"人家好歹是个乡长，你得顾一下面子。"

我还是不想去。我知道这餐饭一吃，秦贞便会给我派活。

陈士林把我从椅上拽起来："你不是想调查郑海吗？她舅舅可是郑海的老战友！"

我一惊："她舅舅是谁？"

陈士林说："糙坯子的大恩人，行署专员林重远。"

林重远我是知道的。在那次有关党史资料整理的座谈会上，我们认识了。他实际上是一个副专员，分管农业和乡镇企业。当时他给我的印象是，精力充沛，很有学识。不过面相比实际年龄看上去要衰老一些，至少是花甲开外。也许是这个原因，他始终戴着一副精致的变色眼镜。他的口音很怪，你没法分辨出他是哪儿人。他说自己是南腔北调，工作调动又很频繁。我认识他的时候，他到这个地区任职才八个月，这之前他在大西南那边工作。由于他的干练，加以资历的优厚，工作的局面很快打开并且颇有起色，在不长的时间里林重远的威信日益提高。很多人都以为他是新来的专员而不是副专员。

造成这种错觉的另一个原因，是林重远与郑海的关系。在我接触的有关人士中，一般都是把自己看做郑海的部下的，唯有林重远以"战友"称谓。显然，这个词的分量很重。但是在那次会议上，他并未作权威性的发言。我记得他是最后一个到会的——他的会太多，不容易错开，只能兼顾。他的到来使会议的规格得到提高，同时也活跃了气氛。在听完主持人有关会议前期情况的汇报后，他清清嗓子，开始发言。他的口才相当好，措辞准确，富有文采，而且透露出他的知识渊博。我特别记住了他顺手拈来的阿诺尔德·汤因比的一句名言——"历史学家在社会里生活和工作，其职责一般只说明这些社会的思想，而不是纠正这些思想"。他说，对待历史人物的态度也应该这样。因此，他希望大家把注意力集中到回忆、整理、研究郑海的事迹上，扬其精神，勉励后人，不要只纠缠细枝末节，因小失大。这种语气给人的感觉实际上含有战友与首长的双重身份。以致原定的有关负责人总结性发言也临时取消了。主持人说，林专员的指示很重要，要认真贯彻。会议提前半天结束。

对这样一位颇具儒将风度的领导，我是敬佩的。利用午饭后的空隙，我找到了他。我向他表明自己对郑海的兴趣，也说了有可能撰写一部文学性作品的设想。他的兴致也很高，说是"值得一写的"。接着他侃侃而谈，跳跃性很大。透过变色镜我仍能感受出他的眉宇间显示着对峥嵘岁月的追思之情。我对郑海的面貌印象便是由此获得的。另外就是，他说抗日战争时期，郑海主要从事地下工作；真正组织武装力量同顽固派周旋，是抗战胜利后，一直坚持到大军渡江。我问他是何时认识郑海的。他不假思索地说是一九四四年秋。他又说大约在解放前夕，由于组织上的安排，他进了军政大学当教员，从此与郑海分手，但"通过几封信"。

至于郑海的死，除了表示遗憾与悲痛，他一无所知。同时他也不否认郑海的死因有可疑之处。但他说："作为一个唯物主义者，我们对任何事情的判断，要用科学的头脑，不可感情用事。"由于时间关系，我们没有深谈。他说下午还要赶往省城出席另一个会议。在握手的时候，林重远表示以后可找机会再谈，并欢迎我去他家中做客。我说想去罐子窑走一走，也许当地的老人能回忆些什么。他扶了扶眼镜，说："如果有什么困难，可直接找当地政府，无论是县镇还是区乡。就说是我介绍下去的。"然后，他再一次同我握手，上了一辆灰色的轿车。

我这次来罐子窑，原想事先给林重远通个电话。后来一想，觉得不太合适，惊动的层次太高，也不利于我的调查。但我实在没有料到，秦贞竟是林重远的外甥女！看来，我要享受这餐筵席，似乎是命中注定的了。

中国人的客套是一种非常有效的手段。往往少一支烟会把一个人得罪，多一杯酒能使一个人腿软。人与人在吞云吐雾杯来盏去之间进行交流或者交易。即使是一个机器人，我想也是不会拒绝热情的。眼下这位秦乡长的忙忙碌碌，便让我很过意不去。热情消融了她留给我的无知与浅薄的印象，更有趣的是，我对这位女同志产生了敬重之感，尽管只是一瞬。我觉得，秦贞并非像陈士林所讲的那样蠢。她不笨，甚至是比较精明的。她不属于那种小事马虎大事不糊涂的女人。应该说，她对生活的关键部位——无论巨细，都把握得很有水平。就拿这餐饭来说，依她的职位随便拉到哪家馆子都是不在话下的。但是她不这么干。她让司务长按要求去采购新鲜的原料，吩咐厨师把这些洗好切好，然后她亲自上灶掌勺，说是烧几道家乡风味的菜肴让我尝尝。这些菜全摆到她个人的房间里（她的家安在县城，像许多区乡干部一样，她一般是周末回家看看，下星期一早晨赶来），使你觉得是在她家里做客，你怎能不感到亲切？

她的烹调技术我以为不错。菜很对我的胃口，也就是说，我吃了不少。我是从不喝白酒的，她就让我喝了两杯红葡萄酒和一杯啤酒。陪客仅陈士林一位，他喝白酒。秦贞只喝了一杯白酒，以后便是始终陪我喝甜酒。实际上，她的酒量很大，陈士林不说我也能感觉出来。在整个喝酒过程中，她不谈工作，也不向我暗示什么，只说一些带有恭维性质的话，说我年轻有为呀，认识一个作家很荣幸呀，倒还真顺耳。奇怪的是陈士林一语不发，只顾喝酒，居然把一瓶酒喝去了三分之二，若不是秦贞将酒瓶一把夺过去，他肯定能喝光。

"够了，"秦贞说，"你别又给我惹事！"

陈士林眯着眼笑了笑："那就留着我回头喝。"

秦贞瞪了他一眼，同时踩了一下他的脚。可她没想到，这一脚踩在我的鞋上。我装作什么也不知道，慢慢将桌下的脚收回。

秦贞一面收拾一面说："看你那脸色，像鬼一样的。总有一天酒会送了你的命！"

陈士林把香烟在桌面上笃了几下，依旧笑着说："酒是送不了男人命的……"

"行了行了。"秦贞不耐烦地制止道，"你回去吧。明天把这个月的生产情况给我报来。"

陈士林懒懒地站起身，划开双手打了个哈欠，用京剧里的叫板喊道："苦哇……"就离开了，出门时对我挤了挤眼，也不知是什么意思。

等门关上后，秦贞给我泡了一杯很香很漂亮的茶。"你来一趟不容易呀，"她有点疲倦地说，"工作进展得怎么样？还顺利吗？"

"也谈不上什么工作。"我说，"搞我们这一行的，需要常下来走走看看。这地方我很喜欢，以后我还会来的。"

"那太好了。希望你对我们的工作多指导。"

"秦乡长你别客气。"

"你就喊我秦大姐吧。"

"那好，秦大姐。我会给你添麻烦的。"

"这么说就见外了。有啥要求，尽管说，只要我们能做到的。"

"我这次来，"我喝了口茶，说，"原是想了解有关郑海的情况……"

"郑海？你是不是想写他的传记？"

"这还谈不上。不过我想了解他。"

"这方面的情况，你应该去采访一下我舅舅。他们是老战友。"

"我同林专员有过接触。他给我提供了一些情况。以后我还会去拜访他的。"我稍停了一下，又说："我想秦大姐也许知道点什么，比方从你母亲那儿……"

"我母亲不知道这些。"她把头发朝后拢拢,"她一直在北方工作。"

"那么你舅舅……"

"其实,林重远不是我的舅舅。"她笑了笑说,"他是我母亲在军政干校的同事,处得很好,喊我母亲叫大姐。所以,我们就称他叫舅舅,他们家的孩子叫我母亲作姑姑。从小就这么叫下来了。"

"这倒蛮有趣的。"

她给我添水,往下说:"小时候,他一来,我们就缠着要讲故事。他就说郑海,什么送情报呀,杀汉奸呀,伏击呀,突围呀,可神了!我们就问后来呢,后来怎么样?那个郑海死了吗?他说郑海能死吗?直到我来这地方工作,才知道舅舅是骗我们的。我理解他。我想他们的感情太深了……去年,清明时节,舅舅到这儿来了。说是检查工作,实际上可以说是专程来给郑海扫墓的……"

"郑海墓?"

"墓还在,挺远的,在青云山顶上。不过损坏得很厉害。那天是我陪他去的,找了半天才找到墓址。舅舅当时流泪了,说在他任职期间一定要拨专款把墓陵重修一下,而且立碑。谁想到这桩事还挺麻烦,一直没法落实。"

"你是说经费?"

"不,经费没啥问题,我舅舅自己就能批。问题出在,应该说还是在郑海身上,谁叫他名声这么响?结果,现在都来抢了。三省都说郑海主要活动在自己的地盘上。墓址有了分歧,相持不下……"秦贞一口气说了这些,喝了口水润润嗓子,叹道:"人哪,真有意思。"

"是的,有意思。很有意思。"我说。

所谓"寻根"的文学实在是热闹了一阵子。直到累得精疲力竭,才陡然发现两手空空。作家的劳作实际上成了理论家打笔墨官司的材料。我们姑且对"寻根"不作是重振雄风或者是玩物丧志的评估。然而这种现象仍是十分有趣的:先亮出旗子,而后去做。我们可以想象出,一个小说家扛着旗子行动的情形是多么的生动!

诚然我们不能肯定,文学的寻根和政治的认祖是一码子事。前者多少还是一种艺术的探索,尽管也似乎含有一丝艺术之外的目的,而后者则完全是赤裸裸的政治实用!姓岳的一口咬定岳鹏举,姓包的死活拽住包孝肃,姓赵的也自然要认赵匡胤而绝不会去找赵高的。于是或修家谱,或筑宗祠,以种种善良手段把自己与有用的先人扣在一起,一并万古流芳。从这个意义上看,那个千古留下骂名的孙殿英实在是太愚蠢了。

——作家手记

像往常一样,大少爷叶千帆闻鸡即起,在院子里练习剑术,然后再去河边遛马。这剑原是一对的,谓之青霜与白雪。父亲在时,每日晨昏父子便进行对练。父执青霜,子持白雪。寒光交错,犹如二龙争珠。父亲的剑法是极好的,抽带提格劈截洗撩,无所不精,真可谓身与剑合、剑与神凝。他不是父亲的对手。如今"青霜"已逝,"白雪"空留。但是,在父亲的棺木即将合上的一霎,他改变了主意。他把属于自己的"白雪"留在父亲的腋下,带回了"青霜"。

这个早晨在叶千帆眼中是猩红色的。他倚在老槐树下,看着曙光一层一层地漫开,这才开始舞剑。他隐约感觉到手中这柄青霜剑的分量沉重了。当寒光掠起,他识出了猩红色。他暗自惊诧。但他没有停,相反,他加快了节奏。他看到剑的光影像一团飞腾的风火轮,呼啸着,然后他蓦地从这呼啸声中听到了一声清脆的枪响,他的手腕麻了一下,"当啷"——青霜剑落到一块青石上。他清楚这是个错觉。昨夜他失眠了,疲劳现在才真正从身体上显露出来。他拾起剑,用食指和中指试了一下冰凉的锋刃,坐到同样冰凉的石凳上。

大少爷,你用茶。莲子走过来,把蓝花盖碗放在圆形的石桌上。

叶千帆没有吱声,还在仔细试着锋刃。

莲子把剑拿过来,装进鞘,准备送回大少爷的屋子。这时候叶千帆说:

就挂在树上。

她不明白大少爷的意思,但也没问。等她把剑挂好,叶千帆又说：

那孩子醒了吗？

还睡着。

可说梦话？

半夜说，现在睡沉了。

梦里说些什么？

他说……他一直乱说。

说什么？

说……说他怕手指头。他说他没吃人。

叶千帆用碗盖将茶叶撩开，呷了一口热茶。

大少爷，还有事吗？莲子说。

叶千帆把茶盖上，说：叫醒那孩子，让他给我牵马！

莲子正欲离开，忽然自楼上一个窗户飞来了唐月霜的声音：

莲子，让那孩子到我这儿来。

叶千帆并没有回头，对莲子摆摆手，然后去马厩牵来大白马。莲子从自己屋里搬出马鞍，装在马背上，又把马鞭递给大少爷。

楼上唐月霜又说：大少爷，过会儿到我房里来一下。

叶千帆默默点点头，翻身上马，两腿一夹，白马一声长嘶小跑着出了院门，向河边奔去。此刻太阳业已升起，然而长水仍是青灰色的。水面上有一层薄薄的乳色的水汽，由于昨夜后来刮起了大风，两岸的芦花纷落在水上，像雪一样随水东去。白马沿着河边悠悠前行，不时停下来吃饱含露水的青草。叶千帆在马背上沉思着。他还在想刚才莲子说的那孩子奇怪的梦呓。手指头？他觉得害怕手指头是很可笑的，同这个孩子的来路一样不可思议。这个小东西为何要拽住叶家的船？真是偶然？他的脸色倏然阴沉下来。他想他可能了解了那个幼稚而荒唐的梦境：自以为吃下的不是人肉，但吐出来的是人的手指头。孩子受骗了。突然，他脑子里像被电流击了一下，晕眩以致使他差点儿从马背上滑落。难道果真存在着一种感应？手指头！手指头手指头！他仿佛于这弥漫的晨雾里看见了父亲临终前艰难竖起的两根手指头……

白马一声长嘶拽断了他恐怖的思绪。他勒住缰。接着他吃了一惊——

河的那边，叶之秋正冷峻地注视着他。

艾宾浩斯在其著名的心理学著作《记忆》的第七章的开始，就宣布："所有的观念，如果听其自然，都会逐渐遗忘。"他认为："只有经过有意识的艰苦的努力才能想起它们，还常是只能想起一部分。除了确有一些特殊的例外，再过了更长的时间，连一部分也就想不起来了。"但是，他继之又指出："这些被遗忘的片段，有时又突然出现在心中，特别是在梦中，并且具有很多的细节和很大的鲜明性；很难看出来，它们是从哪里来的，在间隔的时间内它们又如何隐蔽得那样好。"

这份历史上关于记忆的第一份实验研究报告对以上现象的分析，援引了亚里士多德、海尔巴特以及路德三派的观点。艾宾浩斯认为这些解释虽有不同，但并不完全相互排斥。在亚里士多德看来，心理的印象在其强度和巩固度上不能同实际生活中的知觉相比，但在知觉完全或部分地消失的场合，表象的优越性就是无限的了。早先的表象被后来的表象所重叠与掩盖，因此早先的表象便难以得到重现。但是，如果有意外的有利的环境条件，就能把掩盖物揭开，使从前的表象重现——不管经过多么久的时间，仍不失其原初的面貌以及存在的鲜明性。然而在海尔巴特及其支持者的学说里，我注意到一个新的概念——晦暗——的引入。这一派认为：较旧的观念是被新的观念压制而沉没。随着时间的消逝，它们内在的清晰性和意识的强度将不可避免地受到损伤，观念间的联结和连贯的观念也将逐渐变弱，以致分化，重新组合，变得晦暗。如果这种倾向得到一定的支持与加强，使压制着的观念同样受到压制，便会使遗忘了的观念重获新生。不过，路德不同意遗忘只是一般的晦暗化过程。他在著名的《形而上学》中指出："对于一件复杂事物的观念在我们的记忆中变得不明确了，并不是因为它还是完整的，各部分都存在的，只是好像被意识的微弱光芒所照耀；而是因为它变得不完整了，它的有些部分完全丢失了。更重要的是现在尚存的那些部分之间的确切的联结，一般说来，也消失了，只有在思想上可以想到它们之间从前是有过某种的结合；在一定的范围之内我们想到这样或那样的联结都是同样可能的，而不能作最后决定。这个范围的大小就决定这个有关的观念的确切程度。"

——作家手记

第六章

我给林重远写了一封信。我只把到罐子窑来的情况扼要地告诉了他，自然要提一下秦贞对我的款待。我没有提问题。如果他有时间，我希望这次回去能和他谈谈。这封信算是个预约。我把信交给田藕，请她帮我寄一下。

田藕问是不是行署的那位专员？我说是的。我觉察到这姑娘的眉毛向上挑了挑，似乎很有点不屑的样子。她倒很坦率，说这人去年到这儿来过，她不喜欢他。

"是不是架子太大？"我问。我想林重远是平易近人的，但我愿意这么问。

田藕先摇了摇头，想了片刻，笑了："我也说不出什么别的来，就是觉得那人不舒服，像条眼镜蛇。"

"你看不惯他那副变色镜？"

"不是，眼镜又有什么？"她敛住笑，"你别问了。你这人就爱刨根究底的。"

我笑着来点香烟。田藕把火柴吹灭，突然很神秘地说："你知道吗？他是个独眼龙！"

我一愣：这怎么可能呢？

"是真的，"她认真地说："我亲眼看见的。那天他到我们家来访问，就在这屋里休息。陈士林把他灌醉了，他睡了很久。后来我上楼来给他送洗脸水，看见一只假眼放在小碗里，用水养着。我差点儿吓昏了……"

"是左眼还是右眼？"

"这个，我弄不清楚。他总戴着眼镜。我从两个侧面都偷偷看了，又好像全是真的，都能转。"

我俩都笑了。这时候，糙坯子进屋来给我送开水。田藕吃力地敛住笑，接过父亲手中的水瓶，不小心把信封弄潮了。她忙用手将水珠揩去，却又把字迹弄得糊涂。她对我伸了伸舌头。

"你这孩子！"糙坯子责备道，"都十八了，做事还这么毛手毛脚！"

我说没关系，重写一个信封就是。我把弄脏的信封撕去，从包里找出一个新的，脱下笔帽。我还在笑着。

"你和林专员很熟？"糙坯子小心地问道。

"也谈不上很熟，"我说，"一般认识而已吧。"

"他是个好领导。"糙坯子说，"这样的领导真不多见……你能代我问声好吗？"

田藕立即制止："爸，你不是才见过他吗？人家是在谈工作上的事！"

我说可以的，就在信的下方添了一句：

陈士旺同志代为问候。

"谢谢你。"糙坯子说，递给我一支香烟。我点上火，把信交给田藕。她不悦地看了父亲一眼，就离开了。我听见她故意把脚踏得很响。

"人哪，总不该忘恩负义。"糙坯子感叹道："别人给你的好处，你得记挂着。给你一滴水，你就该还上一口井。过河拆桥的事做不得。"

我观察着糙坯子，他的神情显得十分的庄重，又好像看着很遥远的地方，目光有些恍惚。

"老陈，"我说，"你和林专员怎么认识的？"

他定了定神，说很简单。然后他自己倒了杯水，坐到离我近些的椅子上。

我这个人，一生总不是太顺，却也不曾遇见渡不过的河。十岁做坯，师傅只教我做罐子，别的手艺私留着，不传。我就专心做罐子。人家耻笑我，说我呆，我不管。我认了。可是呢，我做罐子的吃粗茶淡饭，人家做夜壶油坛的也未必三餐用鲜鱼大肉。一九六〇年闹荒灾，窑上人死了一茬，我妈却还活着。一九七〇年搞武斗，货积得比天上的星还多，卖不掉，可我的罐子并不积压。一九八〇年搞承包，许多人把手艺丢了去跑买卖，我不丢。结果，跑买卖的十有八九蚀了本，我做罐子的倒还发了小财。没有窍门,也谈不上后门——我哪找得到后门呢?靠的就是这命。人穷命大。虽然磕磕绊绊走了几十年的路,倒也没绊倒过。一九五九年吃大食堂到后来喝稀粥,碗不中用了,要用罐子盛粥,四乡就一夜间销尽了我的货。这样才熬过了一九六〇年。等熬不过了,形势又好了过来。一九六九年城里两派正拉开架子要打,鱼肉禽蛋上不了市,城里人就都腌咸菜,能不用罐子?你看,这是不是运气?

他紧了一把手脸,喝水,喝得咕噜响。他的脸上显现着按捺不住的豪迈。他接着说——

如果这不算,你再看这桩事。直到今天,这桩事听起来还像个神话。那是一九七九年秋后的事,窑上的男人都出门谋生意,声势大得很。我们这地方从前是个小码头你是晓得的,对做生意都还不笨。我没去。我当然不光是怕国家政策晃来晃去,我丢不下手艺。俗话说,荒年饿不死手艺人。我信这个。人生在世,有温有饱就够了,还图什么?心比天高的人结果都惨。是你的自然归你,你不要它也要落到你头上;不是你的争也是白争,得到了终还会失掉。那天,我领着田藕进城卖货。出门的时候天气很好,日头暖烘烘的。可是一到县城,天变了,还落了细雨。当时又正赶上公安的"拉网",捉了无数歹人。我就想,今儿这彩头不好,货怕是难销了。我把担子歇在车站边上,那儿南来北往的人多,还……还能逃税。可是一上午过去了,竟没销掉一个罐子!我怕孩子急,就买了一张票让她去看香港的片子,好像是《唐伯虎点秋香》。我守着担子。说实话我不指望有什么好事来,心想等田藕看完电影,还没有起色就打道回府。那一刻,我还有点悔,我想自己要是也跟着去跑生意,赚的票子不会比别人少。我缩在屋檐下这么想着,还叹气。这时候陡地有人问:"谁的罐子?"我抬头一看,就只看见了一顶大盖帽,心里一惊,以为是收税的来了。这下好了,货没销掉还得倒贴税金。我装作没听见,扭过脸去看墙上的一张专治男人毛病的告示。那人拍拍我的肩:"喂,这罐子可是你的?"我只好点点头。"怎么卖?"那人问,脸色凶得很。我如实报了价。他说:"比碗便宜……来,给我挑到公安局去!"我一听公安局脑子就嗡了一下。我拽住那人的膀子,说:"我不是投机倒把，我没犯法……"那人居然笑了，说："我不是抓你，是买你的货。我全销了！""全销？""对了，全销。捉了那些狗日的，总还得给他个盛饭的家伙，比碗便宜，很好。来，挑走挑走，我付你脚力。"作家同志，你看这事可邪？

糙坯子显然有些激动了。有几次他想站起来讲，还带了一点手势。我给他添水，问他那回赚了多少？他说钱不多，不过百把块的样子，但他认为"很说明问题"。我在笔记本上记录了这件事。我又问：林专员如何发现你的？我用了"发现"一词。

你看我这人真是不会说话，一扯就远了。林专员，是的，当初是林专员发现我陈士旺的。我算不了千里马，可林专员不能不算伯乐。去年春上，秦乡长来发动乡镇企业，把各户连起来办陶器厂，让陈士林抓总——我不晓得她怎么相中了陈士林，他连组织同志都不是。当然，陈士林是顶顶精明的人，又是烧窑的一把好手。可陈士林还不情愿戴这个帽子哩！我晓得他这人的脾胃，一生都是这山望着那山高，结果浪荡了好光阴，到如今还打着光棍。唉，也怪我妈从小惯了他，穷家养娇子！

生产上不去，秦乡长急了，找陈士林算账。可他陈士林眼里哪有乡长呢？县长他似乎也不含糊。他说："你见过公鸡生蛋吗？这地方土质不行，烧不出好货色。别以为鸡毛真能飞上天！"秦乡长委实让他唬住了。厂子还办不办？都成了问题。就在这节骨眼上，林专员亲自来视察了。别看他生得文绉绉的，但是没有架子，和我们这些玩泥巴的很谈得来。那天，我记得是个晴天，秦乡长陪他进了我的车间。他认真地看我做坯，还帮我和泥——你看，这样的领导！一边同我拉家常，问寒问暖的。中午，就在我家用了便饭。我想剁两斤肉他坚决不许，却提出来要吃腌萝卜头。他说他当年打游击，老乡就常给队伍送这东西。他喜欢吃。后来，他盯着那腌菜的罐子看了半天，问我："这罐子可是你做的？"我点点头。他又说："送一只给我可以吗？"我还以为是开玩笑，就说专员您要不嫌弃，要多少就拿多少好了。他扶扶眼镜，勾起指头弹弹罐子，然后对大家说："我看完全不比紫砂差！"还真的带走了一只！我这次到地区开会，专员请我到他家里叙叙。那罐子还放在厨房里！

　　这件事很快就被记者捅到地区报纸上去了，据说外省的报纸还作了转载。于是区长来了，县长也来，指导完工作都从我这儿捡一只罐子回去。名声就这么大了。到了今年的五月，我做的三千只罐子销到了新加坡……作家同志，我算不了什么。我不过是个地道的手艺人。你不要写我。真的，我还是和从前一样做我的手艺，全是领导组织上的栽培……我，我守着这手艺，不过是想守着个饭碗。

　　　　我的案头摆着一只罐子，是后来糙坯子送我的。这种罐子分大、中、小三号。我这只是小号，体积和一只大缸子差不多。它的造型像那种传统的花瓶，不过要粗壮一些，也自然呈对称状，颈部镶着双耳，有盖。罐的三分之二自下而上有釉，盖的中心也有釉。釉是酱油色的，未着釉的部分呈朱砂色。从色彩的感觉看，属于同类色的调子，朴素无华。

　　与大路货略有不同的，是罐的表面刻有松竹梅岁寒三友之类的纹饰。大概是在陶坯晾得较干后，用竹片刻制的；其图案无疑源自《芥子园画谱》。我想这不难做到。

　　还有一点，我注意到，上面有款，如某年某月某地某人制。下有陈士旺的印章，上还有一方闲章曰：有志者事竟成。

　　这种绘画的处理自然是颇费工时的。显然，糙坯子是拿它当做礼品待人。他送我这只罐子时，面色很有点肃穆，似乎是送出了一个孩子。我也郑重地接受了。

　　陶瓷作品历来是考古界窥视的重点对象。专家们通过对它的质地与釉色，造型与纹饰，以及它的窑址等方面的考察分析，力图把握从前那个时代的文化精神面貌。所谓文物价值。另一种陶瓷作品，主要是当代的精品，拥有工艺的高超技巧而成为价值连城的玩物。我的这件，显然不属于上述的两类，它不过是一件日常生活的普通器皿，而且行将淘汰。但是我愿意保存它。有一天我这样想：也许，在很久很久以后，有人会从一片灾难的废墟里发现这只罐子，它可能完全破损了，那人将用何种眼光来对待它？他自然会像我们今天一样去进行逻辑的推断。然而逻辑毕竟是有限的，甚至往往没有力量。因此，那人的结论也就显得没有力量。

不需要某种界说的概括。

理解，就够了。

——作家手记

芦苇动了，船像一条搁浅的大鱼慢悠悠地伸到河里。他一眼就从形态上看出，撑船的是莲子的丈夫六指。他没下马，把皮鞭套在手腕上，腾出的手指理了理被风吹乱的头发。他在等对岸的人过来。这么早？他想，原来昨夜都没有睡。原来有人起得更早……他觉得自己不像个军人，对身边发生的事居然一无所知。后来他又想，可能有那么一小会儿自己迷迷糊糊地睡着了。这无疑是在天亮之前。

船渐渐拢过来。六指的手脚显得有点慌乱，竟一时靠不了岸。这时，微笑着的叶之秋说话了。

大哥，用你的东西了。

"东西"显然不仅是指船，还有六指。他不理解叶之秋为何要这么说。

船是父亲留下的，不是我的，是叶家的。他下了马，把缰绳交给六指。他注意到六指的脸色有些阴郁。六指从眼皮底下看了看他，一声不吭地把马牵到了较远的草滩上。

六指是个好人哪。叶之秋说，难怪老爷子在世时那么喜欢他。

他救过父亲的性命。叶千帆说。

可父亲结果还是死了……叶之秋随手扯断一根狗尾巴草，说：俗话说，好人不长寿，恶狗活千年。父亲太善良了，谁都相信。

是的，父亲是死在善良上。叶千帆说。

你也这么认为？叶之秋回头看了看。

至少，我感觉是这样的……叶千帆说，把双手插入马裤的袋里。他随叶之秋沿河向东走了一截路，又问道：这次回来，打算住多久？

叶之秋看着天空说：你认为我可以待多久？

叶千帆把手按在叶之秋的肩上。

你想干什么？叶之秋有点惊慌。

叶千帆淡淡一笑，说：我觉得你穿得太少了。早上寒气重，会着凉的。然后他喊道:六指,给我马!

六指立刻把马从后面牵来。他还是有点胆怯地看着大少爷。

叶千帆敏捷地跨上马,对叶之秋说:这个家我守腻了,现在轮到你守了,我得出去换换脑子!

他用力抽了一鞭子,白马撒开四蹄呼啸而去,河滩上的鹅卵石不断被溅到水里。

叶之秋望着逐渐缩小的影子,心里一阵抖瑟。是时候了,他思忖着,一切都该有个了结。老大,你这个下马威实在是太浅薄。别以为你手中有枪。如果害怕那一斤铁,我就不会赶回来。我倒要见识见识你还将怎么干。他准备抽烟,可是火柴被风吹灭了。这阵风来得突然,你脖子上始才觉得凉,它便消逝了。但就这一瞬的感觉特别的强烈,仿佛一柄剑刃从颈后拖过。是那把白雪剑?叶之秋意味深长地吐了一口烟。

六指像个老实的孩子默默跟在边上,又像是个哑巴,没听见他说话。但是这小伙子有力气,几篙子便把船摆过了河。然而后来他却半天拢不近岸。他怕老大?他为何怕?叶之秋转过身去,想再问问六指,单刀直入。

你在荷叶洲当真什么也没看见?

没,就听见响了两枪……当时天很黑。

老爷病了,你一直在身边?

随叫随到。

夜里,你听见老爷说什么没有?

有时,讲胡话。后来大少爷回来,我就搬回了自己屋子。

唐月霜不和老爷住在一起?

她早晚来看看,老爷不让她住在一起。

老爷不让?老爷骂了她?

不,老爷怕……怕她染病,就……

这么说,老爷后来是和老大住在一起了?

大少爷睡躺椅。

老爷临终之前果真一句话没留下?

好像是……

到底是不是？

是，就跷了两根指头……二少爷，这些我都说过了。

叶之秋轻轻吁了口气，对六指摆摆手。六指准备去船上拾撑篙，叶之秋又说：

我今天的话，不许向任何人露！

田藕回来了，顺便买了些荸荠当水果吃。见面她就问："我爸又对你说什么了？"我说只是随便聊聊。她就撇撇嘴，意思是你别瞒我，说了些什么我是知道的。我笑了笑，同时把椅子拿给她，我想留她坐一会儿。到这儿好几天了，生活——我指的是我的调查，并不是不充实，但是很单调。坦率地说，我有点寂寞。如果这座老房子里没有田藕，我也许会很快离开。对这位年轻貌美的姑娘，我没有非分之想。可是我不想离开她，至少是在这个地方。我越发觉得她是可爱的。机敏与朴素、活泼与忧愁，在她身上结合得那么和谐。我不明白的是，她为何不去上大学？不去看看外面的世界？

我想劝劝她。"你应该考大学。"我说，"我想你是能够考取的。"

"我能考取。但是我现在不考……也许永远不考。"她说。

"为什么呢？是因为怕你父亲孤单？"我有点生气地说，"你父亲真希望你一辈子在这山沟沟里打转？"

她沉默了，摇摇头。

我突然想起一个至今不曾露面的女人——田藕的妈。很奇怪，与她相关的人都不说她！作为女儿的田藕，也不过是在我来的那天夜里蜻蜓点水般地点了一下——"我妈才走不久。"那个晚上陈士林的火气也特别大。他大骂城里人。当然，这二者可能没有联系……

"你能说说你母亲吗？要是你不介意的话。"我很冷静地问道，同时注意观察田藕的表情变化。她抿抿嘴唇，视线移到窗外老槐树上的那个空巢。

她一字一句地说："她走了。"

"是……怎么死的？"我进一步问道。

她依旧看着窗外："她没死。她现在也许活得很好……"

我很惊讶地看着田藕。我差不多糊涂了。

田藕这才回过头,苦笑了一下,说:"她走了。和一个湖北佬走了,私奔了。"

我有点尴尬。我表示了歉意。我说我的确不知道是这么回事。

"现在我想去睡一下。"田藕说,"我妈的事,以后我会告诉你的。你最好不要去找我爸爸。也别问陈士林。"

我点点头。

我一个人出来散步。村里人差不多都知道我是省里下来的作家,见面都热情地同我打招呼。情况正如糙坯子所说的那样,这地方的老人被六十年代初期的那场灾难洗劫一空,年逾花甲或者年近古稀的老人寥寥无几。所以我在池塘边遇到那位精瘦的老头王裁缝,显得格外亲切。他在水里洗刷铜烟袋,我走近喊了一声:"王师傅。"

他便回头,一副旧式老花镜滑落在塌陷的鼻梁上:"噢,作家先生!"

这"先生"的称呼此刻与他本人一样的滑稽。王裁缝把湿手朝屁股上揩了两把,和我的手相握。我握他的手就像握了一块化石。

"家里坐,家里坐!"他说,把我领进一座新盖没多久的白墙青瓦房。这种房当地叫明三暗五,两侧还镶着披屋,作为厨房和柴房使用。大门的上方用烟灰绘制了龙凤呈祥之类的图景,还嵌了一块小圆镜。

"你这房子很好哇。"我看看客厅里挂满的恭贺性质的大红楹联说。

"国家的政策好。"他说,给我倒茶递烟:"这几年过得还像个人日子……这政策不会变吧?"

我说不会变,变来变去的对国家也没好处。

他立刻首肯,说:"天下国家,本同一理。"

这样寒暄了一阵,他扶了扶眼镜很谨慎地问我:"先生找老朽有何见教?"

我笑着说老师傅别客气,我算不上什么先生,我是后生。

"哪里话,哪里话?"他眼睛变得很亮,"有志不在年高。作家,了不得的。大凡作家皆英雄出少年。民国二十四年我在上海见到徐志摩,还有陆小曼,可谓才子佳人。徐先生其时风华正茂,已是蜚声中外的大作家了……"他"噗"地吹着草纸媒子,又说:"长江后浪推前浪哪!"

王裁缝显然是在向我抖搂他的见识与学问。不过他有一点没留神:

民国二十四年是见不到徐志摩的。因为这位才华横溢风流倜傥的诗人已于三年前随济南号飞机轰轰烈烈地长眠了。我当然不会去纠正,我很有兴趣听这位老先生神吹胡侃。至于"长江后浪推前浪",不用说是在恭维我,倒也不失幽默。

"我这次来,想了解一点过去的事情。"我说,"听说郑海在这地方活动了多年,与叶家人多少有些来往。可是当事人都不在了……"

他专注地听着,然后咕咕噜噜地吸完一袋烟,眼神似乎有点迷惘。他在想我的话,同时做出努力回忆的样子。其实我并没有把握把郑海与叶家扣到一起的,但这样地提出问题,我觉得,可能会有利一些。他的表情给了我很大的安慰,至少,在他看来我的话不算唐突。

"说来话长哪!"他放下铜烟袋叹道,"我头回见到郑海是民国三十七年的事……"

"你见过郑海?"我惊喜地问,同时打开笔记本。

"见过。"他说,"那时他是个游方郎中,在江湖上行医。我常出门做手艺,能碰上他。"

"郑海的相貌你还有印象吗?还有年纪。"

"那当然是有的。郑先生是天生的福相,算得上是天庭饱满、地角方圆。若是耳朵再大一些,可就是王侯将相之貌了。"他扶扶眼镜,接着说:"年纪嘛,比我稍大一些,二十六七的样子,风度翩翩,能说会道,一看便不是凡人。"

我很自然地想到林重远给我提供的情况。在我的眼前仿佛晃动着两张郑海的面孔,怎么也合不起来。我的兴致顷刻衰败,遇上这位夸夸其谈的老先生,真是啼笑皆非。我想要是我问他是否见过毛泽东或者蒋介石,他没准儿也会点头。但是既然话题已经提起,不妨听他说下去。

"你后来可还见到了郑先生?"我问道。

"见到的,不过只是一般的认识,说几句客气话而已。到了解放前夕,郑海在山上拉队伍,双手能打盒子炮……有一回,是最后一回,我在长水边上遇见他。他要我参加队伍,还说让我当一个小队长。我那时上有老下有小的,就……可我帮他们贴过标语,也筹过饷。"

"郑海死的情况你知道吗?"

"这个,我是回家后才听说的。我在芜湖那边做手艺……可惜呀,郑先生若还健在，起码是省长的官！"

我笑着递给他一支香烟，他接过去，夹在耳轮上，又抽起他的水烟。我想关于郑海也不过如此了。

"王师傅从前和叶家熟悉吗？"我问道。

"熟。"他点头说，"叶家老爷子和我父亲很要好，常在一起搓麻将下象棋，也玩双陆。我和叶家兄弟是一个私塾先生教的……后来我家被强盗洗了，也就一蹶不振。其实光绪年间，王家的香火不比他叶家弱。"

"叶家人与郑海的来往你能详细谈谈吗？"

"这个嘛，这个我就说不准了。"他若有所思，接着说："叶家那屋，坐向不好，所以奇怪的事情也多。叶家人到底和郑海来往没有，我说不上来。"

"至少叶之秋同郑海是有来往的，这有档案资料记载。"我说。

他看了看我，说："这或许有的。我记得有这么一件事，有一回叶家二少夜里出门，被狗咬了小腿。没过几天就好了，听说是郑海给的方子，下的药。为了这事，叶家兄弟吵得很凶……"

"吵？这有什么好吵的？"我问。

"据说，叶家大少是国民党的钉子，上峰派他回来抓郑海，可偏偏郑从他眼皮底下滑过了。叶千帆要叶之秋交人，所以就……我这是听说的。你别记上。如今大陆与台湾和气了，叶家大少便是'台胞'，要是回乡来探望，政府还得车接车送；要是撂一大把钱造福乡里，说不定还要为他竖牌坊哩！先生，你千万别记。"

  王裁缝的谈话当时给我的印象是虚虚实实，不可不信，不可全信。关于他所言的与郑海的交往，听起来确实是像煞有介事，尽管有些夸大其词。我后来同陈士林说过。陈哈哈大笑。陈说这个老头是个铁嘴半仙，他的话一挤全是水。"文革"时斗走资派，有人怀疑郑海是特务，抓住王裁缝要他交代。他哭着说根本就没见过郑海，那些话全是胡诌的，目的是想自己的历史也光荣光荣。现在情况变了，这老头便又开始申诉，扬言自己"帮助过郑海的队伍"，要求落实政策。我觉得非常有趣，姑且把这种现象称为"借光"吧！但是，倘若确有其事呢？档案只能证明人的一部分经历。况且档案也是人为的产物，可以修饰，可以剪裁，甚至可以篡改与杜撰。人的历史相当一部分是无法证明的，只有良知证明。

再就是，王裁缝在涉及叶家情况时，和几乎所有的人一样闪烁其词。他们是谨慎的，留有周旋的余地。我很疑惑——是历史本来的暧昧，还是历史叙述者的恍惚？

——作家手记

第七章

月亮从后山升起的时候，村子灰蒙蒙的像不知不觉地落了一层薄霜。后山沉默着宛如大梦初醒的苍龙正吮吸着脚下的这条窄水。这个秋风飒然的夜晚似乎一切都凝固了，风声不过是生命的一种象征。竖立在村外的槐树和苦楝树随风作轻曼的舞蹈。狗儿们蜷伏在自家的门槛上昏睡，槐花的芳香使它们和人一样的陶醉了。树影是青黑色的。于是你不难识出于这块深色的背景中移动的那匹白马。月光把它染成银灰色。它一定是累了，以致主人不忍再压迫它。主人迟缓地走在它边上，不时抬头看看轮廓模糊的月亮。

在这样的时刻，大少爷叶千帆对他的大白马产生了感激之情。他不止一次地想到，当初把马带回来是正确的。如若说它给了他方便，倒不如说给他带来了安慰。他难以想象失去它将会是怎样的情形。月色朦胧，他觉得浑身有点酥酥的。一天的奔波使他总想到微醉后的睡眠。他想一到家便把自己放倒。可是这时白马打了一个响鼻，他的筋骨旋即绷紧，同时把右手放进裤袋，握住了那个光滑的木柄。他知道有人来了。

但是他没有料到来人会出现在背后。他正欲调头，忽然闻到一阵清雅的茉莉花香。他站住了，悄悄把裤袋里的手松开。于是月光把一个女人的影子送到他的眼下。这实在是个美丽的女人。

大少爷，你出去一天了。她说。

他听出了这句话含有责备的意思。他把身子侧了侧，但没有看她，也没有说话。他看着那条杏黄色的手绢，香味就是从这上面散发开来的。

大少爷,她说,这个家你该操点心了。说着她走到他的对面,把玩着那条手绢。

他这才开口:如今老二回来了,家里的事你就同他商量着办吧。他比我精明。

你这么信得过老二?

难道你信不过?

她冷冷一笑:我是个外人。你们兄弟间的事我可不想插嘴。

我并没有拿你当外人。虽然……

你别说了。我迟早要离开的……她停顿了一会儿,又说:我觉得,这个家还会闹鬼。我受不了。这样下去我会发疯的。

叶千帆心里"咯噔"一下。他很诧异这个女人的嗅觉。似乎什么事也瞒不过那双丹凤眼。他想到父亲的死,想到那个飞来的男孩,想到时常在半夜里听到的她的惊叫以及莲子所说的那孩子的可怕梦境。他觉得这些东西仿佛被一只手编排着,之间有着不可思议的联系。他看着她。这张脸在月光下显得格外苍白和阴郁。他想这女人肯定看出了什么。

你放心,我会把一切都弄清楚的。他低沉而有力地说。

她似乎很不以为然地挑挑眉毛。那意思是说,你没法弄清楚。

我需要你的帮助。他进一步说。

帮助?她笑了笑,我能帮助你?大少爷,你真这么看得起我这个女流之辈?

我是说……

行了。她打断他的话,我懂你的意思。不过我得告诉你,我可不是你裤袋里的那个东西!

他感到太阳穴狂跳了几下,指尖变得冰凉。他不想再说了。这个女人太敏感了,他想,她会把事情弄糟的。可是她分明知道了什么。现在她是不会说的。至于为什么不说,有多方面的原因。首先,她对"有些事"也没有足够的把握,不过是那种捕风捉影的猜忌。就是说,她也在私下调查。其次,如果她掌握了关键所在,不说出来是由于某种障碍。她有所顾忌。最后,她故意不吐真情。她要以此来作为资本或者武器,获得所想得到的利益。叶千帆觉得头脑在经过片刻撞击之后转为更加清晰。他也笑了笑。他是有意笑的。这并非是在掩饰刚才的惊异,而是在暗暗地给面前这个女人心理上施加压力。果然,她的睫毛垂下了。

大少爷,你别这么看着我……她说,语气倏然温柔,我感到冷。

你应该待在家里。他说。

家里?她抬头看了看他,不,家里太闷……

叶千帆凝视着那张美丽的面孔。慢慢地,他仿佛从这上面发现了父亲的微笑。这个可怕的印象像一根钢针似的扎在他的脑门上,他几乎是粗野地抓住了唐月霜的手。这手真凉!

她晃了一下,便如芦苇一般倒过去。但是他就势把她托上了马背:

风大了,回家吧。

叶千帆回头的时候,发现左边的林子里有一个男人的影子,一闪便不见了。

那个夜晚出现在林子里的影子可能就是王裁缝。

自从我拜访了他,他好像洽谈了一笔大生意,兴致很高,每天都要找我说上几句关于从前的事。这位读过几年私塾且又跑过几处码头的生意人,谈吐是有声有色的。尽管陈士林多次提醒我,王裁缝的话水分大,不中听。但我却不这么看。我不愿意放弃任何一点头绪,哪怕是可疑的头绪。况且,至少是现在,我没有足够的理由来判断是非曲直。换言之,任何人的话都有可能是真实的抑或可疑的。再说,我怎么能拒绝一个老人的热情呢?

王裁缝在叙述"那个月夜"时,神情十分诡秘。他说那晚他闹肚子,出来上茅厕,因为嫌脏怕臭就挪到林子里。"我先看到了那匹马。"他说,"叶千帆背对着我在同二姨太说话,声音轻得像蚊子。后来,他就把她抱上了马。"我问他能从背影上断定那人就是叶千帆吗?他说都是乡里乡亲的,一望便知。再说,那白马生人是降它不住的。我进一步问道:"会不会是叶之秋呢?"他连连摆手:"叶家老二个头要矮一些,也单薄一些。"

我又说，这件事是否证明叶千帆与唐月霜有"关系"呢？

王裁缝眯眯一笑："这个嘛，也难免。当初叶念慈把姓唐的领进门，谁都说是引进了祸水。人老了，精血不旺，奈何不了玉蝶娇娥。那年月少爷与姨太轧私也是常见的事，况且姓唐的本来就是青楼粉黛……她后来生了一个孩子，天晓得是谁的种？"

我暗自惊讶："那孩子呢？"

"死了。"王裁缝说，"听说一落地就死了，恐怕也是报应。"

"这是哪一年的事？"

"大概……民国二十九年前后吧。陈毅正打着黄桥，日本人封了江……"

"那就是一九四〇年秋天的事。"

"对对，是秋天，芦花全白了。"王裁缝取下老花镜用衣袖拭了拭，又说："我早就看出叶家那屋坐向不对头，埋着凶险，藏着灾祸。作家先生，这可不是迷信哪！"

……

我至今认为自己是个无神论者。我只信仰自然。但是，很久以来我时常为一个问题所困扰——许多事情，包括现象，说不清楚。比如说麻将，成败之关键并不完全是操作的技能，还要依靠"手气"。如果你起到一手坏牌，任你手挥五弦目送飞鸿也是枉然。这手气是怎么回事我无从说起。我去打麻将时还常有一种预感：我将会摸到怎样的牌，果然就得手了。甚至这张牌桌面上已打出了三张，我仍然可以吊孤。这现象又难以解释——至少在我看来是这样的。我在无事可做的时候，喜欢躺在床上胡思乱想。有一天我怀疑，这天地间仿佛有一种力量支持着冥冥中的玄思，又仿佛存在着一种"场"，发生着意外的效应。我不能证明这些，我只是感觉得到。

我自然不会依照阴阳五行风水学说去对这座老屋进行研究。我不信这个。所谓"闹鬼"一般不过是人为的结果。一类可理解成主观错觉，当然是客观因素在暗暗地起着作用，从而钳制着人的心理。风声鹤唳，草木皆兵便是现成的例子。另一类则是小人作祟，装神也罢，弄鬼也罢，都是小人。装神的欺骗与弄鬼的恫吓都是不难戳穿的。还有一类，诸如南方民间传说的灵魂显现，有关专家业已作出了准科学的分析，认为是可能的。但由于证据的不足被官方视为异端邪说加以禁止。因此我们在束手无策的情况下只好将其归结为偶然与巧合。

　　这部小说的写作，按流行的原则是缺乏规范的，至少是不够严谨。材料的芜杂造成作者的忙乱是一个不可忽视的原因。另一个原因则是我的想入非非，甚至胡思乱想。于是使这部小说带有一定的神秘主义倾向。不过有一点我必须说明，我不是在故弄玄虚。我的全部努力都是在追求真实。

——作家手记

　　我之所以把王裁缝看做可能是从前那个月夜于小林子里一闪而过的人影，是因为那天晚上林中至少还有另一个男人。这个人后来往河边去了。

　　"我不知道他是谁。"糙坯子说，"当时月亮昏昏的，只能见到人影。那人是个男人。我去邻村给我妈抓药回来——她突然病了，好像是受了什么东西的惊吓。进了林子才发现那个人影。他贴着一棵树站着。我好害怕，以为是强盗，就蹲下来。过了会儿，那人就从右边出了林子，我想可能是去河边了，那天有外江的船靠在这儿……"

　　我问："你在林子里可看见了叶千帆和唐月霜，还有那匹马？"

　　糙坯子说："没有。那人一出林子，我就拼命往家跑。快到家了，我才看到他们。唐月霜骑在马上，叶千帆走在后面。我父亲在门口抽烟袋，大概等我等得不耐烦了，见面就骂我个狗日的，鬼没掐死你！我说我就是遇见鬼了。我把刚才林子里的事一说，大少爷便把我拉到边上，像你这样地问我，我也像这样说了。他点点头，好像心里很有数。"

　　"后来呢？"

　　"我父亲正准备把马牵进棚加料，叶千帆又把缰绳接过来，想再出去。这时候，楼上的一扇窗户突然推开了，接着听见叶之秋在说：'老大，这马可经不起你再三折腾，当心别闪了腿！'叶千帆对着楼上看了一会儿，还是把缰绳递给了我父亲，然后就回自己屋了。唐月霜不知为什么笑了起来……"

我也感到非常可笑。本来我以为可以写下一段精彩的，现在看来没必要了。那个可疑的黑影差点儿把我引入了陷阱。我考虑怎样结束这次交谈。可是，糙坯子又说了。

"第二天，大少爷从河边遛马回来，我问他昨夜林子里的那个黑影是谁？我不知道为什么要这么问。他笑了笑，说：'郑海。'我那时已从大人嘴里知道了一点郑海的事，听叶千帆一说，我脑子就嗡了。他说如今大家不都是在打听郑海吗？我便去同妈说了，说我遇上了郑海。妈笑了，说你这傻小子，大少爷是逗你玩的！可我不这么认为。我想说不定那黑影就是郑海，有什么理由说不是呢？"

我问："叶千帆是不是在搜寻郑海？"

他愣了一下，显然我的问题太突兀，他思索着，说："这个我说不上。"

我又问："听说叶千帆逼着叶之秋要人——就是郑海，有这事吗？"

他摇摇头，表示不晓得这些。

"叶之秋被狗咬过？"我说，"那么是谁给他治的伤呢？"

他连忙说："是我妈。我妈有治狗咬的偏方，三天消肿，五天就能走路。"

"这方子是谁传给你妈的？"

"好像是一个游方郎中……"

"那郎中是谁？"

"我妈没说。或许也是郑海——我不是在说笑话，当时有人就这么猜的。"

的确如此，不妨先猜着吧！

叶之秋试着活动了一下，觉得疼痛比两天前减弱了很多，但还是不能走下楼去。他没有料到一回来就碰上这种倒霉事。那狗不知从哪儿蹿出来，照着脚踝果断地咬了一口，他便被撂倒了。他记得那狗是黑色的，眼睛上方有两点白，耳朵像匕首一样竖立着，尾巴很粗，如果不是颜色的差别，他一定以为是狼。这件事是很奇怪的。虽然他离家多年，但村里的狗对他并不陌生，甚至摇头摆尾地表示亲切。这狗是谁家的？可能是个野种。可是，为什么偏偏要咬他呢？

他想起几天前的夜晚对叶千帆说的话——当心别闪了腿。现在好了，叶千帆还是纵马如飞，自己倒成了被嘲弄的对象。他不能不感到沮丧。他甚至认为这是个不吉利的兆头，有点出师未捷身先死的意味。不行，得赶快站起来，否则会误事的……

然而上帝总是不失公平的，偏偏这儿有莲子，莲子又有专治狗咬的偏方。叶之秋的心情又好起来，他把这次意外理解成命运的一次玩笑，也可以看做一种情感的补偿——每回莲子替他换药时，他都感到特殊的甜蜜。这个四川妹子仿佛是上帝专门为他制造的。莲子未必需要什么偏方。她本人就是偏方！他挪到窗边，看着白晃晃的太阳。一只黄色的雀子喳喳自眼前飞过，似乎惊动了那满树的槐花，沁人心脾的芳香使幽静的书屋变得温馨，消除了惆怅和寂寞。

他听见了楼道上的脚步声，慢慢坐下来。门羞涩地推开后，他全部的视线被一只浅绿色的绣花鞋夺去了。他等着另一只脚迈进来，等了片刻，莲子才进屋。他从她游移的眼神中发觉了可疑的端倪。

你在同谁打招呼？他严肃地问道。

打招呼？莲子很疑惑，我想我是向你二少爷打招呼吧。

你停在门后面，看谁？

看门槛上的蜈蚣。

蜈蚣？

我不想踩死它。

这虫子很毒！

可它是味很好的药引子。

莲子说逮住它用酒泡着，煎药时用一点能清火解毒。莲子又说这虫子晒干碾碎调到草药里治狗伤蛇咬也十分有效。叶之秋觉得很有趣味，自然想起一句成语：以毒攻毒。他的脸容顷刻晴朗，似乎悟出了一个道理。他把受伤的左脚慢慢架到小凳子上，等着莲子来换药。他故意将支起的腿弯曲着，这样就能让莲子更靠近一些。在莲子蹲下来用酒清洗伤口时，他居高临下地用手指去梳理她乌亮的头发。但是他又突然想起刚才的那只蜈蚣。这毒虫竟爬上了自己的门槛！如果在夜间爬上床呢？他失口叫了一声。

莲子抬起头：我弄痛你了？

他一时不知该怎么说好。他很怕自己内心的虚弱被一个女子发现,于是转移视线去看书柜。可是刚一回头,他的目光便同立在门边的叶千帆遭遇了。

他是什么时候来的?

如果这一段再写下去,可能就是王裁缝对我说的那些。叶氏兄弟会发生口角,也会因此摊牌。叶千帆会主动出击,追问"偏方"的来路,也即是搜寻郑海的线索,要逼叶之秋交人。但是我不能这样写。正如陈士林所说,王裁缝的话一挤全是水。像这么大的秘事,王裁缝怎么会知道呢?此其一。倘若这偏方真是郑海所授,那么叶千帆可以采取另外的方式去问莲子——在叶之秋和莲子之间,容易攻破的自然是后者。此其二。第三个原因在于我,作为小说家我不愿意在此亮出王牌。这势必会导致阅读心态的被动。我极不希望这样。一位将去东洋攻读博士的青年批评家曾就本人的创作提出,说我不但不隐瞒自己的虚构,而总是把虚构向我的读者说明,甚至把作家的老底也兜出来,如同魔术师公开了他的手腕。所言极是。我喜欢创作与欣赏构成一种同步的关系。我没有必要对大家卖关子。很多事情我同你们一样的不清楚,而且我的理解能力也极有限。这部小说该怎样发展下去,连我也不知道。这是实话。我的直觉只提醒着一个事实:它没有完。至少是现在不会完。

我于是等待新的转机。利用这个间隙大家不妨抽烟喝茶或者去小屋子方便一下。我呢,在等那位可爱的陈士林先生。他被同样可爱的秦贞女士招去了。这回不是喝酒。是出差,替乡里办点事。乡里穷,所以就全在乡镇企业身上吃喝拉撒还加上出差。办什么事我没打听。不过陈士林临行前告诉我,他两天就回来。今天是第三天。我写完两页稿纸,觉得有点儿乏,就重新泡了杯茶。听见田藕在院子里唱流行歌子,我便把脑袋伸到窗外。

"你能不能上来一下?"我说。

她抬头看了看我,笑了,点点头。

你没法体验在这山沟沟里同一位谈得来的姑娘聊天是多么愉快的事。我住下来不急不躁与这个因素有关。我倒不是说我怎么怎么爱她。我痛恨虚伪更痛恨救世主——好像人家姑娘的命运就全凭你他妈的能改变一样。我就喜欢这种情调，这种气氛。

一个女孩子同你熟悉了便显出顽皮是很自然的事。田藕就是这种女孩子。这种女孩子假如同你结婚了一定会变得很霸道。我想田藕也不例外。但只要不结婚，这样的女孩子就永远可爱。简直是一个时髦的悖论。我请田藕来自然是想让她看看我这两天写的稿子。我愿意把她当做这部小说最初的读者，也是特殊的读者。这样做我认为很有必要也很公道，作者和读者商量着办。

你凭什么作出这样而不是那样的解释呢？田藕明亮的眸子在质问我。这也是她读后感的全部反映。显然她更关心事实本身。她的质问不能说没有道理。我凭什么呢？凭我是小说家而不是历史学家？可我分明又是受到历史的启示才奔这儿来的。难道就凭我所见到的断编残简，于是就写出一个"和平军"少校与一个进步人士围绕一个英雄周旋的故事？那我可就太他妈幼稚了。然而有一个事实不容辩驳：我犯了先入为主的错误。我真扫兴。

正如后来陈士林所说：

"你的第一步就迈错了。"

是的，你错了。至少是部分地错了。这不能怪你。虽然你已是小有名气的作家，但你毕竟年轻。你不过三十郎当岁吧？太年轻了。人在这个年纪最聪明也最糊涂——你别见外，我是把你当朋友待的。我不乱交朋友。说实话，我老陈是诚心想帮你，因为你的工作实际上也帮助了我。互相帮助。

千万不要上材料的当。有些狗屁材料是最害人的。古人言，盖棺定论。其实有些人事即使盖了棺，也未必都能论定。你是读过很多书的人，这道理自不必让我多嘴。

我不知道你们作家写小说是不是先有个模子。但我以为这样不好。小孩子眼里是这么回事，比如好人坏人什么的。小说是写给大人看的，所以至少得有成人的感觉——这个我不懂，我不过是这么想。我发现你还是很谨慎的，对有些没有把握的事不去说或者不说满。这样就很好。我要写，也会这么干。但你脑子里还积着其他的影响，这些东西不声不响地干扰着你，甚至支配你。因此你的笔下就显得不够轻松。比如你一写到叶家兄弟,有时方寸就乱了。这也情有可原,你毕竟不是那个时代过来的人。你只能靠材料去琢磨。如果你拿到的材料水分大或者根本就是假的,你就等于被人骗了。我这话是不是又说回来了?中午多喝了两盅。酒这东西,真是他娘的又可爱又可恨!

你写的那个月夜林子边上的事,有。唐月霜对叶千帆有意思,这也大致不错。我说过我那时虽小,但知道男女的事。女人心里一装上这茬子事,就会写在脸上。所有的女人都一样。我当初就从唐月霜那双眼睛里看出的。可是我不知道叶千帆心里有怎么的盘算。叶千帆是行伍出身,不苟言笑,又特别讲究体面。事情复杂就复杂在这上头。林中的那个黑影,也有。糙坯子其时不过十岁吧,他犯不着扯谎。再说当时船上人也喜欢上岸找女人过夜。或者干脆就按叶千帆所说,那人是郑海吧!他到这儿活动,比如说同叶之秋接关系,而叶千帆事先得到情报,等着捉拿他。这里就有了个漏洞:叶千帆干吗不拔出手枪调头追踪,相反却回家去呢?我想的就是这个。想了很久。有一天我调过头一想——叶千帆可能在秘密地保护郑海,而真正要抓郑海的是叶之秋!他突然归来就因为这个。

你别笑。我不是在说醉话。我也不怕背上污辱进步人士的罪名。我这人,最看重印象。打我从船上见到叶之秋,就觉得此人阴阳怪气的。我不是讨厌他爱占女人便宜,捏一下我娘的手什么的。你这么看着我是什么意思?是不是说我也是那样?你别解释,你小子就这意思。不过你又错了。正确的说法是女人爱占我的便宜。我这身肉全被软刀子刮光了!没办法,那刀子割得舒服……

也许我俩都错了。不过我劝你,凡事两头想想,要好一些。所谓"山穷水尽疑无路,柳暗花明又一村"。

  我承认自己陷入了尴尬的境地。我很矛盾。这里的人实际上模糊了我的身份。更可恼的是,有时连我本人也忘记了自己是个小说家。我被误解了。我同时也误解了我的小说。

  事情并非陈士林讲的那么轻松。这个精明人至少是片面地理解了我此行的目的。诚然,我是从前故事的追踪者,但这种追踪不存在方向性。是一次散步或者一次漫游。我的兴致很高。我之所以愿意把这些陈旧的故事写进我的小说，或者说以此来作为小说的蓝本，是因为故事本身的魅力。我以为这些都是纯粹的故事，非常有弹性。正是这个至关重要的因素，唤醒了我沉睡已久的创作欲。

不难看出在这部长篇小说里，与从前的故事平行的似乎还有一个现在的故事。从前的故事是现在人的回忆和作家的想象交融的结果。现在人希望并努力把从前的故事说清楚，就是说，他们需要这么做。他们和"从前"有着千丝万缕的联系，甚至影响着他们的命运。然而这种努力，有悖于我的愿望。我担心我的小说因此会失去最本质的东西，而成为一堆废话连篇的参考材料。不过一般看来这种担心是多余的。我相信这个阶段我运气好。

对于发生在四十年前的事情，我们不至于全然忘却，但也不容易叙述清楚。这中间的道路便是我的，同时也属于我的读者，尽管我与大家的选择不尽相同。

——作家手记

第八章

黄昏又一次潇洒地走来了。

我醒了，看看窗外的天色，才知道自己这一觉睡得很沉。中午糙坯子烧了一只野兔子，劝我多喝了两杯。这种山芋酒进口平和，后劲却相当足。离开桌子我便感到头晕，心脏跳得怦怦响，于是索性把自己放平。

连日来的调查把我整苦了。一旦停下来，就觉得特别的累。我想如果没有什么新的发现，就打道回府。当然我不是要半途而废。我需要休整。暂时把一些眉目不清的事放放，或许会更好。所以这一觉睡得十分安稳。只是在临醒前的那一刻，好像脑子里出现了颜色。是一片潮湿的红，且又活动着，奔腾着。后来在这颜色上又出现了许多斑斑驳驳的亮点，并不闪烁，但很明亮。我费了不少力气，终于看清了它们是一群眼睛，一齐看着我。这样，我醒了。不知别人是否有这种印象，黄昏将至的那一刹天非常的亮，西边像燃烧了似的。我把手伸到晚霞里，手便通红通红并且透明无比。等红色从我手上逐渐褪去之后，我靠起来，开始抽烟。这时我听见楼道上响起了急促的脚步声。是田藕来了。

她没有敲门就将门推开。看我还躺在床上,她犹豫了一下,但还是大方地走进来。我注意到她的双颊绯红,好像特别兴奋。我指指椅子请她坐。她没坐,她说:

"我看见那老人了。"

我愣了一下:什么老人?

"白头发,白胡须,而且是很长的……我想就是你在枫树下遇上的那个老人。"她有些激动地说,"肯定是!"

接着她说了刚才的事:

"我去池塘挑水,远远就看见旧河床上有个老人。我一眼就见到他的白头发,像芦花一样白……他低着头,像是在寻找什么东西。你不知道他是多么认真,连鸟从头上飞过也不去看。我是头回见到这么长胡须的老人,像神话中的仙人似的。可我并不感到害怕。我放下担子,慢慢朝他走过去。这时候他蹲下去用手刨着板结的沙子。他刨着了一块白色的卵石。他朝卵石上吐了一口唾沫,用袖子使劲地擦它。然后拿着它对着太阳看,看了好一会儿,他自言自语地说:'没有水了。没有水……'我以为他要喝水或者想用水洗一洗那块石子,就喊了他。我说大爷你等着,我给你找水。我就去把水桶挑过来……

"他转过身来看我,样子很慈祥。我舀了一瓢水捧给他。他接过去,可是没喝。他又把水倒进桶里,看了看我。突然他一手拎起一桶水朝河床中间走去——他怎么有这样大的力气!接着他把两桶水都倒了。他跪下去,贪婪地去喝地上的水——实际是舔!那河床太干了,水一倒下去便很快地被吸去了,像海绵一样。他眼巴巴地看着水一点一点地渗进沙子里,白胡须抖个不停。他'扑通'一声跌坐下来,又去看那块卵石。我当时……"

田藕的眼圈红了,背过脸去看窗外。我扶着她让她坐下来,她不肯。她用带着哽咽的声音说:"我心酸,那老人的样子实在可怜……我不认为他是脑子不正常的人……我想,他,他与这地方,与那条已不存在的河,有着刻骨铭心的关系。我真该留住他!"

"他是不是沿着老河床往东去了?"

她点点头。

"他对你说他住哪儿了吗?"

她摇摇头。她说:"我问了,他只是笑了笑……后来他说出家人四海为家。"

"出家人?"

"对,他是这么说的!"

我一下把田藕抱住了。她似乎没有对这个举动表示应有的惊讶,而是闪着泪花花的眼睛看着我。有一刹我想把手松开,可是我感觉到她紧紧地挨着我,不过身体是稍侧着的。我没有吻她。(这样是不是很蠢呢?)我告诉田藕,不要把今天的事说出去,对她父亲也别说。她好像明白了我的意思,然后装出生气的样子把我推开。

  谁也不知道那天晚上莲子去了河边。外江的船队是日头落山后靠岸的。莲子有意放慢洗衣的速度。在棒槌的起落间,她不时去看码头。那些船帆都纷纷落下。只有中间的一条,帆迟迟不落。那帆的上部有一块红色的方形补丁。莲子记住了那条船的位置。在她站起身的时候,她看见了一个穿青灰色长衫戴黑礼帽的修长背影。她感觉到了心跳的声响。

  像以往一样,凡有船队来,村子里就显得格外热闹。这地方靠着这么一条清澈流动的水,营养出鲜活娇美的女子。她们从不下田——也没有多少田可下。她们一天的内容无非是管理家务。男人们经常出门卖货,做些简单的交易。于是天一黑,村子便安静下来。战争的硝烟仿佛不曾从这块瓦蓝色的天空飘过,连日本人当年也只是在后山上对着这里空放了几枪,便离去了。这条不宽但十分险恶的水是天然的屏障,给这里带来了安详。同时又引来外面世界的新鲜气息。船来了。外江的船队来了。那些船上的汉子个个都是有力气的,也都口袋里铜板叮当响。他们爱上这儿来。如若说是来做买卖的,倒不如说是图乐子。这里的女人好。她们不仅鲜亮而且通情达理。她们不是青楼之辈,不卖俏,不荡,不敲诈。她们就图你闯江过湖的体魄。在她们看来,男人就该是这个样子,能把女人整个半死。

  但是那个修长的背影还留在桅杆下……

这天的晚饭开得很迟,因为等大少爷。他出去一天了。二少爷和六指都看见他骑马沿河滩一溜向东奔去。然而谁也不清楚他去了哪里。这顿饭吃得有些冷清,也吃得很快。唐月霜第一个放碗,她一边擦手一边对六指说:去河边看看吧!

六指便不再吃,准备离开桌子时叶之秋说话了:算了。老大可是不喜欢别人缠他的。他斜睨了一下唐月霜。

只要不是狗,倒也无妨。唐月霜说,然后冷冷一笑。

六指很为难地站着。这时莲子把他未吃完的饭碗递给六指,又突然说:哎呀,我把棒槌忘在河边了!她看了看唐月霜,就把围裙扯下来,匆匆出了门。她听见六指在背后嚷了一句:天黑,当心点!

那时候月亮还没有露脸,周围像一团雾似的朦朦胧胧。莲子感到脚下的路陡然变得很陌生,而且软塌塌的,没走多远竟连跌了两跤。等接近河边时她才觉得轻松一些。河边是不安静的。沿河的一排吊脚楼几乎个个窗口都亮着黄澄澄的灯光,倒映在河里,仿佛天的一角塌下了,星子全泛出了水面。一个窗口传出温柔的黄梅调:"郎对花,姐对花,一对对到田埂下……"为什么偏要到田埂下呢?那地方多脏!连草堆上也不如……莲子不禁笑了。她轻轻向那条船跑过去。这时她明显地感到心跳快了,乳房很胀很胀。她用手按着晃动的双乳,想使自己平静下来。但是不行,她几乎迈不开步子了。从河面上吹来一阵凉风,莲子打了个寒战。她停在离船大约十步开外的地方,转身看了看背后,这才轻轻咳嗽了两声。

她看见舱帘撩开了。她似乎是又紧张又羞涩地向船舷走去。天哪,这是真的!她的气短起来,两眼盯着舱门。她期待着一只有力的大手伸出来,像以前那样把她轻巧地提上去……突然,她怔住了。她的手碰到了一个冰冷的东西——

那是一支枪!

林是树林的古名。
林中有许多路,
这些路多半突然断绝在人迹不到之处。
这些路叫做林中路。

> 每个人各奔自己的路，
> 但都在同一林中。
> 常常看来仿佛一个人的情形和另一个人的情形一样。
> 然而只不过是看来仿佛如此而已。

以上是海德格尔的《林中路》。这些句子，或者说这首诗，是我偶尔从一本非文学性杂志上看到的。我觉得放进我正写着的这部小说非常合适。大约是在第二天，我记起了路德维希·维特根斯坦的一句看上去十分平常的话——

"能看见正在眼前的东西是多么困难啊！"

——作家手记

我正准备收拾行李，陈士林突然进屋来，通知我去乡里接电话。"好像是上面来的，秦贞让我来催。"他似乎是故意地把"上面"咬得很重。我估计是单位有什么要紧的事，便随他下楼。出门时陈士林问我是不是打算班师回朝？我未置可否。他也就不再问，把自行车钥匙递给我，说："你也不自由哇。像只风筝，看起来飘飘乎乎的，可线头始终在人家手里捏着。"我笑着答道："世界上只有两个自由人，上帝和白痴。上帝主宰一切，白痴不被一切主宰。"（这句话我曾写进我的一部中篇小说）

刚进乡政府大门，秦贞就一脸是汗地迎上来。"我舅舅要和你通话！"她说。

我没料到是林重远。好像是被这位女乡长的激动所感染，我也随着她小跑起来。林重远显然是收到了我的信了，我想，还真够抬举小生的。在手触及话筒的一瞬，我蓦地想起田藕不久前的叙述——那个水泡着的眼球仿佛在我面前晃动……

"林专员您好！让您久等了……"

"你的信我昨天才收到，正巧今天来这里开会……你忙着吗小伙子？"

"谈不上忙。"

"如果这样，你到我这儿来一下，到县委第一招小楼。让小贞子派车送你。"

"那，是不是影响您工作呢？"

"没什么。你来,我们聊聊。放松放松,别累了,要劳逸结合。我了解你们作家,一旦对什么着了迷,就拼命。这可不好……好吧,你来,晚上我为你洗尘,现在正好赶上吃螃蟹……"

我正想放下话筒,秦贞立刻对我摇摇手。我就把话筒递给她,可对方已挂断了。秦贞努努嘴说:"给我们的款子到现在还不下来,还说重点扶持,屁!"我想了想,觉得是恭敬不如从命。再说,我也需要同林重远接触。我把林重远的意思告诉秦贞,她马上同意派车,并表示亲自送我去。我说这就添麻烦了。她说可以顺便催催那笔支持扩建窑厂的款子。于是就说定了,午饭后动身。

午饭是同陈士林一块吃的。糙坯子正在车间里给坯上釉,停不下来,让田藕给他送饭去。我到厨房洗手时告诉田藕要去县城的事。她说已知道了,陈士林刚才讲的。"行李我替你收拾好了。"她说,不看我。

"我只带毛巾牙刷就行了。"我说,"也许明天就回来。"

"还回来?"

"不是还有要紧的事没办吗?"

她看着我笑了一下,然后眨眨眼,示意陈士林过来了。

我就转过身去,对着外面的天空看了看说:

"这天该不会变吧?"

"难说。"陈士林一边用火柴杆剔牙一边说。

"带把伞吧。"田藕说。

"那多麻烦。"我说。

"城里人淋雨会伤风的。"陈士林说,"不过真那样也没什么,专员有专车护送你。"

"还是带伞吧。"田藕说。

"别!"陈士林吐掉牙间的火柴杆,"他请你的,你就是爹!"

我和田藕都给逗笑了,但是陈士林不笑。

这时"双排座"嘟嘟开过来,小司机把喇叭揿得炸响。陈士林骂道:"你娘死了,叫魂哪!"喇叭不响了,秦贞跳下车来又骂陈士林:

"看你被几滴猫尿浇的!"

陈士林坐到院子门口那块上马石上,吹着口哨,不知是吹的何方曲子,倒还顺耳。

"老陈你是不是也去一下?"秦贞说。

"是想让我给你舅舅磕头还是烧香?"陈士林斜睨着秦贞说。

秦贞生气地说:"我是在同你谈工作!"

陈士林懒懒地站起身,说:"那也好哇,不过你得让我去你家喝两杯。这要求不过分吧?你都许愿几年了……"

秦贞一时没词了。停顿了一下,又说:"走哇,我姓秦的是小气鬼吗?"

"不不,你……说句笑话何必当真呢?阿庆嫂!"陈士林对秦贞拱拱手,"我知道,你大方……我心里点着灯呢!"

昏黄的灯光摇曳着。刚才院子里的说话声让莲子清醒了一些。她活动了一下身子,才意识到是躺在自己的床上。那孩子听见声响便把头从桌子上抬起来,望着这边。他这些日子总是一声不吭地待在这院子里,像只生猫似的。现在他把油灯挑亮了些,同时把凳子朝床这边移了移。隔着夏布帐子,莲子看见他的脸上有斑斑的泪痕。莲子心里一酸,想支起身子,可是两臂出奇的发软。她说:林儿,扶我一把……给我把帐子撩起来……

那孩子把帐子钩好,扶起莲子。然后把一直用热水温着的姜茶捧给莲子。他轻轻地说:娘,你好点了吗?

也许是异乡人的同病相怜,也许是这孩子可想而知的不幸,这一声"娘",在这深夜的小屋子里显得格外的亲切。莲子接过姜茶一口气喝了个干净。那孩子的脸慢慢松开了,傻笑着。可是莲子的眼睛却湿润了。她把那只精瘦的小手放在自己两掌之间,仿佛是用体温孵着一只行将破壳的鸡雏。这时候,她听到了皮靴声,接着是六指抽鼻子声,她便靠在床上,让那孩子去开门。

可还过魂了?六指伸头问,大少爷看你来了!

大少爷持重地走进屋。他的身影几乎涂满了一方壁。莲子轻轻喊了声"大少爷",下意识地把被子朝胸口拉了拉。大少爷也微微点点头,在刚才那孩子坐的凳子上坐下来。过了片刻,他说:"遇见什么了,莲子?"

我……我想是碰见鬼了……

是老爷看你来了。你知道，他……

不，老爷不会吓我的。不会。

那你看清了什么？是头发竖起来的还是舌头拖下来的？

我，我只看见……

一团火。六指插话道，一团火就把这娘们儿吓成这样！

不是火！莲子提高嗓门说。

你刚才不是说是火吗？六指说。

那是什么？大少爷问道。

我也说不好，黑糊糊的一个东西……朝我逼过来……我就头昏，想吐，好像脖子被绳子勒住似的……

大少爷不再问了。他站起身，在床面前走了几步。他吩咐莲子蒙头好好睡上一觉，就离开了。他的皮靴吧嗒吧嗒地响着，使夜变得更加深幽。大少爷没有径直回屋，而是站在院子里大喊道：

六指，把青霜剑给我拿来！就挂在你的门头上，我倒要见识一下鬼！

"双排坐"经过疙里疙瘩的路面之后，开始进入较好的柏油马路。于是我也就结束了坐轿子的历史，放松了一口气。司机很费劲地换好挡，车便一马平川地跑着，不久驶上了县城的大桥。这座钢筋水泥构件的桥梁很长，分为三段，每段之间的高地都盖着房子，还夹有商店。所以这桥又兼有街的内容。有三条窄水从这里经过，然后汇成一条大河。这即是新的长水。它的一端依旧与长江相通。第一次整修这条河是在一九五七年。据说是热火朝天，仿佛预示着翌年的全面跃进。不久，灾荒席卷而来，热火随之而灭。修河的工程实际是半途而废了。每年汛期，这条暴戾的河总会威胁着河堤那边的生灵。到了一九七九年，第二次修河工程开始了。这一次人们似乎冷静一些，在未刨出新土之前花人力财力清理淤塞的河道。人们在河的两岸，也就是当初民工驻扎的地方，刨出了不少白骨以及一堆尚未腐烂的眼镜。这些眼镜，有的镜片还完好无损。有人用水洗擦之后再接着使用，说很好，看什么都不觉得模糊。当然像这样的事，县志是不会记载的。

突然一个刹车，我剧烈地一晃。听见司机把脑袋伸出窗外骂道："活腻了?!"这腔调使我想到来时陈士林骂他的情形。我感到好笑。坐在我旁边的秦贞此刻正把一直支着额头的手拿开,她像打了个盹,两眼泛着睡眠不足的血丝。我觉得有些奇怪,因为这位女乡长是特别爱说话的,这一路上竟无话可说。

"秦乡长,要不要先从你家里过一下?"司机放慢车速问道。

"不了,直接去县委一招,晚饭后回乡里。"秦贞说。

"今天是星期六呀!"

"晚上我还有会……"

"不是推迟到星期二了吗?"

"少啰唆。我说有会就有会!"

我看看表,时间还早。我对秦贞说还是先回家看看孩子。她摇摇头,说两个孩子都在外面读书。

"那就看看孩子他爸吧。"我说。

她伸了个懒腰,说:"都看几十年了,还能看出什么新的名堂来?工作太忙……"

我便不再说。从秦贞的脸上,我已经看得很清楚了。也正因为我心中明白,使我对这位中年女子产生了一种很特殊的情感。似乎有理解也有怜悯,还夹杂着那么一点轻蔑。她脸上固执地滞留着残余的青春风采又让我觉得几分可笑。时间真是一把锋利的锉刀。想当年,她或许也是一位比较引人注目的姑娘。

车拐弯了。县城的街道像集市一样熙熙攘攘,噪声强烈。汽车从当中开过,那感觉就像食道癌患者咽下一块馍。好在街道不长,大约折腾了一刻钟,车便驶向了一条岔路。这条路严禁摆摊设点,而且一律栽着很好的塔松,显得非常幽静。明眼人一望便知,这条路通往要紧的场所。县委、县政府都坐落在这儿,隔路东西相望,皆坐北面南。路的尽头即为县委第一招待所,似乎有点三足鼎立的意味。那么这后一足虽然是虚置的,但又举足轻重。因为只有来自上面的人才住这儿,他们的所有活动都将影响到这个穷困县的前途与命运。

"双排座"在铁栅边门前停下来,等候传达室的那个矮老头开门。可他只是狐疑地打量着,并不起身。司机揿了揿喇叭,老头还是不动。

"你看,这车多碍事?连个吉普也不如!"秦贞说。她打开车门,跳下来。我也随她下了车,拍拍身上的尘埃。秦贞正打算去同矮老头交涉,这时一位眉清目秀的男青年从大门那边跑过来,一边喊"秦乡长"。秦贞一看,脸又舒展了,同来人握手,并介绍说他是舅舅的秘书小刘。然后她又郑重地介绍了我。小刘很腼腆地与我握手,说:"专员正在会上讲话,他让我领您先住下休息。"我说好的。小刘就对着传达室叫道:"老头,你是不是脑子有毛病?!"

司机又揿喇叭,这一次是不断地揿,越揿越快,所以听起来像个泼妇骂街。

原来是一只大蜈蚣!叶之秋把敷好药的脚从凳子上搬下来,似笑非笑地看着倚在门框上的老大。莲子抽身离开。她是埋着头从老大眼前走过的。叶之秋忽然想起一件事,他叫住已迈出房门的莲子。他说:去把青霜剑摘下来。

莲子看看他又看看老大。

叶之秋又说:你那里鬼走了,我这儿又来了。我就不信咬我的真是一条狗!

这时叶千帆亮出了藏在身后的青霜剑,挂上门头。他先了一步。他总是抢先了一步!叶之秋暗暗吃惊,他不能不佩服这个老大。现在他似乎才意识到,这个男人干什么都是静悄悄的,以至于你的反应始终要慢一拍。就像刚才他上楼来你无从觉察一样。而且你刚想到的,他已经做了。

莲子离开后,叶千帆进了屋。他像平时那样先从书柜里随便抽出一本书翻翻,然后坐在父亲生前爱坐的那张躺椅上,轻轻地摇晃着。片刻之后,他说:

我打算出一趟门。三五天就回来。家里的事就拜托你和太太了。

走水路还是……叶之秋问道。

骑马。这样利索。叶千帆说,再说,水上的邪气太重。

你是说,当初老爷子倘若不从水上走,也许会逢凶化吉?叶之秋说。

不。我看是在劫难逃。叶千帆说,明枪好躲,暗箭难防。他早就被人盯上了。

叶之秋点上香烟，慢慢装进烟嘴。他吸着烟，目光追随着悠悠飘出窗外的烟雾。他说：父亲为人善良，谁会暗算他？

善未必有善报。有人利用了他的善良。叶千帆站起来，而且这个人……

叶之秋说：你怎么不往下说？

叶千帆笑了笑，走到门口，用拇指试了一下青霜剑的锋刃，说：到时候，它会替我说的！

叶之秋移了两步，说：我不怀疑会有这么一天。

叶千帆做了个手势，说去窑头看看，就下楼了。叶之秋慢慢走到门边，也用拇指试了一下剑锋。这真是一把好剑。可惜自己不会用它！从小，父亲就不让他动这类东西。父亲崇文尚武，却对自己的两个儿子各有分工。也许这种本领的限制，是为了他本人的尊严与统治。但他不埋怨父亲。在他心目中，父亲是慈爱的，尽管这慈爱时常为严厉所包裹。他情不自禁地抚摸着指间的象牙烟嘴，又回味起刚才老大的话。他想老大可能掌握了什么，一星半点的。但是，他又想，老大平素是沉默寡言，不善言辞，更不会轻易向别人透露点什么。叶之秋不明白这个老大今天为何要一反常态？

他吸着烟，从门边移到窗口。他看见老大在院子里同六指说着什么，然后跨上白马出了大门。六指也跟了出去，但往相反的方向走了。叶之秋想，六指一定是去了河边。那个外江的船队还没有走。他觉得这个迹象与前几天夜里莲子在河边发生的事是有关系的。那天老大很晚才回来。吃晚饭的时候，莲子说把棒槌忘在河边，就去寻了。当时他就感到莲子在玩花招。但他没有制止。结果倒是十分意外的，莲子给吓住了，口口声声说遇上了鬼，还真的病倒了。等叶千帆回来，突然在院子里大喊大叫——这也很不正常。老大显然在向这屋里的人发出警告。这是很容易听明白的。然而这个深奥的少校似乎疏忽了，他的举动还会给人留下另一种截然不同的印象——贼喊捉贼！

叶之秋把烟蒂弹到窗外，看着那匹大白马消失在村庄的背后。

自然是一次丰盛的晚宴。林重远俨然是以主人身份来特意款待我的。

筵席安排在装潢考究的小餐厅。这一桌只有六个人。另外的几位是：这个县的副县长、随林重远下来的行署办公室主任以及林的秘书和驾驶员。本来林重远也让秦贞他们留下来。可秦贞执意不肯，说晚上乡里有急事，就作罢了。秦贞一个劲地催那笔款子，林重远说回去就拨。秦贞说，舅舅说话可得算数。林重远笑着回答：我说话从来都是算数的。这句话给我的印象是：又自信又亲切。坦白地说，我对像林重远这样的领导干部很有好感。他们是知识分子，言谈举止都显示着较好的修养。但是田藕不喜欢他，说他身上有一种"说不上来的气味"。我想这人的感觉实在是差异太大。

螃蟹是主菜。这地方的蟹个头不算大，味道却是十分鲜美的。我对吃蟹完全是外行。虽然也吃过几回，但还是不大容易分清哪些是该吃的哪些是不该吃的。我还觉得，蟹一扒开，样子就非常可憎。所以我不吃蟹黄，只吮腿子。当然我注意掩饰自己。林重远对付这物件显然手段娴熟。而且他的吃相也很优雅，修长的手指拨弄着如同演奏一件民间的乐器。间或他说些富有幽默感的话。其中有一句话在我看来是极有意味的。那是在快结束的时候，他用餐巾揩揩嘴唇说：

"螃蟹和大蜘蛛面目差不多，实质却截然不同。"

……

和林重远的谈话是在中央电视台《新闻联播》节目之后开始的。我引用了他一小时前关于螃蟹和大蜘蛛的那句话，作为"导语"。这句含有哲学意味的话，我认为从某种意义上，概括了我这一阶段的工作。在大致介绍了我的调查情况之后，我说："我觉得不仅郑海是一个谜，而且与他有关的人都可能是个谜。"

他微笑着问道："那么我是不是也算一个谜呢？"

这个问题我很难回答，于是也报之一笑。接着我又补充或者是强调说："我是说可能。"

他说："历史是不允许有可能的。对待历史，我们要求的是：只能这样。当然这不等于说不要实事求是的态度，不要'太史公笔法'。"

我说："如果司马迁不受官刑，《史记》会是怎样的面目呢？"

"那就没有《史记》。"他笑着说。这下是开怀大笑。之后，他又说："一般看来，后人撰前史是比较方便的。其一，是历史本身经历了时间的锻炼，该留下的自然留下；其二，撰写者不会受到各种因素的阻碍。而当代人撰当代史，就难免会遇上这样或那样的局限。你所了解的，不过是历史长河里的一朵浪花。已经过去四十年了，在我看来眉目是清楚的，可是让你弄复杂了。是不是这样？"

我明确地表示不是这样。抛开我目下的调查不谈，我对他关于后人撰前史的方便，也不敢苟同。诚然历史经过时间的考验，使一些东西得到突出，这是问题的一面；另一面则是至少一部分突出的东西由于受到岁月的消蚀，所以它格外的模糊。后人对前史的态度仍然取决于后人的需要，古为今用也好，借古喻今也罢，总之是有倾向的。否则像秦始皇、武则天、孔丘、曹孟德这样千年的尸骨怎么也不能安宁呢？

他仍然是微笑着说："所以历史只允许'这样'。我们当然也不完全排斥'那样'。这就需要从宏观上加以把握，不要去纠缠细枝末节。我年轻的时候，记得在《新月》杂志上看见胡适的一篇文章。好像是为了考证一个和尚的墓碑，洋洋洒洒写了近万言。我当时就觉得滑稽，大可不必嘛！像胡适这样的大学者，干吗不潜心去做大学问呢？"

我说："也许在他看来，这便是大学问。"

他说："不，是玩物丧志。"

他站起来，把外衣的纽扣一一解开，踱了几步后，他按按我的肩头说："可别陷进历史虚无主义的泥坑哟！"

我说我并非历史学家。我不过是对这段历史感兴趣而已。至于我写小说，从来都是天马行空的。

"那也必须有马有天空呀！"他说。

"是的，"我说，"我要找的便是这两样东西。"我想，现在该走上正题了。

  路德维希·维特根斯坦曾把哲学家的行为与小孩子的行为看做同一回事。哲学家把自己的图画指给小孩子看，然后告诉他们说：这是一幢房子，这是一个人，如此等等。于是小孩子也涂画了一些符号，问哲学家：那么这是什么？我想哲学家当时不过是耸耸肩而已。在这位哲学大师的《价值与文化》小册子里，有如下一段话——

"因果联系的观点潜在危险在于，它引导我们说：'当然，这必然会如此发生。'然而，我们应该想到：它可以这样发生——也可以通过许多其他的途径发生。"

——作家手记

第九章

我决定上青云山。

这座具有悠久文化历史的山峦，由于本身的平庸常常为一般人所忽视。论奇美神秀，它没法同驰名中外的黄山相比；论道教香火，它又远在武当之下。后人对历史的要求总是那么苛刻与挑剔。于是在匆忙之际，我们遗漏了本不该遗漏的东西。也许过了很长时间，有一天我们会蓦然发现，过去所看重的是多么的不值！过去所轻视的，岁月却把它们磨出了光彩。

我手头正翻着《青云山志》和旅游部门编印的小册子。我并不热爱旅游。这种态度使我经常为一些朋友所嘲弄，认为"太不符合时代潮流"。其实我不觉得困惑。我有我的理论。在我看来究其本质山依旧是山，是一大堆板结的土和石头以及生长其上的树木蒿莱。所谓自然景观只不过是它们的形态别致怪异一些罢了。而人文景观就更没有多少意思了。试想你以索道代步登山，然后去一个水泥亭子里喝可乐，再去一个铁皮小屋里买香烟，接着又观赏那些油漆未干的碑刻，那滋味如何？我甚至认为"读万卷书"与"行万里路"没有联系，或者联系不大。我曾在一篇小说里把旅游称作花大把的钱去过颠沛流离生活的方式。所以我这次上青云山不是旅游。我要去找那位在这部小说里匆匆而过的老人。那天田藕谈过故道边所见情形之后，我便作出了这个决定。我突然有了一种令人心旌摇动的预感：这位宛若仙人的老者与我的小说有着很大的关系。换种方式说，他将从一个方向推动小说的发展。这种发展的趋势与作家本人的考虑大致相同，但其过程又不一样，可能比较迂回，以曲求伸。我把这些告诉田藕，想听听她的意见。"你是一个自以为是的男人。"她这样评价说。

于是在这个秋天的早晨，我们上路了。行前我向糙坯子作了必要的解释。我说想沿长水故道走一趟，希望田藕能做我的向导，两三天便回来。"我会照顾好她的，你放心。"我强调说。糙坯子自然爽快地同意了，说这一带人都晓得田藕，路上不会碰到麻烦事。我进屋收拾行李的时候，看见糙坯子去了厨房。我想做父亲的大概去同女儿叮咛什么了。后来我听见田藕在院子里叫了一声："他敢把我怎么的？"糙坯子便不响了。我从窗口悄悄看了看，他蹲在槐树下抽黄烟。也许田藕这句话是说给我听的吧，谁知道呢？不管怎样，田藕能与我结伴而行，我还是感到很愉快的。一个女人陪着你与一个男人陪着你感觉当然不同。何况这女孩子对你有好感。我不掩饰这一点，同时我也不想夸大这一点。天气很好。这是个清丽的早晨，秋高气爽，云淡淡的且又软软的。我们离开村子的时刻，太阳刚刚升起，群山一抹浅红，地面上的雾气开始松弛，像彩色的蛇一样自由游窜，转瞬即逝。南来的微风，努力摇动着那些出人头地的芦苇，间或有白茸茸的芦花飘落而下，从你的脚边擦过，留下一缕惆怅的柔情。故道的痕迹越发浅显了。不知情的人是很难想象这里曾经流过一条优美的水。但是那些突然被你踢出来的卵石，又似乎在提醒着你的记忆……

"你同那个专员谈了些什么？"田藕问道，"谈得来吗？"

我说没谈什么。"我以为他会对我说些有用的事。可实际上，他去给我上课。"我说。

田藕笑了笑："你注意他的眼睛没有？"

我说："注意了。他戴着质量很好的变色镜。光线越好，镜片越深。是那种褐色的，酱油一样。吃饭的时候他摘了一下眼镜。我弄不清他哪只眼是假的。但我觉得，他拿掉眼镜就显得不精神，很苍老。"

她说："他可能就相当的老。"

我说："我想也是。他不会还没满六十。"

她说："那眼睛可真怪。"

"就因为太像真的了。"我说，"以前我只认为迷信能骗人，没想到科学也能这样。"

她停下来看着我。

我接着说："有时候，迷信和科学是没有界限的。或者说界限很模糊。"

田藕显然在思索这个问题。她把一块卵石扔向左前方的芦苇丛里，惊起一只黑色的鸟儿，箭一般地向山洼里飞去。

河边恢复了平静。

外江的船队是在拂晓前起锚的。这正是人们普遍于梦境中逍遥的时刻。因此船队的离开像风搬走一块云，连狗也没发觉。据说前一天的后半夜风向突然改变了，由东南转为西北。于是所有的帆樯迅速升起。人们在梦中听到的淅沥声其实不是雨响，而是帆的鼓动声。船乘风而下，犹如在冰上行走。最前头的是那张打着红补丁的帆。但是那个穿长衫戴礼帽的修长身影没有出现。

两小时后，叶家大院的门打开了。大少爷叶千帆去河边遛马。他立刻注意到河边已不经意地改变了，但他不觉得惊讶。他抓起一把沙子向空中抛去，以此判断风向与风速。那船的确是走远了，他想，已过了青云山。他向码头走过去。从那些乱七八糟的锚印中，他知道船队离开时是十分慌张的。而且他认为，几天前的夜里莲子便是在这个位置受到了"鬼"的惊吓。这个位置坡势陡峭，必须经过三十几道石阶才能上岸。也就是说，"鬼"不是来自岸上，而是船上，比如说从船舱里窜出来。这不奇怪。奇怪的是莲子到这儿来干什么？莲子是从不到这儿来洗衣的。这儿水浑，摸鱼还差不多。（那一定是条大鱼！）叶千帆的右手又伸到马裤的口袋里。他想起那天晚上六指的插话。六指说是一团火。莲子说不是。她改口了。莲子的语无伦次让他警觉起来，还让他感到一丝河笑的害怕。从莲子灰暗忽闪的眸子里他似乎发现了一个埋藏已久的阴谋。人实在不可貌相。但莲子是给人操纵的，他想，那个人不久就会从幕后走到台前。叶千帆突然拔出手枪，对准停在水面上的一只白鸟。这时候，一个声音从他头上飘过：

手下留情！

叶千帆心里顿了一下。他仍然平举着枪。在听见身后的脚步走完石阶后，他突然把枪抛过去，接着猛一转身——

他看见左轮稳稳地落在叶之秋的右手。他看着那握枪的手，哈哈大笑：

博士，我以为你只会舞文弄墨。

叶之秋看看枪，说：不，我的枪法很出色。

那我倒要见识见识。叶千帆走过去，来，就那只鸟。

我从不瞄准生命。叶之秋说。

如果那是一只狼呢？叶千帆问道。

叶之秋笑着把枪还给兄长：那么我可以请你来收拾。

叶千帆抬手就是一枪——空的。然后他把手收回来，从裤袋里掏出六发磨得锃亮的子弹，一一装上。他看着东去的水说：

我可是一直在找机会把它们射出去。

《青云山志》第21页是这样记述的：

"大约在一亿三千万年以前，地质学上叫做中生代白垩纪时代，青云山是一个巨大的湖盆。地表流水导致泥沙俱下沉积。经过漫长的岁月，形成巨厚的砾石和沙子互层的沉积物。又经不断的紧压与胶结，沉积物逐渐演变为岩层。

"到距今约七千万年的新生时代，这一地区由于受到喜马拉雅等造山运动的影响，开始发生质的变化：湖盆干涸，沉积岩层缓缓隆升，直至高出海平面800多公尺，成为山体。虽出现裂隙，但在形态上仍然是完整的。

"自青云山产生裂隙以后，外力风化作用便日臻活跃。夏季，地表水分大量渗入，节理受侵蚀而渐加宽拓长；冬季，储积在裂隙中的水分冻结为冰，体积膨胀使裂隙扩大，同时又利于地表水分进一步下渗。这种作用反复进行，从而导致完整的山体不断崩塌。崩塌后的物质又不断被流水带走，重新下渗。于是一些'岩核'和'岩髓'之处脱颖而出，拔地而起，面目峋嶙峥嵘。"

第28页还提到：

"……其时由于气候十分炎热干燥，沉积物经受到强烈的氧化作用，大量红色的铁离子便在岩层中聚集起来，故今日的青云山岩层多呈红色。"

——作家手记

我不想走捷径，而且绕了一个不小的弯子。我们始终是沿长水故道走的，先是向东，最后向北。在东北的交汇处，我看见了现在的长水。情形大致和地图上所描绘的差不多。它在青云山的最北端突兀地调头向西，钻进山的腹地，然后再从别的峡口涌出，顺道东流至江。所以看上去似乎被山斩断了一截。河流改道想必是异常壮观的。当你从睡梦中醒来，发现与你相依为命的一条河悄然逝去，那种心情是外人所不能体察的。你一夜间失去了一条河，你将怀疑自己的存在。那条河淌走了，于是你许多美好的记忆也淌走了，再也找不回来……

我点上香烟。太阳已升得很高，人感到暖洋洋的。我告诉田藕，在这儿歇一会儿，吃点东西，下午上山。她表示同意。这附近没有人家，甚至连个人影也见不到。我们在一个避风的地方坐下来，拿出包里的食品和饮料。我发现田藕的神情有些专注，便问："你还在想那老人？"

她摇摇头。她说："我想我奶奶。"

我又问："是不是想起什么事了？"

"这地方我曾经来过。是和奶奶一道来的。"她说，"那时，我还很小。大约七八岁的样子。我跟奶奶到附近山坡上弄柴火。有一天，奶奶一早就起来了……"她喝了点饮料，接着说："那天她换了一身新衣服，头发梳得很光亮，像出门走亲戚似的。可她是外乡人，在这地方没有亲戚的。当时，家里没有人。我父母都出门卖货了，陈士林也被抽去修水库了。奶奶本来打算把我托在邻居家，可我不肯。我要跟她去。我还闹着也要换新衣服。她生气了。她说你这丫头像根尾巴似的！我愣了一下。因为我觉得奶奶这回是真的生气了。不过她还是背起了我……"

我问："也是沿旧河道走的？"

她点点头。"这条路很不好走。也不常有人走。"她说，"我就问奶奶：这是上哪儿去？她不睬我。我就又问。她说：去烧香。我问给谁烧香。奶奶说给菩萨。我就好奇怪，这一带是没有庙的。而且祠堂里供的小菩萨都给打掉了。我问哪儿有菩萨？她不说了。我又说书上讲没有菩萨。她狠狠瞪了我一眼：你个丫头懂什么？我哭了。她把我放下来，叹了口气：你这孩子就晓得哭。别哭了。后来她自言自语地说：菩萨哪会在书上呢？在心里头。"

我说:"你们后来就上青云山了?"

"不,没有上山。"田藕说,"我们大概也就走到这附近。我累了,也饿。奶奶就把我背进一个小茅屋里。那好像是一个临时搭的棚子,是给看山林的人住的。现在没有了,可能挪到别处去了。"

我问:"棚子里有人吗?"

她说:"没有。我也很纳闷,远远就看见屋顶上升着炊烟,怎么进了屋就没见人影呢?等了好久,也还是没人。我奶奶倒像没事似的,她把我放在小凳子上,自己去往灶膛里添柴火。那锅里正烧着热水。两把柴火一添,水开了。她把一个篾壳的水瓶装满,剩下的水拿来给我洗脸洗脚。当然要兑凉水。凉水是从山上淌下的,通过粗竹筒子接到屋里;要用时,把木塞一拔就行了。我发现奶奶忙起来很利索,便问:奶奶你常来这儿?她不回答。她给我洗好,然后把我抱到那张简单的床上,让我吃山芋。她带了很多山芋,煮熟的。可她不吃。等我吃好,她就把我搂在怀里,轻轻拍着我,又轻轻哼着一支很老的歌子……我大概很快就睡了。"

"守林人后来一直没有进屋子?"

她撩撩头发,继续说:"没有。也许他在我睡熟的时候来过。我醒来时天色已经不早了,也变了,外面正下着雨。屋子里很暗。接着我发现奶奶不在身边,我就喊。还是不见她,我吓哭了。这时候,门一下被推开,奶奶跑过来把我搂紧,哄我。她说奶奶去弄些野菜了,今儿看来是回不去了。说着她把油灯点亮,我看见她的头发很乱,可身上并没有淋湿。我又问:这屋子怎么没有人?她说:人上山了。可是门怎么不锁呢?我这样问道。奶奶笑了笑,说这里面有什么好偷的呢?说着,她又开始动手做晚饭。她从包袱里拿出了一只狗腿子,是腌的。她把它给蒸了。真香哪!奶奶撕下一块给我,剩下的用油纸包起来,说是给菩萨吃。我说菩萨是不吃狗肉的。她说有的菩萨吃。"

说到这儿,我们都笑了。我说奶奶说得也对,比如说活佛济公就喜欢吃狗肉。我让田藕接着往下说。她想了想,说没什么可说的了。"我和奶奶在一起睡了,她给我说了些神话故事。第二天,天晴了,我们就顺原路回去……"田藕简洁地作了交代。

"你奶奶没有敬香?"我问。

"没有。"她说,"奶奶说路上滑,不去了。"

"那狗肉是不是又带回来了?"

"她把它放在小屋前的树杈上。她说菩萨会自己来取的。"

叶千帆把枪放进裤袋,六指从后面赶来说:二太太有事商量,请大少爷回去。

叶之秋问:什么事?

六指说不知道。

叶千帆把马交给六指,自己走了。他没有顺原路走,而是上了码头的台阶,从村子背后那片林子里穿过去。他想那晚林中的黑影大概就是走这条路的。这黑影与莲子后来遇见的那"黑糊糊的东西"会不会是一回事呢?他停住脚,向四周观察。他的右手又一次伸进裤袋……

二姨太唐月霜住在楼上的西厢。自她进了叶家,就一直住在这儿。东厢原是大太太住的,她死后便做了叶念慈的书房。现在归二少爷所有。中间的堂屋,一分为二。前面是供神龛与祖宗灵位的地方,后面是叶念慈的卧室。老爷作古后,大少爷曾在此住过一阵子,因为唐月霜夜里感到害怕。叶千帆本人的屋子是在楼下的西厢,也即二姨太卧房的下面。叶千帆来到二姨太门前,咳嗽了一声。里面说:门没插。他推开门,看见唐月霜正对着大圆镜梳头。他停住了。在他的目光同镜子里的目光相遇的一瞬,他感到脸上有一股潮热,但他没有立刻避开,而只是把目光放虚了。唐月霜笑了笑,说:把你的手拿出来,大少爷。然后,她转过了身。

这女人真美。叶千帆坐下来,双手放在膝上,眼光依然在那女人身上移动着。

听说你要出远门?唐月霜问道,什么时候动身?

如果家里没什么要紧的事,我想明天就走。叶千帆说。

唐月霜踱了几步,问:一定要走吗?不等叶千帆回答,她又说:外头很乱,在家待着会省掉许多麻烦。

叶千帆没吱声。

过了会儿,唐月霜坐到椅子上,一边修指甲一边说:再说,你一走,我就觉得这楼上很空……

叶千帆说:我过几天就回来。

唐月霜淡淡一笑:看来我是劝不住你了。那你就去吧,当心着点。

叶千帆说:我会当心的。

唐月霜看着他,说:你把口袋里的东西留下,我替你保管。

叶千帆笑笑:这东西放在你这儿恐怕不合适吧。

唐月霜站起来:我也想玩玩它。

自东汉顺帝汉安元年,张道陵于四川鹤鸣山创"五斗米道"始,作为汉民族固有的宗教,道教已具雏形。这位以汉留侯张良后裔自居的张辅汉公,或许是由于少时读《道德经》的痴迷,也可能是碰上了什么不顺心的事,突发奇想,上山修道,自命天师。但奉老子为教主,尊为太上老君。以《道德经》、《正一经》和《太平洞极经》为基本经典。张天师用符水咒法授道治病,教人奉道处世悔过自新。可有趣的是,他的孙子张鲁却异常的不安分,居然在巴郡、汉中建立了政教合一的政权近三十春秋,后降曹孟德。至两晋时,道徒的骨干分子也即为"祭酒"者的孙恩、卢循,又利用五斗米道发动了前后达十年之久的农民起义,不能称王则以期招安。这情形与后来的水泊梁山是相似的。甚至让人想到一九二三年的临城劫车案,以送给孙美瑶一个旅长换取津浦线的安宁。五斗米道后经过高山道士寇谦之的"革新"以及庐山道士陆修静的整理,唐宋以来,南北天师道逐渐合流,至元代统归正一道,成为道教之一大教派。尊张道陵为"正一天师",以《正一经》为主要经典。这一派的道士与王重阳所创立的全真教显著的不同在于,可以不居宫观而有家室,故称为"公居道士"或"俗家道士"。

秦人王重阳的起家,似乎比张道陵更为玄妙。据说他甘河镇遇仙,得修炼秘诀,遂抛妻别子,上终南山修道炼丹。金世宗大定七年,这位王知明先生云游齐鲁,建会布道,收马钰、谭处瑞、刘处玄、丘处机、王处一、赫大通及女子孙不二为徒(号称"北七真")。王重阳倒没有什么招安的谋划,他要做的不过是将儒、释、道三者合一，仿效佛教禅宗，主张"识心见性"，建立丛林制度。所以追封其为"全真开化真君"，也还情有可原。至于他所谓"遇仙得道"之说，为历史宽容了。不过，在他作古之后，他的得意门生丘处机倒是真正得意了，被元太祖尊为国师，掌管天下道教，使全真教跃居统治地位，盛极一时。

　　青云山属"正一教"派。据《青云山志》记载，最早来青云山开山建道的是位"栖云娘子"，来自湖北武当山，时间大约在唐乾元年间。后，栖云娘子与一樵夫通婚，生两子，号玄生、妙生，亦皆入道。此为青云山二大房，与武当山一脉相承。关于这一点，还可以从建筑上找到佐证。武当山曾于明永乐十年，大兴土木，建成净乐、玉虚、紫霄等八宫，青云山也随后于嘉靖三十七年仿建净乐、玉虚、紫霄等阙。武当山有金顶，而青云山也有一铁顶。曾有一个时期，青云山被列入七十二福地之内。

　　有一点似乎很有意思。所谓"净乐宫"，是为纪念王重阳的女弟子孙不二而建的。孙为全真道清净派的创立者，是不食人间烟火的。在正一道的山头修筑全真道的宫阙，道理似显勉强；而在一群颇善"房中术"的俗家道士中竖立一出家女子之偶像，可谓意味深远了。这是否也可以看做黑色幽默呢？

——作家手记

　　山道弯弯，但很好走。我喜欢走这种被人踩出来的路，没有石阶也没有草。这山的植被是很好的，而且越往高处去绿色越浓，仿佛与山下不是一个季节。也不是一个气候。过了"一天门"，天空豁然开朗，万里无云，太阳不知藏到哪里去了。从微湿的地面上看，不久前山上落下了一阵细雨。雨过天晴，雾气组成的祥云在山腰盘绕，人颇有飘然欲仙之感。田藕让我看路边一块年代久远的无名氏诗碑，好像是学米南宫的字体。诗云：置身青云峰，停云天际西；踏破羊肠路，一笑万壑低。像这类摩岩石刻，沿途都能见到。据说还有包世臣、唐寅这等风流名士的手迹。我没有一一细看。我不是来观光赏景的游人。不过我想从前的那些骚人墨客，游山玩水大概不完全属于今天这种旅游性质，仿佛在追寻一个梦。

"你觉得能找到他吗？"田藕问道，"他或许不在这山上。"

我想了想，说就是看看郑海的墓也好。"你知道墓址在哪个位置？"我问她。她摇摇头。她说只是听说在这山上。听陈士林说的。

"你认为真有墓？"她突然这么问。

"秦贞说有。去年她陪林重远来过。"我说。我又说了林重远准备拨款重修墓陵的事。

"那么，"她像小鸟似的看着我，"那老人会不会同郑海有关系呢？"

我笑了："我倒希望这样。"

这时候，一位年迈的老妇自"天梯"下来，看样子是住在这山上的。我上前拦住她，向她打听。我仔细描绘了那个老翁的形象。她很费劲地听懂了我的意思，然后用当地的方言告诉我：这山上有很多那样的老头子。我又询问了郑海的墓址。她抬眼看了看我，好像我的话让她感到很意外。于是我又重复了一遍，而且强调指出，是那位过去赫赫有名的英雄郑海。可是她摇摇头，又做了个奇怪的手势：他还活着。说着她转身就走，没走几步又回头嚷了一声：他是个好人。好人是不会死的！

我和田藕相视一笑。笑过，我们又几乎同时叹了口气。我突然有了一种被捉弄的感觉，就像第一次去看穿幕电影，等散场了才知道受了份洋罪。我已经说过，这部小说事先并没有经过编排，所以它最终将有怎样的结局，我不清楚。也许永远没有结局。现在，我感到了懊丧。我回想起前天夜里在县委一招同林重远的谈话。我觉得我是在自作多情，手伸得过长。其实我早该明白：很多事是碰不得的。

"你累了？"田藕说。

"我觉得头很重。"我说。

"歇会儿好吗？"她说，"顺便等等过路的人，再问问。"

我们就坐在石阶上。这上面的水迹已干了，这么快。

"你看那片云——"田藕指着山顶说，"像什么？"

"像个女人，躺着的女人，不过没有腿。"

"腿伸到山后面去了。"

"伸到天外去了。"

"给风吃掉了。云从龙、风从虎。虎吃掉了龙的腿。"

"你看，她现在坐起来了……"

"该不会坐在轮椅上吧。"

"好像回过头往我们这儿看。"

"是我们看她。"

"不,她是回头了……"

"也许她爱上我了。可我不属虎。"

"你再看,她身后又出现了一个男人……"

"是第三者。"

"你才是第三者!"

"实际上,第三者是她……你看,那男的又没了。被她干掉了。"

"不,不不,我们错了。现在我才发现,她原来是个男人……"

"男人的背影。好像还披了件风衣什么的。"

"他走远了……不过这样看起来,像你。"

"不是我。我在这儿同一个姑娘说话。"

"是你的魂!"

"不。是另一个男人的魂……"

第十章

　　青云山从前的道观建筑已于六十年代中期的那场空前劫难之中消灭。从几处大片废墟上看,可以想象出过去法事恢弘的气势。现存的"太素宫"遗址依然壮观。《青云山志》载,此宫始建于宋宝庆丙戌年,供奉元始天尊的玄帝。如果按唐高宗于乾封元年的追封,这"元始天尊"则为道家的偶像李耳,即老子。"像乃泥塑而成,高丈六,鎏金描彩,器宇轩昂。后逐年开光,赫然若生。"当然如今也不复存在了。一位年轻的道徒告诉我,圣像不是被毁的,而是"失踪"。"那是一九六六年七月的一天。"他叙述道,"从山下拥来了一批戴红袖章的学生,边唱歌边砸东西。由于'玄帝'高大,他们不好下手,就用一条粗绳拴在圣像的颈上,一齐合着拍子往下拉,终于拉倒了。可是等他们刚松了口气,突然间,圣像又自动回到了原位,竟不失一片金彩……他们吓住了,跑了,从此不再上山。第二天,有人发现'元始天尊'不见了……"

最后他又说:"这是真的。我亲眼所见。"

——作家手记

那位道徒把我们带到一家叫做"长春房"的客店,说这儿是山上最理想的观景处所,住宿的条件也不错。其实后来我才知道,这是他的家。房子是祖上留下的,为清末所建。他现在是山头上这个"碧霞村"的村长。这个村子不过十几户人家,除经营山货、种植茶园外,一般都在道观"上班"。"这叫第二产业。"他说。我问他久居山中是不是感到寂寞?他说不。在田藕出门洗脸时,他又说:"有女人就不冷清。"他有一位娇小的妻子和一双儿女。

"你们是不是来旅行结婚的?"他这样问我。

我摆摆手。我说我是来找一个活人顺便看一个死人。于是,我简单地说明了来意。我注意到,当我提到"郑海"时,他的表情变得严肃起来。等给我泡上茶后,他才缓缓地说:

"郑海这个名字,我很小的时候就听说了。是听我爷爷说的。从他的口气里,我觉得他同那个郑海很熟。可能还在一起干过什么。我爷爷能打枪。他死了,有近十年了,是在后山采药摔死的。你刚才说的那个白胡须老头,我好像也见过的——不知道是不是你要找的那个。有一回,我去香炉岭采茶叶,看见爷爷在'一线泉'边上同一位砍柴的白胡子老头说话。后来我问了爷爷,那老头是什么人。爷爷说是他师父,出了家但不入道。日后遇见要好生伺候。我爷爷就说了这些。"他顿了顿,然后接着说:"这里的人管他叫药王爷。我父母死得早,是爷爷一手把我拉扯大的。我刚娶上媳妇,他就遭了凶险……他就葬在郑海不远的地方。是不是去看看?"

我把茶喝净,喊了田藕。她已梳洗完毕,头上还别了一朵刚采来的小黄花,显得蛮活泼。我们走出去的时候,太阳已移到西天一簇薄云之后,但轮廓仍十分的清晰,仿佛一轮满月。须臾间,群山罩上了一层黛色,给人以清凉之感。我惊异这种风云莫测的变幻,像洗了一个温水澡,肌肤光洁,心情舒畅。道士领着我们走上一条青石铺成的曲折小径,大概是往东南方向。"那地方叫阴阳界,很不好找的,"他说,"去年行署的专员来,就是我给领的路。"

"你是说林重远?"我问道。

"是姓林,很有派头的。"他说。

"你觉得他怎么样?"田藕插上一句。

"人还是不错。自己活下来,做了官,还能惦着死去的伙伴,就不错。那天他哭了,眼都哭红了。"道士说。

"你同他谈起过你爷爷吗?"我又问。

"简单地说了一下。他们不认识。"他说。

"可你爷爷也认识郑海。"我说。

"我想这不错,可又能怎样呢?郑海是大人物。就像香客认得菩萨,菩萨却不认得香客。也许认得,不过太多了,记不过来。"他说着笑起来,"要是我爷爷也是郑海的战友,便不会去采药送命了,说不定也能当上个市长专员!"

从一块巨大的石头边上拐过去,眼前出现了一片很好的坡地。这就是叫做阴阳界的地方。据说每日晨昏,这儿都能受到太阳两个时辰的分割,构成大致相同的阴阳两面,又互相变化着。坡上有一条狭长的茶丛,长势很好。往下,便是墓园。这里有不少坟,带有青瓦飞檐的墓碑错落有致地出现在松柏与桂树丛中。桂花盛开的季节刚刚过去了,但芳香还滞留在这里。这的确是非常理想的墓园,清新而宁静。从这儿正好可以看到进入山腹的那一截子长水,犹如一条玉带,但系不住青山。

"这是我爷爷的。"道士边介绍,边寻找着,接着意想不到的事情出现了——

没有郑海的墓!

我们全傻了。仔细寻找,也还是没有。道士在一个位置比划着,说应该是在这儿。可那里已布满了蒿草,看不出有人工移动的痕迹。于是道士双手合十,"扑通"一声跪下,口中念念有词:"万福救主,阿弥陀佛!"

而我的感觉是这一刻像铁一般的冰冷沉重。我握住田藕的手,握得紧紧的。田藕在微微战栗着。太阳已陷入山凹,西天像烧滚的铁水四处流泻,群峰尽染!层林尽染!不久,我听见了风的声音,仿佛自九霄飘下的旋律。我也领略了风的存在。恍惚间,我感到自己是一片叶子,又像是一棵真正的树，听从风的摆布。然而我终于不明白，风自何处来，又往何处去……

我们沉默着返回。

回程总是特别的漫长。

到了栖身之所，就听见道士的女人在窗口喊："来客了！"他没理她，和我一样的沮丧，一样的困惑。我们经过迂回的廊道，进入堂屋，立刻站住了——

那位期盼已久的客人正在慢条斯理地喝茶。

今夜的月光皎洁清凉。月挂中天，映出人间的渺小。这月是残缺的，仿佛上面还留有牙齿的印迹。山上寒气重，我让老人和衣靠在床上。道士拿出珍藏多年的虎骨酒，老人满饮了一盏。酒珠溅到雪白的胡须上，闪烁着。他的气色很好，是山里人特有的那种强健豪迈之气。但他的神情并不让我感到呆滞，相反透露出难以察觉的敏锐。这使我欣慰，还夹杂着兴奋后的心酸。我在想，采取什么方式，或者从哪个角度来展开这场不寻常的交谈。我没有想好。在他面前，我总觉得自己是个乳臭未干的孩子。那种发自内心的敬畏之情让我不知所措。

老人自号一樵。我们称他作一樵师父。同第一次在枫树下茶棚见面相比较，他显得温和一些，甚至让我感到亲切。他的目光浑浊，又含有几分迷惘。这目光落在我身上似乎是一个暗示：这不，老夫我送上门来了！当时的情形是，我像中了魔似的以为眼前产生了幻觉。我站在门槛上，田藕紧挨着我的膀子，道士双手合十一语不发。整个画面出现了静止，一切仿佛都凝固了。等老人的眼皮眨了眨，我才迟疑地迈出脚。他不再看我们，细细地喝着茶。他用拇指和中指持着碗盖，轻轻拂去面上的茶叶，这雅致的动作与他朴素的装束似乎很不谐调。然后他赞叹道：

"两刀夹一枪，好叶子！"

道士怯怯地上前准备给老人添水。老人这时又说："这阴阳界上的茶，过不得男人的手……糟踏了。"

"是晚辈采的，师父。来年我让堂客来采……"道士说。

"不。让你闺女来采。"老人说，"闺女小，你可以抱着她。"

"多谢师父指点。"道士鞠躬道。

老人又呷了口茶，捋捋那缕飘逸的胡须，叹道："从前有一个姑娘，采得一手好茶……每年的清明前三天，她都上山来。有一年，她又来了。可是叶子一采下，即刻就变得干硬。这姑娘好像明白了会发生什么事，从此不再上山……"

我说："这姑娘……还在吗？"

他摆摆手制止道："有人说她死了。她从水上来的，又回到水中去……水干了，她死了。可是水其实没有干，没有。她还活着，这世上的事她都知道……"

这时田藕说："我见过她！"

老人说："不，是她常去看你，姑娘。"

田藕突然抽泣起来，她几乎是乞求地说："老师父，您，您帮帮忙吧！您到底是……"

老人坦然一笑，亮出双手，说："孩子，我只有十个指头。"

田藕激动地说："您是……郑海？"

老人笑道："我不认识郑海。和所有的人一样，我只是听说过他。至于是神还是鬼，唯有天知地晓。"

老人不说了，推开窗户，去看山中缭绕的云雾，一直到月亮升起……

现在，他好像业已从沉重的回忆中挣扎出来，吧嗒吧嗒地抽着黄烟。田藕坐在床沿上给他吹草纸媒子。刚才，我向他说了一些情况。为了使脉络清楚一些，我把我的想象与推测也说了。在我说这些的时候，他显得有些漫不经心，似乎我这十几天里所干的一切，他都心中有数。我特意对我自认为的一些"关键部分"加重了语气，他却不时地从鼻腔里发出声音，并打了个哈欠。于是我及时刹住，听他说。这时候忧伤的阴影才从他粗糙的脸膛上显现出来。他的眼神迟缓地游移着，仿佛浮在眼前的东西太多，他不知该怎样去固定它们。等吸好烟，他把双腿盘起来，调整了一下坐的姿势，然后用比较低沉而浑浊的声音说——

"人生如梦……四十年光阴过去了，一袋烟的工夫。那条河也走了，像是被风吹走了似的，没什么好说的。如今叶家那屋子还在。可人去楼空，都走了……后人还惦着，也真难为他们。"

"叶家败了。好好的一个家，就那么败了，败得那么惨。俗话讲，家不和，外人欺。其实这叶家，是自己打败了自己。这也是命数……"他叹了口气，似乎不想再说下去了。

我于是问道："您和叶家很熟？"

他凝视着微微颤动的油灯不语，算是默认了。少顷，他继续说——

"自从叶家同郑海有了瓜葛，就不太平了。叶老爷受了暗算，死了。二姨太失神落马，死了。六指在江上翻了船，也死了。两个少爷后来也走散了。这些看起来像一个谜。能解开它的只有一个人：郑海。不过这郑海本身也越来越像一个谜了……"

我插话道："您是说从前的事没法弄清楚？"

他淡然一笑，说："世上的事原本都是清楚的。这要看你怎么去看。什么时候去看。其实叶家的事，那屋顶下的人都清楚，没有什么不明不白的地方。你刚才不是说，叶老爷临死前竖着两根指头吗？他已经留下了话，至于谁能听懂，是另一回事。也许当时在场的人都听懂了。他们不说，自然有道理……"

最后他叹息道："天地间，唯有人心难测。"

    青云山上的这一夜对我来说是难忘的。我不是说，老人向我提供了什么异常珍贵的材料。老人实际上没说出什么来。触动我的是老人的情绪。这位自称从前是"船上人"的一樵师父，在叙述往事时看起来冷漠，但内心可以说极不平静。他几乎每吐一个字都很用力气，以致霜白的胡须自始至终在微微颤抖。更重要的是，他的轻描淡写之后隐蔽着自己投石问路的盘算。他像是在试探我，摸我的底，并且给予巧妙的提示。这也就是说，我的思路大致是对的。那个晚上，我失眠了。我躺在临时的床铺上思索老人的话。在我看来，有两句话十分要紧：其一是"叶家是自己打败了自己"；其二是"叶家自从同郑海有了瓜葛就不太平"。这两句话如果位置变换一下，便构成了一种因果关系：叶家因为同郑海有了联系，所以就不太平了，以致最终自己打败了自己。

我的思绪最后凝固在"两根指头"上。

——作家手记

黑暗中一声惊叫，叶千帆立刻翻身而起，右手同时从裤袋里拔出手枪。他的目光搜索着室内，浅淡的月光里，他看见父亲的一条腿弯曲着在战栗。他没有及时地去搀扶老人，尽管老人口齿不清的呻吟激动着自己的血液。他侧着身体顺墙壁摸索到窗前，除了一只鸟奇怪地自眼前划过外，外面是平静的。他松了一口气，迅速点好灯，然后把父亲横抱到床上。这么轻？他不禁打了个寒战，一把捉住老人干瘦的双手，轻轻唤着："父亲……"

烛光下的叶念慈喃喃自语："鬼……"

噩梦，又是噩梦！叶千帆把父亲调整好，慢慢把手枪放回裤袋。自从几个月前父亲在青云山下遭人暗算，老人仿佛变成了另一个人。昔日的音容笑貌顷刻失去，胆战心惊，像一个认生的孩子。他觉得奇怪。在他心目中，父亲不是这种不经事的人。他有过江湖上历险的经验，纵使不测之灾临头，他也是面无惧色，方寸不乱的。而且，他身怀高强的武艺。但是这一回……

他开始观察父亲。他发现父亲对一切都不再感兴趣，也不思茶饭。这个老人每日手执一卷《太上感应篇》在槐树下踱步，从夏踱到秋，沉默寡言。当第一片叶子落下后，他弯腰拾起它，拂去上面的尘埃，又重新把它吹走。没过几天的一个深夜，他从噩梦中惊醒。接着又一次次地惊醒。噩梦纠缠着他，蹂躏着他。他整个地小了一圈，萎缩了，就像他拾起又吹走的那片枯叶。叶千帆几次问起父亲受到袭击的情形，老人不语。或者说："一个杂种向我开了枪，就这样。"但是事情并非像父亲所说的这样简单，叶千帆想，这一枪是从背后射来的！瞄准的也仅仅是父亲。

爹，外面的事您老就别操心了。一年前的一次晚饭后，他对父亲说，有些事……

我平生不做亏心事。父亲打断他。

我是说，您年岁已高。有些事我可以代劳的。他说。

父亲放下银烟袋，看了他很久，说：你就在家待着。老二留洋在外，已经够让我惦着了。你再出去……

他笑了笑：我可有一匹好马呀！

马失前蹄也是常有的事。父亲说，不过，好马总是不能拴在厩里的,所谓志在千里……

于是他开始替父亲去做"有些事"。实际上父亲心里明白,他不是"开始",而是"继续"。他以一种宗教般的虔诚去做这些事。这时候他感觉到自己已经像一个男人了……

楼梯上响起了急促的脚步声。接着门开了,依次出现了二姨太、六指和莲子。叶千帆觉得有点乏了,便回到自己的躺椅上。他们几个围着床守着老人,都没吱声。他们已经习惯了这种噩梦带来的骚乱。沉默的气氛中只能听见老人的呻吟,因此更加寂静。这屋子仿佛已经被掏空了。突然,莲子惊叫道:"老爷!老爷!"叶千帆几乎是跌倒在床前,他看见父亲的嘴角在中风似的抽搐,而且人中已经歪了!他把父亲从唐月霜怀里接过来,大声喊:"爹!"

叶念慈在这一声之后慢慢睁开了双眼。他定定地看着掌在六指手中的烛台,好像已经知道它行将熄灭。他的嘴唇不停地颤抖,唾液顺着倾斜的嘴角往下淌,停在叶千帆的手背上。他的眼珠迟缓地移动,灰暗的目光从边上人身上移过,最后固定在大儿子的眼睛上。

老人终于艰难地伸出了两根手指。

有人推醒了我,是那位道士。我似乎还徘徊在刚才的梦境里,一时很惘然。看看周围,虚幻已经还原到现实,手可以感觉到棉被的柔软。天大亮了,遥远的鸡鸣此起彼伏。我抓紧要做的,是努力把我的梦复制一遍,尽可能不出现疏漏。因为这个梦太重要了。我请道士把我的笔记本拿来——昨夜我故意遗忘在一樵师父的屋里。我希望他能看看。也许他看过了还会告诉我一些什么。可是道士长叹了一声:师父走了!

我跳下床:"什么时候走的?"

道士沮丧地摇摇头。他又说:"你那个本子,也烧了……"

"烧了?"

"是的,他把它烧了。连灰也被风刮走了。"

我颓然坐到床沿上,可奇怪的是,我并不因此气愤。我的笔记本给烧了,但我所掌握的东西没有丧失。况且我还有手稿。我懊恼是因为我再也见不到老人了。这是显而易见的事。或许,我用不着再见他。该说的老人都说了。可这位一樵师父为何要把它付之一炬呢?是否意味着,它非常有用或者毫无所用？

结论往往不是一个。

我随道士去老人的寝处看了看。地上有笔记本的塑料面套和少许的纸灰，窗户大开着，不过从窗而入的风是不可能把地上的纸灰卷走的。除非是那种特殊的旋风，我想，这种风在南方是常有的。

这以后我们又去户外转悠。此刻正是东方见血的时分，所谓紫气东来。苍山如海，也许在很久很久之后，这儿又成了大海的一隅。大自然的鬼斧神工永远为人类望尘莫及。人类总是自不量力地去征服自然，其过程一贯视为壮举。结果往往是始料不及的悲惨，直至全面毁灭。自然本来是宽容的，她以博大的爱去孕育万物。可是人类逐渐不安分起来，从为一匹马或一个女人的占有血刃相见开始发展到用原子弹裁决地球的利益。人类向人类宣战，人类向人类投降，人类同人类肉搏，人类同人类过不去。于是有一天，自然看不下去了。她似乎为创作人类而羞愧，便动手纠正这一错误，以恢复往昔的安静……

我们拾级而上，走向那座屹立于山巅的铁亭。这便是所谓的"铁顶"。也就在这时，我看见了亭中的田藕。她已经凭栏眺望了很久，她的表情告诉我，所发生的事她知道了。这儿的风好狂呵！我避风点了一支香烟，审视着这座朴素沉重的亭子。我惊奇地发现，漫长的岁月使它消蚀得像河中一块光洁坚硬的石头。它的形态几乎没有一点改变。甚至察不出斑斑锈痕。这在科学上是绝对不能成立的，可是却如实地存在着。风搬不走它。其实它从诞生之日起就无时无刻不在变化，只是瞒过了人眼。然而我仍然相信，世界上总有一些东西，其寿命和地球一样长。

田藕回过头，木然地看着我。她的眼睛有些红。"我真后悔！"她说，"我们不该上山来。"

我没说话。

她又说："我想……以后再也见不到他了。"

我还是没说话。

道士自言自语："他会去哪呢？"

我笑笑。我说他哪儿都去哪儿也都不去。他离我们很近，而我们离他又很远。

很远很远。

……

我给道士留下了通信地址。如果回忆起什么与郑海有关的事，希望能及时告诉我。同时，我邀请他到省城去玩玩。他说城里太吵了，而且灰尘也大。"不过，"他又说，"城里的东西很好，女人也漂亮。"我们显然成了朋友，这也是个收获。匆匆吃过早饭，道士送我们下山。经过栖霞街一座面貌朴素的道观前，他停下来。他说这便是他上班的场所，问我是不是进去求一签。我尚在犹豫，田藕却已经迈入了笨拙的门槛。今天没有来香客，屋内显得冷清。两炷蜡烛映照着悬挂的玄帝像，雅致的铜香炉里一把线香缓缓燃着。倒也像那么回事。我问道士，怎么看不见一个"工作人员"？他对我眨眨眼，轻声说："在家偎堂客哩！到九点才上班。"我笑了笑，又去看玄帝的尊容。我真为这老人可怜，长年累月地这么吊着。道士介绍说，这像是他照连环画《西游记》中的太上老君的模子拓下来的。"你觉得怎么样？"他问。我当然说画得还不错。他便乐了。他说："可许多人说他像李时珍！"这一说，我们都哈哈大笑起来。田藕说："其实又有什么好笑的呢？"

道士抱来签筒，照例颠了几颠，再让我抽。我抽出一支比较干净的，一看，倒吸了口凉气。那签上写着：

蛇吞其尾

我看过一些民间流传的关于算卦求签方面的小册子，从来没有见过这道签文。我记得那天道士也十分惊惑："怎么会有这条签呢？"接着他进一步解释：所有的签都是他一手制的，一般都是些大吉大利的话。就是说，这是支飞来签。事情很明白，有人在我们之前来过那座道观，把事先制好的签放进了签筒。按照我当时的判断，这个人便是一樵。我甚至想，一樵同道士共同策划了这场游戏。但是有一点却无法解释，签是我自己抽的。（为了证明它不是骗术，我把所有的签都打开——没有相同的。）

离开道观，我们同道士告别。他双手合十念道："阿弥陀佛。"我就说，这阿弥陀佛是和尚念的词儿，你个道士怎么也念？他说祖宗就是这么教的。田藕抿嘴一笑。

我之所以把一樵看做是放签的怀疑对象,并说是"当时的判断",是因为后来另一个人出现了。此人是在我们背后出现的。

暮色苍茫时分,我们才回到罐子窑。刚进门,就看见蹲在槐树下吸烟的陈士林。"回来了,一路辛苦。"他站起身打招呼,脸上露着诡秘的笑,"今晚我给你洗尘,也给你饯行。"

"饯行?"我不解地看着他。难道因为什么得罪了他以致撵我滚蛋?

"我就知道会这样。"他说,从口袋里掏出一份电报给我。

电报是我单位来的,要求我立刻返回省城。电报上并没有说明什么原因。我很有点不悦。这拍电报的人实在不负责任,但十分有效。你据此会生发出种种务必"立刻返回"的理由。你会自动说服自己按别人的意志去做。

田藕把我的挎包接过去,进屋了。看得出她的情绪已经坏了。我望着她的背影,心里也不好受。这电报来得可真不是时候!陈士林用胳膊肘轻轻碰碰我:"你是不是喜欢上我侄女了?"我不作解释。说我默认了也可以。可是陈士林又说:"你可别当真!"我看了他一眼,而后淡然一笑。

这天晚上,陈士林破天荒地把我领进了他的房间。就是从前叶千帆住过的屋子。打开门,一股久未住人的霉味儿扑面而来。房间里非常凌乱,唯一整齐的是两架子书。(我没想到他竟有这么多的书。)他插上门,然后我们面对面地坐下来。看样子他刚才多喝了一点,给我以醉眼蒙眬的感觉。我们抽烟。差不多半支烟吸完了,他才说:"山上有意思吗?"

我暗自一惊:这家伙怎么知道我上山了?

"别装蒜了,兄弟。"他说,"你把事情弄砸了……你根本不该上山!"

我笑了笑:"我倒觉得……"

"有收获?屁!"他一拍桌子,脸色倏然阴沉:"你给我说说,蛇吞其尾是什么鸟意思?"

我也站起来:"原来你一直在盯我的梢?"

他苦苦一笑,看得出他在努力让自己内心平静下来。他把我按在椅子上。这时,我发现他的两眼湿了。他坐下,把烟抢着吸完。他说:"我不是盯你的梢……我只是想……想抢在你前面去见他。我还是迟了一步……"

"你是说一樵师父？你们认识？"我更加疑惑了。

陈士林点点头，叹道："认识多年了。可我同你一样，弄不清他是谁。"

我问："你觉得他应该是谁呢？"

他说："世上没有应该的事。"

我又问："你想急于见他是不是有什么要紧的事？"

他回答道："我不希望他见到你。不希望他插手这件事……蛇吞其尾？又是蛇吞其尾！自己咬自己，是个零蛋，是句号！"

我怔怔地看着他。

他叹了口气："完了。又一次完了。所以，你得滚蛋了。你记的那些全成了一堆废纸……"

"已经被风刮走了。"我说。

第二部

……就历史的不变本质来说，它乃是"一个故事"。

——屈维廉

第十一章

第二天，我离开了罐子窑。我记得那是个不晴朗的天气，空中飘动着可疑的云。

现在我有必要介绍一下可供读者参考的情况：

我返回单位第一件事是询问电报的背景。可是得到的答复却是，没有任何人给我拍电报。我是专业的驻会作家，行动历来是自由的。这期间大家都认为我躲到什么角落里策划什么企图一鸣惊人的大部头去了，因此倍加爱护不加骚扰。就是说，我被莫名其妙地耍了。

按理，我稍加休整便可以"二进宫"，然而问题并非我想的这么简单。我骑摩托车从单位回来的路上，惹事了，撞倒了一位年迈的老妇。当时的情形是，她好像故意要往我车上栽似的，那么宽的路她偏要斜着走。我护送她去了省立医院，侍奉亲娘一般地照料。末了，我除了掏两千块钱的费用，还住了半个月的看守所。不过，我的情绪还没有十分糟糕。那半个月的日日夜夜我仍然在同一堆灵魂打交道。大约在我离开看守所的第三天头上，一家电影厂的导演突然飞来找我，说是要根据我的一部中篇改编电影，并郑重声明，该片是准备参加第二年东京电影节的。我对这类事历来兴趣不大，可这一回不同了。我囊中羞涩，急需钱。于是全身心地投入，南来北往，几易其稿，前后耗去了近半年的大好光阴。结果呢，说上面又有了新精神，我弄的这个本与新精神有摩擦，遂宣告泡汤。那家电影厂也算仁义，贴了我一笔安慰款，不多不少正好两千块，同那位老太太的开支扯平了。除了损失时间，我依然羽毛丰满。可是我实在飞不起来了。不久，我住进了医院。先是因为疲劳过度，后来事情变复杂了。我需要接受全面的检查。该用的手段都用了，但专家们却弄不清我得的是什么病！怀疑流遍了我身体的每个系统。他们所要做的，似乎只是把我挪来挪去，或者不厌其烦地问一声"大便有没有？""把舌头伸出来。""吸气！"实际上我的感觉是越来越不舒服。我一下相信自己有病，一下又认为自己没有病。我自己也弄糊涂了。不知有多少次，我躺在白色恐怖的病床上这样想：所发生的这一切，都是上帝精心安排的——

没有那份狗日的电报，我不会急着赶回来，也就无车祸可言；

没有老太太那茬子事，我便不会缺钱；

不缺钱我压根儿就不会去"触电"；

不"触电"也就不会东奔西颠以致躺到这张不知睡过多少具尸体的瘟床上！

所以俗话说得好，人倒霉喝凉水都塞牙。我有了一种前所未有的虚脱感，仿佛整个儿的给人掏空了。我回想起自己一年前的那段经历，心情便坏到了极点。最后，我的思维总是凝固在那道可怕的签文上：蛇吞其尾。自己咬住了自己，完了，越咬下去越完。陈士林讲得有道理。可是陈士林怎么不给我来信呢？还有田藕、秦贞、糙坯子和后来认识的那个道士。元旦的前夕，我给他们都寄过新年贺卡，但还是得不到一点音信。我曾三次给林重远挂电话，可是三次都没有找到他。他是个忙人。这样一来，给我总的印象是，一年前的事不过是我想象中发生的，它们与我毫无关系。

一年。一年就这么不明不白地过去了。

有一天，我突然觉得自己调整好了。一觉醒来，首先是想吃东西。强烈的食欲让我吃惊，我知道它是一个非常吉利的信号。于是我下了床，活动筋骨，顿觉身轻如燕。我用凉水冲了个脸，留下一张给医生的条子，扬长而去。我深信我的霉运结束了。按照原始反应的观点，我预感到往下去会有好事临门。世事有时就是这般玄妙。

我回到宿舍，要做的第一件事是检索信件。结果发现了一封匿名信。这封老辣的短简似乎是专门对"蛇吞其尾"作另一种诠释的：

"蛇吞其尾者，圈也。愈吞则圈愈小。圈小则事明。故穷之不舍，水落石现。穷则变，变则通，通则达。速之不达，千淘万漉，是达也。"

很显然，写信的人旨在帮助我恢复自信心，使我继续耽搁一年的劳动。读者或许和我想的一样，认为此信乃一樵所为。但是我必须提醒大家，这不过是一种可能而已。有一点倒是可以肯定的：此人一直在关注着我。这个人也许已经出现在前十章里，也许始终不会出现。或者以某种特殊的方式出现。我们暂且不管。可想而知，我当时的心情是异常兴奋的。我坐下来开始检修手稿。虽然我是在一座迷宫里摸索，但毕竟留下了脚印。一位大师曾说过这样的话：过程往往比目的更重要。至少对于一个小说家是这样的。

大约是在第三天抑或第四天，我去电影院看一场"内部观摩"性质的片子。刚坐下，后排有人喊我。原来是同我一起住院的病友，姓什么我忘了，只记得他是省委机关的一个处长什么的。他凑过来说你这家伙怎么突然溜了。我说我根本就没有病，是营养不良。这样七扯八拉了几句，他站起来，说去上趟厕所，并把一份材料交给我，让我替他拿一下。这是份"内部材料"，是关于民主革命时期沿江一带若干史实的说明与订正。我随手翻了翻，一眼就发现了"叶之秋"。材料指出：今后在叶之秋名前"不再冠以'进步人士'"。此其一。第二条涉及叶之秋的，是"当年领导'江津学潮'的系叶知秋同志（现任××省政协副主席），并非'叶之秋'"。我大吃一惊。我记下了这份材料的发放机关，很快致函了解关于第一条的背景。但得到的答复是："我们是遵照上级机关的通知精神办理的。你所要的解释无可奉告。"不过我想，事出有因吧！这个提示简直太关键了。（因此我感谢住院。）现在，我的大脑出现了前所未有的清晰。我认为自己找到了一把钥匙。接着我很自然地想到了那封匿名信。蓦然间，一个念头迸出来——

这两样东西几乎是同一时刻出现在我眼前的。

几天后的一个早晨，我搭上了省城至宜安市的长途汽车。我想去看看林重远。事先我没有联系。这倒不是怕给这位好客的专员增添麻烦，而在于这个决定是临时作出的。我原想直达川县，而后去罐子窑。在买车票的那一刹，我改变了主意。我突然回想起一年前在川县一招同林重远的那次谈话。在经过温和的辩论之后，我开始提出具体的需要请教的问题。这些问题归纳起来无非是两个方面：他和郑海的关系（包括交往和活动）、郑海和叶家的关系。我希望越详细越好。他当时沉思了一会儿，似乎回忆对他来说是一件吃力的事。他首先排斥了第二个方面。"我不了解叶家的情况。"他说，"不过郑海的确对我说过，叶家帮助过他。"我于是问：叶家是否因为帮助郑海而遭到劫难？他的回答是平静地摇摇头。（是表示否定还是表示自己不清楚？）然后，他向我描述了郑海在"那个时期"的活动情形。郑海最初是做地下工作的，这就意味着行动的秘密和不规律。一般是单线联系，外人无法弄清。大军渡江前夕，郑海开始组织武装力量，一方面搜集军事情报，一方面在敌人的防区制造骚扰，以配合渡江战役。"但是，"他解释道，"他的行踪仍然是很隐秘的，甚至没有半公开化。这是斗争的需要。所以，现在很少有人能说出一个完整的郑海。从另一角度看，民间关于郑海的传说也越来越多，这很正常。"那天晚上他可能多喝了一点，显得有些疲倦，我便不好同他久谈。他没有说出更多的东西。但是他表示，以后可再交谈；并且说他还保存着郑海给他的信件，可以给我看看。第二天我与他分别时，他又拍拍我的肩头，说："要防止两个错误：一是钻牛角尖，进去了可出不来；二是网张得过大，撒开了却收不拢。"我笑着回答："对于一个历史学家或许是这样的。而在一个小说家看来，可能恰恰相反。"

车在路上抛锚了。司机骂骂咧咧地折腾了个把钟头，总算使轮子重新转动。可是在离宜安市区十华里的地段，前胎又炸了。没有备用胎，司机恼火地说："妈妈的，这胎昨天刚换的！"我下了车。不知怎的我有了一种不祥之兆，这一出门就如此的不顺！我去附近的一个单位给行署办公室拨电话。很巧，接电话的正好是林重远的秘书小刘。他说他马上带车来接我。这个小小的安慰，使我的情绪又好了一些。我停在一株梧桐树的阴影里，点上香烟。太阳明显地移到了西边，地面上的热浪开始减弱。九月，在南方算不上是舒服的日子。我想，这个弯子绕得是不是值得，林重远还能说些什么呢？但他至少要信守诺言，让我见一见郑海的手迹。

我是在医院里见到林重远的。

小刘告诉我，老头子近来身体一直不够好。"好像说病就病，很突然。"他说，"他的身体历来是很棒的，现在倒有点弱不禁风了。"

我没有多想。可是当我见到林重远时，我确实感到了吃惊：他仿佛整个儿地小了一圈，行动也变得不够利索，尤其是面部呈现出的那种憔悴的菜色以及淡褐色的斑点，使你无法不把他理解为货真价实的老人。两鬓的花白顽强地突破了染发剂，好像是在提醒观察者注意到这个事实。他依旧面带笑容地迎过来，但并没有因此改变衰老的事实而是又将它放大了。

"欢迎欢迎……"他伸出手，"在这个地方接待你，我很抱歉。"

他的声音倒还是清亮的。如果不是讲较长的句子，你不容易觉得他中气不足。所以在寒暄之后，他调整了叙述的节奏感，往往把一个完整的句子剖成几个分句。甚至一句话没有说完就换了另一句。句子与句子之间也缺乏应有的严谨。"你来了，我很高兴。"他说，"我们随便聊聊。"尽管他是这么要求的，但我总试图在"随便聊聊"的气氛里塞进自己的东西。我觉得，我的不期而至对林重远来说是意料之中的事。他说他曾到省城去看过我，才知道我去电影厂改编剧本了。"后来又听说，你病了。"他说，"不过，现在看起来，你恢复得很好。毕竟是年轻人。肌体的生命力，旺盛。你看，我这模样，像不像一只散了架的沙发？"

我自然要安慰他。但是我不知道怎样去安慰。他的幽默感似乎不允许我作富有怜悯性的表达。他乐观，显得格外理智，对自己目下的处境非常清楚。他不属于那种可以哄骗的老人。我还能说什么呢？给他点上香烟似乎更合适一些。他很优雅地扶了扶眼镜，开始说他的病。但他始终没有说是什么病。他说病是一种状态，只有病人才明白其中的滋味。这句话听起来完全是多余的，可是他讲得很认真。"病人的感受，大于医生的判断。"他进一步解释道，"问题是，这种感受难以表达。即使说了点什么，也只是个别症状、现象。医生据此下药，实际上只治了表，不能正本。所以旧病复发是常有的事。一个人病到了什么程度，只有他自己清楚。不过通常情况下，病人不承认这一点。他们寄希望于医生的治疗。"

我却越听越糊涂了。

他站起来，又说："人是脆弱的。有时候，失去了自信，愿意把自己交出去……况且，当你病了……"

我说，我是从医院跑出来的。因为我认为自己没有病。

"是的，"他说，"在你这个年纪，我也做过这种事。可是，很长时间里，我都不踏实，甚至后悔。"

我笑了。我想我不会后悔的。

他踱到床前，从枕头底下拿出一只牛皮纸的信袋。然后回到沙发上，说："这是你要的东西，本想寄给你。是我这些日子，零零碎碎地写下的，兴许有些用处。郑海给我的信，也复印了。"他把它交给了我。

我竟有些手足无措了。我表示感谢同时也表示歉意。

他摆摆手，说："这场病看来很及时。因为病可以把你同现实暂时隔开，让你回顾过去。不过，回忆本身就意味着某种变化。"

林重远吐出一口烟，叹道：

"往事如烟……这个'烟'字可谓准确之至。"

> 我在离开宜安市的那天早上，无意中又看见了那个高大的身躯。
>
> 那是矗立在江边的八脚牌楼。它业已成为这座江南古城的标志，列为国家重点文物保护单位。这座建于明万历年间的石坊，据说是纪念一位云南"平夷"有功的"上台元老"的。它采用仿木结构，通体为厚重的青石，有脊、角、飞檐与斗拱。四面均镌有"皇恩浩荡"一类的字样，八柱则雕有龙虎争斗的图案，宏伟壮观。好几年前，当我第一次走近它，不禁肃然起敬。可是第二眼，我便发现它在向西倾斜——这乃是大家共同的感觉。然而人们普遍为它的倾而不倒赞叹不已，继之把它同著名的意大利比萨斜塔相提并论，为它失去应有的知名度大鸣不平……
>
> 现在，它似乎与太阳处在同一个位置上。或者说，它同太阳熔铸成一体，遍身辉煌。我注视着它。我其实是站在它的背面，但感觉却恰恰相反。
>
> 这是座立体的对称的牌坊。因此无论你在什么方向，它总是面对着你。
>
> ——作家手记

我进了川县一个普通的旅店，想住一晚。从宜安至川县，只需三个钟头的车。可我还是觉得有些累。吃午饭的时候，餐厅里有人——大概都是当地出差来的基层干部，在议论行将换届的县政府班子。我听见了

"秦贞"。他们显然是在用不屑的口气谈论她,但所得出的结论又是非常肯定的。"上面要求班子里必须选一名女的。"他们说。另外就是,"她舅舅"。不过,他们也承认,"那女人抓什么都有两手"。这一说,他们便高声地笑起来。我脑子里闪过一个念头,就走过去。那几位见了我,同时把笑敛住,又同时把碗一推,离开了饭桌。然后他们又在我身后重新叽叽咕咕。有人说:"这人是哪里的?"于是他们不响了。我感觉到他们在背后打量着我。他们很有意思。他们是农民,可口袋里别了一支钢笔,因此他们便不认为自己是农民。我有过一截插队的经历。在我看来,最难缠的就是这类人物。然而仍不失其可爱。一年前,当我见到陈士林的时候,我就很自然地把他看做这号人。不过陈士林的口袋里只有香烟和钞票。现在我知道,我的判断与结论可能错了。有好几次,我印象中的陈士林形态接近飘逸,大有那种野山名士之风。我对他的传奇色彩倒没有多大的兴趣,但我怀疑他的血。一粒牡丹的种子即使吹到月季的园圃里也依旧会开出牡丹。我相信遗传。我对遗传学仅有这点朴素的理解:种瓜得瓜。但我以为够了。环境,是无法改变血液的。

在宜安的那个晚上实际上就是昨夜。这种遥远的感觉令我困惑。我仔细阅读了林重远给我的材料。从容的叙述包含着周密的逻辑性。这份并没有提供什么新鲜事的材料以及同样没有什么价值的郑海手迹,却几乎断送了我的前程——我是否还有必要把这件事做下去?因为我面对的,是实实在在的文献。我不能也不敢轻视它。它像一只手,把我从虚幻自由的天空拽到枯燥的大地。不用说,整个晚上我被沮丧笼罩着。我不可能睡好。我和衣靠在床上,抽了许多的烟。隔壁的卫生间大概抽水马桶坏了,不断地滴水,声音越来越响。于是我的小便频率也自然增高。我发现,人的确是脆弱的。外界稍有一点的变化,便不得已地把自己交了出去。从这个意义上,我理解林重远。

像所有的回忆录一样,林重远采取第一人称的叙述方式。略有不同的,是在有些地方改用第三人称,即直接以叙述人的视角来描述往事。在这些地方,他充当的不是目击者而是事件的转述者。例如以下这一段:

"在当时,郑海的名字是具有威震力量的。他的活动范围很广。他的队伍虽然是分散的,但战斗力强。他很机智,即使是在敌人眼皮子底下活动,也仿佛如鱼得水,来往自由。截取马家圩至高村这一线江防部署图就是其中最突出的例子。仅仅一天的时间,这份重要的军事情报就传到了我军手中。直到渡江胜利,敌人还摸不着头脑……"

类似这样的段落大约占全部材料的三分之一。林重远对此有这样的说明:"据郑海告诉我"或者"有一次,他对我说"。这就表明,事实本身是可信的。他的评价也是恰当的。因此,我无话可说。至于郑海的手迹,除了叙谈友情之外,或多或少对林重远的回忆,形成了印证。比如这封"十一月八日"(未注明年份,估计是一九四九年)的信中就涉及"截取江防部署图"一事——

"……余非英雄。截图之事虽获成功,然事后也觉冒险,颇有余悸。"

然而这些,对于作为小说家的我却显然构成了障碍。我失去了空间。只有在这样的时刻,我才意识到,真实原来是一种威胁。

我就是揣着这种恍惚的心情来到了川县。

有人敲门。

"门没关,请进。"我躺在床上说。接着我立刻坐了起来——

陈士林来了!

他和一年前相比看不出有什么变化,只是衣着整洁一些,而且是刚理过发。他狡黠地笑着,半截香烟含在嘴角上其实早就灭了。

"来接你。"他说,"让我好找……还想不想去罐子窑了?"

"怎么会不去呢?"我一边穿衣服一边说,"是不是秦贞说我来了?"

他点点头。他说林重远给秦贞挂了电话。而且,秦贞也非常希望我去。"到节骨眼上了,想请你帮她吹吹,也许能多得几票。"他笑着说,"女人就这么个东西。"

"她的事,我听说了。"我说,"她也很不容易的,你说是不是?"

他把半截烟点上,说:"天晓得是怎么回事。"

我给他沏好茶,请他谈谈这一年来的与我们相关的情况。他好像已经对那个"从前"不怎么感兴趣了。"原想给你写信,"他说,"可是许多事情也不容易写清楚。再说,就是写清楚了,谁信呢?你是写小说的,犯不着自讨苦吃。你坐在家里编,谁还不认为它是小说?"

我说,我想做一次实验。同时我承认,正是许多不清楚的事在一次一次地诱惑着我。

"可是现在你认为清楚了。"他说,"和以前一样清楚。"

我为他的直觉感到吃惊。这时,他才坐下来,续上一支烟,很有滋味地吸着。窗外的知了紧一声慢一声地叫,我便把窗闭上。室内又觉得闷热,我打算去开电扇。陈士林摆摆手,说电扇的风不管用,还是去外面走走吧。我想了想,决定把房间退了,去罐子窑。这个季节太阳落山很迟;三十几里地,走走也就到了。他看看我,出其不意地握了握我的手。这个动作弄得我有些不知所措。可是他却相当自然。他抓紧喝了两口茶,把一嘴的茶叶吐到地上,说:"你这人,不错。"

从县城到枫树脚的这段路面现在修好了,铺上了柏油。所以陈士林用自行车带我。他骑得很快,而且还穿插着玩点放把点烟的车技。我却很不踏实。我几次提出,让我来带他。他不肯。"那样的话我就犯头晕。"他这样解释,用力蹬上一个长坡,然后滑行。太阳不算十分的毒,一路生风,人觉得蛮舒服的。田里的稻子开始黄了,荷塘浮着一团绿。不过这时分,四野不见人踪。到了枫树脚下,我们想歇息一会儿。那个茶棚还是老样子。叫了茶,我告诉陈士林,我头回见到那个一樵,即在此处。那天的情形我记忆犹新。陈士林似乎有些不经意,只顾喝茶抽烟。我想起上次离开罐子窑的前一夜,陈士林所讲的话。他认为我不该上青云山去见一樵,认为这样才把事情"弄砸了"。后来他又说,他认识一樵多年了,但始终不知道那老人是干什么的。那个晚上,陈士林沉浸在无比沮丧的气氛中,我能看出他内心的痛苦与不安。然而这其中的原由,他未作解释。用他当时的话来说,"解释又能有什么用呢?"第二天,我同他告别。他靠在自己的床上,地上扔满了烟蒂。显然他一宿没睡,因此面颊有些浮肿。他握了握我的手,叹道:"忘掉这一切吧。忘得越干净越好……"那一刻,我有点心酸。其实我不明白这心酸源自何处。我仿佛是一个傻瓜在看一出巨大的悲剧,情感的反应不是来自台上的剧情而是来自台下的观众。我不过是在瞎起哄而已。可我相信陈士林是真正看懂了的。他也最容易受到打动。因为他本人概括了台上与台下的双重意义。

我在考虑,从哪个角度"切入"比较合适。就是说,我准备收拾残局。他好像也在考虑。过了会儿,他说:"林重远给你什么了?"我正想说，但他又制止："你别说，我知道。无非是大路货……他告诉你是怎么病的吗？"

"没有。"我说，"他看来病得不轻。"

陈士林笑了笑，说："他是给吓病的！遇见鬼了……"

我说这怎么可能呢？

他做了个手势："我不是在瞎扯。你不信，问问他去……"接着他告诉我，不久前，林重远又下罐子窑来了，还是视察乡镇企业。"那天出奇的热。"他说，"在乡里吃了晚饭，他出去散步，不让人陪着他。他好像是去了那条老河的边上。后来，他又去看了糙坯子。据田藕说，他一来，院子里的那棵树便动了，起风了……他就在那儿乘凉，糙坯子给他搬来了竹躺椅。他大概是累了，没一会儿工夫，就开始打呼。这时候，月亮刚升起来。他们没敢惊动他。糙坯子给他盖了条线毯，就回屋去了。田藕也上了楼。不过我回来了，是秦贞让我来找他的。我刚进院门，就听见他一声惊叫。他醒了，可身子不能动弹……"

我笑了。我说这不过是个噩梦。

"梦里见鬼更清楚。"陈士林说，"你没看见当时他那模样，脸都吓歪了……"

我递给他一支烟，把茶钱压在壶底下。我说："你好像对林重远有成见？"

他未置可否。

我进一步问："是不是因为他抬举了糙坯子？"

他说："笑话。我陈士林能当那号小人？这不，我把原来那一摊子都交给了他。秦贞让我到乡里去，我去凑哪门子热闹？不去。懒得去。"

我说："你嫌官小。"

他说："官大又怎么的？越大越不自在。他林重远不是'高级干部'吗？还不是说倒就倒！"他把自行车铃铛一拨："郑海的战友……老子还是郑海的儿子哩！"

  我几乎不能放弃这个念头：陈士林是私生子。他不是个弃儿。他的亲人在一个十分特殊的位置默默注视了他几十年。而这一切，陈士林心中是很清楚的。他隐瞒不宣，似乎在等待必要的时机。如果这时机永远不会到来,他将把这一切彻底埋葬。我不止一次地想到,关于他的身世,可能是他编造的一段故事。他以此来与罐子窑从血缘上隔开,但他无法同记忆里的那条河分离。

精子和卵子相撞即为生命之始。这个生命是在一瞬间诞生的。一个精子和一个卵子跳跃着拥抱在一起。那状态已不是缠绵悱恻,而是剑拔弩张!他们仿佛不是在爱,而是在恨。他们以各自为敌,以各自为征服的对象。他们展开了无比亢奋的灵与肉的大搏斗,以赢得一瞬间的死亡。然而,一个微细的但充满活力的生命于死亡之谷中诞生了……

若干年后,有人发现深邃的夜幕上多了一粒星。于是那人显得凄惶起来。他意识到,一个漫长而痛苦的故事终于开始了。这个故事不是虚构的。它像一块沉到记忆之河的石头,消蚀的只是表面。它依然存在。岁月使它光洁可鉴,只要风平浪静,他会一眼找出它的位置。这时候,他似乎才真正懂得,水原本是不能掩埋它的。水只能暂时蒙上他的眼睛。只能暂时使他的记忆变得模糊。但是他不能把它打捞起来,因为失去的将永远失去。从这一天起,这块石头开始以特殊的方式压迫他、折磨他以致最终彻底将他摧垮!

——作家手记

第十二章

我还住老地方。

屋子已收拾好了。临窗的桌子上放着一杯新茶,清香的热气还在蒸腾。可是田藕不在。我相信她在某个位置悄悄观察着我。陈士林没有随我进来,他直接去了乡里。他说得和"那女人"说一声。我特意告诉他,就说我很累。我的意思是说,希望来自官方的意志暂时不要打扰本人。他说,你实际上已被人掌握了。我知道他又是在指林重远。这种轻慢的态度我早就有所觉察。我以为是没有根据的,尽管它会使陈士林更加可爱。或许林重远在某个问题上得罪了陈士林吧,我想。陈士林这种人是得罪不起的。那么,田藕呢?这姑娘对林重远的印象不佳似乎完全取决于直觉，是本能，就像挑选服装那样随心所欲。这实在有点意思。

我看看院子，这会儿没有人。有几只鸡在槐树下觅食。阳光渐渐软了，硕大的树荫移到墙上，我这屋子里也因此变得凉爽。我把皮凉鞋褪了。盘腿坐到竹席上，开始喝那杯绿茶。（这茶自然没有青云山阴阳界产的茶好。不过我觉得是女人的手采的。）我在动身之前有过这样的考虑：我有把握接近甚至达到自己的目标。所有纷乱的头绪将会一一理清。这好比一盘残局，搁久了，突然有一天你受到了某种启示，只需动几个指头便使一切皆活。就是说，我可能要对以前的判断作较大的调整。显然，要完成这件事我是力不从心的。我需要帮助。我越发地感到，他们有许多事在瞒着我。这并非是指他们对我缺乏信任，而是他们面临着某种难以逾越的障碍。这障碍以自觉和不自觉的方式钳制着他们的心理。他们不会去轻易动摇它，因为有时候，他们赖以生存。这是一种仿佛宗教的意义。

还是没有人来。一个人这么待着很不是滋味。坦白地说，我想立刻见到田藕。我能想象出这一年的时间会使她出落得更加动人。在过去的一年里，我时常在夜间想到她。而且我敢说，她在同样的时刻也思念着我。我相信有那种被称作感应的东西存在。这是一面无形的镜子，却能准确地反映着你的心绪。我喝好茶，换上拖鞋，打算到楼道上去转悠。我对这座老屋子颇有好感，这大概与我从前学画的经历有关。徽派建筑以其典雅的木制构架、精细的砖雕壁饰有别于其他流派而独树一帜，带有明显的古典主义造型倾向。但是它本身又存在着接近几何意义的秩序。可以看做一种抽象的表达，仿佛离经叛道地打上了现代主义的烙印。在我眼中，它无疑是克莱夫·贝尔声称的那种"有意味的形式"。

屋子的格局依旧。楼上的几间皆改作了客房。不过这季节，除了我这样的闲人，是没有异乡人在此留宿的。我走出房门，楼道上的风很好。这楼道实际是一个回廊，绕屋一周，可供人散步。上次来我没细看。几间房的门都半开着，里面照例是整洁的。只有正中的一间紧闭着，显然是从里面插上了，因为外面没有上锁。我试着推了推，不开。我就好奇怪：难道这屋子里有人？我犹豫片刻，还是勾起手指敲了敲，果然里面就传出了田藕的笑声：

"你的眼可真刁！"

我很激动，又夹杂着几分尴尬。我稍稍离开了门边，趁机吸了口烟。可是，等我刚刚转过身去看院子中央，我一下怔住了——

田藕分明是站在院子里对我微笑着。

后来的事并不神秘。田藕指示我再推那扇门，这回却轻巧地开了。屋子里什么也没有，因此唯一的楼梯口赫然突出——原来这里藏着机关！我计算着，由这个秘密的楼梯到楼下，再到院里，不过十几秒钟。楼梯的另一端是柴房，有两个窄门，分别通向院前与院后。这种设置，在从前的大户人家里常有，以防不测。生人自然是不知道的。田藕同我开了个玩笑，却触及我的一根最敏感的神经。事情往往就是这样，一旦机关识破，似乎一切都索然无味了。我还没有把握说，这个设置会在我这部进行中的小说里起到至关重要的作用。但至少是有作用的。我问田藕：上次怎么不告诉我？

"有人不让我告诉你。"她说。

"谁？陈士林？"

"不。是你要找的人，郑海。"

田藕对那个逝去的梦仍然记得真切。那是一个雨后的黎明，她回忆道，她像一片云似的飘落到这间虚设的屋子。她想把这个显然过时了的机关毁掉，让它成为一间名副其实的客房。"我讨厌这个东西。"她说，"白天我就这么想过。可是我不知道该怎么做。我发现这个楼梯是这座房子的轴，拆了它也许会使整个屋子坍塌。"她说那个黎明是青色的，像铜一样的冷。门是自动打开的，她没穿鞋，她能感到脚板被木纤维扎得痒痒的。当她接近这个楼梯口时，她突然听到了沉重的脚步声。这声音是陌生的，而且愈来愈响。她惊吓着往后退。可是身后的门竟被风关上了！她立即转身开门，但无论如何也打不开。她几乎晕倒过去。而这时候，那楼梯上的脚步声也不响了。"我没有见到他。"田藕说，"我以为他会上楼来，找我；可是他走了。他说：你身后的那扇门永远不要打开。他只说了这么一句，就走了。"田藕说她后来看见了他的背影，说那是个"令人想入非非的男人的背影"。那人穿着一件灰色的长衫，也戴着黑色的礼帽，腋下还夹着一把油纸伞。不过他终于没有回首。"他走出大门时，"田藕回忆说，"东方开始出现霞光。"

我对田藕说：此人并没表明他就是郑海呀。

她说："我觉得他是。我没法使我放弃这个念头。"

我说难道没有可能是别人嘛，比如说叶家的大少爷或者二少爷。

田藕说不会。"他们是实实在在的人，像你和我一样。"她说，"只有郑海才是一个影子。他来去自由。"

我们没有必要为一个旧梦争论不休。而且我也明白了田藕的意思。我不认为她迷信。我们之间的这个插曲，在我看来是很重要的。如果这个机关早点向我暴露，也许我的工作进展已不是现在这个程度了。当然，为时还不晚。不过我还是说：应该早告诉我。

田藕抿抿嘴唇笑着说："其实它早就打开了。你没有注意到。你上次来，它就是开的。我当时还很吃惊，我立刻把它关上了。可是今天它又向你打开了……我不知道这是怎么回事。我想，这大概是命中注定的事。这个秘密非得向你公开不可了。"

这是多么严重的疏忽！我后来又检查了那扇门。它是柿木的，非常结实。门闩很大，显得笨重了些，不过使用起来很灵巧。我思索着，如果田藕所言是真实的，那么这问题该作何解释呢？难道有谁在暗中帮助我？

在动笔写作这部小说之前，我就申明过：本人的责任不是澄清某一段历史事实，或者侦破一宗历史悬案。但是我发现，要消除这种误解几乎是不可能的。在许多情况下，连我自己也不知不觉地扩大了工作范围，使事情的性质起了根本的变化。这让我担忧也让我吃惊。同时也让许多人深感焦虑与不安。（这些人并非全部出现在我的小说里）有时候，我显然是个麻烦，使一些人的生活失去了往日的宁静。实际上不仅是我妨碍了他们，他们也同样妨碍了我。严格地说，我与他们做的不能算是同一件事。可是这种纠缠不清的局面业已形成，意义的层面也似乎混淆了。奇特的情形本身就充满了诱惑，我不会就此罢手。很多迹象表明我有可能找到了新的出路，况且，身后的这扇门已经向我打开了……

那个遥远的江边之夜实际上成了记忆中的一片云霓。小船像发霉的叶子似的蜷伏在黑色的岸边，经受着浪潮的拍击。于是那个自水里来的顽童回到了想象中的摇篮，他睡了。他隐隐约约看见漆黑的夜空升起了一粒星子。后来他知道它是挂在船头的那盏风灯。

  这时候码头上已经看不见人影了。两艘日本人留下的小货轮和几条机帆船挤在一块儿。细雨使它们变得干净，仿佛新刷了一层油，在微弱的电灯下露出冷冷的光泽。这些船都被军事部门扣了。在离码头不远的地方有一个新筑的矮碉堡，长方形的枪眼后面是一挺马克辛重机枪。那只寒酸的小船正处在射程之内。黄昏时，一个军官指示他们：夜间不许行船。必须等到明天早上，等到江上的雾完全消失之后，否则不能保证安全。二少爷没答理这些军人，漫不经心地把"哈德门"往象牙烟嘴里送，眼睛看着江面上翻飞自如的水鸟。接着这些军人开始搜查船舱，他们首先盯住的是那两只贴满旅行标签的皮箱。船娘说：这是二少爷的东西！那军官斜看了船娘一眼。可是二少爷却把钥匙扔了过去，仍不说话。军官有些迟疑地把箱子打开，但很快又合上了。他脚跟一碰对着二少爷行了一个标准的军礼，然后离去了。

  天黑之后，二少爷要上岸去办事。他走得有些匆忙。船娘追上去，把那把黑伞递给他。但是二少爷没有料到，这个晚上船娘一直是在追随着他。

  当二少爷临近那条幽暗的小巷时，他的脚步放慢了。他停下来点香烟，然后突然回头看看身后。这种突变的动作很容易把盯梢者的腿打断。然而身后一无所有。他慢慢吐出在口腔里滞留已久的烟雾，转身折进了小巷。似乎有一种感应，二少爷回头的那一刹，船娘正好滑倒在一个残缺的矮墙之后。等她重新抬起头来，二少爷已经消失了。她相信这个男人一定是走进了那条巷子，但是她没有再跟上去，而是直奔巷子的另一端。

  小巷看起来比白天更加深远。几盏黄黄的路灯在雨幕中忽明忽暗。在一个避雨的屋檐下，卖馄饨的小贩正有气无力地吆喝着。这声音又沉闷又单调。二少爷等一位吃客走开，才走近过去：

  你卖的是什么馄饨？

  鸡汤馄饨。

  有饺子吗？

  有。

是荠菜馅的吗？

是。您屋里请。

小贩打开身后的那扇小门，让这位斯文的客人走进去，然后将门带上，重新吆喝起来。此刻船娘正出现在巷子的另一端，她把斗笠压得很低很低。但是她仍能从眉毛底下把一切看清楚。本来她立在一棵梧桐树的后面，她琢磨着二少爷不会把这条巷子走完。雨丝使这个夜晚变得格外清冷而阴沉，船娘不禁有些战栗。她想如果不是刚才喝了酒，她也许会像树梢一样随风摆个不停。她注视着巷子，可是二少爷已无踪无影了。他会去哪？她真佩服那个男人的机敏。他会不会发现身后有人？船娘在黑暗里想起了许多事。最后她决定走进巷子去。她几乎是数着脚下的青石条走过去的。路过小贩的馄饨摊前，小贩单调的吆喝使她的脚步突然起了犹豫。但她没有停下来，而是弯下身把裤脚挽高。她从肘弯朝小贩那边望过去——

屋檐下斜靠着那把黑伞。

陈士林从乡里回来天已经完全黑了。没有月亮，因此星星比以前亮一些也多一些。我发现他的脸色比下午明显地阴郁了。他在乡里吃过了饭，但没有喝酒。我问起乡长秦贞，他似乎有些不耐烦。"她病了。"他说，"好像病得不轻。"我于是征求陈士林的意见，是否现在去看看她。陈士林说，算了吧。他大概意识到自己有点失态，便递过来一支烟。这毕竟是个精明的男人，善于及时而又合适地调整自己。这不容易。他分明是有心事的，但他可以暂时搁下不谈，而且很快进入另外的话题。

"田藕让你看那门了？"

"对。"

"看出什么名堂了吗？"

"好像看出了一点……"

"这就好……我早说过，你得从头来。"

"我想我已经在这么做了。"

他没看我，只是一个劲地吸烟。隆起的眉峰投下的阴影淹没了他的双眼。他的两腮一起一伏，像在使劲咀嚼着一个坚硬的东西。（他似乎不想把这东西强咽下去，因为那样既没有滋味也不利于消化。）过了很长一会儿，他又续上一支烟，说："我知道那门，也是很迟以后的事。我记得是我娘从河边回来吓病的那天夜里。家里又冷清又乱。大少爷出门了，糙坯子去邻村给娘抓药，六指蹲在门口抽黄烟……娘要喝水，让我去灶间拿壶。我肚子饿了，就想拐到柴房捡根山芋。刚进门，我就听到棉花秸子响。起先我以为是老鼠，可是这工夫棉花秸堆子慢慢裂开了，我便蹲到大水缸后面，大气不敢出……我看见了一扇门，接着一个男人的身影闪出来……"

"是叶之秋？"

陈士林笑了笑，说："不是。虽然没有灯，但我敢断定不是二少爷。那个人块头很大，从后院爬墙走了。"

"这个人会是谁呢？"

"我也纳闷。我后来把这事告诉了娘，她好像很吃惊，叫我不要把它说出去。"陈士林说，"这个人也许就是郑海吧。至少，我觉得他与郑海有一种联系。"

我陷入了沉思。我很自然地把这个人影同那天晚上小树林中的那个人影放到一块，或者重叠在一起。就是说，他们是同一个人！而那天夜里，楼上只有唐月霜和叶之秋。这个陌生人必定是来与其中一人联系的，也可能是同时找两个人。我把这些告诉陈士林。他说，这些并不重要。重要的是这个陌生人想干什么。

"他手里一定有枪！"陈士林做了个手势，"如果此人不是郑海，就是来杀郑海的！"

这个结论很让我惊讶。可是我不能排斥它，因为这也是一种可能。从当时的情况看，正是战争处于大决战的关头，也即是郑海最辉煌的人生阶段。他的敌人已向他逼近并亮出了手枪。尽管这一手段无法改变历史形成的格局，但不妨试一试。历史的进程往往会因为某个偶然的细节而变得迟缓、曲折甚至停滞。倘若"西安事变"时张汉卿处死了蒋介石，中国的历史将必然是另一个样子。

很多年前的一个多愁善感的黄昏，我在江边一个小码头上遇见了一位双目失明的中年男子。他自称是话剧导演，看上去又潦倒又洒脱。那时候，我痴迷着话剧，渴望成为中国的尤金·奥尼尔。当破旧的轮船离开码头时，自称导演的男子问我：你熟悉舞台吗？他的意思是：一个卓越的剧作家首先必须熟悉舞台。我作了在我看来是无懈可击的回答。可是他的面部反应是冷淡的。他沉默了很久，让我帮他点上一支香烟。然后，他几乎是用训斥的口气对我说："你太幼稚。"他又说："你所回答的不过是一个舞台的概念。"

然而他没有作另外的解释。

我们在江上度过了一天一夜。那个夜晚，我完全是醒着的。我坐在他的对面，弄不清他处在怎样的状态。他异常安详，像个蜡人似的。他把一根斑竹制成的拐杖夹在两膝之间，目空一切。大约在零点时分，他的嘴角突然动了：

"你是否在想我是个骗子？"

我还没来得及解释，他已对我挥了挥手。他接着说："很多人，与你一样，对我的职业产生怀疑。至少是困惑。这不奇怪。因为我们处在不同的状态……"

"我关心的是您工作起来……"我说。

"我很方便。"他说，"因为我熟悉我的舞台。"

"可是您……"

"我能感受到。这就够了。"他站起身说："贝多芬最好的曲子，是在他失去耳朵之后诞生的。"

这件事已过去很久很久了。或许是这次神奇的邂逅，使我放弃了舞台而四处飘荡。我觉得那个时候我就该是个小说家了。

小说家总是使人意外并且通常把微笑出售给历史。

——作家手记

这几天糙坯子一直住在窑头上。据说他的新产品正处在试验"紧要关头"。这座"龙窑"是我来的那天，也就是前天开始起火的；按照习惯的做法，今天傍晚熄火散热，之后便可以看出货色了。田藕照例一日三餐地送饭。她好像很不情愿，盛饭时锅铲碰得锅沿乒乓响。我决定随她一道去，顺便同糙坯子聊聊。路上，我问田藕：你父亲试验什么新产品呢？她嘟囔一句："鬼晓得！"就不再言语了。

天还很亮。窑头上的黑烟已经淡了，成为青色的薄云给风支配着向西散去。这时候窑头上十分冷清,看不见人影。我们爬上去,才看见糙坯子从一棵泡桐树后面闪出来,正把帆布裤带往腰里别。他明显地消瘦了,两颊和双手都沾满了油烟,有些苍老。我吸取了上回的教训,没有一下把手伸给他,而是先叫一声你辛苦哇,老陈!他很不自在地笑了笑,两排牙出奇的白。接着他把双手在屁股上揩了揩,准备同我握手。可是田藕抢先把瓷缸塞给了他:"先吃饭吧!"

"不急不急……"糙坯子看着我,说:"你看,我这……我还没先去看你。"

"我知道你正忙着。"我说。

"是,忙……"他说。

田藕说:"瞎忙。你就晓得瞎忙!"

糙坯子还是笑笑,打开瓷缸盖看了一下,又合上,对女儿说:"你先回吧,碗我自己洗了带家去。"

田藕就走了。走了几步又停下来说:"碗带回来我洗。"

糙坯子住的地方是一个简易的竹棚,里面码着不少剖成片状的硬柴。他在竹凉床上铺着干草,一床很厚实的被子叠得圆乎乎的。床头吊着一盏熏黑的马灯。还有一个竹篾壳子水瓶,上面套着一只以前盛枇杷膏的瓶子,大概是喝水用的。

"连个坐的也没有……"他说。

"就在这坡上坐坐,挺好。"我说着坐到一块草皮上,"老陈你趁热吃吧!"

他又说不急不急,把缸子贴在窑头烟囱边温着。一只大苍蝇在他面前盘旋着,他拿毛巾将它轰走,然后移到我旁边坐下:"这次能多住些日子吧?"

我说看情况吧,至少要等我所"关心"的事大致有了个眉目。"不会拖得很久的。"我说。我想知道他的态度。上次我来,糙坯子无疑是热情的。但是他对已经过去的事似乎没有多大兴致。我和田藕从青云山回来,他依旧是平静的。在我印象里,糙坯子不像是那个诡秘老房子下面的人。每次我们谈起叶家、谈起郑海,他的叙述没有一点儿"个人投入",好像他当时的所见所闻都不过是由别人那里转述而来的。正是因为这一点,我很愿意从糙坯子这儿多争取到一些东西。我需要明确的客观,它可矫正我的臆断。

"我发现,"我说,"上次来忽视了那道门。这是一个错误。"

他好像不明白我的话,木木地看着我。

我又说:"田藕是对的。叶家离不开那道门……"

"她这孩子喜欢乱想,"糙坯子把身子正了正,"她很不懂事。都是她奶奶从小惯的。她奶奶后来老糊涂了,许多事情讲不圆。越是这样就越喜欢讲。人老了,就这么个脾气。"

"你是说你母亲后来神志不很清楚?"我这样问。

他点点头。"她好像同别的女人不一样,"糙坯子说,"我很小的时候,就这么想过。"

"你能具体说说吗?"

糙坯子把腿盘紧,望着很远的地方,说:"陈士林没来前,我和妈睡一床。她时常夜里大叫,叫着坐起来。开始我以为她是做噩梦吓的。可她说不是。她说眼前的事她都知道,就是说不出话。她认为是被什么东西压住了。那东西看不见也摸不着。她说是鬼。"

糙坯子解释说他妈是旧社会过来的,头脑很迷信。后来参加革命了,觉悟也自然高起来。不过偶尔夜间还叫。"我疑心这是一种毛病。"糙坯子说,"她也请郎中看了。郎中说是什么经脉不通,开了几帖药。我妈吃了,看不出有多大效果。有一天,那是个中午,她做事累了,就合衣歪在床上睡熟了。没多会儿工夫,她又叫着坐起来,一拳挥在墙上,手背全青了。她吓得脸色惨白惨白的,汗淌了一背。正好大少爷从外面回来,听到叫声便跑过来看看出了什么事。妈就一五一十地说了。大少爷却笑了笑,叫我妈今后困觉侧着,往右侧。她就这样做了,果然很见效,也是怪事。"

我很认真地在听。于是糙坯子停顿片刻又接着往下说——

"还有一件事也好古怪。我妈总说她看到院子里有一团红火,一下东,一下西,一下上,一下下,蹿来蹿去的。一天晚上,她看见那团火进了你说的那道门……"

"那大概是什么时候?"

"好像是一九四九年春上吧。陈士林才领来不久,那天夜里天突然变得很热,月亮也好,我们在院子里玩地老鼠……"糙坯子回忆道,"我妈准备进厨房洗碗,腿一软坐到地上说:'火……'我父亲扶起她说你又是火呀火的,你眼闪了!我妈说:我实在是看见了,红红的,进了那门。这一争吵,楼上惊动了。二少爷和唐月霜都打开了窗。二少爷笑着说:莲子,这可不吉利呀!唐月霜也哈哈大笑,说这屋子迟早一天会交给那团火。我父亲推了我妈一把,骂道:就你乱嚼舌根!我妈不再回他,扯下围裙走开了……"

"那天晚上大少爷在家吗?"

"不在。"他肯定地说,"他上窑来了,有一批货正赶着装船。"

"是常来的那支船队吗?"

糙坯子眨了眨眼,表示记不清楚了。这时候天开始转灰,我们身边的小虫子也多了起来。糙坯子看看窑头的青烟已尽,便支起身子打了个极其舒展的哈欠。

  船娘在那个雨夜后来看见了一团红火,像一朵绽开的月季。她害怕了,躲到拐弯的屋檐下将身体紧紧环抱。那团火是在她发现那把斜靠着的黑洋伞之后出现的。仿佛从天而降,在卖馄饨的小贩脚下打了个转,然后挤进了严实的门缝。船娘的斗笠被风吹斜了,细雨像松针似的往脸颊上扎。这真是见鬼了,她想,那团火怎么老是突然落在眼前?

  第一次看见这红红的小东西是在三个月前。也是在夜里。当时天上布满着软软的云。月亮很迟才升起来,村里的狗已经不叫了。那个时候莲子正在厨房里用小石磨碾豆汁。这是大少爷吩咐的,说老爷这几天吃不下东西,给他换点汤汤水水。黄昏后莲子便把黄豆淘了。风柔柔地吹进窗,油灯摇曳,莲子有节奏地转着磨,哼起家乡一支古老的曲子。这曲子现在已经走调了,怎么听也像是当地盛行的黄梅调。二姨太总以此来笑话她,可她不生气。她只是想自己命没有唐月霜好,天分也不及姓唐的高。唐月霜也是外乡人,而且比自己来得晚,可是唐月霜至今能唱出地道的锡剧和扬剧,也能唱出地道的黄梅调。人和人实在是不一样的,她想,各人有各人的珍贵。莲子想自己并不贱,因为她也有唐月霜学不会得不到的东西。

  背后窸窸窣窣的声响。莲子没有回头。她知道藏在柴垛里的那道门开了，而且是谁从里面走出来。莲子悠悠转着小磨，把哼着的曲子咽下去。于是就好安静。这样过去了一会儿，仍没听见脚步声。莲子便扭头往后看，并没有人来。该死的老鼠！她想刚才一定是老鼠在柴火里嬉戏。可是她心里不踏实，就住了手，把持着油灯去了柴房。似乎一切与白天所见毫无二致。莲子正欲退走，蓦然间看见一团巴掌大的红火球由柴垛里蹿出，飞向窗外，像流星一般划出一道光迹，遂坠入夜的深渊……

  第二天一早，莲子把昨夜所见悄悄告诉了大少爷。她看见他的脸色一下变得惨白。后来叶千帆说：看来，老爷要走了……

  三天后的夜里，叶老爷念慈魂归西路。

  这一切犹如昨天发生的事让船娘越发惶恐，她觉得自己头重脚轻，不能坚持到那把黑洋伞重新撑开。她记下了那座小木楼的位置，又把那小贩的模样细细看了一遍，然后离开了。在下坡时，她又跌了一跤。她几乎是亡命一般逃回船上。那时候船佬和那个捞上来的孩子正烂睡如泥。船佬的鼻腔高一声低一声地抽着，鼻孔像一双斗鸡眼。船娘把湿衣服脱下来，按到脚盆里用水浸着。她把手上的水弹到船佬的脸上，船佬便面部抽搐了一下，然后翻了个身，不再打呼。船娘松了口气，取出酒壶连喝了两口。这酒好辣呀！

  酒后的船娘显出几分娇媚。她轻轻掀开那孩子的被窝，侧身钻了进去。那孩子虽瘦但火气很旺，被窝热烘烘的。船娘拿着孩子两只平板板的小脚，又凑近嗅了嗅，酸臭的脚气让她不禁摇了摇头。后来她把它们放在自己乳房上，她想这样它们就老实了。

  雨紧一阵慢一阵地下着。风倒是渐渐刮得平稳了。船娘用肘将头枕高，眼睛落到二少爷两只贴满花花纸的皮箱上。那箱子像尸体一样老沉老沉。二少爷说差不多都是书。她想起一句歇后语：孔夫子搬家——尽是书（输）。如今二少爷又回来了，带着这些子书。可是二少爷是个非常好胜的男人啊！

  这会子，那个小木楼上的灯还亮着吗？

第十三章

　　窗前的知了羞羞答答地叫着让人心烦意乱。我于是取消了午休的计划，想到外面散散步，顺便买一包香烟。

　　陈士林又没有回来吃饭。他像个游神似的，很少有歇息的时候。可是我实在没有看到他做过什么正经事。他是个很累的闲人。据说他烧窑很有一套，不过早就洗手了。他会不会在秦贞那儿？我来有几天了，还没同秦贞打照面。她也没来这院子。当然她病了，而且病得不轻。我应该去看看她。这位女乡长除了身上那种落伍的时髦化之外，给我的印象还是良好的。她的热情，她的进取心，在目下基层干部中也比较少见。尽管这样的精神状态与她那位做专员的舅舅有关。

　　去乡里的那截路由于雨天拖拉机的碾压变得十分不好走。两旁的杨树被无端地伐去了，代之以松柏。这些不过一人高的树，大概因为水土不服显得憔悴不堪。很显然，这个美化环境迎接检查的措施受到了自然的奚落，适得其反。我觉得它很能反映出秦贞的做派。太阳极毒辣，我又忘了戴草帽，所以这截路走过便额头见汗了。忽然间我想起了一件重要的事：一年前我上青云山，那个年轻的道士领我去阴阳界看郑海的墓冢。但是没有！它失踪了。无疑这是一件大事，因为它与政治相关也与历史相关。我们当时商量的结果是：不说出去。至于为何要这样做，我们也没有很好的理由。只是觉得这样比那样好。这件事在过去的一年里曾五次以鸟的形态在我梦中出现。那是一只白色的大鸟，眼睛和嘴还有爪子是朱红色的。它停留在一个青草坡上，仿佛凝固，如一块石碑。当你走近它时，它便振翅飞去……一年过去了。一年里没有人提起它。是别人没有发现这个不存在的事实还是发现了缄口不语？

　　乡政府的院子和以前一样冷清。院子里到处晾着衣服。靠近秦贞的房前晾着一排女人用的小东西，式样极考究。我来早了，应该两点以后来。我正踌躇，听见室内咳嗽声。我就勾起指头敲门，哪知门是虚掩的，秦贞正背对着我伏在桌子上写着什么。她头也不回地叫道：

　　"滚！"

　　我一愣，不知道是把迈进去的一只脚收回来还是把另一只脚迈进去。

"你死到外面去!"秦贞把钢笔一拍,站起来,这时发现了我,脸倏然变红竟一时没了词。

我赶紧喊了一声"秦乡长"。

她连忙用手拍拍额头,迎过来:"你看你看,我都气糊涂了……你坐……怎么好意思让你先来看我!"

这样窘境才得以消解了一些。她忙着给我泡茶、削苹果;又把脚下的拖鞋换成凉鞋,把裙子拉了又拉,脸颊的红晕褪得好不规则。不过我发现,这位临近中年的女人突然变得很可爱。她的容貌甚至是相当漂亮的,形体也比我上次见到的要匀称一些。我就想,病是一种奇妙的东西。有人因之枯竭,有人则因之美容了。记得鲁迅曾幻想到吐半口血扶两个丫鬟到阶前看秋海棠,以为那也算是雅事一桩。从前对此我颇不以为然,现在见到秦贞,倒认为是事出有因了。

"听说你病了……"我说,"好点了吗?"

秦贞把头发往耳后拢了拢,说:"其实也没什么病……只是心里不好过。你喝茶。"

我喝了口茶,又说:"听老陈说,你病得不轻。"

"他这人说话……"她淡淡一笑,又问:"他真这样说的?"

我点点头。

她看看指甲,一时没话了。我看得出她好像有些激动,想说什么又不愿讲出来。这样沉默了一会儿,她开始问我这次来是不是和上次一样,为着郑海的事。我说,我不是专门来调查这宗事的,只不过认为它"有点意思"。"就算是作家体验生活吧,"我这样解释,"下来看一看总归是有收获的。"

"可是别人不这么看。"她说。

"你说的'别人'指谁呢?"我反问道。

"除你之外的人。"她说,"他们把你看做钦差大臣,认为你是……我也说不好,至少你对有些过去的事很怀疑,是这样吗?"

我就笑了,我说我对"怀疑"的确很迟钝,敏感的倒是那些"别人"。我喜欢和这些人接触。他们的玄思遐想实际上就是很好的作品。我不过是稍加整理而已。

她给我的杯子续上水,说:"有些东西是不可以来怀疑的。你得留点神,别听人瞎说。"

这是什么意思呢?秦贞的口气突然变得很大,仿佛是我的领导。但是我对此不反感。我能听出她的善意。就是说,她是为了我好才这么说的。显然,她了解到一些"背景情况"。我敢肯定,这又是林重远的招呼。林重远企图控制我这我早有感觉。可是他同时也支持我做这件事,尽管叮嘱我"不要走得太远","不要钻牛角尖","网也不要张得过大"。他认为这样会把一件简单的事弄复杂,结果一定非常糟糕。然而有一点"别人"是无法理解的:对于一个小说家来说,他所感兴趣的可能正是不可收拾的结果。至少,我是这样的。

船是第二天上午雾散之后才开的。

二少爷回来的时候天刚破晓。其时船娘已经醒了,但是没有爬起来。她翻了个身,把头埋到被子里。那孩子酸臭的脚气呛得她胃里直翻腾,她真想立刻把头伸到舱外去。二少爷进舱后先把马灯吹灭了,然后开始脱衣裳。他脱得很慢,嘴角还咬着烟嘴。那受潮的烟草有一股霉味儿。船娘双手将那孩子的脚抱紧,她觉得这样心跳就听不见了。后来她听见二少爷轻轻叹了口气,她想他还没有躺下来。这个男人忙了一宿,累了;累过了头反倒睡不安宁……

不久船佬起来了。像平时那样,他打哈欠抽鼻子,然后提着裤子对着江里撒尿,然后咳痰,然后用水清喉咙。结束了这一切,他开始找东西吃。吃完了再就着江水洗脸。这个早晨十分阴沉,天上的灰云走动得很快。船佬坐在船头对着天骂骂咧咧的,又自我安慰:雨是不会有了。不多会儿,风向突然转了,由逆风转为顺风。于是船佬对舱里嚷了声:

莲子你别摊尸了!快起来帮老子扯帆!

船娘哼哼几声爬起来。她瞟了二少爷一眼。他一定醒着,她想。她从他脚边走过时心里不禁又起了慌乱,但她对自己男人说:

给你娘叫魂哪!没见二少爷正睡着!

做丈夫的傻笑道:天公作美,还不趁风赶路。

雾还没散呢!船娘说,当心再吃枪子!她把后一句话说得很响。这时候她发现男人右膝上有一块泥,而且沾泥的地方破了——是擦破的！昨天它是完好的，她想，后来他睡了……难道……她突然意识到了什么。这家伙是装睡的。他一定也下了船！船娘迅速把昨夜的事回想了一遍。我怎么只顾着前面而不也往后看看呢？六指你这狗日的，竟敢算计我！她把眼睛从那块泥上挪开，转过身懒懒地梳着头发。她又想，六指哪来这么大的胆呢？他到底想干什么？捉奸还是别的？黄昏时他去了岸上，说是去沽酒。后来，他进舱了。而那时二少爷正在舱里整理着箱子……

天色渐渐明朗。一线微弱的阳光从云层后面斜射下来，落在桅杆上。这阵风终于把云拨开了，可是也使浪头加高，船比刚才摇晃得更厉害。二少爷一边拭着眼镜一边从舱里走出。他的眼睛很红，脸色也黄。他说昨夜去岸上看了一位同学，回来迟了些。说这话时他看着在船沿洗衣的船娘。

天晴了。他又说，好大的风啊！

于是船扬帆起锚，乘风逆水而上。江面显得开阔，几只水鸟绕着船帆翩翩飞动，不时发出尖锐的鸣叫。二少爷立在船头，风掀动着他的长衫，使他的身体看起来比平时要瘦弱一些。船娘掌舵，船佬在两舷走动下篙。每下一次篙便对掌心啐一口唾沫，使劲搓搓，再用肩头顶着撑篙，嘴里轻哼着号子。两岸的杨柳缓缓向后移动。等太阳完全露出脸时，一座大山扑面而来。少许工夫，那山上道观与民居的轮廓依稀可辨了。这就是青云山。

每次过青云山，船都是沿岸而行。这是从前叶念慈的习惯。他要看看这山的面目。据说他年轻时路过此处，还题过一首七绝，请石匠镌于岩壁。如今这诗同做诗的人皆已不复存在了。存在的只有记忆。

停一下！二少爷说。

船佬把撑篙直插下去，这是临时停船动作。二少爷没有跳上岸去，只是在船边来回踱着，注视着那山，那块离船最近的大石头，它上面长满了蒿草与野刺。他想那一枪一定是从它后头射出的，距离不过五十米！

是这儿吗？他问六指。

六指点点头。

二少爷不再问，默然把一支香烟安到象牙烟嘴上，并不点燃。他对着那块大石头看了良久，然后对船佬摆了摆手……

忽然舱里叫起一声"娘"。那孩子醒了。

从秦贞那里回来我有点不舒服。可能是因为轻度中暑。天说热就热，身上的汗出不来，躺到竹席上又觉得凉得扎骨，不如到院子里树荫底下坐一会儿。这几天有旅客进进出出，院子有些嘈杂。田藕因此整日忙活，一天和我说不上几句话。这时候人便生出一丝寂寞来。

我不止一次地问过自己：到罐子窑来其中一个不可忽视的因素是否在于这里有田藕？我觉得是这样的。以前读过一些古典主义的东西，也曾幻想自己的生命里有一截田园牧歌式的好光景。尽管社会是越来越"现代"了，但我仍然相信，人心和从前一样古典。我每次这样想下来，就为田藕感到惋惜。她聪明，好学，应该到城市去读书，将来与这地方一刀两断。我曾恳切地劝过她，得到的却是冷淡的回答。"我也这样想过，"她说，"可是我不能。"她没有道出原因，显然是不想把它说出来。她又说："我有我的考虑。"她的意思似乎是说：你不过是站在你的位置才这么想的。或者，你其实是为自己考虑。我还能说什么呢？

知了又开始叫了。就在我头顶上，好像是两只，一问一答。这声音使夏日无限延长，又使世界变得相当枯燥。这难熬的时光会让人的头发生锈的！烟在口腔里像棉花那样乏味，没吸两口我便掐了它。这时，田藕来了，送我一碗绿豆汤。

"清火的，快喝下去。"

"这样香？"

"是和咸鸭子一块熬的。再放点石膏。"

"我还是头一回喝这样的绿豆汤。"

我很快喝尽了。味道蛮好。我朝边上一个石凳指了指，她就坐了，然后问我：

"你刚才去乡里了？"

"对，去看看秦乡长。她病了。"

"现在好些了吗？"

"看上去没什么。可是陈士林认为她病得不轻。"

"他心疼她哩!"田藕哈哈大笑,"陈士林就这么个东西!"

我很吃惊,田藕竟然以这种口吻谈她的叔叔——虽然不是亲叔叔,但毕竟是她的父辈。(也许的确是她的亲叔叔!)我注意田藕的表情,好像不完全是轻慢的、调侃式的。她的笑容收敛之后出现了短暂的迷惘,仿佛她刚刚才来到这个世界,一切全都陌生。

"他会烂掉的!"她说。

屋里有人喊"结账"什么的,田藕便离开了。我越发觉得不对头,可又弄不清楚。田藕突然变得这么古怪,对陈士林的态度显然不同于一年前,难道这其中有什么"问题"?陈士林是个容易讨女人喜欢的男人。他能使女人的理想与实际获得双重满足。他和秦贞的关系有些暧昧,我想不少人都能看清这一点的。或许正是因为这个,田藕鄙视他,又为之遗憾。还有一点,关于田藕的母亲,我了解得太少。那个与外乡人私奔的女人如今似乎已被人遗忘了。他们和我交谈全都回避了这件事。是因为这件事不光彩难以启齿还是由于别的因素必须缄口?

这会儿太阳藏到一块大云的后面,地上立刻变得凉爽。奇怪的是知了也不叫了。几只黄色的雀子无声地从我头上飞过,像风鼓起的几片叶子,飘飘悠悠,最后不知落到何处。院子的大门响了一声,陈士林回来了。他提了支自制的猎枪,枪筒上挂着三只斑鸠。他今天的装束也蛮有意思,圆领衫、西装短裤,一顶长舌的白色太阳帽,一副镀水银的宽边墨镜,脚下踏着日本人用的那种木屐。这身打扮不伦不类但使他非常洒脱,甚至很帅气。他对我点点头,然后高声喊田藕。

田藕探出身,并不走过来。于是陈士林走过去,把枪和斑鸠交给她:"夜里吃。"

田藕故意不接,说:"怎么不给秦乡长送去呀,这可是补品哩!"

陈士林把东西往田藕怀里一塞:"你怎晓得我没送呢?我送了她三只。"

田藕说:"何不这三只也给了她?六是个双数,六六大顺,等她当了县长,你也好挣个乡长,我们也跟着沾沾光!"

陈士林突然脸一沉,厉声道:"再狂,我撕了你!"

我连忙上前拉住陈士林,同时示意田藕快离开。可是田藕一动不动,依然轻蔑地看着陈士林。我只好把陈士林拖开。

"岂有此理!"他愤愤地说。

我知道你迟早要打听这事。去年你来的时候,那女人刚走不久。她叫枝子,人生得不难看。糙坯子娶这女人那会儿,我还在坐牢——你大概也听村里人说起过吧。来,把这杯喝了!

我是因为偷队里稻种吃坐牢的,当时判我十年。这是当时的政策,没说的。后来提前释放了,据说是看在我娘的份上。我娘帮过郑海,也算是个小功臣吧!实际上自我抓走,娘差不多垮了。娘疼我,从小就这样。为这事糙坯子至今还记恨我,他不说我也知道。枝子原来是打算给我的。她是外乡人,逃荒逃到这地方,娘收留了她。娘说这孩子的命和自己差不多。那时候,枝子不过十五六岁,还是个黄毛丫头。这是一九五九年春上的事。大食堂倒了,饥荒像瘟疫一样,淌到哪哪儿人头就脆……

前一年办大食堂时,我们卖了一些货。可是票子不经花,不顶事,还是饿。那些日子天一断黑,家家就上床困觉。好像一困就能抗住饿。一天晚上,我起来撒尿,看见厨房里亮了灯,就好奇怪。起先我还以为是贼哩!我轻轻摸到厨房——就是从那道暗门下来的,一看,是枝子在啃东西吃。细细一看,那东西是只老鼠!枝子把它剥了,煮了,饿猫一样地啃……枝子发现了我,胆怯得把老鼠往身后藏。我没说话,转身要走。她上前一把拽住我,把剩下的老鼠塞到我手上。我没吃,好像哭了……

那时候,我是生产队长。要春耕了,公社发稻种,让各队派觉悟高的人去挑。我去了。去的路上我总想起那天夜里的事,我就打定主意,行前把两只裤管扎紧。等稻种发到手,我就到一个偏僻的场子,把稻种往裤管里灌。没人发觉的。等回到家,叫枝子关上门。我解开裤子,抖出来有好几升!枝子好害怕,说娘要是晓得会打人的。我就笑着说:老子都不怕还怕娘?那天娘出门弄柴火了,不在家。我和枝子商量,想瞒过娘,就说是政府给娘发的救济好了。这时候,突然有人敲门。

是糙坯子。他一进门就盯着我和枝子看,眼光很不正常。我当时正举着裤子。怕糙坯子误解,我只好把偷稻种的事说了。他什么也没说,走了。

傍晚，娘回来了。她弄了一篓子松毛，还提着一只野兔，说是在山上捡到的。那兔子死了有两天了，是枪打的，额上的血迹像酱油一样。我就接过来当即剥了。这天的夜饭真是我有生以来吃得最香的一顿饭。我叫枝子煮了一升米。好些日子了，米没在牙缝里停过。野兔也一锅煮了，堆了一大盆子，实在香！可是娘问：这米哪来的？我就瞒，娘显然不信，但也不多追究。大家闷头吃饭，糙坯子吃得最快，转眼就下去了两大碗。等我盛第二碗时，院子里响起了纷杂的脚步声。我心里一惊，知道坏了。来，再干一杯！

果然是来抓我的，背着盒子炮。屋里一时好静，因为娘站起来了。你把肚子填饱，娘对我说。她把自己的饭也拨到我碗里：装么子孬，你吃！人家等着你走路。说着她自个儿上楼去，给我抱下来一条被子……我跟他们走了，枝子给那些人下跪，哭求。娘喝了一声：起来，这么贱！等我到了村口，我才听到娘哭了一声：天哪——

你看这事一说就没个完！你这人就爱问，不说又觉得对你不义。你吃菜，吃吃！

我上回说我曾在县里干过，实际指的是坐牢。我在牢里待了七年。一九六六年放出来，正赶上文化大革命。也是个黄昏，我回到家。远远就听见小孩子哭，我心下一沉，知道是怎么回事了。我不想进这个家。可是，我想娘，也想看看做了媳妇的枝子。我轻轻推开门，看见枝子正在解怀喂奶。我走过去，离她们两步远站着。枝子一抬头吓得脸全白了。我扔下被子，把孩子从她手里接过来。孩子哭，枝子也哭，我的鼻子酸到了极点，忍着，装出爷们儿的样子。我哄着孩子，一会儿小东西止了，大眼睛忽闪忽闪地盯着我的脸。我把袋里的钢笔别在孩子身上。这孩子叫什么名？我问枝子。她抹了泪，说是个丫头，还没取名，让我给取一个。我说就叫田藕吧，你看这丫头的胳膊腿可像藕？

这以后我不大蹲家，总在外面跑，炒米、剃头、磨剪子抢刀，都干过。光阴就这么晃晃荡荡过去了。我知道枝子心里想着我，糙坯子防着我，娘也为这事操心。我呢，也想，也急。可是左思右想，还是躲躲为上。不瞒你，这期间我也在外头有过相好的，还不止一个。人嘛，就这么回事，活人总不能让尿憋死。再后来，乡里换马，秦贞……你也看出来了是不？实际上也没什么了不得的事。可是，枝子突然跟别人走了。

我知道我伤了她，但又觉得事情不这么简单。那人我没见过，好像是湖北佬，做药材生意的。这里面，我琢磨着，有些文章。我说不清楚。我想糙坯子也不会明白。女人是个怪物。我见识过的女人差不多都是怪物。你是作家，你说这世上如果没有女人该省掉几多事？不过没有女人，男人又如何活呢？

　　叶之秋没有料到跟踪自己的是一个女人。当船抵达罐子窑时，他首先看到的是窑头上袅袅升起的青烟。这烟后来集结成一块乌云，滞留在叶家大院上空。这不是一朵祥云，他想。以后的几天里所发生的事证明他的预感不无正确。

　　他吃惊地发现，莲子每次单独和他在一起总是十分拘谨。莲子性情开朗，青春的身体曾给过他欢乐，伴随他于梦中逍遥。可是当他在船上碰一下她的手时，她却抽回了！开始他想这也许是久未相聚产生的羞怯，然而后来的事又使他不得不断然放弃这个浪漫的念头。莲子跟踪了他！而且企图掩饰这一放肆的举动。他想莲子绝不会是为了窥探他有无另外的艳遇。可以肯定这个动作与男女私情无关。那么，会不会是为了……叶之秋在黑暗中叹息了一声。他眼前又闪过那支来自外江的船队。莲子便是那夜去河边的，回来就吓成了病！她遇见什么了？难道她真被吓住了？还有那个来路不明的男孩，居然成了这个家族的一员。他的突然出现使得另一个女人的眼睛睁大了。那是一双多么美丽又多么险恶的眼睛！每当自己同这双眼睛遭遇，便不寒而栗！这个女人太可怕了。她原是极可爱的。她随老爷子来罐子窑的时候，还完全是个中学生的模样。她作为小妾的历史很快结束了，因为不久母亲便去世了。老爷子也由纳妾而变成体面的续弦。这种地位的优越使她目空一切。在相当长的一段时间里，她似乎从不拿正眼去看与自己身体无关的人。叶之秋还清楚地记得，其时他还在大学里读书，在临毕业的那个暑假里，他才第一次见到这位青春年少风姿绰约盛气凌人的继母。那天她说：你就是二少爷？看起来倒是斯斯文文的。叶之秋心里顿了一下，他觉得这个女人实在太狂了。可是很奇怪，这个自尊心极强的男子当时并不感到这是侮辱性的警告。他想到的是另外的意思。那女人的这句话整整折磨了他一个假期。夏天日长如小年，人心也异常浮躁。叶之秋坐在书房里，觉得书上的每个字都在跳动着。它们似乎兴奋了。那把悠扬的月琴声断断续续被风送来……

那时候叶念慈正在外面谈生意。通常身边只带着仆人六指。关于生意上的事，叶老爷从不与家人提及。这位饱经风霜的江湖老客经常出入上流社会，连日本人也视为座上宾。他的面子使得罐子窑这块故土免遭了"皇军"的骚扰。他乐善好施，每逢饥荒便开仓放粮。叶念慈还有一大嗜好，喜欢收藏古陶瓷物件。以至于后来他将唐月霜带回也被人称作"又收了一件花瓶"。这里的人无法接受这位姨太太的长相与做派，以为那种弱不禁风的姿态完全是戏文中的事。可是日子一长，人们意识到错了。首先是唐月霜"上得了台面"，似乎不费吹灰之力便能接下叶家的经营活计，而且"点子又多"。其次是唐月霜的穿着使他们终于觉出了好，认为女人"露一点肉"是值得的。然而这女人终究是不起作用的，叶念慈留她不过是一种摆设，闲时看一看、摸一摸。毕竟叶念慈的心事不会花在这上面，况且业已年过半百，不是生育年龄。可是两年后的一个秋天的夜晚，叶家大院传出了婴儿的啼哭。这声音随风飘荡惊醒了全村各户。第二天，村里传出：叶老爷喜得三太子。到了第三天，人们又知道：那孩子死了，葬于青云山脚。

这短命的孩子的来龙去脉村里人心下清楚。有人掐过手指，认为"时辰不对头"。甚至还有人私下声称，叶老爷那物件十年前就"竖不直了"。那孩子的啼哭仿佛穿山越水飞向千里之外，最后落到了叶之秋的窗前。一个中午，叶之秋正在为一家报纸赶稿，蓦然听到这声尖锐的啼哭。他烦躁地把头伸到窗外，可是非常奇怪，窗外除了那棵银杏树便一无所有。等他重新坐定，那哭声再次响起。叶之秋顿时觉得心跳加速，血液的奔腾犹如浑身爬满了蚯蚓。他意识到一桩可怕的事终于发生了。

那个夏天对叶之秋来说仿佛十分遥远。他希望它从自己记忆里完全消逝。他恨那阵突如其来的风。如果它不把一粒微尘送到唐月霜的眼里，后来的一切将不会发生。他也恨自己，不该打消去河边垂钓的计划而留在院子里徘徊。那女人轻柔的歌喉使他两腿无力。

风过之后，她突然走过来说：二少爷你帮我一下。接着她向他抬起那张美丽的脸庞。叶之秋一时手足无措，于是她又说：

快些儿，我难受死了！

他伸出手，像小时候捉蜻蜓似的落到那白皙的脸上，轻轻撑开她的眼睑。他从她清澈如泉的眸子里窥见了自己的尴尬。然后他轻轻一吹。那一刻他脑子里一片空白，他吻了她，吻过了就后悔。

放肆！她厉声说。接着她又朗朗大笑。那笑声把刚才风聚拢的乌云全然拨开了……

可是十年后，那团云又停滞在叶家大院的上空。它不会散去的，叶之秋忧伤地想。

第十四章

我刚刚铺开稿纸，正考虑这一章如何开头，一个约莫十二三岁的男孩跑上楼来，交给我一封信。"是一个白胡子老头叫我送来的。"他说，"还叫我向你要一块钱。"

"那老头现在……"我急切地问。

"他走了。往后山走了。"男孩说。

这肯定是一樵！我掏出一块钱塞给男孩，他就很欢喜地离开了。我关上房门，慌着拆信，果然是一樵写的——

今夜子时故道北岸等候。

——一樵

不用说我是很激动了。自从青云山一别，我原以为再也见不到这位异人了——我一直这么看他，可是现在他主动找我，能不令我惊喜？在过去的一年里，这个一樵是我重点考虑的人物之一。世上绝没有无缘无故的事。我敢断定，一樵与叶家、与郑海不仅有关而且关系密切。他绝不会是个一般的"船上人"！我抽烟，连划断了三根火柴。我努力让自己平静一些，于是去看窗外。太阳明显地西坠了，西方是一片金黄。这个南方最令人不安的季节才刚刚开始,今年的夏季据说特别的漫长。一樵约我,目的安在?在以后的几个钟点里我始终在想这个问题。但愿他是在为我指点迷津。

晚饭后天便暗了。这天来了电影队,在村南的大稻场上放映,两部片子连放。陈士林问我是否也去看看,我说在城里看过了,人又不太舒服,想早睡。他便不再言语,嘴一撇即晃晃荡荡地出了门。一路哼着京戏。我弄不清是哪出戏里的,只觉得是须生的腔调,似乎味道还正。糙坯子这天从窑上回来了,他没去看电影,倒是端坐在他得来的电视机前。尽管屏幕效果很不佳,他还是悠然自得,边喝茶边摇着蒲扇。听我说"不舒服",他就立刻把音量调弱。自那天陈士林当着我的面骂了田藕,这姑娘见我话也少了。我也有点尴尬,如果不是我在这儿住,陈士林说不定把所有的斑鸠都给了秦贞,也就免去了那场争执。我上楼不久,田藕给我送水来。她好像大病过一场,人变得单薄了。不过她的脸色看上去还蛮好。毕竟是含苞欲放的年纪。我请她坐,自己靠在床上。她顺手帮我把鞋脱了,这个举动又使我生出浪漫念头。我真想伸手拉住她,拉到自己怀里。可是她突然说:

"我见到一樵了。"

我立即坐起来,心想这是可能的。可我希望把这件事瞒过去,不想让第二个人知道。

"在哪?"

"在梦里。"

我松了口气,笑了,你这姑娘可真逗。田藕却一本正经地说:"他是从天上下来的。是一片云,风把他吹到了这儿。他好像很饿,找我要吃的……我把屋檐下的一挂腊肉给了他。可他说,这肉不香。"

"他什么打扮?和青云山上见到的一样?"我不妨就着她的话说。

"不,不是。"她说,"他今天穿着一件夏布做的衬衫,裤子是黑色的,还夹着一把黄油布伞。"

"他还说什么了?"

田藕想了想,说:"好像……后来他对着我画了一个圈。这是什么意思呢?"

我笑着说:"就是说这是一个梦!"但我脑子里又闪过了那道诡秘的

签文：蛇吞其尾。我想此刻我的笑容一定十分僵硬。

田藕沉默了。少顷，她站起身说："我走了，你歇着吧。"她显然还想说些什么，于是我说不忙，再聊会儿也许人感到轻松些。她淡淡一笑，问道：

"那天陈士林……对你说起我妈了？"她显得小心翼翼，"你别瞒我。"

我有些为难。田藕毕竟是晚辈，上辈人的恩恩怨怨让她知道难免伤感。我说：

"他只简单介绍了一下。不过他对你母亲，怎么说呢，还算是理解吧。"

田藕说："我母亲不会回来的。这样也好，免得在两个男人中间……我是她女儿，这样说她会遭雷劈的。"

我说："我觉得陈士林对你母亲是尊重的。他不像别人想的那么缺乏教养。"

田藕又是淡然一笑："陈士林的确是个人物呀……你认为他真是我的叔叔吗？"

我很奇怪她的提问。这完全是明知故问。不等我回答，田藕又说：

"我总觉得我奶奶待他赛过亲生。可是，我不希望有这么个叔叔！"

月光如水，四野蛙鸣起伏。稻场上的电影还未散，不时有枪炮声传来。那大概是一部战争片，其中再穿插一点儿花花草草。我看看表，子时已至，便披上衣轻轻下楼。电视机还亮着，全是雪花点儿，节目业已演尽。可糙坯子早就伏在桌上睡了，鼾声如雷。他的脚下点了一盘蚊香，所以看上去他是处在云雾之中。我替他关了电视机，然后出门。一只大狗在门外逡巡，见我过来竟摇起尾巴。说实话，就这样我也有点怯它。可是等我临近，它却掉头走了，走得悠悠晃晃，方向与我一致。在以后的过程中，我们保持约十米的距离。在故道中间，这畜生支起一条腿撒了一泡漫长的尿，然后抖抖毛发，突然朝"对岸"奔去，一会儿便无踪影了。这狗会不会是一樵遣来接我的？我停下来，警觉地观察周围，再点上一支烟。我想一樵必定早已到了，正在一个僻静的位置窥视着我。因此就大模大样走过去，到了一个土坡后面，这时我又发现了那条狗。它盯着我，这回却不摇头摆尾了，而是四腿绷直把自己撑成一张满弓。

我心里一惊，觉得这家伙会出其不意向我扑来，不禁捏紧了拳。

忽然背后一声低咳，我忙转身，一樵已在面前，紧接着我差点儿失声叫出，他的装束竟然与田藕梦中的形象完全一致，连那把黄油布伞也未省去！我稳住自己，向前迎了一步："老先生，久违了！"

月光中的一樵更似一位仙翁，微风吹拂着他那部美髯，像摇曳的一束芦花。他和一年前毫无二致，身板依然硬朗。他对我点点头，然后从口袋里掏出一个东西——大概是吃的，朝脑后一抛，那狗便嗖地奔开。

"村里还放着电影吧？"他说，"枪可不是那般响哩！"

我们分别坐在两块石头上。他又从口袋里拿出一个小瓶子，让我亮出掌，倒上一些油剂的东西。他说："你朝手膀上抹抹，防蚊虫，我自家配的，管事。"我就照做了。

沉默片刻，他似乎有些吃力地说：

"本不想打扰你。可是这些日子我老是睡不安稳，觉得那院子里还会闹出事来……我很抱歉。"

"您老太客气了。"我说，"我一直想同您好好聊聊。"

"其实，也没什么好聊的。"他沉吟道，"过去的事都馊了，况且你也大致清楚了。"

"不不，我不清楚。"我说，"甚至越想越糊涂。我来，是想请老先生指点迷津的。"

他笑了笑。这是我第一次见到他笑。他说："我想你来这地方，也是煞费了一番苦心。叶家那个院子，从来就是不太平的。那些人，也都是或人或妖、或神或鬼，人妖相间、神鬼参半。就是落到阴曹，也难修来世。恐怕阎王爷也辨不了真假呀！"

我打断他："但是您一向清楚。"

他有些吃惊，可是没有解释。

我继续说："您不是什么'船上人'，您同那个院子有着非同一般的关系。恕我直言。"

他微微叹息了一声。他说："我已经老了，是什么人都不大要紧的。既然黄土已埋到了颈脖，就让最后一锹土再盖上吧……"

"那么，"我看着他，"这最后一锹土由谁来盖呢？"

他捋捋胡须，说："这不重要。其实我早就不存在了，死了，现在同你说话的是另一个不相干的老头。"

"你是说我在同一个死人谈话？"

"就算是吧。"

"借尸还魂！可是尸与魂是两码事。我也能做到这一点，所以我有把握把叶家的事写完，又何必到这儿来请教一个'不相干'的老头呢？一樵师父，如果您不想对我说些什么，我是不是可以离开了？"说着，我慢慢站起来，拍打着屁股上的尘埃。

他漫不经心地说："你在逼我？"

我立即顶回去："是你在自行相逼。"

他又一次陷入沉思。我注意到他的胡须在微微颤动着。这时的月光被风揉皱了，氤氲之气弥漫开来。少顷，一樵对我看了看，示意我重新坐下来。接着他用比较低沉而且略带沙哑的音调说：

"你会把你的书写完的。至少，你以为是写完了它。你的书还会印出来，有不少人喜欢。你因此能拿到一笔可观的收入。可是，你不会满足，要不你就不会再来这罐子窑了。你做的事已经不是在写一本书……人是在一张大网里活着，要钻出来而又不将网挣破，就得受苦、磨难。祖祖辈辈便是这么过来的。有时候，你也许认为自己出来了，其实那是一时的错觉。你不妨依你的模子往下写。你现在，或许在写叶家二少与唐月霜的通奸吧？他们有了个儿子，据说死了；事隔十载，又来了一个年岁相当的男孩，就是那个叫陈士林的。你大概认为至少是在琢磨着这两个孩子是同一人，就是说，那个有辱门庭的私生子当初并没有死。有人将他送走了，藏了起来。那个人是谁？我看谁都可以，比如说六指夫妇或者大少爷叶千帆……"

他舔了舔嘴唇，继续说："自那以后，叶家二少很少回来了。他很后悔自己的不检点，或者干脆把那女人忘了。你知道，女人走到这一步便不会回头。她一心要报复，甚至会要叶之秋的命。不过后来的结果恰恰相反，她死了，从马上跌下来，落到山凹里，这又是怎么回事呢？二少爷先下手害了她？可是突然失踪的却是叶千帆。这其中会不会有文章可做？不到一年里，那院子出了第二条人命。叶老爷第一个走倒也自然。但是，紧跟着的不该是唐月霜哪！那年她才三十一岁……不说了，说也白说，人死如灯灭，死了倒也干净……"

我沉默了好一会儿，问道："您当年……"

"我是船上人，常来这儿。"他说。

"听说郑海也是船上人。"我说。

"我也听说过。"他站起来，"可我不认识郑海。不认识。"

"那么您知道一些郑海的事吗？"

"他的事这一带知道的人多的是，我要说的你全知晓。他也死了，葬在青云山。"

"他的墓却失踪了！"

"那大概是给风吹跑了吧……"他说，"时候不早了，该分手了。你快回去，那姑娘还给你留着门。"

"你是说田藕？"

"是个好姑娘。"他抚摸着那把黄油布伞说，"你可以把她带走……你娶了她吧。"

我一时没词了。

一樵说："你最好还是娶了她。"

然后，他转身沿故道走了。那只消失了很久的大狗又突然出现，把我们隔开。

　　那个夏天的事在无数个深夜化为一条蛇爬进了叶之秋恬静的梦境，使他惊醒。而几乎在同一时刻，他的两腿之间出现了一片冰凉。他忍受不了这种双重的折磨，在黑暗中抖瑟着换掉短裤，接下来便靠在床上坐等天明。

　　这时他已经结束了大学生涯，但还离不开大学这个环境。他留校担任历史系的助教。校长是日本人，同叶念慈有过生意上的往来，私交尚好。其时战争的硝烟使整个国土染成灰色，阴雨连绵的秋天开始了。一个黄昏，叶之秋正在宿舍批改作业，忽然有人叩门。他以为是学生，便随口说："门没关，请进。"于是门慢慢被一只纤细的手推开，叶之秋一见就弹了起来，感到血从脚跟迅速涌至头顶。但他很快掩饰过去，或者说一种新的冲动压过了惶恐，他抓住了那只手。门关紧了，他把她紧紧搂在怀里，尽情地去感触她并不丰满的胸脯产生的柔软。他怕她，但更需要她。以后的几分钟里他们都没有说话，期待着窗外的暮色蔓延。他们搂抱着慢慢移到床边，然后又慢慢地倒下。他们开始重复夏天的故事，身体的每个部位都自然得到了对应位置。他惊异她的大胆做爱方式以及不加掩饰的狂热。等短暂的呻吟消失之后，他又生发出一声短叹。

怎么？累了还是后悔了？她闭着眼睛说，嘴角藏着一丝冷笑。

他没吱声。他想越过她的身体拿香烟，但她拿住他的手，放在两乳之间。

你是拿我当老婆，还是拿我当继母？这时她睁开了双眼，看着他。

拿你当女人。他说。

供你享乐的女人？

请别这么说……我想静一静。

沉默了良久，天也见黑了。他想该出去吃点东西了，就准备穿衣服。她又一次拿住了他的手：之秋，你不是想出国吗？把我带上。

出国？他冷笑道，现在是战争时期，谈何容易！再说，你一走，老爷子谁来伺候？

他可以再娶三太太。她说。

不，他边穿衣服边说，你还不了解他。他离不开你，所以……

所以你就决定离开我？她一下坐起来。

叶之秋没有回答。这个问题太尖锐了，太难了。可是他又不能不回答。他想与其现在含糊过去倒不如直说了事。日子拖久了，会惹出更大的麻烦。他看着她，屋子太暗了，没法看清她的表情。他想她一定是流泪了，他自己也有些不好受。出去吃点东西吧。他轻声说。

她静得像一片影子。

那……我去买点干的，就回来。

他悄悄出了门。这时候天又落起了小雨，他犹豫了一下，还是走进了雨幕。冷雨淋在他的脸上，他觉得很舒服。这件事不能再继续下去了，他想，无论如何得结束这一幕。可是那实在是个叫人神魂颠倒的女人啊！风雨中他依稀可见父亲那张严肃的面孔。他心里剧烈地颤动了一下，紧接着打了个寒战。他不恨父亲，甚至替父亲悲伤。这种双重的背叛是致命的。他在黑暗中咬牙切齿地诅咒上帝：婊子养的，你不公平！可是他一筹莫展……

雨越下越大……

半小时后，叶之秋浑身透湿地回到宿舍。他没有开灯。等他走近床头，忽然一道闪电划过——她走了！叶之秋脑子里嗡了一下，立刻抄起雨伞，准备去码头。然而他最终还是去了与码头相反的方向。当末班轮的汽笛沙哑飘过之后，他已感到四肢无力，但头脑却彻底清醒过来。他在城市的背面徘徊了很久很久。

直到不久前，我才接触到希腊大诗人乔治·塞菲里斯的作品。这位外交官出身的诗人由于"他的优秀抒情作品中洋溢着一种对古希腊文化遗产的深挚感情"而荣获1963年度的诺贝尔文学奖。

《厄洛蒂科斯洛戈斯》系希腊文的音译，其意是"爱恋的言语"。这首长诗的第四小节是这样的——

两条蛇，美丽的、彼此分离、岔开的长舌，
爬着，搜寻着，在黑夜的树林里，寻求一次荫蔽中的秘密的爱；
它们不眠地寻求着，不喝也不吃东西。

盘旋着，缠绕着，它们那不餍的欲望
延伸，折叠，旋转，在身上绕着圆圈，
它们为星空的法则所暗暗支配，
扭动着灼热而不可抑制的狂乱。

森林像根震颤的大柱站着在守夜，
而寂静是一只银杯，那儿有时候，
会落进清晰而完整的回声，像一把
精工的凿子吊在割断了的绳子上头……

雕像突然醒来。但躯体已经消失
在海上，在风中，在太阳下，在雨里。

于是自然赐予我们的那些美人诞生了,
然而谁知道有没有灵魂在世上死去。

那分离的两条蛇一定在幻想中盘旋过了,
(森林因鸟类、嫩枝、花朵而大光辉)
它们那迂回的追求仍在继续,
像那带来悲恸的周期轮转不已。

关于性爱我似乎没有必要饶舌了。我觉得性爱其实是简单的。一个男人和一个女人,彼此需要,如此而已。我在企图理清叶家过去乃至由此延伸到现在的"种种关系"时,自觉性爱是一把极好的钥匙。从某种意义上,我预感到,性是推动这个艰难跋涉的故事向前行进的重要因素。这不是哗众取宠,也不是偶然,而是在所难免。

——作家手记

"你见到他了?"

"谁?"

"别装蒜了。我看见了那条狗。"

陈士林说完,坐到床沿上,脸上露出不阴不阳的笑容。我给他泡茶,或者说我以此来进行掩饰。他必定是要探听昨夜的内容的,可我不想告诉他。于是我这样说:"他东扯西拉了半天,我好糊涂。这个老头很古怪的。"

陈士林依旧那么笑着看我。"你也许说得不错,那是个古怪的老头。"他说,"你不用瞒我。他说了些什么,我不关心。"

"其实你很有数,对吧?"

"不,不是这样。"陈士林说,"叶家的事,编来编去就那么个模子。反正男男女女搞到一堆,难免要生是非。你晓得唐月霜有过一个儿子,死了——至少是怀疑死了;那么你就以为这孩子是二少爷与二姨太搞出来的。可是我印象里,二姨太不喜欢叶之秋,倒是同大少爷很接近的……"

"你说细些。"

陈士林喝了口茶，把茶叶细嚼着咽下去。他说："我来不久，便随唐月霜住。她好像很喜欢我。她每天上床很早，睡得很迟。一上床就把脚塞到我腋窝里。她是汗脚，所以很凉。她上床时我一般都被弄得一惊。有时候她靠在床上抽烟，我怕呛，缩到被子里。她的皮肤也非常细，贴着她好像偎在一条大鱼边上。我还特别喜欢她的脚味，酸酸的。"可是有一天夜里，我被一股浓浓的脚臭味熏醒了。接着我感到床在吱吱呀呀的又摇又晃。我刚想叫，突然响起"啪"的一声，显然是打耳巴子的声音。

"我晓得是怎么回事了，可是不敢吱声。过了会儿，床平稳了，唐月霜狠狠踹了我一脚：起来，把灯点上！她骂我脑瓜仁子叫狗吃了。我战战兢兢地下床点灯，看见她一脸的怒气还在。你去把大少爷给我喊来！她大声说。我正要去，又停下了。我怯怯地说：大少爷出门了。唐月霜闭着眼睛，好久才骂了句：死到外面别回来！过后就流泪了……"

我插上一句："就是说，那股脚臭是叶之秋带上床的？"

陈士林说："按理是这样的。可也难说，这屋子里总是神出鬼没，外人插一腿也不可知。只有唐月霜心里明白。第二天我偷偷盯着叶之秋，他和以前没什么两样，照讲照笑的，好像根本不知道昨天夜里的事，也许真的不知道吧。几天后，大少爷回来了。他一到家就被唐月霜叫去了。叶千帆出来的时候脸色很阴沉。我想唐月霜一定是把那夜发生的事对他说了。这天晚上，很晚了，我被香烟味呛醒，听见唐月霜在同叶千帆说话。基本上都是女的在说，男的话很少。唐月霜声音不高，话却很重，大概的意思是说日子没法过了她一定要离开什么的。她还说'要鱼死就得网破'。叶千帆劝她冷静一些，说真要走，也好。唐月霜说'我不能就这么走'。怎么个走，没说。我偷偷从被缝里看了，叶千帆立在床前，两腿绷得笔直。过了会儿，他说如果没有事了，想去窑头看看。唐月霜说：'你走，你走！你走得远远的！你以为你自己多么干净，去问问天吧！'这是什么意思呢？我想唐月霜也不是随便乱说的。不过叶千帆还是离开了。

"又过了几天，唐月霜提出要去县城，祭祭城隍；只要大少爷陪他去，还不许他骑马，她也不坐轿。县城离罐子窑不算远，当天往返是容易的。可是他们在县里歇了一晚。到第二天的黄昏才回来。是因为叶千帆不慎撞到了一截树桩上，伤了腰，才耽误的。内伤外伤都有，以后隔一天便请本村的王郎中来推拿换药，不多时也就好了。"

"你说的王郎中……"

"就是王裁缝的老子，早作鬼了。"陈士林说，"不管怎么讲，这县城一夜总是要招惹闲言碎语的。那以后唐月霜不再出远门了，甚至连这院子的门也很少出。她也很少把大少爷叫到自己屋里来。有时候叶千帆主动来看她，她似乎也客气，实际上是冷淡。大少爷提出来让我娘夜里陪她，那女人又不肯，却说：死了倒也罢了。没过多久，她果然死了……这个你晓得，不说了。这女人，红颜薄命，有什么可说的呢？"陈士林把茶喝干，叹道："也真惨哪！死得不明不白，连她自己也弄不清楚。也许清楚，可说不出话了……"

"你当时在场？"

"出事时不在。我看着她断气的。她不可能闭眼，她冤！"

"唐月霜去世时多大年纪？"

"这个……不清楚了。"

"可是一樵清楚。三十一岁。"

"这也不奇怪，老人对过去的事记得实在。何况这是当时轰动乡里的一桩大案。"

"也许当时一樵就站在边上。"我说。

美丽的唐月霜下葬后的第三天，县保安大队派人来抓嫌疑犯叶千帆。这之前的几小时，据说"天空飘满了乌云"。叶千帆便是乘着这样的气氛，于一个黎明突然失踪的。他的失踪使这桩疑案射出一线亮光。在局外人眼里，最公正的说法也是叶千帆在那匹大白马身上"做了手脚"。他杀死了大白马。然而这一举动很容易被人看做是掩耳盗铃。谁也不会忘记，当平素文弱的叶之秋当众左右开弓打了兄长两耳光，并且骂他"下手太毒！"之后，叶千帆仿佛瘫痪，英武之气荡然无存。所以一贯相信做贼心虚的人们至此完全放弃了"大少爷是好心"的观念。甚至有人进一步设想：几个月前在青云山脚向叶老爷发射暗枪的也是叶千帆所为。

当时的政治形势已出现了崭新局面，解放军渡江在即，李代总统不得不在南京城的上空兜两个圈子，从此一去不返。不久，《时报》在第四版刊登了一封"告家人书"，作者叶千帆。这篇不足五百字的小文其中提到"余半生浪荡，一事无成，愧对列祖列宗。今离乡背井，去台谋生。余已解甲归田，无大展宏图之志，但求农桑小耕。……余客寄异乡，深知寒暖，唯望家中兴旺平安"。这封公开的家书作于民国三十八年四月十一日，距大军渡江仅仅十天。

我在省档案馆查到这份东西，当时的想法是：叶千帆此举没有实际意义。继之认为：此举非常荒唐。既然一个人连人也敢杀，又何苦这般彬彬有礼呢？既然是突然失踪，又何必显露出蛛丝马迹呢？

唐月霜的死与叶千帆的失踪一般看来是有联系的。但是从一樵和陈士林所提供的情况看，唐叶之间有着特殊而微妙的关系。诚然，唐月霜也认为叶千帆并不干净，可是她依然信任他。我们姑且不去说县城那一夜是怎么过的，至少，我们很难找出叶千帆加害唐月霜的理由。除非那个聪颖的女人掌握了什么要害之物，以至于叶千帆不得不对其下毒手。然而这种推断还是站不住脚的。叶千帆是行伍出身，而且身上有枪，如果他决定杀人，将会把一切办得干净利索，不留痕迹。他再蠢也不至于把人们的视线吸引到自己身上。就是说，有人欲除唐月霜同时嫁祸于叶千帆，这是惯用的极端毒辣的一箭双雕！

此人是叶之秋？

但突然失踪的又是叶千帆！他的消失使人们的怀疑成为事实。如果他本人确实是冤屈的，他的逃离就显得毫无道理可言。逻辑是不对任何人宽容的。这一结果我想叶千帆当时一定十分明白。他也一定反复考虑过。最终，他还是选择了失踪。也许是别无选择。

关于叶千帆在县城无意中被撞伤，王裁缝介绍的与陈士林并不一致。"伤的确是伤了，"王裁缝说，"但不是撞伤的，是烫伤的。"王裁缝说当时他父亲所配制的方子是治烧伤的。他提醒过父亲，郎中的反应是"瞪了一眼"，并说"你懂个么子！"王裁缝认为父亲是在有意隐瞒这一点，可他不明白为什么要隐瞒。

叶千帆伤愈后，唐月霜送给了王郎中一笔数目可观的钱。"那天我在家。"裁缝回忆道，"叶家二姨太送钱来，我父亲还不敢收，太大了。唐月霜的脸色很不好，临出门时还叹了一句：我真是遇见鬼了！我后来听说，那一回他们是在城隍庙里歇脚的。"

糙坯子对这件事也还有印象。他曾做过一回下手，帮助大少爷换药。"好像不是在腰上。"他开始这么说。很快他明确指出所伤的位置是"靠近肚脐的地方"，因为"有几根毛"所以他记住了，不会错。

基于这两点的出入，那个故事的片断自然有别于我最初的设计。我暂时不去写。尽管想象是自由的，但仍然需要自圆其说。

——作家手记

第十五章

糙坯子从窑头下来的那天晚上村里正放着电影。他在家里守着那台"雪花飘飘"的电视机。连日的劳苦使他疲惫而憔悴，不久便昏昏睡去。我从故道北岸回来的时候，他还伏在原来的地方，不同的是鼾声已趋于平缓。他睡得很沉也很香，粗糙的脸上浮现出近乎幼稚的表情。我仍没有惊动他。当时这院子里好像没有第三者，稻场上的电影正处于生死攸关的时刻。据说最终还是一个悲剧，不该死的全死了。

我感觉到，人们对糙坯子住扎窑头表现出极大的关注。因为他在进行大胆的试验。他本人无疑被上面视为改革者。这个时期，县广播站反复播送着介绍陈士旺先进事迹的稿子。地区电视台在我来罐子窑之前，也曾专程到此采访过他。糙坯子守电视机与这件事有关，可是迟迟没有播出。据乡长秦贞说，没有播的原因在于陈士旺同志新的试验尚无结果。"安排电视台来采访他，目的是给他鼓鼓劲。"女乡长说，"同时给他一点压力。"就是说，采访实际上是一个骗局，而糙坯子却当真了。我没料到秦贞居然会有这样的手段。联想到在县里所听的关于她将出任副县长的传闻，我对这女人还真有点刮目相看了。

然而糙坯子的试验仍没有结果。或者说出现的结果都是不佳的。他失败了。至少是暂时的失败。于是今天的上午，秦贞上门来了。

病愈的秦贞平添了三分娇媚，举手投足的幅度也因此变得得体。她的穿着与季节十分谐调,是一件浅紫色加碎花的连衣裙,乳白色的皮凉鞋散发出她那种年纪的女人固有的端庄气息。当时我正在窗口吸烟。糙坯子在院子里修理一座老式挂钟。秦贞悄悄在他边上坐下来,他见了便慢慢立起,可是秦贞又将他按下:"坐呀,老陈。"

糙坯子想去给乡长泡茶,秦贞摆摆手,表示不渴,说一会儿还有事等着。

"老陈,你瘦多了。"秦贞说,"也真难为你了!"

糙坯子埋着头,说自己没有把工作做好,辜负了领导的一片希望。

秦贞也叹了口气,说:"我也有责任。我有些时候没同你谈了。"

"这怎么能怪你呢乡长!"糙坯子完全被感化了,站起身说,"是我的错!我骄傲了吧?"

秦贞沉默了一会儿,示意糙坯子重新坐下。然后她说:

"老陈哪,改革可不是一帆风顺的。这几年你有了不少进步,组织上心中很有数。而且组织上一直在考虑你的组织问题。但是,我也要批评你几句。你把改革看得太简单了,以为一觉睡醒就马到成功。还有,组织上宣传你、表扬你,是对你的鼓励,你不要自满,这你也认识到了。千万要警惕,不要让荣誉成为包袱……"

"乡长,你……"

"你坐。失败了没啥了不起的,失败是成功之母嘛!要认真总结经验,吸取教训。从多方面找一找,首先是思想上……"秦贞顿了一下,好像没词了。她借拢拢头发掩饰过去。

糙坯子说:"乡长,我是一心想把改革搞成功。你说我这思想上……"

"也很简单。"秦贞说,"一心是远远不够的。要多心,就是依靠大家的力量,集思广益。俗话说得好,三个臭皮匠顶个诸葛亮。遇事要多同大家商量。你如今已是个领导了,千万不要脱离群众。比如说,有人向我反映,说你这些日子一直把电视机关了,要不就闭着门自己看,这就容易脱离群众了。你说这可是思想上的原因?"

糙坯子头埋得更低,不再做声。

秦贞看看表,站起来,顺手拍拍糙坯子的肩,说:"老陈,振作起来!不要被一时的挫折所吓倒。组织上,从林专员到我本人,还是信任你支持你的!"

糙坯子很感动地说:"乡长,我这人……是不是太笨了?"

秦贞一摆手说:"谁说你笨?一个笨人能做出漂洋过海的产品吗?"她看见洗衣的田藕已经走进了门,又补了一句:"你家这一支我看都是非常聪明强干的!"

这句话很有意思,明显是在讨田藕的好。我还注意到,秦贞说这话时身体还向田藕那边侧了侧。我觉得秦贞这样做并不合适,很小气;田藕不过是个乳臭未干的黄毛丫头,犯不着把她放在眼里以至于"有失身份"。更糟的是,田藕听到后的反应简直令人惊讶——她用力把衣服啪地一抖,晾在绳子上:"我们要是聪明强干,怎不是个乡长县长的?"

秦贞本来是想离开,可这样一来,她没法走了。秦贞始终没有朝我的窗口看,但是知道我仍在屋里。我想她一定会把这个尴尬的局面漂亮地收拾了,才会去忙别的。糙坯子也没料到女儿会这么歪斧子砍下来,便立刻骂道:"你怎么这样同秦乡长说话?!"

秦贞倒很大度地笑着走近田藕,说:"田藕真是个现代青年,我喜欢这种性格。"

田藕照样忙她的,眼睛不看乡长。

秦贞接着说:"乡长县长算个什么?芝麻大的官儿……你有抱负,很好。你将来考了大学,出来了前途一定无量……"

"我不会去考大学的!"田藕突然抬高嗓门说:"我哪儿也不去,就守着这个院子!"

糙坯子冲过去推了女儿一掌,斥道:"你疯了?连好话歹话也听不出?"

秦贞连忙拉住糙坯子,脸上红白相间,如果再这么下去,我担心她会支持不住。我赶紧下楼来,听见田藕在近乎撒野地嚷着——

"我疯了!我就是疯了!"

  培根说:"心思中的猜疑有如鸟中的蝙蝠,他们永远是在黄昏里飞的。"

从我第一次来罐子窑见到田藕,我就觉得她的性格很难琢磨。我不是指她身上仿佛城里人的气质,也不特别注重她的美丽容颜。

我来的时候，正是她母亲——那个叫枝儿的与人私奔不久。可她并不表现出过多的忧伤。以后她很少向我提起母亲，即使谈起来也显得不大情愿。她的陈述似乎是言不由衷。她的确很聪明，也十分自信，但是她决意不考大学，而要"守着这个院子"。这种显然不合时宜的选择给许多人带来遗憾与困惑，也使她增添了一分神秘色彩。而她却心安理得地把日子打发下去。她很迷信。在她心目中，梦与现实仅一纸之隔。还有她少见的固执，像是从娘胎里带来的。这种个性与她的年纪很不相称。她还是一个姑娘。

　　田藕这阶段的两次冲撞在我看来显然是不近情理。它几乎迫使我改变对她持续一年的好感。可是，我总觉得事情并非如此简单。这中间会不会存在着奥妙呢？

　　还有一个莫名其妙的问题。我在那天夜里与一樵分手时，他希望我"把她带走"，希望我"娶了她"而且重复一遍。这个未免唐突的要求让我不知所措。我不可能表态。因为这件事可行性极小。我不会因为田藕的可爱而全然不顾我们之间的差距。问题还不在此，我想一樵也深知这件事非同小可。问题在于：一樵明知此事棘手却还是要把它直截了当地提出来！难道这就是他约我见面的目的？他说：那院子还会闹出事来……

　　谁闹？田藕吗？

　　毕竟田藕已是个货真价实的女人。用陈士林的话说，女人差不多都是怪物。

——作家手记

　　他们动身很迟。

　　六指的船泊下后，叶千帆先跳上岸。他本来打算叫六指把二姨太背下船，可是她已伸出手："扶我一把，大少爷。"

　　于是他只好接过那只鱼一样的手，轻轻一提，她便落在他怀里。他一动不动。这时候六指已经把船挪开了。这个老实巴交的船夫嘟囔了一声：几时来接？

　　叶千帆说：黄昏。

　　船悠悠离去。两只水鸟追逐着从他们眼前划过，不久便潜入雾气之中。这天的雾很厚,等它完全散开,太阳已经升得很高了。阳光依然很弱,又时而隐入云中,使天气一直处在暧昧不清的状态。不过这种天气赶路还是十分惬意的。唐月霜撑着她从家乡带来的绢面遮阳伞,不紧不慢地走着。跟在后面的叶千帆看上去像是她的贴身保镖,一只手始终插在裤袋里。阳光在他擦得锃亮的马靴上跳动着。他注视着那把伞。那真是一把好伞。浅绿色的背景上是一树醉人的桃花。最引人注目的乃是一对乳燕,颇得任伯年之风神,姿态好自由。

大少爷,你看我们今天能赶回来吗?

可以。

这天气好像要变……

难说。

大少爷,这些日子你辛苦了。三天两头地出门……可别累倒了。

我以后注意点。

这年头风云莫测,做事得多长几个心眼……

知道了。

叶千帆听出这弦外之音,心想这女人实在太精明了,什么事也瞒她不过。可是现在她这样说又是什么意思呢?她究竟知道了些什么?她不可能知道。因为那些事外人是看不清的,只是捕风捉影罢了。这女人是不是在投石问路?她怎么突然关心起这一点来?难道是受人之托?那么她的背后一定站着另外的人。这个人可是什么样的事都能做得出来的……

突然她停了下来:老大,你的事办妥了吗?

低沉的声音和阴郁的表情使他抛弃了刚才的幻想。他相信自己的直觉:面前这个娇弱的女子已经掌握了——至少是大致掌握了他的动向。她为此而担忧。这一瞬叶千帆产生了强烈的恐惧感。如果那些事昭然若揭是会掉脑壳的!他的食指不禁放到了冰冷的扳机上。

她说:你把手拿出来。

他就顺从地做了:你误会了。

她冷冷一笑:是你误会了。你以为……

他打断她:不。我相信……

她也打断他：你相信的太多了！

他不说了，浅浅地笑了一下。

她觉得这个男人笑的时候就像一个孩子。她细细打量着他，然后意识到自己犯了一个错误：这个男人是应该骑马的。

我不该让你不带着马来。

走走也蛮开心的。

我喜欢看你骑马的样子……

那我以后可以天天骑给你看。

她把伞一下收拢，于是她的面容突然变得开朗。她看着他：你不是希望我早点离开吗？

他避开她的眼睛，不说了。然后他的右手又下意识地插到裤袋里。

我讨厌把手藏起来的男人！她厉声说着，转过身，把伞重新撑开了。那时她想，"伞"这个字一定是造错了，因为伞下永远是一个人……

那个动人心魄的身体出现在一片天蓝色的背景上像瓷器般优雅，你很容易以为这是安格尔或者鲁本斯笔下富有古典主义情调的身体。现在她向你走来了，飘然而至，你没有理由不将她拥在怀里。……

"出什么事了？"田藕走到床边问我。

我定定地看着她和周围的环境，手伸到桌上去拿香烟。

"你醒了吗？"她说。

我点上香烟："我做了一个梦。"

"噩梦？"

"不，不是噩梦……"

"那你叫什么，怪吓人的。"

"我叫了吗？叫什么了？"

"好像……是在叫我。"

"我梦见你了。"

"梦见我？"

"对，是你……"

"我到你梦里去干什么呢？奇怪。"

"好像……我忘了。"

"你没忘。你不愿意说。"

"我真的忘了。"

"你一定在欺负我。你们城里人都坏。"

"你这么恨城里人？要是你以后也做了城里人呢？"

"我不会做城里人。绝不。"

"可我总觉得你是个城里人……"

她很不以为然地笑了起来。她说你是在讨我的好吧，看不出你这人还会绕弯子，你一定是……她没把话说完，用手摸了摸耳根。

我看着她的侧面。她没有束胸，因此当微风吹来时乳房的轮廓显得很清楚。这使我又一次沉溺于刚才的梦境之中。我拿住她的手，将她拉到床前。她坐下了，但是她把手轻轻抽回。她说："你最好别这样。"

我并不为自己的行为感到难堪。我吃惊的是她的冷静。

"我知道你现在想什么。"她说，"我不丑。我的气质也不错。这样的女人会受到许多人的喜欢。你大概也在其中。不过你不是真心实意地喜欢我。你在这儿住久了，觉得闷，就想找女人了。但事情过了你反而更闷，因为你并不想娶我，再见到我你会害怕的。你是个胆小的男人。你不敢负责。"

我说："你是个心理学家。"

"这是很明显的事。"她转过脸对我说，"如果我们换一下位置，我也会那么想的。"

我说："你很聪明。你应该去考大学。"

她沉默了一会儿。

"我多次这么想过，可还是放弃了。"她说，"上大学会给我带来也许一辈子都无望得到的实惠。可也会使我丧失一辈子追求的东西……"

我问："追求什么呢？难道这和你上大学势不两立？"

"是的，"她站起身，"人是很脆弱的。例如我进了城，我不能保证我设计的一切不会改变。我不想改变它……我发现我是对的。你别再问我了，将来你会知道的。"

正说着，陈士林进屋来了。田藕便想离开，陈士林喊住了她："你和秦贞吵了?"

田藕毫不示弱地:"吵了。"

陈士林坐下来,点上烟:"不管怎么说,人家总是好心吧?"

田藕哼了一声:"我看不出。"

陈士林叹了口气:"你已经不是个孩子了,待人接物得有个分寸。你妈走了,你父亲刚刚露了点头……"

田藕说:"其实你心里瞧不起他。你拿他当猴……"然后离开了。

陈士林拿烟的手微微颤抖着,自语道:"他可不是猴呀!"

我穿好衣,把茶杯续上新水。我考虑了一下,觉得还是把那夜一樵最后说的意思告诉陈士林。他听后深深吸了口烟,说:"如果你们有缘分,倒是件好事。"

我笑着解释这不过是随便说说而已。而且我已经在恋爱。(我只好这样解释。)"即使我有此心,她也不会有意的。"我说。

"你同她谈了?"

"没有。"我说,"但是我能感觉到是这么回事。她的思想和她的年纪极不相称。她的清醒让我吃惊。"

陈士林沉吟道:"这孩子就是太清醒了。这会毁了她的!"

"有这么严重?"

陈士林慢慢点了点头。他说:"一个女人如果太精明了,下场总是很悲惨的。比如说,当年的唐月霜……"

  他们到达县城时太阳已悬于中天。战争使本来并不热闹的小城变得沸沸扬扬。街上所有的店面都敞开着,人们争相抢购必需的货色。只有茶楼酒肆生意萧条,总是剩着几个精瘦的老叟缩在清冷的一角,守着一壶茶或者半壶酒,长吁短叹地议论着战事。

  姓郑的又出来了……

  不是说给……这个了吗?

  那是谣言!我这次下江南……亲眼得见!

  说说看说说看……

  那可真是仪表堂堂,两手持枪,有百步穿杨之功……有人来了,按下不表吧。

于是老板转身迎过去：二位来了，楼上请……上茶——

他们对那个角落看了看，然后随老板上了楼。这家叫做鸿兴堂的酒馆在县城是颇有些名气的。但他们还是第一回来。楼上很清洁，陈设也好雅致，这使她感到愉快。坐定之后，伙计送上茶，由老板亲自来斟：

先生、太太要点什么？

她看了"先生"一眼。她原以为"先生"会显出一副可怜的窘相，可是"先生"则打开了那把不多用的大折扇，摇了两摇。

她拿过菜单，又看了看他：我来点可以吗？

他矜持地点了点头。

她就将袖口稍稍向上提了提，然后用手腕支着腮，像读书一样审视着菜单，很快点好了菜。她点了不少，还要了一壶此地生产的米酒。老板满意地下楼去了。这时她问他：

这些菜对你的胃口吗？

我的胃口很大。

大到什么地步？

带血的不吃蚊子，带腿的不吃桌子。

她"扑嗤"一声笑起来。她没有想到"先生"居然也有如此的幽默感。这一刻她的心情特别的好。她下意识地把身体朝他那边倾了倾，想站起来，可是伙计已将珠帘撩开，将酒置于桌上。她看了那伙计一眼，突然发现这个发育不良的小男人生着一张苍老的脸，而且很丑。也就在同一时刻，楼下的街道上响起了一串急促的马蹄声，他站起来凑近窗口对外张望着，右手又放进了裤袋。这个举动冲淡了她适才良好的心情，尽管她明白这可能是职业的敏感，但她还是有点不悦。由一个心不在焉的男人陪伴着分明是耻辱，她想。不多时菜纷纷上来了，可是她的胃口已败。

你不能把那个铁家伙留在家里吗？

我带惯了。

是不是到了娶媳妇的那天也照样带着？

也许是的。

我讨厌它我痛恨暴力！

他沉默着把一杯酒慢悠悠地喝尽，然后才说：我也讨厌它。可是人家有，你就得有。没有便会吃亏的……

她知道他此刻一定是在想他的父亲。那一枪没有击中老爷子然而老爷子还是魂归西路了。老爷子是个好人，是可以选做这地方城隍爷的人。她的鼻子突然酸了起来：

那一枪……究竟是谁打的？

不知道。

你是不想知道？

不，我必须知道。

你猜想会是谁这么卑鄙呢？

猜想是不行的。

可是应当先有猜想……那一枪……距离那么近，却又没有击中，不是很奇怪吗？

你接着说！

杀手都是老练的。而这个杀手……

也同样老练。

那么，就是说，他手下留情了？

什么原因让他发生这一念之差呢？

杀手也是人……

突然砰的一响——他的酒杯落到地板上，碎了。她惊得立起来：你怎么了？

我喝多了，他说。

后来的事说明他讲的是实话。离开鸿兴堂，他们径直去了位于县城东南角的城隍庙。他走得很吃力，好像努力在控制着自己不栽倒。她于是搀扶着他，起先是轻轻的，而后暗暗使了劲。她觉得自己仿佛在搬动一棵树。等到了城隍庙，她已经气喘吁吁以致跌坐在冰冷的石阶上。今夜看来是不能走了。而且天色也开始改变，太阳失踪了，四方破碎的灰云正悠悠向头顶上集合，风使静止的树梢左右摇摆，令人眩晕。

住下吧，她说，我也倦了。

他未置可否，用手支着脑袋。

她找到庙里的主事，先捐了一笔钱，然后问：有客房吗？我们想歇一晚。

主事说有。不过主事又说，按庙里规定，男女不许同室而宿，夫妇亦然。

她笑道：既然是香客，自然要虔诚。

主事道：夫人大驾光临，小殿蓬荜增生辉，伺候不周，还望海涵。

她觉得这样也很好。从主事那里回来她体会到身轻若燕之感。先住下，用井泉洗一把脸，然后去进香。再以后呢？她没有多想，不过她对"以后"总是特别自信而神往的。日子一天一天地过下去，日升日落，月圆月缺，看上去是毫无变化地周而复始。但是事实上日子没有一天是同样的。岁月不动声色地修改着一切，像风一样……

但是她发现"先生"不在了。

该不是被风刮跑了吧，她愤愤地想。

叶千帆突然离开城隍庙这一细节不属于我的主观想象。王裁缝谈起过这件事。他说那天的下午他在县城做豆腐的马驼子家做活，出来买纽扣，正好看见了叶千帆。"他好像是从丁字街口出来，"王裁缝说，"我正要叫他，可他又折进了一条巷子。他没有看见我。"王裁缝说那时候大约是在下午三点的光景，天色开始有些昏暗了。叶千帆看了看天，似乎"神色不定"而且"步子飞快"。显然是要办一件急事的样子。"后来我还去那个巷子找了，也没找到叶家老大。"裁缝回忆道，"我想同他一道回来，因为时辰晚了，怕路上遇上歹人。我晓得叶千帆总带着盒子。"于是裁缝在县里住下了。第二天一早，他听到叶千帆昨夜也在城隍庙里住下了而且还受了伤。裁缝在长水的岸边见到了他们，他和他们同船过渡。

"我没想到二姨太也在县里。"裁缝说，"她很不耐烦，在船上老是嫌六指笨手笨脚的。"

"叶千帆伤得重吗？"我问。

"他坐在船上，看起来没有多大的事。后来我父亲开出的方子，明眼人一看就晓得不轻。"

"你能肯定是烧伤?"

"这错不了的!可是叶家对外偏说是撞伤……"

裁缝边说边打着手势,这时候他的手凌空停住,我便知道有人进了院子。转过身去,陈士林的墨镜上跳着两团灿烂的阳光。他的嘴角藏着一丝轻蔑的笑,显然我同裁缝的谈话他全听见了而且不以为然。他为何不继续窃听下去呢?

王裁缝对陈士林点点头,很不自在地离开了。他,还不止是他,我发现这里的人差不多都有些畏惧陈士林。其实他并不掌握着什么权力,而且可以说混得非常糟糕。严格地说他一直是寄人篱下,处境不尴不尬的。但是人们怯他——多么奇怪的心理!

"你不觉得这地方到处都是郑海的战友吗?"他摘下墨镜说,"像风一样,刮到谁身上谁都要抖那么一下。"

这话听起来是专门嘲弄王裁缝的,但又不仅仅是,似乎还有弦外之音。我很自然地想到林重远。我没有打算现在同陈士林进一步谈下去,因为这几天他的情绪很不稳定。他心事很重,憔悴的形容使我意识到他的暮气。他好像待在下午里走不出来了。

这是昨天的事。当晚我写下了叶千帆陪同唐月霜进城逛庙那一节。我想,叶千帆是个严谨的男人,他不至于公然在先严辞世不久便与年轻的继母招摇过市。而且更不会在县城过上一夜的。这是明目张胆的作乱,有无可辩驳的瓜田李下之嫌。可是叶千帆到底还是进城了,就是说他非进城不可,他另有目的。以后短暂的失踪正好证明了这一点。他没醉。他不可能醉。他一定是装醉,以摆脱唐月霜,去办自己的事——那的确是一件急事。至于是什么样的事,我们无法知晓。所以我在那一节的最后,把叙述的视角定在唐月霜身上,以增加神秘感。当然最终叶千帆还要回来,回到城隍庙,这时天已晚了。他知道这时候提出来赶回罐子窑是不现实的,况且雨已经开始下了。于是后人的记忆里增加了一个难忘的风雨之夜……

"如果你是叶千帆,那天夜里你会怎么做?"我问陈士林。

"你希望他们爬到一张床上,对吗?"他狡猾地反问我。

"这未必不可以。"我说,"人在途中一般是浮动的……"

陈士林摇摇头,说:"一般毕竟是一般。可叶千帆绝不是个一般的男人!"

我笑道:"你这也不过是一厢情愿的猜想而已。"我觉得他一定是有点根据的,希望他说出来。果然,陈士林吸了一口烟说:"不是猜想。很多年后我遇见当年城隍庙里的一个更夫,谈起过那天夜里。他说他们根本没有就寝,一直是在殿里清坐着……后来他听见一声惨叫,那已是三更天了。他跑了进去,看见叶千帆蹲在香炉边上,女人在一旁发呆,像是被吓住了……"

"伤在腰上?"

"是的……"

"可有人说是在肚脐边上。"

"你干吗不说是伤了鸡巴!"

城隍作为神,始于周。《周礼》有载,腊祭八神之中即有水庸。水者,隍也;庸者,城也。后水与城结合,于是水庸相溶,谓之城隍之神。据《续道藏》载,城隍乃"剪恶除凶、护国保邦"之神,且又管领亡灵。道家每做醮事,须致"城隍牒",方可使亡灵到坛。唐以前,城隍极少有固定的庙宇,城隍爷也只是个概念。

有名有姓的城隍爷抬出来是在唐之后,至宋遍及全国,如苏州祀春申君、杭州祀文天祥、上海祀秦裕伯,皆以生前积善、有功于当地者为城隍之神,权以为乡里民心安慰。可是有些城隍神,考其史籍却与当地毫无瓜葛;这大约是那地方历史上实在难觅胜任者,故移植他乡英雄。据说范仲淹就被"租借"了多处。

官方对城隍的重视由后唐末帝李从珂始。清泰元年,末帝正式御封城隍为王。这活动以后由明太祖朱元璋推到极致。这位洪武皇帝登基不久即对城隍发生了浓厚兴趣。他不满城隍现有的地位,以为受了冷落,遂命礼部调查。而后,由他亲自安排调整。按当时的地方官吏制度,重新钦定城隍神之封号爵级:

敕封京师城隍为帝,开封、临濠、东和、平滁为王;

府城隍封号"监察司民城隍威灵公",官秩二品;

州城隍封号"监察司民城隍灵佑侯",官秩三品;

县城隍封号"监察司民城隍显佑伯",官秩四品。

同时规定各级城隍的服饰应有差别，并配备"判官"、"衙役"等伴于城隍左右。

　　这位皇帝真是煞费了苦心。他收编了城隍自然有他的考虑。洪武二十年，朱元璋下令改建京都城隍庙，再塑金身。竣工时，他对翰林院学士宋濂颇有感慨地叹道："朕立城隍神，使人知畏；人有所畏，则不敢妄为。"

　　以上资料源自一本叫做《诸神由来》的小册子（程曼超著）。后来我又专门查看了县志"祭祀篇"，但没有找到我想要的东西。县志只提到"县城东南有城隍庙，建于洪武十一年，毁于1950年"。至于这位城隍爷是何许人，县志默然。据一些老人说，从前供过汉高祖的颖阴侯灌婴，又说供过史可法，但都是"听上辈人说的"。所以当时的城隍爷究竟是谁，似乎无人知晓。也许县志的编撰者们有意掩盖了这一层，以为是不光彩的事吧。

——作家手记

第十六章

　　他返回城隍庙时已是暮色苍茫，天空飘满了雨丝。他很不理解这时季的雨居然如此令人骨彻。不过这冷雨落到脸上又是非常舒服的，所以他一路上像是有意放慢脚步，径直从雨幕中穿过。而在皮肤上发出滋滋的轻响，就像一块烙红了的铁慢慢浸到水里。他想这样能使自己尽快冷静下来。现在他太需要冷静了。

　　路过一家卖烧饼的小铺子，他停下来一下买了十个。等走进城隍庙烧饼只剩下了一半。这其中至少还有一个是属于他的。他想得暂时留着等会儿与她一块吃，这样她可能会吃得香一些。当然她还会责备他，那只好随她去了。他只有这么一点空隙，把那件事办完。可是后来的情形同他想的完全不一样。她没有责备他，而是用关切的语气问道：

　　你的事办完了吗？

　　他微怔了一下，点了点头。他想再作解释便会显得愚蠢可笑。

还顺利吗？

他又点头。他不希望她继续问下去，于是匆忙拿出怀里的烧饼：你一定饿坏了，趁热吃吧！他先咬了一口。

她将他剥下的潮褂子晾好：你应该等天黑了……别以为只有你口袋里有块铁！

他停下来。难道她知道了一切？不可能……他仔细回忆了进城来的每个细节，以为都是极周密的。可是她这么说并非信口雌黄！他的手又不禁向裤袋里插下去……

怎么，想杀了我？她嫣然一笑，坐到他的对面开始吃东西：要杀也得先让我填饱肚子。

你真会说笑话。

那你把手拿出来，这样我才踏实。

他就照做了。她看着那只手，然后果断地拿住了它——这手真凉！

这时候外面完全黑了。她已看不清他的五官，好像这片影子是一个来自阴曹的魂灵。她捉住了他，而且为了证实这一点她把那只凉手捉得很紧很紧。可是他稍一用力便挣脱了。我去点灯，他说。

我喜欢黑暗。她说了这么一句，连她自己也感到这话软乎乎的没有信心。她为刚刚过去的那个试探性的举动感到脸部的潮热。不是羞耻，她想自己可能是彻底崩溃了，像外面被风刮下的任何一片黄叶。两只小虫子在她的眼下爬动着。她没抹掉它。她看着他把火柴弄得嘎吱响。他划火柴的动作是那样的笨拙，连断了好几根，等到他把燃起的火柴杆伸向香油灯时，一阵尖锐的风立刻将它扑灭。她一下站了起来，仿佛受到了启示与鼓舞。黑暗中她尽情地舒展了一下身体，绷紧的衣服如两只掌从她的乳房抚过……去进香吧，她想。她还没从激动中拔出，他已经出门了。沉重的脚步顺着回廊渐渐远去。他进殿了，这是感应，是天意。

好空洞的殿呀……

微暗的灯，微暗的香火，一切都是微暗的。他伫立着，不去看城隍爷善恶难辨的面孔和凶神恶煞般的判官小鬼。倒是那一对长长的楹联，看一眼便记住了——

百善孝为先，论心不论事。论事天下无孝子；

万恶淫为首，论事不论心。论心世间少完人。

他"哦"了一声，回响还是很大让他心悸。他闭上眼，可是一切仍是微暗的，像稀释了的血滔滔流动。这恐怖的颜色已经浸入了夜的深处，他感到压抑与沉重，心肺像填上了烂泥，淤塞了。他恨不得去一个宁静的湖边痛快淋漓地咳上一百次，把血都咳出来！

更夫的梆声，空洞无力地飘过……

多漫长的夜！

一阵浓烈的香火味弥漫开来，他睁开眼，看见她正双手合十地立在自己稍前一点位置上。他注视着她纤巧而不失丰盈的背影，不禁向前挪了半步。这时候单调的梆声又嗒嗒地响起来，他分开脚，觉得这样身体稳一些也轻松一些。可是他的呼吸较为粗短，他怀疑她的后颈上已有了感觉。果然她回过头来：

真静呀……你不觉得太静了吗？像死了似的。

这样很好……

都死了。只有两个人还活着……可活着又有什么意思呢？

他避开她的眼，去看周围。他又注意了一下那副拖得很长的联子，字是学何绍基的，倒也很像。他想如果用汉简或者魏碑来书写，可能更好一些，更有力。

这联子写得如何，大少爷？

我看不错。

你是喜欢上联呢还是下联？

何必分开着看呢？

我想你一定喜欢上联。你害怕下联，恕我直言了，大少爷。

他惨淡地一笑。这女人错了，他想，我实际上更喜欢下联一些。然而她又说：

不过你是伪装着害怕。你喜欢下联，因为它让你解脱了，成为货真价实的正人君子……

我不懂你的意思。

你怎么不懂？你懂，你比谁都懂！

他着实吃了一惊，眼前腾起一团白雾。恍惚中他记起无数个激动而羞耻的梦境。那个雪白的肉体流水一般通过了他的梦。他侵占了她。他不能不侵占她。他和她仿佛相溶了，化在一起了。这梦魇像一块磐石压迫着他，又像是一根针，扎在心上，只知道每每掠过痛楚而没有一滴血。他害怕这梦，又不忍逝去这梦。他原以为这梦完全是属于自己的，可是早就出现了一位窥视者——由她亲自扮演的窥视者！

他靠到那根刻着楹联的柱子上，望着边上跳动着的蜡烛。烛光使他的脸忽明忽暗，他轻轻吐出一口长气。窗外渐渐密集的雨声听起来像很多尖细的手指在挠头似的。她朝他走过来，偎着他，用手将他滑落在额前的一缕头发拢上去，然后她开始听他的心跳。好狂呀，她说。

他一动不动，可是他意识到身体的一个部位正在变化。他想把怀里这个温柔消化掉……

她抬起脸看着他：都睡了……只有我们醒着……你的胃口不是很大吗？那就把我吃了吧！她紧紧抱住了这个坚硬抖瑟的身体。

他的眼睛一下睁得很大，因此那烛光格外地红了起来。烛光摇曳着，仿佛是一个老人的胡须——浸了血的胡须。他听见那老人呻吟了一声，像一只受了伤的杜鹃在雨中悲啼。他伸出手，一把拿过那个火红的烛台……

接着更夫听见了一声惨叫。

"你不能这么写！尽管写得很好看……"陈士林看完了这一节劈头就是一句。

我有点不悦。我倒不在乎以上这一节放进书里可否增色，我考虑这完全是有可能的。我不相信叶千帆和唐月霜之间没有一点浪漫。说白了，叶千帆是个健全的男人，他不能不对女人无动于衷。

可是陈士林竟然眼睛湿润了，这让我吃惊，让我手脚无措。他用手支着额头，轻叹道：

"这样写我娘会难过的……"

"你是说……"

"你坐下。我慢慢告诉你……"

陈士林把房门关上，望望窗外，好像要把很远的东西看清似的眯着眼，然后坐下，用有点慌乱的同时又是谨慎的口气开始了叙述——

"我本不想告诉你的。也不会告诉任何人。可现在我没有办法了，你的书终归要印出来，让很多人看，我不能让人产生错误的印象——就是说，我有责任为娘说几句话。也许她老人家不计较这些，可我计较。一个女人一辈子不会爱许多人，但最终彻底占有她的，只能是一个。如果连'这一个'都是假的，那她就太惨了……

"我不否认叶千帆与唐月霜之间有点不清不楚，但这是单相思，是唐月霜的一厢情愿。叶千帆绝不会爱她，他只爱我娘。你不要为了你的书浪漫一些离奇一些就胡说八道——你不要生气，我们是不是算朋友了？朋友之间说话最好不拐弯，你要相信我。其实历史上的叶千帆并没有光彩，甚至还有污点，但不能因为这个让我娘去乱爱。纵使叶千帆一无是处，我娘爱他，他也爱我娘，又有什么法子呢？

"我不是凭空乱讲……我到这地方不久，就觉得娘和大少爷很好。倒也不是见了什么偷鸡摸狗的勾当。好像只要大少爷在家，娘的脸色就十分好看，欢天喜地，充满青春活力。我说过女人心里有事，脸上便藏不住。我娘是外省人，生性开朗，也活泼，可是不像这地方的娘们儿凑到一块就扯和男人的事。她只是让心里的事堆到脸上，任人去猜——不过外人十有八九都猜离了谱儿，像你一样。能觉出这一点的，大概就我了。也许因为这个，娘特别疼我。有一回我在河边扳罾捞虾，看见娘在另一头与大少爷说话。他们说些什么我不知道。我看见他们谈得很欢，也很神秘。娘手中的棒槌有一下没一下地起落着，时而停一下，又时而笑一下，并不把水搅得很响。大少爷蹲在埠头边上，轻轻松松的样子，嘴里还含着一根狗尾巴草。那情形若是拍到电影里去一定是很优美的，我当时看了就这么想过。我看过一回电影，叫《渔家女》，讲一个画家同一个渔家姑娘相好的事……

"那天夜里，我随娘睡。屋子里就我们娘儿俩，六指带糙坯子进城送货去了。那是个昏昏的月夜——月亮很迟才升出来。娘靠在床上纳鞋底，我躺下了。娘纳得非常慢，老怨麻索太涩，反复地过蜡，还是涩。我突然欠起身，问娘：我不想姓陈了。娘随便地回了句：你想姓什么？我说姓叶，随大少爷姓。娘愣了一下，一时没话了。我又问：你为什么不嫁给大少爷呢？你们好般配。我就把河边的心事说了。娘用指头戳了一下我的额头，说你这小鬼精的哪来这些怪念头，叫你爹听见准会一顿好打。我说六指不算我爹。我可以自己认爹。娘就说，那也好，将来大少爷娶媳妇了，你就认那女人作娘吧。我立刻说：娘我认定过了！娘听着，眼泪一下子汪了出来，把我搂得好紧好紧。过了好些时候，娘才说：娘的命不好，只有这么个着落……不过娘想开了，有许多事如水中的月亮，可望而不可求的。然后她轻轻吁了口气，把灯吹灭了。月光正好铺在床上，娘大概一夜没睡……"

陈士林讲到这里停下来，续上烟，又向窗外张望了一会儿，神情又犹豫又警觉。我没有插话，因为不想把他拽出那个气氛——回到过去不是件容易的事。很多事，相距甚远，人的感觉也自然迟钝了，很难找到最初的鲜活。陈士林也不例外。他的叙述有不少地方是理性的。但他很投入，口齿又伶俐，能把一个本来极平常的场面讲得有声有色，让你关注并将你化了去。陈士林摸摸下巴，继续说——

"半夜里，我被尿憋醒了。这才发现娘不在床上，就觉得心虚。急慌慌地把尿撒完，回到床上不敢睡。月亮分外的亮，村子里静得吓人，狗声不时远远地送来，你没法不心乱，总觉得要生出什么凶事。我缩到被子里，蒙着头，想娘的事。娘会去哪呢？我很快想到大少爷的屋子，就又下了床，摸到窗边向对面楼上看，全是黑黑的。后来我才晓得，我错了。那是鸡叫二遍头上，娘回来了。她先到床边看了看我，替我把被子塞塞好，然后轻手轻脚地打水洗身子洗脚。

"第二天，我发现娘换下的那双绣花鞋上尽是泥，就知道她昨夜出门了。她可能是从那个后门翻墙走的。很多年后，民间开始流传她曾为郑海干过事，我就想到了那个夜晚，觉得是可能的。我就问了娘。她一口否定自己与郑海的关系。至于那个夜晚的事，娘的回答很坦然。她说她去找男人了。她说她不能不找，因为六指，用她的话来说，'那根指头生错了场子'……"

在陈士林看来，莲子所说的"男人"自然是叶千帆了。但陈士林忽视了以前说过的一个细节——他随船的那天半夜，船娘也突然不见了；而那个规定环境里是没有叶千帆的，倒有叶之秋。我提出质疑，狡猾的陈士林却成竹在胸，他说："难道叶千帆不能骑马赶到江边吗？"从地理上看，他的话倒也是可能的，从罐子窑到江边码头，骑马顶多只需小半天的工夫。至于叶千帆那时是否在家，除了糙坯子已无人证实。糙坯子显然是记不清了。

　　另一个让人震惊的问题是莲子最后那句充满机智的话。这就意味着可怜的六指是一个性无能者。于是事情复杂了：倘若果真如此，那么糙坯子是谁种下的呢？糙坯子是否知道这一层？莲子临终前是否向他有所交代呢？陈士林几乎是乞求我万万不可把这一点捅破。我答应了他。然而不捅破，这篇小说又将如何写下去呢？

——作家手记

　　如同枯萎的禾苗一经甘雨滋润便即刻直起了腰，行署副专员林重远的不期而至使沮丧已久的糙坯子精神为之一振。忧愁风卷残云般退去，代之以欣欣悦色，布满一方脸。

　　林重远是中午到的，他没有在县里逗留，绕道从邻省直插罐子窑。据秘书小刘介绍，他们动身时是凌晨五点，在路上吃了早餐。小刘说老头子有点不踏实，决定下来检查督促一下。"其实他一周前才出院，身体还很虚。"他说，"而且医生也嘱咐他休养一阵子。"可是当我见到这位专员时，感觉并非这么糟糕。林重远的气色的确苍白一些，然而不像病容，属于少见阳光的那种白。他的精神也不错，从容得很，与我握手也十分有力。只是他的手没有以前那么柔软，干巴一些。

　　"你的事做完了吗？"他说，"我等着拜读哩！"

　　我说自己是信天游，游到哪算哪。"也许没有写完的那一天了。"我说。

　　"你们作家总是喜欢故弄玄虚！"他说，然后做了个很潇洒的手势，邀我入席。

　　这是我们第二次在一起吃饭。上回吃的是螃蟹，这回则吃黄鳝。乡长秦贞在一旁抱怨舅舅怎么也不提前来一个电话，说一点准备也没有。这黄鳝还是刚才糙坯子骑车去邻村收购的。本来他想差田藕去，可女儿不理会。我就说，林重远来，应该由乡政府出面接待。糙坯子说理是这个理，不过自己"表示一下"也是人之常情，况且这时候乡里找人也难。我就不再劝阻。糙坯子出门时还埋怨田藕"真不懂事"。

　　菜是临时拼凑的，自然毫无特色。酒倒是上品，为正宗的"古井贡"，这是秦贞的私货。杜重远对这些并无兴趣，只是提醒"不要太复杂化"。他想用餐后先休息一下，坐了大半天的车，很累。这时候光线暗了许多，原来陈士林堵在了门上，仍是那身怪异的狩猎装束，枪筒上挂着一只色彩绚丽的山鸡，不用说是为秦贞打的。秦贞一见，立刻两手一拍大腿："这下好了。有了压台的节目……"她迎上去，像授勋似的把山鸡举起来，回头对着林重远说："舅舅，你到底还是有福之人，这山鸡……"

　　"不是山鸡，"陈士林摘下墨镜说，"是凤凰的私生子。"

　　在场的人差不多都被这句海阔天空的话逗乐了。秦贞娇嗔地白了陈士林一眼：

　　"你这人就爱胡吹！"

　　"谁胡吹了？这本来就是凤凰中最贱的一种！"陈士林说完，转身欲走。这时候林重远慢慢站起来：

　　"小……哦小陈，留下一块吃吧。"

　　这句话听起来很滑稽，好像是要把"小陈"留住一块给吃了。林重远及时意识到了这点，于是又作了修饰："我是不劳而获，你是劳而不获，这不公平嘛！"

　　陈士林平淡地说："我吃过了。再说，这鸟儿一时也炖不烂的。"

　　我插了一句："怎么又成鸟啦？"

　　大家又笑。陈士林舔舔嘴唇，笑道："人嘴两张皮，说什么不可以呢？"就对在座的点了点头，扬长而去了。秦贞从厨房里跑出来，边跑边喊："哎，你等一下，我有话同你说……"不一会儿秦贞回来，喜洋洋地说：

　　"这人就神经兮兮的！不过，倒是个人才。"

　　林重远默想了片刻，扶扶变色眼镜说：

　　"是个人才。我正考虑，好好用一下……行署打算成立一个乡镇企业协作办公室，让他去干，我看是合适的。"

　　秦贞高兴地说这实在太好了。可是又谨慎地问："他不是国家干部，连户口……"

"这不难。"林重远摆摆手说,"我们的用人政策不能太呆板。不是说'不拘一格降人才'吗?先干,具体的问题我再做工作……"

秦贞几乎感激得想哭,气也短起来。事情来得太突然了,她像失去了地球的引力似的飘飘乎乎的。但越是这样便越不踏实,就问:"你不是随便说说的吧?"

林重远身子往后一靠:"我这把年纪了还敢随便?俗话说,为官一任,造福一方。既然还在台上,就得多做些事情。这事我考虑了很久,决定试一试。"

秦贞忙把酒斟上,举杯齐眉:"为舅舅独具慧眼干一杯!"

林重远淡然一笑道:"独具慧眼的不是我吧?"

这一说,秦贞的脸便飞起了两片红云。她倒也镇定地把酒一饮而尽了,然后抹抹嘴角说:"其实你这是在挖我的墙脚哩!我还跟着戴红帽子喝酒,真成冤大头了。"女乡长说着又给自己斟上了,眉间露出一丝难以察觉的惆怅来。

林重远没有就这个问题继续扯下去,岔到另一件同样"考虑了很久"的事情上,这便是糙坯子的改革。适才糙坯子送黄鳝来,林重远很热情地接见了他。林重远说任何改革都是一项艰巨而复杂的工程,出现挫折和失误也都是很自然的事。"不要在乎这些,"专员打了个手势说,"暂时的失败也许能换取永久的成功。"这类简短有力语重心长的教诲无疑会使糙坯子重整旗鼓。他谢绝了专员共进午餐的邀请,匆匆离开了。我想这会儿他正在作坊里或者窑头卧薪尝胆吧。现在,林重远谈起这件事,显得要沉重一些。他仔细听取了秦贞的汇报,吩咐秘书记录。秦贞着急的是"没有多大的进展"以致工作上"有些被动"。这话让专员不很高兴,他站起来,离开桌子,踱了几步然后严肃地批评道:"你这种情绪不对头。做领导的怎么能如此消极呢?谁说没有进展?任何进展都是螺旋式的,有起有伏,但总的趋势是向上的。不看到这一点你还当什么官呢?"

秦贞似乎很想辩解,但给林重远制止了。

"暂时没有结果并非坏事,"专员口气转为温和地说,"因为希望还在……"他大概怕冷落了我,便朝我看了一下:"作家,你说是不是这样?"

我颇为轻松地说：

"这倒很像我的小说。"

　　叶千帆卧床的那几日始终被一股恐怖的气味所压迫。这气味有时是伴同那个嗞啦啦的声音一块来的。现在回想起那天夜里的事他便感到毛骨悚然。他很难让自己相信这是亲手干的事。当时，他还记得，烛签触及身体最先出现的是一股烤焦了的臭糊味以及嗞啦啦的响，接着是一缕淡淡的青烟和剧烈的痛。他一阵晕眩，听到身边的女人尖锐地惨叫起来。女人的惨叫似乎不仅是出自惊骇而是最后的绝望。在这件事过去的半天后，那女人突然变成了另一个人，深棕色的眸子透露出对他的轻蔑与憎恶。而这个时候，他心底莫名生发出了懊恼。他想自己可能是个废物，装腔作势地活在人间。那女人早把他看穿了，在长水岸边，她定定地看着他然后低沉地说了句"你真可怜！"等六指把船拢近，她把他像托运的一件行李似的扔到舱里，自己坐到另一端去用沾满香水的手绢擦汗。忽然她的手凌空停住，继之眉头微皱，他知道那上面有自己大把的汗，有着与香水犯冲的气味。当她把那方手帕轻飘飘地扔到水中时，他心里像刮过一阵穿堂风，纳满了苍凉……

　　一连几天，唐月霜未来探视。她在自己屋子里除了睡觉之外就是没完没了地拨弄着那把月琴。弹的都是些忧伤的曲子，连树上的雀儿也不叫了。琴声悠扬，叶千帆一听便联想起那条老河的流水。他觉得自己此刻不是躺在病榻上而是浮在那条河里，好轻松，好自在——那真是条女人河啊！他翻了个身，由腹部升起的疼痛迅速扩张到整个身体。这时候房门"吱呀"一声开了，莲子端着一小碗吃的进来：疼得厉害？

　　他苦笑了一下。莲子的出现使他窒闷的胸腔变得松爽。他让她坐到床沿上。他看着她然后拿过她的手。这个小小的举动给了他一份巨大的慰藉。我是对的，他想，我不是忠孝难以两全的可怜虫，而在于我早就属于另一个女人了。就是这个女人。莲子。她占据了我的潜意识，尽管我在那个空洞的大殿里把她忘了……叶千帆叹息了一声。他痛恨自己不能自圆其说。他想天下的男人骨头原来是一样的轻。这使得他的情绪倏然转为暗淡,他放下了她的手,同时把脸磨到一边,去看窗外苍白的天空。

莲子显然不能看出男人此刻的心思。她的记忆中早就把县城那神秘的一夜勾去了。她知道他是有要紧的事才去县里的,陪二姨太敬香不过是个送上门来的借口。但莲子不希望他们在县里过上一夜。这个事实曾短暂地给她的心涂上一片阴影。那天夜里她没有睡好,她也想到自己所担心的事上。后来的情形让她在惊吓之余也掺进了一点安慰。可是当糙坯子告诉她大少爷的伤口是在"靠近肚脐眼边上"的时候,她不禁又生出一团疑云。她企图说服自己,又怕说服实际上成了哄骗。不过她又想,倘若真发生了令她担心的事也不要紧,只希望他别瞒,别找借口。而且在她看来这样也许会更好一些……

你吃点吧,莲子说,你不能不吃东西。

我不想吃……

不吃东西是下不了床的。你不是还有许多事要跑吗?

我的嘴好苦。

这是甜的……

我说过我不吃糖水蛋!

是莲子汤……我的汤……

叶千帆慢慢坐好,接过莲子汤,正要用,听见楼上的月琴戛然而止,显然是断了弦子。他于是又将碗放下:莲子,我有话同你说……

先用了吧,莲子说,我晓得你要讲什么的。

不,你不晓得……他便把城隍庙里发生的事一五一十地讲了,最后他似乎很内疚地说:其实那一刻,我把你忘了……我倒是看见了老爷子的胡须,就……

莲子拿起汤匙喂他,堵住了他的嘴。难得这男人一番诚实,她想,眼睛顷刻湿润了。她想起第一次见到他时,就认定这是个诚实的男人。后来她对他说了。他就问凭什么这样想呢?她说凭他的眼睛。黑多白少,这样的眼睛是让人信任的。他笑了一下,笑她太傻了,因为天下这样的眼睛多的是。他警告她:小心上当。她却说上当也不悔,于是他感激地拿了一下她的手,就像刚才一样。

你真下得了手！莲子说。然后又轻声地：让我看看……

没关系的，过两天就会好。

不，我要看看！

这，这不是太难为人了？

你怕我吃了它？

莲子说着"扑嗤"一笑。这时院子里传来六指的声音：

二少爷回来了？

格雷厄姆·格林说："男人和女人都知道自己有罪。他们知道自己造成的苦痛，他们的过错，他们的谎言，他们的背叛。"

格林先生这句箴语显然是事后的归纳。因为按培根的理解，"就是神也很难于恋爱中保持其聪明。"（此语原出自公元前一世纪普布利利亚斯·西拉斯。）培根又说：情欲泛滥的时候正是在人心力极弱的时候。

对于一个年轻的男人而言，情欲本身是没有具体对象的，或者宽容地说，即使有也飘忽不定。一些在这个男人看来都是可爱的对象会纷纷自觉进入他的意识，储存起来。至于他将同谁做爱则是另外的问题。所以，细心的读者也许会注意到，我在描摹叶千帆"无数个激动而羞耻的梦境"时，处理得非常之虚，甚至可以说是一笔带过。而且，我连续使用了人称代词——她。就是说这个"她"有一定的包容性，至少包括了叶家大院里两个可爱的女人。我几乎这样地想象：叶千帆梦境中飘动的那个青春的身体实际上只是一个符号。她完全是抽象的，完全地提纯了。当现实中出现"规定情境"时，这个符号便对象化具体化了，从而使一切变得货真价实。这情形犹如一首诗的投影。

弗兰西斯·培根在论述恋爱时对有一点似乎显得没有把握。"我不懂为什么，"他说，"武人最易堕入爱河。我想这也许和他们喜欢喝酒一样；因为危险的事业多需要娱乐作为报酬。"

历史上的叶千帆并不好酒。但是，从种种迹象看，他的确是在从事"危险的事业"。

——作家手记

第十七章

"我又看见了!那只眼睛……"

"哪一只?"

"不知道……他和上回一样,面对着墙睡……简直是真的!你猜它会流出泪来吗?"

"这也不难。我有位朋友出访日本,看见有出售性伙伴的商店……"

"完整的一个人吗?"

"对。除了思想应有尽有,几乎和我们一样。我那朋友握了一下'她'的手,体温是35℃,而且握久了会出汗。"

"我的老天!"

田藕说这真是不可思议,说科学完全疯狂了,发展到了岂有此理的地步。她接着说起一部叫做《未来世界》的美国电影。一些社会名流被吸引到一个史无前例的旅游胜地。"进去的时候是真人,"她说,"等玩出来已经成了机器,但他们还是挂着自己的面目。他们被人玩了,却不知道……多么可怕!"

"这不过是一部科幻影片。"我笑着说。

"幻想总是一天天被科学变成现实的,像蚕吃叶子一样……"她似乎有点忧虑地说,"要不是我亲眼所见,我怎么敢认为那只眼睛……就是现在,我也没有把握从两只中间指出一个假的来!只有两只,二分之一,百分之五十……都不能做到!"

我发现自己受到了她情绪的感染。事情正如田藕所言,我在同林重远接触时,几乎忘记了他存在着这一生理上的缺陷。我当然不至于去问他;即使我问了,我想林重远也会幽默地回答:你看呢?你们作家不是历来自视敏锐吗?这个本来很容易让我忽略的细节经田藕的再三提起,仿佛在我心头形成了一块阴影。我由此生发出许多感想与忧虑,以致我对目下的劳动产生了怀疑。然而在另一方面也让我不安。这就是田藕,她的情绪越发显得病态——敏感的女人差不多都是病态。一件平常的顶多只是一笑置之的事可以让她浮想联翩。她的心理负担太沉了,这会使她的一生永远笼罩着阴影,她的脚下将是无边无际的沼泽地……

"你想的实在太多了,"我轻松地说,"女孩子就爱小题大做、自寻烦恼。"

田藕便浅浅一笑,说:"谁叫我落在这屋子里呢?什么怪事都让我给碰上了……"

我趁机劝道:"你还是应该走出去,离开这儿!"

她沉默少许,说:"我常常这么想过……可是我最后总说服不了自己。有些事,我放不下,怎么也放不下。"

"你是担心你父亲没人照顾?"

"这也是一个原因吧。"

"那么……还有什么让你放不下呢?"

"你别问了。以后你会知道的……"

田藕说完就进厨房收拾去了。过了会儿她又跑出来,把堆在走廊上的几件脏衣塞到提桶里。"我还是先去洗衣吧,"她说,"这会子一个人在厨房待着,怪怕的。"

"我觉得你胆子挺大的。"

"是这样吗?"她像小羊似的歪着头看我,"一个人要真是胆大包天,那会是怎样的情形呢?"

"那一定活得非常非常潇洒。"我说,这句话带有一点挑逗性。

"你们城里人胆子一般都小,是不是就活得很累?"

"城里人未必都胆小,不过差不多活得都挺累的。楼房、噪声、排队,让你喘不过气来。你干什么事都觉得受到监视,而且还罚款。"我说着就动手帮她拿这拿那,可是她不让我碰。她说:

"城里人不是爱干净吗?"

她本来是想大笑一下的,但意识到楼上有要人在午休,就立刻咬紧牙齿,让笑容无声地扩张在脸上,让你想到一朵夏日荷花。然后她戴上草帽下池塘去了,黑儿追随着她,我是很想陪她一块去的。这时分池塘边上一定静得可以让人放肆。我没有去,因为几天前的那个下午所发生的事尚未消化掉。田藕是理智的,清醒得令人惊讶。她不会让你捡到什么便宜。最叫我失望和沮丧的,是她根本没让你往她心里去,而你却时常想到她,并以为这是感应。实际上你顶多只能在梦里大手大脚罢了!

我一直望着她的背影,有些惆怅。午餐的酒此刻在胃里很不检点起来，很恶心，又无法呕吐，睡到床上哈欠连天却越发清醒。这种状态是令人憎恨的。于是就坐到槐树下，盲目地张望着，田藕的笑和林重远那只可以取下浸泡在水里的眼球无端地重叠到一块，云一般飘过来飘过去，不禁去想了那道艰涩的人生命题：荒诞。人生存于荒诞之中，而往往不觉得……

叶千帆下意识地将被子抄抄紧。他注意到坐到床沿上的莲子挖苦地看了看他，那意思很明显：二少爷回来了你慌什么！也许是这个轻轻一击使他固执了，所以当莲子准备站起来离开屋子时，他说：

就这么坐着，给我喂汤。

你这人真像个娃娃，莲子说，就照他吩咐的去做。汤并不多，莲子喂得很慢很慢。她知道他要把这一幕拖延到二少爷迈进房门才罢。不一会儿虚掩的门被推开，接着是叶之秋的声音：

你受伤了？

莲子冷静地把最后一匙汤倒在叶千帆嘴里，然后平淡地扫了一眼横在门口的二少爷，起身离开。她从他身边走过时嗅到一股馊馊的汗味。六指在院子里吼道：二少爷回来了还不做饭去？她也很凶地回了一句：你手断了！

叶之秋背手掩门，坐到刚才莲子坐的位置上。那地方还很暖，他想莲子一定在这屋子里待了很久。伤得厉害吗？他问。

过两天就能下床了。

不会是枪伤吧？

要是枪伤就不会在这个位置，叶千帆说，又指了指心脏：而在这。

叶之秋把香烟装到象牙烟嘴上：外面的风声很紧，你最好——他原想说你最好少活动，又觉得措辞不当，便改成：你最好少走动。"

你不是也没闲着？叶千帆说。

叶之秋对这句具有挑战性的言辞付之一笑，点上烟，意味深长地吸了一口，我必须出去。因为我无法忘记父亲的死……我就是为这个回来的。

叶千帆把身体靠在床上，望着一丝丝从眼前悠过的烟雾。沉默了片刻，他问道：这回出去弄到了点什么？

你想知道？

我心下也有一本账的。

你应该打开。

可能和你的不一样。

你是想瞒住我？

不，现在还不是时候……

但愿你我的判断基本一致。

我想很难一致。

那么，就是说你我之间最终会有一个是错的？

苍天有眼。

楼上的月琴又轻轻拨响了，像和风细雨，又像遥远的暴风骤雨。叶之秋徘徊着，叹道：她的琴弹得很好……

这调子也是很好的。

老爷子是听不到了……

这也难说。魂是不会散的。

你这样多愁善感，不像武夫倒像个诗人。

我相信魂。

叶之秋不说了。他想老大永远是固执的，你很难让他放弃一个微不足道的习惯，何况这是一种信仰。灵魂是什么？是空气。看不见摸不着。灵魂还不是空气，因为空气无所不在。灵魂就像眼前这缥缈的烟雾一样，只有在你需要它的时候才显现，但很快就消失了。

那琴声转为铮铮切切而且节奏也逐渐快了起来。这旋律让叶之秋想到很久以前的那个江城雨夜。他觉得当时雨打到门前的芭蕉上就是这样的音响。这曲子不是《雨打芭蕉》，可意识中的画面却是。他为这个联想感到不安。他似乎明白过来：楼上的女人是在用琴回忆。她只能以这种方式延续着生活……

这女人……真让人受不了。他沉吟道。突然他意识到这句话仿佛泄露了什么，又很快补充说：她留在这里，是很碍事的。说着就去看了叶千帆，意思是听听他的看法。

叶千帆对此没有表明态度。他说是走是留由她自行决定。他又说：碍事好像也谈不上吧。

叶之秋紧跟一句：你说的是真心话？

床上的叶千帆侧了侧身。他听出了老二这句话的含义，不禁掌心出了汗。他隐约记得，在离开城隍庙后，确切地是在丁字街口，他好像听到有人在很远的地方喊了他。但那人绝不是老二。后来在办那件事的过程中，没有出现任何可疑的迹象。即使有，他也不会惊慌失措。让叶千帆不踏实的，是几乎在同一时刻，老二也离开了家——他做什么去了?!难道他果真是在私下调查青云山脚的那一枪吗？

叶千帆笑了笑：我的事很简单。我要做的，大概任何人也碍不住。

叶之秋也笑道：你这么自信？

叶千帆出其不意地亮出左轮手枪：它会帮我。

这部小说出现的人物关系为我始料不及。当年叶家大院的同胞兄弟与两位来自外省的女人，彼此之间的所谓感情纠葛不是一对一的，也不是三角的，而是复合后引起的一定程度上的混乱。这给我的创作带来了极大的困扰，以致我时常手足无措。我需要说明的是：作者并非无端地强行组织起这种恼人的关系，至少有部分的理由。

时间和空间的限制，使得这两个女人最早注意到二少爷叶之秋。那个时候，大少爷叶千帆还在军旅之中。莲子或许和大少爷也很熟了，但她还是个小姑娘。等她到了含苞欲放之年，在她面前走来走去的就只有二少爷。她没有理由拒绝二少爷的爱，这是青春的需要。二少爷后来的见异思迁尽管让莲子伤心，不过这只是一块愁云，风过即散。莲子已是落花有主，因此她和二少爷的事，毕竟是摆不上桌面的。况且唐月霜以后的处境也很糟糕，对于莲子这样的女人无疑是一种安慰。两个女人有了命运的共同点，所以在对待叶之秋的问题上，很容易一致。然而她们又互相提防，因为"那个黄昏，一匹白马在村口出现了"。张爱玲说：所有的女人都是同行。这"同行"自然包括当年叶家大院的两个女人，虽然她们是那样的悬殊与差异，但仍不失为同行——事情就复杂在这里。

故事理所当然地会发展下去。以上四个人还将充当主角。我无意制止，也无法制止；这就像他们之间的情欲之火，一经点燃便没完没了，除非消亡。情欲的过程远比一次做爱的过程漫长而丰富。

奥季塞夫斯·埃利蒂斯说："又要爱又要梦想，那是犯重婚罪。"——这即是情欲的写照。

——作家手记

林重远的午休据他后来声称是"很罗曼蒂克的"。但他没有叙述具体的情形，或者不愿说出口。"我很诧异，"他说，"我以为自己已是日薄西山了……这真难以理喻。"

不用说这句话当中的省略号给了我无限的联想。我仿佛觉得穿着讲究的林重远原来是一丝不挂的，正和一个也许不止一个女人狎戏。林重远显然还被浪漫的梦境激动着，两颊现出动人的红晕，眼睛——两只眼睛都非常明亮。有什么事会像性的复活那样令一个老人兴奋与欣慰呢？老人好色不是丑事而是一件很吃亏的事。我记得我尊敬的一位文学前辈曾就此系统地发表过灼见，大意是说：老人好色，其方式含蓄而凝重，所以伤神；好而不得，所以伤心；得之难为，所以伤身。这实在是绝妙的概括。可是林重远却神采奕奕。我想这可能是两个原因所致：其一，他大约还不能算是老人；其二，他是一个有身份的人——生活对这种人总是宽容的。因此他刚才的话除了刺激我的想象力之外，还给我以可贵的坦诚与幽默感。

林重远优雅地呷了口茶，说："那张老床还真是舒服。比席梦思好。"

他指的是我睡的那张床。我先后睡过两回至少有五十次了，倒不觉得它和别的床有什么两样。我说："它让你做了场好梦，所以你觉得舒服。"

"还不是这样，至少不完全是。"他说，"床和鞋一样，舒服不舒服全在于感受……怎么样，我们交换一下，这两天我就住这里了。我喜欢那张床。上次来我就觉得它很合适。"

我没有料到他会如此认真。当然这不过小事一桩，我没有理由不表示同意的。但是我也不准备离开这个院子，我叫来田藕，让她替我另收拾一间房。

"这是什么好场子，值得你们贵人这般抬举？"田藕说，"你们城里人……"

"城里人是不是很奇怪？"我故意把她的话岔开，因为不放心她冷不丁地捅出一句让专员难堪的话来。

林重远走近说："不欢迎吗，小鬼？"

田藕浅浅地一笑："哪敢呢！专员驾到，蓬荜生辉……"

林重远略有惊讶地说："看不出你这小鬼还满腹文采！不错，好，很好！"

田藕不再言语，拿过水瓶给我们续上水，便进屋去了。林重远看着她的背影，叹道："这姑娘生得颇有灵气……她怎么不念书了？"

"有很多人，包括我，都劝她去考大学……"

"考大学还要劝？"

"可还是劝不动。她不想进城。"

"这是不可以的，待会儿我同她说。"

"最好还是别说。她好像不是固执，我想总是有原因的吧。"

"她恋爱了吗？"

"可能没有。我没看见她和小伙子接近过。"

"那么还有什么理由让她舍不得离开这块土呢？"林重远从石凳上立起来，打开折扇，在树荫下踱着步，又说："现在的年轻人，思想居然这么复杂……"

树上的蝉突然鸣起来，好像还撒下了几滴尿什么的，落到我的脚背上。这时林重远的秘书小刘回来了——他刚才是去乡里通知秦贞他们，来这儿谈一谈。可是只有他一个回来。小刘进门就说："秦乡长想请你到乡里去谈——那儿有电扇。"

"你再去请一次。"林重远说——"请"说得很重，"就说我老了，腿不好使，请她行个方便！我不需要电扇！"

这回林重远是真的火了，连局外人的我此刻也感到如坐针毡。小刘连忙调头跑开了。我倒不是同情小刘，而是替秦贞担心。显然秦贞这么做是大逆不道的，但我清楚她是不得已而为之。午餐后林重远提出要到这儿来歇息，秦贞就进行劝阻，但没有用。"你不要干涉我的自由。"林重远说。秦贞说路面不好没法行小车，林重远说可以安步当车。现在又折腾成这种局面……秦贞也难，她怕进这个院子，怕这里一个几乎可以做她女儿的姑娘。然而我却不便解释。秦贞自然还会硬着头皮跨进这道门槛面驾的。我决定充当一次斡旋客,趁林重远上厕所之际,我进屋找到田藕,告诉她等会儿乡长来要冷静一些最好客气一些。"至少,论年岁她是你的长辈,情理上要过得去。"我说。

田藕听着回过头看着我问道:"你以为我是个胡搅蛮缠的小女人?"

"我不是这个意思。"我说。

她冷冷地说:"我给她脸就怕她不要!"

叶千帆伤愈后的第一个黎明天空布满着阴霾。但他的心绪已调整得相当好。他恢复了晨练,青霜剑划破晨雾好像禁锢的空间戳出一个窟窿,新鲜之气鱼贯而入。他感受到这空气的湿润,甚至从中嗅出一点犹如新茶的清香。那时候月亮还不曾隐去,启明星却非常暗淡了。四野的鸡鸣断断续续地传来,东方仍是一抹黛色。只是那黛色的尽头显现出一线奇亮。他想今天必定是个阴天,但是不会有雨。这样的天气他是喜欢的,因为能使人保持格外的清醒。等最后的收式完成,他把剑放到石桌上,然后贪婪地吸着空气,舒展身体。这时他才感到由腹部生出一丝疼痛来。他慢慢坐下,槐树枝头的露水滴到颈窝里,很凉。他轻轻抚了一下腹部,那道伤痕非常光滑,只有一处的边缘略有些毛糙并且渗出了黏液。接着他嗅出一股淡淡的血腥味,就将腹部的手抽出——并没有血迹。他起先以为这是错觉,是那个残酷的场面又一次侵扰了自己的潜意识。可是这气味没有因他的清醒而消散,相反却变得浓郁了。他警觉地观察了四周,心下绷得好紧。他想这气味就在自己身边……突然,他盯住了石桌上的剑,慢慢将它握住,于是浓烈的血腥气呛得他险些一个趔趄。他简直傻了。

叶千帆的记忆里,这把青霜剑是从未沾过血的。父亲只用它练功健身,连防身也派不上用场。父亲的功夫极好,生人是很难近得了身的,除非用枪。叶千帆想射向父亲的那一枪委实有些奇怪,距离那么近却没有击中——唐月霜怀疑得有理。她认为那个老练的杀手不过是手下留情罢了。什么情?杀手以完成行刺为目的,他手下留情又怎么回去交差?但这个杀手是幸运的,因为他要杀的人最终还是死了。父亲是被这个杀手用意念杀死的！叶千帆用中指和食指从剑刃上缓缓滑过去。莫非这剑知晓一切？这无端发生的血腥味难道是一个暗示？看来，这剑是非见血不可了，它饿够了！叶千帆顺手一个斜劈，天已大亮。

他依旧要去河边遛马。然而马早已被人牵走。他想六指实在是个老实勤快的人。也许因为这个，他觉得很对不起六指。毕竟莲子是放在他名下的。而且当初因为这个事实，他仇恨父亲。他甚至看出了父亲的伪善。他也很懊悔，不该过早地暴露自己对莲子的好。可是又必须这样，否则有人会抢在他前头……那时父亲总不准他回家；即使回来了，也是被父亲训斥一遭而后匆匆赶走。后来他求过父亲，求他老人家开恩，成全了他和莲子。父亲吸完一袋水烟后平声静气地说：一个男人治国齐家平天下，一个军人要战死沙场马革裹尸还。如今国家危难，山河破碎，你怎么能儿女情长英雄气短？正是这番话让他觉出了父亲的陌生与伪善，他顶撞了一句：商女不知亡国恨，可你不在乎……父亲打了他一耳光，正色道：你居然敢这样同我说话！你给我滚，我没有你这个儿子！他一个立正，然后转身，迈着标准的军人步伐走出了家门。不久，父亲把莲子许配给了六指。然而几天后的一个夜晚，莲子来军营找到了他……

村子还很平静，那些公鸡们叫累了，见天上的星子抹去，它们觉得自己的事完成了，便吱吱地回到母鸡身边，以延续刚才断了的梦想。叶千帆披着衣服，悠悠朝河边踱去。那河在晨光下呈现出翡翠的颜色，也暗暗亮着。他的视线搜索着那马。好几天不曾近它，他很是想念。那真是一匹出色的马！也许这辈子只有它永远陪伴自己浪踪萍迹了。他的心境不觉灰暗，随口打了个唿哨。这哨音在宁静空旷的河边显得那么清脆悠扬，忽然间，左侧的芦苇晃动起来，白马从后面闪出，一阵奋蹄便奔到主人面前，接着是一个急刹，扬起前蹄，嘶鸣里马背上的人重重地摔下，叶千帆立刻上前将那人拽到自己怀里——竟是唐月霜！

这忘恩负义的家伙竟敢……她说，喘着气，并不看依然搂着她的叶千帆。

老马总是识途的。叶千帆说，它跟了我十年。

你以为它忠心？唐月霜这才推开叶千帆，说：我才训了它十天，它不是也服帖了？

那是假相。它不会真正地服你，除非我死了……

是呀，它有福气，遇到不测还可以改换门庭。它好自由……

叶千帆不响了。他本想说"你也可以改换门庭"，但意识到这是句残忍的话，便咽了下去。他用手抚摸着马鬃，想牵着马悄悄离开。这心事仿佛被唐月霜猜中，她抢先把缰绳抓到了手里。她说：

大少爷，我有两句话不知当讲不当讲。

你请便。我听着。

她犹豫了一刹，淡笑着说：你是不是该有个家了？

这个，我会考虑的。

一个男人是不能靠吃零嘴过日子的。这样会更饿。

叶千帆被这句尖刻的言辞刺痛了。而腹部的疼痛这时也骤然升起。这双重的痛楚使他眼前一片黑暗，他的身体紧贴着马腿，他觉得马也在战栗。他轻微但又是沉重地说：

你过分了！

我难道讲的不是事实？唐月霜浅笑着说，明人做不得暗事。日子久了，会招惹出麻烦来的。

你这是在报复！

你不妨这么想着。我是怎样的人，你日后会知道的。说完，她轻巧地跃上马背，一勒缰绳，白马又扬起前蹄一声长嘶。她紧紧夹住马鞍，一溜烟向东边奔去。

叶千帆追随着那团于朝霞里辉煌无比的光影，有一种被掏空的感觉。他想这下是真的饿了。

在很多时刻，我脑中总闪现出这样一个念头：美丽的唐月霜是注定要死去的。我并没有什么根据，也不是因为有了既定的结果再回过头去作一番附会。这个判断纯属直觉。

从第一次接触到"唐月霜"这个名字，我就产生了不祥的预感。这个名字很容易让我想到红颜薄命、昙花一现、冰雪消融这类悲剧性的字眼。许多年前，我的一位表姐因一次意外的沉船事件死于非命。那年她十九岁，已出落成十分标致的青春玉女，属于那个时代少见的美人。据说她的水性是极好的。但是那个早晨天气很坏，江面上风陡然大起来并且有雾。而她，因为轻微的感冒离开了甲板，转移到了下舱。可能就是在这须臾间，悲剧发生了！又据说她后来已经挣扎到了圆形的窗口，甚至小半个身体业已探出，但她的脚完全被后面的人死死抱住了。现在我回想起这件事，心情很平静。我觉得这是一种"关系"所致。一个人，尤其是一个女人，一个美女，只要陷入了"关系"便离黄泉之路不远了。死死抱住表姐的人实际上是她初恋的对象。他没有理由不爱护她（比如说劝她进舱避风什么的），没有理由不救她（比如说最后抱住她的脚），但最终他以爱的方式把她杀了！

　　唐月霜无疑是个"关系"人物。她几乎同当年叶家大院所有的人都有着"关系"。这"关系"有时是潜在的，无法证实，但存在着。如果我们武断一点，不难发现任何人都有理由——尽管不够充足，去暗算她。她是个不同凡响的女人，又知道得太多，这种人不死简直是个奇迹。倘若唐月霜能活到今天，这部小说将是另外一种样子，或者根本就不存在了。然而别的人则无能为力。他们至多只能纠正小说的局部，却无法改变小说的趋势。唐月霜的位置决定了她在这部小说里举足轻重的分量。因此她的死注定是一个谜。

——作家手记

　　乡长秦贞在迈进门槛的那一刹脚步明显地不灵便，仿佛是通过一片雷区。但在林重远看来，这是下级出现过错后的怯懦。所以他怜悯似的让脸上滞留已久的怒容平了去，然后又像是大度又像是挖苦地说了句"这么热让你们跑一趟，我很抱歉"。就让他们坐。与秦贞一道来的还有副乡长和办公室主任，他们的神情除了尴尬还流露着对自作聪明的女乡长的埋怨——你以为你这"舅舅"什么都依你？这下把我们也坑了！秦贞很凄楚地笑了笑，想说什么又没有说出来。这三人还汗涔涔地立着，直到林重远重复一句"坐下谈吧"，这才慢慢坐下，眼光放得很虚。

　　说实话，这局面让我心酸。我曾在官场上泡过几年，那种表面正经其实内在复杂的气氛令我痛不欲生。有时你一个咳嗽竟把首长给得罪了而你还自以为首长对你很赏识。我不得不落荒而逃。至少为了自己能多活几年，必须那样。当然，眼下秦贞所面临的是双重的压力。为了让气氛缓和些，我安排田藕给他们沏茶。"就算是给我一个面子吧！"我说。田藕却笑了，说你这人心倒好慈，就按我说的做了。我注意到秦贞在接茶的时候欠了下身，两眼充满着感激。这个良好的反应给了田藕极大的快慰，似乎是完成了一次复仇。她回到屋里抿嘴一笑说："你看见她脸白一块红一块了吗？"我没吱声。这一刻我对这姑娘产生了反感，觉得她未免欺人太甚了。她很快意识到这点，便敛住笑容。眼看着脚尖喃喃地说："我是不是很坏？"我按了按她的肩，说："她也不容易，算了吧。"说完我便上楼去了。在楼梯上我忽然想：我说了一句没头没脑的话，因为秦贞与田藕之间究竟为何反目，我至今不清楚。

  林重远召集乡领导来，中心议题是讨论研究糙坯子的改革。但这是个非常棘手的题目。林重远只是起了个头，声明自己此番下来主要是了解情况，希望在座的各位畅所欲言。可是在座的对制陶业显然是一知半解甚至是不知所云，于是只能检讨着"没有把工作抓好"。整个交谈完全是涩巴巴的，以至于秘书小刘的记录无从下笔，时而担忧地望着头上的树冠，生怕什么虫子会随时落到自己身上。林重远似乎很专注地听着，还不时作思索状，其实，我敢说他的心思还被那张老式床系着。谈话终于出现了一个长长的停顿，大家都好不自然。这时，林重远拢起折扇，开始说话了。他没有批评他们，而且把目光传送到几千年前，大谈起中国陶瓷的历史。他从神农氏抟土为坯烧冶成陶的传说开始，讲到"陶都"与"瓷都"的鼎盛时期；从宋代浙江的哥窑与弟窑，讲到明代苏州的大秀与小小秀。这些本来具有传奇色彩的内容一经林重远绘声绘色地表述，听者是长精神的。连我也不知不觉地被他俘虏了去。我很钦佩他的见多识广。这种顾左右而言他的风度尤其让我心悦诚服。在转瞬之间，我几乎把这位副专员看做了一位历史伟人。

  "中国是陶瓷大国，"林重远说，"英文里的中国叫China，实际就是陶瓷的意思。我这次来，目的是给你们鼓劲。对陈士林同志的改革……"

  "是陈士旺。"秦贞轻声纠正道。

  "对对，对陈士旺同志的改革，一是要肯定，这是个态度问题；二是要支持——不能只是嘴上支持，要舍得花学费，比如说安排他出门参观取经；三是要帮助他总结，找一找原因。"林重远喝了口茶，将折扇打开接着说："总之，不要急躁，要冷静一些。我们的眼光要放远一些，不要急功近利……"他突然停下来，对门口看着，原来是一只狗正用腿支着门框撒尿。

"谁家的狗这么……神气？"林重远说。

"是条野狗吧。"秦贞随口说。

副乡长正欲操起大扫帚将它轰开，被专员制止了。"撒尿是很惬意的事，让它尿个痛快。"

这一说在座的都笑了。我当时在楼上，只能看见那狗斜支着的腿和源源不断的尿。会不会是跟着一樵的那只大狗呢？我看不见。不过我觉得应该是那条狗，因为这畜生走后不多时，陈士林进门了。见到树下摆设的阵势，他想避开，可林重远已把他叫住了，邀他一块座谈。"你在这方面是行家，"专员说，"我想听听你的意见。"

陈士林笑了笑："我已经洗手不干了。"

林重远摆摆手："这个状态不好，要不得。这样的年纪怎么能暮气沉沉呢？难道还不如我这个老头子？"

陈士林说："我哪能同你比呢？你什么都有了，我是一无所有……"

秦贞碰了一下陈士林："你就不能说点正经的？"

陈士林说："我不是在说笑话。首长难得来一趟，谈谈心不行吗？"

秦贞严肃地说："现在是研究工作！"

林重远这时站起来在边上踱着步，说："这样很好嘛！随便一些，放松一些。小陈，我还要住几天，也会找你谈的。你往下说吧。"

陈士林默默点上香烟，也站起来："我实在没什么好说的。"

秦贞埋怨地："你看，让你说正经的又没词了！"

陈士林也正色道："你懂什么！"

这下让秦贞彻底失去了面子，她几乎想哭，可是没等眼泪涌出来，一个青年匆匆跑进了院子：

"糙坯子晕倒了！"

大家顿时惊住，还没来得及做出反应，田藕已从屋里冲出，大嚷道："你们别再难为他了！"

第十八章

　　唐月霜从河边遛马回来的路上遇见了下河沿洗衣的莲子。像往常一样，莲子主动招呼了一声。但是她脸上泛起的惨白与两眼透露出的张皇让唐月霜心下不禁顿了顿。她想刚才河边的事一定没有绕过莲子的眼睛。叶千帆搂着她的那一刹那间，莲子可能就站在一棵树的后面。

　　为这两件衣下趟河？她说，你可真勤快。

　　我不喜欢脏东西堆在眼睛里，莲子说。

　　这是什么意思？唐月霜很不舒服。她想莲子现在是越发地张狂了，也变得聪明起来。女人就是这样，当她与你拥有同样的权利时，她便与你平起平坐了。唐月霜记起一个外国名人曾经说过的一句话：女人是无阶级的。于是她说：

　　我身上是不是很脏？

　　莲子很诧异地：太太你怎么……

　　不，我是很脏了。待会儿我想洗个澡。

　　天还凉着……

　　凉了好。我喜欢凉凉的天气。你先去帮我准备着吧。

　　后来的事让莲子很有些意外。她替二姨太打好水，找好衣，准备离开时唐月霜说话了：

　　你就留在这儿，帮我搓搓背。

　　说着唐月霜就把房门插上了。然后坐到梳妆台前把头发上的饰物一一取下。她从椭圆形的镜子里看到手脚无措的莲子。她想象不出一个女人正视另一个女人的胴体将是怎样的滋味。但她认为这必定是相当有意思的。她开始让莲子帮她脱衣。莲子脱得很慢很慢，脱得小心翼翼，仿佛不是在脱衣而是在揭一张人皮。她觉得莲子的手指有些颤抖了。你弄得我好痒，她说。接着她自己很潇洒地把贴身的小衣裳也脱了去，向前走了几步，又慢悠悠地转过身来正对着莲子。

　　莲子完全被面前这个瓷一样的身体惊吓住了。她想起有一回帮二少爷晒书时，其中一本外国书被风撩开，现出一个女人的身。那个身体真是好看哪！那个身体和这个身体怎么如此的相似！莲子感到心跳得十分的乱，脸颊也跟着烧起来。她轻轻地叹道：太太你好俏。

是吗？唐月霜淡淡一笑说，你真这么看？

像画上一样的。莲子说。

那你就好好看看吧！唐月霜说着扭了一下腰，借着镜子自我欣赏了片刻。不多时她听见门响了一下，便本能地用手护住乳部。回头一看，莲子已经不在了。她走过去重新把门插上，突然笑了起来……

这放浪的笑声经过二少爷叶之秋窗口的时候仿佛凝固了。他不知道那屋子里又发生了什么事。有很长时间了，他不曾听到她这样的笑。现在听见了倒觉得这笑里分明藏着另外的东西，而且是冲着自己来的！他没有能力把它驱散就像在林子里不能把蚊子驱散一样。蚊子的可恶并不在于它叮了你吸你的血，而是成功之后这个渺若尘埃的东西仍然嗡嗡地向你炫耀，让你折服，承认自己是惨败的一方。蚊子似乎是专门来对付英雄的。叶之秋把窗户关好，颓然坐到太师椅上。屋里渐渐闷了，他想这一趟回来实在太窝囊，可是他不能不回来。我早就把自己交出去了，他忧郁地想着，事到如今想改弦易辙已为时晚矣……今天是几号？他看了一眼窗外的槐树，茸茸的新绿铺开了，这让他感到意外。日月如梭，可织下的总是无边的愁……

六指进屋的时候他差不多睡了。这个憨厚的仆人弯着腰轻声说：二姨太让你过去一下。

一听"二姨太"，叶之秋顿时清醒过来而后问道：什么事？

她只说你去一下，六指说。

他慢慢把自己从椅子里拔出来。会是什么事呢？他整理了一下衣服，又觉得那笑声从严实的窗缝中挤进了屋子。他定了定神，随口说：她不是去遛马了吗？

马让大少爷牵走了，六指说。

他一惊：老大下床了，怎么不早告诉我？

六指也吃惊地：我，我忘了……

叶之秋气愤地斥道：你真是个废物！

在过去的半天里，糙坯子大概每隔一刻钟都要呻吟一次。这就使原来的中暑演变成了一次真正的病，谁见了都要生出三分同情。他从窑头被抬下来的时候几乎成了一个汗人、一个泥人，浑身上下找不到一寸干净的地方。陈士林让田藕打了一盆温水，关上门替糙坯子擦了身体，换了衣，然后说这样就行了，不需要去找医生。"他累了。让他实实地睡一觉。"他说，把换下来的脏衣交给田藕去洗。

显然槐树下举行的会议是无法再继续了。这对于乡领导，无疑是最好的解脱方式。林重远也沉重地表示"以后再谈"，就让小刘送客。他的意思已非常明确：在罐子窑工作期间，他就此下榻。秦贞也不再劝，只说待会儿派人送一台电扇过来。可是田藕却说："这屋子常闹鬼，你不怕？"这句话过于唐突以致让边上的人全都静了下来。还是林重远机智地打破了尴尬：

"我这辈子也算有所见识，唯独不曾见到鬼，这下可是大开眼界了！"说着，带头哈哈一笑，很快传染了大家。林重远环顾四周又叹道："这屋子好哇，冬暖夏凉，环境也幽雅，不能不视作一块风水宝地！"

乡干部离开后，林重远又回到了楼上。屋子已腾好了，我搬到另一头的一间，就是从前唐月霜住的那间，下面便是陈士林的房，原先为叶千帆所有。这间屋子现在已很平常，除了门窗的格式，几乎难觅过去的踪迹。我将行李挪出的时候，林重远已脱了鞋靠到那张旧式床上，他很歉意地说："让你折腾了，很过意不去。"我说这很方便，用不着客气，再说这张床于我又没有价值，倒是埋没了它。林重远自然听出了其中的调侃意味，用折扇指着我说："又拿我老头子开心了！"看得出他的心情很好。他又说："我是不是太固执了？"

"固执得可爱。"我说。这是心里话，我觉得林重远有时就像个固执得可爱的顽童。也许他的确是个老人了，人老了便不觉回归到孩提时代，这是很自然的事。

他抚摸着床沿，叹道："这实在是一张好床，纯樟木，叫人睡不够似的。"

"但愿阁下夜夜逍遥于温柔之乡!"我说,两人相视一笑。接着他叫来小刘,给他找一份什么文件,又让小刘留心楼下糙坯子的情况,说有什么异常得及时告诉他。

等我回到现在的房间时,田藕已帮我把毛巾挂好了。她对林专员的住宿仍然感到不悦,嘟嘟囔囔个没完,说小庙容不得大菩萨,弄不好反而会生出些是非来。我劝了她,并责备她心眼太多了。

"我怎么心眼多?"她不服地反驳说:"你不觉得这事好奇怪吗?这屋子有什么好,他为什么每回来都要住这儿?"

"那,我不也是同样奇怪吗?"

"你和他不一样。"

"有什么不一样呢?"

"至少,你两只眼都是真的!"

说着她自己把自己逗笑了。不过经她这么一点拨,我心下也起了疑云。世上的事大都不是无缘无故的,林重远对这座老房子如此痴迷,难道说他与此有着什么关系?可是这几乎是不可能的假设,林重远是北方人,虽然经历中有过一截在这一带工作的事实,但与叶家是不曾有粘连的。他和郑海是战友,郑海又隐约同叶家打过交道,是否因为这个呢?还不是。成语中有爱屋及乌一词,不等于反过来说成爱屋及乌同样有理,况且叶家大院并非郑海的故居嘛!

"我这两只眼算是白长了。"我说。

"这是什么话?"

"因为很多东西都看不清楚。"

"那就用心去看——心眼多有什么不好呢?"

1962年不知道什么季节里的一天,约瑟夫·海勒独自坐在法尔岛的一间平顶房的屋顶上,开始构思他的小说。这之前作家已写出了成名作《第二十二条军规》,但销售量很不稳定,没有挤上《纽约时报》的畅销书单。这一天,据后来作家本人声称,"心情很不安"。他说:"我希望开始写一本新书。"但这本书"写什么我还没有主意。我在等着发生点什么事!"——"发生点什么事"在英文里是"Something happend",可译作"出了毛病"——即是长达十二年之后海勒的第二部长篇的书名。《出了毛病》的发行理所当然地被看做美国文学里的一件大事。也就在这个时候,约瑟夫·海勒接受了著名的《巴黎评论》的记者采访。他告诉记者:"我的小说的开始方式都很特别。我不是从一个主题或是一个人物开始,而是一个未经准备突然冒出来的句子。"接着作家回忆起十二年前在法尔岛那个"心情很不好"的一天的情形。"就在我发愁不知该干什么好时,一个条件符合的句子冒了出来——'在我工作的那间办公室里有我惧怕的四个人,其中任何一个又都是另外几个惧怕的对象'。"这句话后来已印成铅字成为《出了毛病》开篇的语言。漫长的十二年里,约瑟夫·海勒要做的工作便是应着这句话,再"一点儿一点儿往下蹭"直至"蹭"到最后一句。

我在这个夏日的黄昏中突然想起以上的事情,不知因为什么。我的写作方式和约瑟夫·海勒有相似之处。就是说我也有过"一点儿一点儿往下蹭"的经历。我注重"写作中"的状态,觉得事前的思考往往是多余的,而事后我尽可能做到离写字台远一点。或许我也是在等着发生点什么事情吧?其实很多事情早就发生了,只是我们还没有意识到。

——作家手记

浴后的唐月霜穿着鹅黄色的睡衣优雅地靠在藤躺椅上,手里翻着一本《李易安词选》。这情形在叶之秋眼里完全成了一幅古典主义油画,而门框正好是个画框。他倚在框边,觉得过于逼近造成了欣赏的障碍,便向后退了两步。这实在是个少见的美人。虽然十年过去了,她还是这样美。而且韵味有增无减。叶之秋想起在大学时,偶尔与同事讨论女人,有人曾这样说过:少妇永远比少女有魅力。那人还认为这一观点涉及中西文化的差异。西方人并不关心女人的贞操,相反认为处女是令人乏味的,因为不具备性经验。而一个对性感到陌生的女人将无魅力可言。叶之秋对这种论断当时很不以为然。但是不久,在经历了那个浮躁的夏天之后,他无条件地放弃了原来的立场。此刻,叶之秋更是深信不疑了。眼前的这幅画让他激动,让他记起那一连串的细节。他根据她衣服的皱褶去推测她的身体，由此急剧上升到那个大胆的做爱方式……他轻轻吁出一口长气，接着感到内心深处的阴冷与苍凉。

唐月霜依旧翻着书。她知道这个男人在门外已经审视了自己很久，而且也能想得出这男人此刻在回味着什么。可是她感到了不安，因为那男人所想的一切她竟也去想了。她企图扼制住这些思想，但是不行。她想人实在是个悲哀的东西，有时却无法管住自己，就像脸红一样，你没法让它不红。但这红晕业已失却了从前的性质，不再是羞涩，而是耻辱。现在她不能不恨这个男人。她曾想过宽恕他，然而越来越多的迹象表明这已经是不可能的了……

叶之秋低声咳了一下，表示自己来了，然后专注地等着她的目光与自己相遇。可是她没有抬眼，相反，她把那本小书捧得更高，挡住整个的脸孔，并且开始去摇晃压在身下的椅子。这轻慢的姿态也未能使叶之秋感到难堪。当迈进门槛时他又重新想起：会是什么事呢？这个女人似乎是神经质的，你根本无法把握她。我来了，他说。

我知道你来了，她继续翻书，你不会不来。

叶之秋顿时觉得有点不对头，这句漫不经心的话听起来好像还埋着另外的意思。这时候唐月霜把书合拢了，刚才脸上泛出的红晕已完全褪尽，她说：

我请你来，奇怪吗？

不，我没这么想。

你在撒谎。

有这必要吗？

当然有。你是个习惯撒谎的男人。

叶之秋立刻有了某种不祥的预感。那个霸占大脑的做爱场面也悄然消散了。他觉得面前这条轻微抖动的小腿很像一把刀子，不过锋刃很钝。他冷静地说：

要是没什么事，我想走了。

这么急？是不是看大少爷又出门了？

这下叶之秋确实怔住了。事情远比他想的要复杂得多！他用余光瞟了一眼唐月霜——她正盯着他，目光又冷又辣。他努力克制住内心的冲动，转过身淡笑着说：

他出门与我何干呢？

那要问你呀！

我可真糊涂了……

你这样聪明的人居然也会糊涂？

我不明白你在说些什么……

唐月霜从椅子上站起来，走到窗前去看了看院子。她像是第一回发现这院子是如此的空大。天色渐渐开朗，密集的阴云已被风吹散，看来雨是不会下了，但仍然还是个阴天，明天也不会晴的。

她说：

二少爷，这儿的天气像不像伦敦呀？

这又是何意呢？叶之秋感到惶惑，他想这个女人脑子也许是真的乱了。他回答道：

有点像。不过伦敦的雾大，每天要到这个时候才散……

唐月霜不禁笑了起来。这笑声和刚才一模一样，叶之秋有了一种强烈的被捉弄的感觉。他决定跳出这个神经质的氛围。等他转身欲走的时候，他听到了那女人笑声中迸出了一句话：

你的记忆力不错哇！

这天夜里，林重远邀我下象棋。我谢绝了。因为我的棋很臭。棋这种东西，是很高尚的文化活动，不好轻易去碰的。我以前对把棋类列作体育运动不甚理解，后来渐渐懂得，这么划分也有一定道理。棋是心智锻炼的极好方式，这就意味着对弈的双方必须势均力敌，否则就毫无意思了；尤其之于强的一方，无疑是一次折磨。当然我并不了解林重远的棋艺水平高低，但这种人至少是我所不能敌的，这是我的直觉。另一个原因——或许是更重要一些的原因，自听了田藕的那番话后，我对这位操北方口音的专员隐约有了一种介乎惶恐与疑虑之间的感觉。我还是想接触他，但不想长时间同他那么近地面对面坐着。如果他走了一步妙棋，激动起来，一只眼球突然蹦到棋盘上，我想我会当场昏死的。尽管我胆子并不算小。

所以我向他推荐了陈士林。"这个人棋艺是很高的。"我说。其实我这完全是臆测。

　　林重远扶了扶眼镜，似乎有些迟疑。不过还是很高兴的样子，便吩咐小刘去找人。"他可能在乡里。"林重远说，"就说我请他只是下棋。"显然，专员对陈士林是"有所了解"了。他们一定单独接触过，但谈得不太融洽。

　　小刘走后，我问林重远：是否果真想把陈士林挖到上面去？我又说这个人的确是个人才。

　　"谁说不是呢？"林重远吸了一口烟说，"这个人，虽然小毛小病不少，可我还是蛮喜欢他的。他知道我的动意，好像不怎么积极似的……"

　　我犹豫了一下，说："会不会是秦乡长不想放他？我是说她个人……"

　　林重远摆摆手说："也许是这个原因。秦贞这孩子很不幸的，不到四十的人，丈夫却闹病了……人嘛，本质上是一样的，谁愿意一辈子就这么耗了？她同我说起过和陈士林的事。我又能怎么办？我只是提醒她，不要把事情闹开，闹大。眼下不是要换届了吗？拖些日子，等待水到渠成……我这个专员是不是太开放了？"他笑了起来，又接着说："其实我这也是在为小贞子操心哪！如果将来，她是副县长了，而陈士林还不是个吃商品粮的，这不别扭吗？"

　　"她可能想到另一端去了。"我说，"怕陈士林鲤鱼跳龙门，眼界一下变阔了……"

　　"你看，这岂不是旧的矛盾解决了，新的矛盾又产生了吗？"林重远潇洒地打开折扇，样子很叫人敬重。说实在的，我有些如释重负了。甚至可以说，这位专员给我的印象现在是最好的。或许这也是他快要下台的缘故吧！当官的倘若卸下乌纱，人情味便又足了起来。

　　陈士林果然是在乡里，浑身散发着酒香。他手里还提着一台崭新的鸿运扇，是秦贞让带来的。可是林重远对这个电器并没有好感。"这屋子很凉快，"他说，"再说我也不习惯用这种东西。空气流动谓之风，是不好仿制的。"他叫小刘把电扇送到我屋子里去，又幽默地说了句："算是一种补偿吧。"我知道他又在暗示那张床。

　　陈士林码棋的手势很雅致，一望便知是个行家里手。他请林重远执"帅"，林重远也没谦让，但要求陈士林先走。陈士林不假思索地移炮，林重远自然跟着跳马；陈士林上士，林重远出车。一开始的几着双方走得都非常利索，但是都不轻易吃子。我和小刘在边上观战，不好出声。棋是林重远带来的，是一副极好的棋，牛角的坯子，魏碑的刻字，置于枣木的棋盘上声音很是清脆。双方的进展比较缓慢，直到各自被对方削去一些重兵，才显出一种势态来。林重远的棋道似乎略高一筹，下得颇有胆识，宁舍单车而救双马。这双马几乎同时杀过界河，始终连环；临近逼宫前才突然分开。陈士林审视片刻后，做出反应——把手中吃下的红子交到林重远面前，说："姜果然是老的辣！"我这才知道第一盘陈士林输了。

第二盘一开局陈士林便显得谨慎，迟迟移不了一步。我看着便有些急了，而后又感到闷热，就下楼去上厕所，在院子里吸一支烟。月亮已升出山背了，橙黄橙黄的。今天大概是农历十三的样子，那月像被天狗夺去了一小口。一个人影从树下闪出，是田藕。她忙结束了，刚洗过澡，浅浅的香水味从头发上飘过来。

"他们在下棋？"

"对。"

"谁输了？"

"第一盘老陈输了。"

"我就知道他会输的。"

"输赢是正常的事……"

"不，他是认输的！"

我不由怔了怔。我望着田藕，她在绞自己的辫梢。我说："不过林重远的棋的确下得……"

"他绝下不过陈士林！"她打断我，"孬种，只知道平时嘴硬……"

"你想得太远了，田藕。"我说，"下棋不过是玩玩嘛！"

"既然是玩何必分胜负呢？"田藕说，"陈士林肯定是有求于他！"

我一时没词了。月下的田藕渐渐清晰起来，我蓦然发觉，她的双眼像是涌出了泪，盛着淡淡的月光。这颇让我意外，这情绪很容易打动我，可我又不知该怎么去做。安慰她？这不成笑话了吗？仿佛是拿一颗糖去哄一个娃娃……

"田藕，给我倒杯水……"屋里的糙坯子呻吟着唤道。

田藕便进屋了。我也跟在后头，慢慢回到楼上。刚到门口，突然听见林重远严厉地说：

"你是什么意思？"

他站起来，刷地把折扇打开。陈士林仍旧坐着，手里玩着两粒棋子。过了一会儿，陈士林才说："我只有这个水平……"

"还在骗我！"林重远越发严厉地说，"你以为我这样赢了会舒服？你这是在……侮辱我！"

在这部长篇小说里经常出现一段所谓的"作家手记"，可能是不明智的安排。至少一部分读者会因此而指责我。诚然这么做很大程度上破坏了习惯的阅读方式。本来这部小说的结构——倘若有结构的话，就已经相当复杂了，过去的事和现在正发生着的事很不调和地堆到了一块，而且"空白"比比皆是。这些我自己也清楚，但是尽管如此我仍不愿割舍掉这些"作家手记"，因为这部小说不是事先规定好了的，它的命运全在我的"写作中"。我需要调查，更需要想象——对"过去"进行一番感觉。小说是这么一种由感觉贯穿始末的游戏（但它不失为严肃）：小说家由感觉开始再把感觉调理好诉诸文字然后请欣赏者感觉。所以"作家手记"的出现有时会给大家带来诸如"哦，原来和我想的一样"（或者"和我想的不一样"）的安慰，虽然很少很少。

另一个理由是"作家手记"会岂有此理地把你刚刚理顺了的线索或者情绪拽断。这种看上去几乎不近人情的选择无疑是一次冒险。作家似乎是故意这么干的，故意使他的小说造成不断的"短路"，而作家的意图在于提醒读者的行为是一次阅读，同时有兴趣的话不妨于"短路"间做自己的判断。

还有一种天真的想法，"作家手记"如果还灵光的话可能会让读者把自己看成作家。也就是说，是你在写这部小说，你记下了这些随想，你将怎样去往下写？彼此交换一下位置。

至于"作家手记"本身与这部小说有无直接的关系，那是另一个问题。总之我请求读者不要把这一类的文字看做可有可无。

——作家手记

我有一个毛病：睡觉认床。我不是说我对业已交给林重远的那张床恋恋不舍，而是突然新换一张床第一夜便无法入睡。这在任何时候都是一样的。这种感觉与失眠不同。失眠是不想睡，认床是想睡没法睡，更难受。我折腾了好久，深知这毛病又犯了，就索性开了灯，靠在床上吸一支烟，翻翻书。我又想了刚才发生的事，觉得林重远有点反常。他对秦贞他们发火是不足为奇的，可对陈士林也摆态度——仅仅因为下棋，就颇令我费解了。不过我对此并不反感，虽然这之于一个行署副专员是有失涵养的，但放到一个半老的人身上又是那样的可爱。他那么认真，那么固执，那么小题大做。训斥完陈士林，他又重新回到位子上："来！给我再来！"陈士林也显出了孩子般的不自在，正犹豫着，林重远已替他把棋码好了。于是再杀一盘。这是一盘真正的绞杀，一盘持久的拼斗，双方都使出了全身的解数，下得大汗淋漓。这盘棋至少持续了两个小时，结果还是打了个平手，和棋。我看得出，双方都没有和的意思，都不肯善罢甘休，然而又都无奇招了。林重远深深叹了口气，点上香烟，然后找出一只漂亮的小本本，一丝不苟地记下了这个残局。我算是长见识了。陈士林下完棋就离开了，说是去塘里洗个澡。林重远拍拍他的肩说："夜晚了，小心着凉。"两人一道下楼去，林重远打算去看一下糙坯子，可田藕说她爸已睡着了……

窗外很静，偌大的院子泛着青青的月色。槐树的枝影轻晃着，衬着远处的蛙鸣，使这静的夜又生出几分神秘来。我的表不知何时罢工了，因此我又感到了这夜的广阔。实际上夜已过去了，这时分是新的凌晨开始，可习惯上总把这截时光看做昨夜的继续。我专注地看着于薄云中穿行的月亮，分辨那隐隐的山。我小时候就时常这样做，总觉得月亮让人神往。因为月的情调是淡淡的，淡淡的欢乐，淡淡的忧愁，淡淡的让人看不够……

"橐橐，橐。"

分明听到了声响，可是不明白响从何来。我下了床，四处看了看，接着听见陈士林的声音："你没困下吧？"

这声音是从我床底下传出的。我这才记起，楼下是陈士林的屋。我蹲下来说："我认床，睡不着，上来聊会吧！"

很快，床底下的一块楼板被顶翻了，然后是陈士林的头冒出来，他似乎不费力气地就上来了。我暗自一惊：又是机关！

"这屋子是不是太鬼了？"陈士林这样问道。我勉强地笑了笑。我说这屋子总让人感到意外，我像是陷入埋伏似的。"说不定有一天我会倒霉的。"我说，"结果还不明白，自己是被人玩了，还是被鬼玩了。"

陈士林光着膀子坐到床沿上，说："人和鬼有时候是分不清的。鬼总是钻到人心里。"

"这句话倒很有某种哲学意味。"我说。

"你别向我搬书本。"他说，"什么哲学？都是骗人的，要不就是给自己壮胆。"

"这恐怕有些片面吧。"

"片面？片面有什么不好呢？天地这么大，凡事谁能讲个全的？都是片面。不过是谁的嘴大算谁狠罢了！"他接过我递上的香烟，点上，继续说："就说你这本书吧，还不是靠道听途说加上胡思乱想呼啦啦写出了那么多？你敢说这不是片面？"

"我这是小说……"

"小说又怎么的？还不也是人写的？你可以这样写也可以那样写，或者干脆把这样和那样都弄出来。你是不是这么干的？"

"你这话倒对我很有启发……"

"我的话不值钱。你们这些作家说到底还只是小作家，因为你们总被文件支配着……"

"可能不像你所说的这样吧。"我似乎有些本能的不愉快，语气也不觉变得冷淡了。陈士林倒不在乎这些，相反靠到我的床上，悠悠把烟吸完，然后说："要是你没见到那个通知，你还会下来吗？"

我着实吃了一惊："你也见到了？"

他未置可否地笑了笑："我说过，一个幽灵会纠缠我一辈子……你这次一来，我就觉得有什么大事情发生了。事情正如我所料的一样……"他又突然坐了起来，"可是，这难道是最后的结果吗？就这么了结了？"

"不，"我说，"至少暂时还没有了结……"

陈士林深深叹了口气，又重新靠到床上。这一刻显得特别的寂静，我有了一种六神无主的感觉。很显然，陈士林的话给我震动很大，我联想到第一回我临走的情形，想到从青云山得到的那道签文——蛇吞其尾。

那一回我几乎是很悲哀地离开罐子窑的，自以为彻底失败了。我不能冲出那张无懈可击的大网，仿佛我只能选择束手就擒了！然而命运一夜间发生了转机，正如一句外国电影里的台词所说的那样：门堵死了，但窗户还开着。我被这一线的希望之光所激动、所鼓舞，我深信我会达到自己预期的目标。我又来了，这里的一切看上去和昨天没什么两样。但是，我终于识出了那鱼一样潜在的运动……

"没有了结。"我说。

"你真这么看？"陈士林又突然坐起来。

"我觉得故事像一条蛇似的向我爬过来了。它还没来得及咬住它的尾巴……"我说，"不过，这部小说的第二部，似乎可以了结了。"

第三部

所谓解释，就是把一种现实归纳为另一种现实；而真正的现实绝不是那种最明显的现实……

——列维·斯特劳斯

第十九章

这年的夏天显得特别漫长。夏天是回忆的季节，过去发生的许多事似乎只有在这个季节里，才渐渐变得清晰起来。我和陈士林交谈的那个晚上，从某种意义上，已成为这部小说的关键。尽管我们没有澄清一些事实——这几乎是不可能的，但这个晚上的分量却是十分的沉重。我像是第一次才发现，陈士林是那样的忧伤，而且自始至终是在竭力抑制着内心的激动。我们后来的交谈完全被一种纯粹的悲凉气氛所笼罩。陈士林这样叹道："一个人活过了大半辈子，结果还不知道自己是从哪儿冒出来的，又有什么意思呢？"他木然望着窗外的月亮，又像是经受不起夜的寒气似的，双手紧紧环抱住膀子。过了好久，他揉了揉眼睛，说："也许我上错了船。"我于是记起他在山上的事。记起那个遥远的半夜，一个身材魁梧的男人去抚摸他的身体。我就问他下山之前是否发生过什么事情？我的意思是想说，一个不到十岁的孩子如此孟浪总会是有原因的，毕竟这是一次冒险。陈士林思忖着，显然对那时候的事记起来是很吃力的。吸完半截烟之后，他似乎要开朗一些。语调也变得轻松，他说：

"我这人是很迷信的。我从那座山上跑下来，并不是了解到了一些什么背景。不过话又说回来，这件事对于一个小孩子，不是简单的事；八字是捏在手上的。

"那个夜里来看我的男人，就算是我老子吧，也不是一点痕迹没有留下。他和老樵夫出门时是迎着风的，所以两人路上说的话，断断续续我听到了一些。但是听不明白，比方那男人说，'等雾一散，船就好走了。'可他又说：'雾最好迟一些散，还有许多的事……'听起来像是许多的事得趁着雾干似的。你说，这是哪门子鸟话？我当时就记着一个'船'字。他一定是船上人，我就这么想的。当然现在你会问：就算是这么回事，可你知道他是哪条船上的人呢？

"我说过我很迷信。有些事情，就说梦吧，是很奇怪的。我不大做梦。但是那天夜里他们离开后，我先是很难过地想了好一阵子，也哭了，慢慢地又睡着了，大概在五更头上，我做了一个梦。这个梦我一辈子也不会忘记的。其实梦本身很简单，我在喝奶，含着一颗小草莓似的奶头。我一定是饿坏了，大口大口地喝。那奶子便越喝越大，慢慢膨胀起来，最后变得有一只大磨盘那么大，我整个地睡在上面，嘴里还含着奶头。这时候听见一个女人——就是喂我奶的女人，我始终看不见她的脸，说：'你长大了，不能再待在山上了。你要到水里去……明天黄昏前，你跳到江里去，到时会有一条船把你捞起来。你千万不要离开那船，永远不要……'，我就醒了。这时山上已经大亮了，可是老樵夫一宿没回来。我还在想刚才的梦，突然产生了好奇的冲动：我倒要好好应验一下！我那时完全被这股冲动支配着，也不伤心了。屋被锁着，我就从窗户翻了出来，一溜烟地下了山……

"事情果然是这样的！说出去，没人会相信。这世界就这么个玄妙，有的事明明是真的，却不让相信；而一些假的东西，往往会被视为千真万确。很长时间过去后，连我也渐渐有些不安了。我记得当时向我划过来的船不止是叶家这一条，但我从一开始跳下水的刹那，心里就认定了这条船……难道我错了？！"

我没有回答他。因为我不知道怎样回答。他的那个梦，我觉得非常优美，似乎内涵也相当丰富，让我想到性，想到所谓"恋母情结"。显然我的联想是武断和不可思议的。这时候天也开始见亮了，村里的鸡们争先恐后地啼起来。这声音仿佛给了人一种期待，觉得开始的一天是晴朗而清新的。我有了些倦意，便走到窗口想临窗向远处眺望一会儿。但是一眼我就看见了在槐树下打太极拳的林重远。他起得真早，而且拳法也很不错。我又想起昨晚下棋的事，便问陈士林："你觉得他的棋下得怎么样？"

"我想他算得上高手。"陈士林说。

"就是说，你也是高手啰？"

他笑了笑，似乎对这个评价默认了。

我又问："最后一盘，如果你再琢磨琢磨，会赢他吗？"

"不行。"他肯定地说，"你把他估计得太低了……如果换另一个人来，说不定会赢。"

"那个人是谁？"

"一樵。我的棋就是跟他学的。"

在离开唐月霜屋子之后的一天里，叶之秋有了一种陷入沼泽的感觉。他越来越清醒地意识到，他和那女人的纠葛已经完全不属于男女私情的性质了。事态正违背着他的意志日益恶化，他感到太突然了！

唐月霜请他去，意思实际已很明显，是在捉弄他甚至是在要挟他。她的每一句话都是暗示性的警告。现在他不再怀疑这一点了。可是他又很困惑：这个几乎足不出户的女人怎么会对自己了如指掌呢？难道她在外面安了什么钉子？这个可能性也不能排除。这女人曾在青楼混世，在沿江一带颇有些名气，几乎可与旧时秦淮八艳相媲美，外面的人事通达是可想而知的。然而外人绝不会知道他此行返里的真正意图。怎么办？叶之秋倒吸了一口凉气，一时间竟束手无策了。他想起几天前唐月霜邀老大进城的事，那可疑的一夜他们做了些什么？女人天生就是个笨瓜，一旦你骑到她身上，她便会把心掏给你的。倘若唐月霜对老大说了一些情况，那可就糟了！老大现在又出去了，他的伤才好，这就是说他要办的事迫在眉睫，刻不容缓！叶之秋看了一下日历，四月十四号，他的时间剩下也不多了，可是他几乎还在原地打转转……

他去了马棚。六指正在铡草，见二少爷过来，便用衣袖揩了一把鼻子，做出听候吩咐的样子。叶之秋递给他一支烟，然后说：

铡这么多？别把马给撑死了。

大少爷说要多备一些。

马不是还没到家吗？

大少爷说到家就要……

就是说还要跑？跑得很远？

大少爷没说。

你怎么一口一个大少爷？叶之秋不悦地说，你以为他……

这时候一阵马蹄声在门外响起来。叶之秋想离开马棚，可是已来不及了。他的背能感觉到老大的目光，而且那目光一定是警觉的。他也从六指呆滞的眼神里看出了这一点。于是他就手接过铡刀的把柄，用力压了下去。干草齐刷刷地落下来，这又给了他一点愉快。他准备铡第二下时，听见老大说：

你干得可真不赖呀！

叶之秋停住手，这个动作完全与心下的一顿是同时出现的。他回过头看了看向自己迎来的叶千帆。我想试试我的力气有多大，他说。狠狠地把刀铡了下去。

一旁发愣的六指这才像做了一件错事似的挠着发青的后脑壳，说：二少爷，这是粗活……你别受累了……

粗活要细做，叶之秋说，你没见大少爷多么金贵这匹马吗？

说着就丢下铡刀，走近了那马。这真是一匹好马呀！叶之秋赞叹道。但是那马却生分地向后退了去，还打了个响鼻。

它好像不喜欢我，叶之秋说。

我看是怕你，叶千帆说，它没见过什么世面。

真是奇怪，这么烈的马居然怕我这一介书生……我真想骑到它身上去。

你不妨试试。

它会不会把我摔个半死？

它不像你想的那么厉害，也不会以为你驾驭不了它。

真是这样吗？

你不是常说，在伦敦，别人爱称你作白马骑士吗？

也许它真像个女人……再烈，但只要你骑了上去，也就服帖了。

不过我得告诉你，它可是一条真正的汉子。那货比你我都大！

兄弟俩同时笑了起来。他们都没有留意那个沉默寡语的六指，此刻已停止了铡草，脸上像涂了一层铅。叶家兄弟笑着离开了马棚，这笑声刺激了那匹白马，它似乎烦躁不安地动弹着四蹄。等六指过

来拴它时,它突然竖起前蹄爆发出一声兴奋的长嘶。六指用力拽住缰绳,然后低沉但又是恶恶地说:

再叫,老子一刀铡了你!

  关于六指,我总感到抱歉。在这部小说里他几乎过着影子一般的生活,时隐时现。而作家本人也只是蜻蜓点水,常常一笔带过。实际上这位叫陈宗森的农民身上不是不存在可写之处,严格地说,他身上有着另一种奇异而神秘的色彩,这是我现在的觉悟。
  陈宗森其实也可以视作叶念慈的养子,但他的身份是叶家的仆人。而这种介乎主仆之间的地位使他长期受到另一种性质的信任和器重。他可以和叶家的每一个成员保持若即若离的关系。这就好比医生和病人的关系,你如果需要他你就得把自己如实交给他。
  作为保镖,六指对叶念慈是忠心的。这个结论我们至少可以从青云山下那惊心动魄的一幕看出。因此当初叶念慈把莲子许配给他也是情理之中的事。但这个一身是力的男人却不具备对付女人的条件——倘若陈士林所言是实而不是攻讦的话。他是个性无能者,他对自己的情况是清楚的,对自己的老婆日后的变化则更是明白无误,然而他始终不动声色。这正是我的困惑所在。我实在不敢相信一个男人居然会安静地去做一只王八。那么,叶家后来发生的一系列令人震惊的事和六指有无关系呢?
  这个可怜的男人于很久以前的某个夜晚殁于江里,连尸首也不知下落。可是谁也无法相信这个事实,它一直是个谜一样的传说。如果这是确实的,倒真是应验了民间的一句俗语——河里淹死会水人。

——作家手记

那只大狗又出现了。
那狗只把两条前腿绷紧支撑着身体很专注地看着院子。这时候槐树下练拳的林重远停止了动作,两只凌空悬起的手臂使他看上去像一只苍鹰。这个情势非常有趣,仿佛是两军对垒时出现的短暂间隙,双方都在谋划下一轮的交手。等田藕从屋里出来,这个僵局才被打破。林重远慢慢收回手,那狗也慢慢把前腿放倒,伏在门槛上。林重远笑着对田藕说:"这狗真是有意思,好像同我摽上了。"

"它不是来摽你的。"田藕说:"它是来看它的孩子,来看黑儿。"

林重远不再说,回屋洗脸用餐去了。田藕这才唤黑儿出来。黑儿像个绒球似的滚到田藕膝下,并不去看门外的爹。做爹的于是喉咙里发出车水一样的声响,还矜持地摇了摇尾巴。可是黑儿仿佛对这些暗示无动于衷,只顾在田藕脚下翻滚着,脖上的小铃铛叮叮乱响。大狗突然绷紧身体,撑成一张弓,然后沮丧地离去了。田藕就说黑儿你真是个不孝之子,劳你老子又空跑了一趟!说着又把黑儿抱起来,尽情地玩着。我下楼来刷牙时,田藕还在逗着那小宠物。我就说可别把这小东西宠坏了,狗是个极有灵性的东西。太宠了不好。

"其实它是很可怜的。"田藕说,"它和这周围的狗不一样,所以可怜。"

"我倒不觉得,"我说,"但我怀疑它和刚才那大狗有血缘关系。"

"你是因为它们长得不像才这么看的?"

"这当然也是原因之一。它们不是一个种。"

"这你就不懂了。"田藕说,"黑儿是男的不是?儿子像娘,没准儿黑儿它娘就是个洋婆子呢!"

我们笑起来。我觉得这时候的田藕是最动人的,青春美丽开朗如果撂到一个女人身上,怎么能不动人心魄呢?我不禁又一次从这欢乐中暗暗生出一丝惆怅来。要是田藕愿意进城念书。我真想舍命追求她。田藕仿佛看出了我的心思。便将目光闪过,去看怀里的黑儿。那小宠物也像是受到了鼓舞,居然放肆地用嘴去拱田藕的乳房。田藕惊吓得一松手,黑儿突然跌到地上,发出一声尖叫,就势翻了个跟头,晃晃地逃走了。田藕的两颊全涨红了,骂道:"这小孽种!"

我便知趣地走到一边去刷牙了。刚刷好,糙坯子从屋里出来,人显得有些憔悴,看样子又像是要去窑头。田藕就劈头盖脸的一句:"你是不是还想叫人把你抬回来?"

糙坯子笑了笑,轻声说:"我没事的。"

田藕更是高声地:"没事就在家闲着!别让那些花花纸弄昏了头!"

"你这叫什么话?"糙坯子低沉而严厉地说:"我总得……这不关你

的事!"就把草帽往脑门上一扣,推开女儿走了。

田藕很委屈地坐到石凳上,眼睛湿润了。我不知怎样才能安慰她,只希望有什么东西可以使她分心。然而我又不明白,田藕对父亲的工作为何如此反感。在罐子窑,糙坯子如今是很受尊敬的,王裁缝说他是"人秒子",有福相。虽然目下他的改革有了些挫折,但并不影响上面对他的重视;相反,上面似乎格外地来关心他了。林重远不是亲自下来现场办公的么?田藕的心态真让我琢磨不透……

"你父亲也很不容易……"

"你以为我这是在拖他的后腿?"

"不,我想你要多给他安慰。"

田藕沉默了。过了片刻,她站起身惨淡地一笑,说:"他这是在自作自受!"就回屋去了。院子里只剩了我。昨夜一宿没睡,人现在有些疲倦了。我想吃过早餐再补睡一个上午或者一整天。林重远今天是作何安排的,我还不清楚。他这次同我接触,有一点让我很意外,他不再向我说起他的战友郑海了。也许他觉得该说的已经全说了,他也不能因此而太多地分散精力。不过我还想同他就这件事说下去,至少,我要把我的一些想法告诉他。看样子林重远还会住几日,他不是喜欢那张床吗?

秘书小刘过来问我,是否知道陈士林在哪里,上午专员要找他谈话。

"在他自己屋子里,"我说,"他可能睡沉了,你喊几声。"

"他不在屋里。我刚才从窗户看了。"小刘说。

他出门了?什么时候走的?我没有离开院子,而且林重远也在场。我突然想起了那扇鲜为人知的门……

那是生命之门呀一个弱小的不安的精灵哪来这般力量爬过了那么狭窄的道路一头把这门撞开了昏迷中的她陡然感到身体一下被掏空了接着她听见接生婆的大剪刀咔嚓一响她知道这个胎中的生命从此与她割断了联系获得了独立她轻松了但轻松只是暂时的一刹她明白这个生命从诞生之时就注定要遭受一场空前的劫难她呻吟着昏黄的灯光中她听见了一声清响的啼哭仿佛哭落了满天的星星又一个黎明到来了然而黎明前的黑暗并没有逝去秋天是多么萧条呀这时候接生婆凑近她说恭喜呀太太是个男孩她望了一眼襁褓中的那个粉红色

的皱巴巴的小脸不禁泪如泉涌……

受潮的枕巾在后半夜变得冰凉,唐月霜醒了。她的手还在按照梦中的规定平放在腹部上,那不时动弹一下的小身体已消失了,剩下的是一摊烂如豆腐的肚皮,很容易把它抓在手里。她慢慢坐起来,不想点灯。那孩子此刻还抱着她的脚,均匀的呼吸吹得她的脚心痒丝丝的。她想这孩子倒是很温顺的,要是自己的肉还在,差不多同他一般大了。她注视着落到床前的那块明净的月光,觉得很像一眼泉,又仿佛一面不规则的镜子,正清晰地向她反映着过去。

那个弱小的生命还没来得及尝一口母亲的奶水便死去了。这是叶千帆亲口说的。他透露这一消息时脸色阴沉。很不幸,他这样说,我知道你很难过,所以没及时告诉你……她当时并没有哭,只是觉得自己像是从云端跌了下来,一阵强烈的眩晕。这无疑是个骗局!她想这一切全是由老爷把手操持的,可是她没有理由去恨老爷。当初老爷是明媒正娶,事后老爷也是视若珍宝。老爷对她是宽宏大量的,但不允许她生下这个孩子。我拿他当什么好呢?老爷有一回在屋里这样叹道。她看见老爷的双眼浑浊了,不禁心酸至极,突然跪了下来。老爷将她扶起,说这事毕竟还是自己的错,说自己太不明智了,说早晨和黄昏是不能同时出现的。她深深地感动了,在老爷怀里哭成了泪人儿。不久老爷出远门了,以后也不大回来。倒是在几个月后的一个傍晚,一匹白马走进了这个幽静的院落。那时候西天的日头业已沉没了,可是恰恰还有一线余晖抹在白马的身上,于是这马像金银合铸而成显现出惊人的辉煌。她脱口而出:好神气的家伙!接着她注意到槐树后面的那个青年军官的背影,她知道是谁回来了。军官这时也默然转过身来,冷峻的目光里又似乎含有一丝诧异。那一刻她竟有些慌乱,右手下意识地放在微微隆起的腹部上。我回来了,军官说。你是……千帆?她故作惊喜地说,怎么事先也不捎个信?是路过还是……军官淡笑了一下说:我解甲归田了。

后来她老是懊悔自己同千帆见第一面的情形。她觉得自己失态了,几乎乱了方寸,尽说了些地道的老妈子的言语。她想有一种男人就是这么奇怪,你一见他便感到不自在,甚至惧怕。叶千帆便是这样的男人。她忘不了他的目光,这目光很容易让她失去自信。也许他是惊异我的美丽吧？她终于这么去想了一次，但很快心虚了。她想这个男人和那个男人虽是一母所生，然而绝不可同日而语。这样思忖下去，她便不怀疑自己原本是女流之辈，恨起自己的轻薄来，同时又觉得自己命若琴弦，奏出的皆是一江春水……

　　一天，叶千帆来到她的卧室。她又一次感到了不安。不过这次只是隐隐的，她克制着内心的波动，做出漫不经心的仪态。但她的手又不觉放到了腹部，她有了一种预感。果然，默坐片刻之后叶千帆说：孩子不好要了。她没有爆发，只是把腹部按得更紧，就在这一刹，她的手明显地感觉到被腹内的那块肉弹了一下。他已经长成了……她说。叶千帆低头沉思着，少顷又说：否则父亲进不了家门。她霍地站起来，扶住他的膀子几乎是乞求地说：帮帮我！求你帮帮我！让我生下这块肉，生下了我就离开……她眼前一黑，歪倒在他的怀里。

　　大少爷此后不再提这事了，然而她还是忐忑不安。她觉得这事没有了结，不过她想大少爷不像是那种阴森的人。她感激他。在临近分娩的前夕，阵痛中的她竟生出一个念头：天哪，这孩子为何不是这个男人的呢？她翻滚着，大汗淋漓，但一声不吭。她仿佛又见到了那匹辉煌的马，向她缓缓走来。她大叫道：别走开！接生婆说太太我在这。她还是叫别走开别走开。太太你在叫谁呀。那匹马……

　　一场噩梦！唐月霜觉得一股寒气自脑门贯到了脚心。槐树的枝影在月光中摇曳着，起风了。她长长地吁出一口气，仍不想睡。那孩子动了一下，嘴里吧嗒吧嗒响，像是梦见了什么好吃的东西。这声音使屋子变得空旷。接着她感到拇指给那孩子轻轻咬住了，又是吧嗒吧嗒响，她突然笑了——这小东西原来在找奶！拇指越来越痒，她忍着。她想这小东西真是个怪胎，能扛一斗米了居然还贪奶，也许他从来就没喝过一滴奶才这样吧！她一直等着那吧嗒声完全没有了，才把脚慢慢抽开。然后又移到那端，借着月光去看孩子的脸。睡梦中的男孩脸像个未成熟的柿子，腮帮软乎乎的，嘴角还挂着口水，两个鼻翼翕动着，令人想起蜜蜂颤动的双翅。这孩子我养定了，她想，我不能再失去一个儿子！

夜，静得像湖一样，万籁俱寂，唯有风声沙沙。这时，楼下发出"吱呀"一声。唐月霜定了定神，轻轻下床，赤脚走近窗口。很快她发现了一个人影悄悄向马棚移去，这是叶千帆！

整整一天陈士林没有露面。

我觉得这事是有点奇怪的。显然陈士林是在有意回避林重远，但究竟是什么原因促使他这样做，我心里没底。林重远要把他弄到上面去，这对于一般人而言自然是连磕头也来不及的好事。可陈士林不是一般人。这件事秦贞是倾力相助的，她的眉目流盼着比翼双飞的欢悦。所以我就好疑惑，这陈士林果真是个怪胎，凡事经他一折腾，就显得神神秘秘玄玄乎乎。

于是林重远只好修改了他的工作安排，把这一天的时间用到糙坯子身上。他去了作坊，又上了窑头，观察了制陶的整个流程，工作是很深入的。在他动身时，我提出希望能同他就郑海的问题再聊上一次。他说可以。"等我把一些事了结，我们好好聊。"他说，"我会一如既往地配合你的，当然我不会抽你的稿费，彻底地无私奉献！"这诙谐的语气与他手中的折扇、脸上的变色镜非常一致。你不能不认为是一种儒将风度。

我回到屋里，想静下心来写几页稿纸。我已经写到了那匹辉煌的马，写到了那个未尝一口母乳便夭折的生命，再往下是一个安静的月光如水的后半夜，唐月霜发现叶千帆悄悄走出了自己的房间——就是我脚下的这间。我便仔细把屋子看了，设想当年主人的布置。唐月霜一定是站在我现在站的位置上，否则她就看不见马棚。我又去看了床下的那块活板，试了试，搬不动它。看来启闭这机关的权利是在陈士林那里，也就是说最初这权利握在叶千帆手中。但是我又发现这活板左右两端都有过安装铰链的痕迹，而且是相反的，这便暗示唐月霜也曾一度拥有这权利。现在我可以肯定，这机关是当年的大少爷和二姨太共同策划的，他们是同谋。至于这机关的设置目的何在，我会敷衍出许多来，不过现在我不想说。就像这机关一样的不可告人。

这时候有人敲门，我以为是田藕送开水来，便迅速回到台子前。我说请进，门就开了，但进来的却是王裁缝。他的神色稍带慌张，像遇上了什么麻烦似的。这让我有点意外。我请他坐，他轻声问道："楼上没别人吧？"我说没有。然后我把房门关上，问他是不是有要紧的事说？他点点头,又突然摇摇头,说:"也不是什么了不起的事……"我的直觉认为王裁缝在一秒钟内改变了主意。可我不希望这样,我说你是不是想起什么了?有话尽管放心说,我替你保密。裁缝两手搓着膝盖。舔舔嘴唇说:"我遇到了一件怪事。事不大,但委实古怪……我今天早上到门口塘里洗烟筒,洗着洗着,猛然听见对面的林子里有人喊三和尚……"

"三和尚?"

"三和尚是我的奶名,"王裁缝说,"我做孩子那会儿头上不长发,排行老三……你看这事几多的怪?"

见我没反应,王裁缝又忙说:"这个名字几十年没人叫过,连我自己都差不多忘记了。一般人怎会晓得?"

"那你觉得村里的人……"

"村里没有人晓得。"裁缝打断我,"邻村就更不谈了。你想想看,像我这一辈的村里还剩几个?"

"晚一辈的会不会有人知道?他们也许从前听上一辈说过的。"

"不会不会!"裁缝似乎有些激动地说,"我这奶名叫到念私塾时,就止了。当时的先生是个正人君子,对学生严格得很,不许互相以小名绰号称。"

"你的意思是说只有和你年纪相仿的并且与你熟悉的人才知道你叫三和尚?"我边想边说,"那你觉得会是谁呢?"

王裁缝苦笑着说:"我当然不晓得。我答应了一声,没有人从林子里出来。我这才有些醒了,也跟着怕起来……难道还有人活着在?要不就是我撞见鬼了……"

我心里顿了一下,看着他,觉得他的话没有说完,就问:"那口音听起来像谁呢?"

裁缝沉思着,像努力地在想,又像是努力地去掩饰。他的眼神流露出懊悔,因为他不知怎样才能自圆其说。终于叹一口气,说:"恐怕我耳朵生毛病了。"但是在我看来,这话是言不由衷的。见他想离开,我突然插上一句:

"是叶家兄弟吗?"

王裁缝着实吓了一跳,连忙摆手说不是,绝对不是。接着他说叶家兄弟的口音是如何如何的,他怎么也能听出来。"我不能乱说,"他强调道,

"说不定他们早不在这世上了!"

我于是不想再难为这老人,送他下楼。院子里没有人,大门槛上湿了一摊,想是那只大狗方才又来过了。临出门时裁缝又说这事就算一风吹过,莫再提了。我说放心,毕竟是小事一桩。裁缝却执拗地:"你千万别说出去!"我便认真地点了点头。

我在院子里点上香烟,踱了几步,把王裁缝刚才说的大致回想了一遍。我觉得那老人是事到临头乱了方寸,而这个乱可能是出于一种心理障碍,比方说怕承担责任与后果。其实他多虑了,反倒弄得我不知所措。我回到屋里,一边想着一边上楼。忽然一个毛茸茸的东西向我脚下滚来,我吃了一惊——是黑儿!然后是田藕从柱子后面闪出来:

"他向你说什么了?"

"哦,还是落实政策问题……"我笑着说。

田藕也笑了。是那种诡秘的笑。

我有必要对"现实"作些解释。

这部小说有一半的篇幅是写现实的——现在的人和事。它基本上是作家本人的观感。就是说,这块文字里只有一个视角,即作家的视角、我的视角,这也是基本的,因为还有现在人物的一些穿插叙述。由于这个前提的存在,所以带来很大的局限性,和一切第一人称小说没什么两样。我们不难看出"现实"也与"过去"一样有着偌大的以外的故事空间,然而作家决定不再进行"主观缝缀",这是基于对"现实"的认识与考虑。

事情似乎发生在大家的身边,因此如果作家自作多情地越俎代庖,势必会弄巧成拙犹如画蛇添足。读者中不乏明眼人,他们会轻松地把"现实"料理得很好,我深信这点。

需要提醒大家的只有一点:这里的现实仍然是,甚至仅仅是小说中的现实。

——作家手记

第二十章

大少爷……这么晚了还出门?
有一笔买卖急等着要做。
是大买卖?
不算小。
多长几个心眼,别让人耍了。
我心里有数。
就一个人去?
还有这马……
真是匹好马……如果我想要,你肯让吗?
我愿意……等过几天你生日……
难为你了,还记着我的生日……你真舍得?
我说一不二。
还是你留着吧。我喜欢看你骑着它……
……那我走了。
等等,我还有一句话……我那孩子真的死了?
是的……
可你当时为什么不让我看一眼?
怕你难过。
你杀了他?你既然答应让我生他就不该再把他弄死!
你以为我是这样的人?孩子是自然死亡……
我不信,不信……
天下不信的事很多,可是没有办法……我走了,你多保重。
千帆!
还有事吗?
你穿得太少……
跑起来就暖和了。
路上小心……你最好还是等天亮了再走。
天已经亮了……

叶千帆一抖缰绳，白马便撒开四蹄把月光践踏得斑斑驳驳，须臾消逝在那片林子里。唐月霜倚着门框立着，伸出手仿佛要捞一把月似的。这手多可怕呀，她想，像死神的手。其实死又有什么好怕的呢？倒是彻底地安静了……十年了，这十年不知萌生过多少次的死念，可都只是一瞬间的事。很多事没有了结，很多事牵拽着，不甘心就这么算了！

一个微弱的声响从槐树那面传出，她警觉地一转身：

谁？

哦，是，是我……

六指？你在监视我？

不不，我起来撒，撒尿……

是谁派你来的？

太太，我真是撒尿，不信你看这裤子上……

你闭嘴！看在老爷的份上我饶你一回。在这院子里谁敢骑到我头上撒尿，我会叫他好看的！

六指拎着裤子走了。唐月霜默立了一会儿，正想回到楼上，忽然听见六指在屋里嘀咕"这娘们儿又钻到哪去了"，便心下一惊。她想莲子一定是随大少爷走了，在那片林子里等着呢！莲子这小贱人命可真好呀，原来这就是叶千帆的买卖！唐月霜觉得一盆凉水迎头淋下，但是心里却窝着一团火。骗子！这屋里尽是骗子！她下意识地朝地上啐了一口。然而就在这时，厨房里亮起了灯光，接着听见莲子的声音：

太太，外面寒气重，当心着凉。

唐月霜靠着廊柱闭了闭眼，然后去了厨房，莲子正在灶下烧水。于是她说：

六指正寻你暖被窝哩！

他睡小床。

他肯吗？你看他一身的力气……

可他缺了根无形的骨头。

唐月霜一惊，慢慢走到灶前。灶膛里的火映红了莲子的头发和脸，于是那流出的泪便像血一样。唐月霜不禁蹲了下去，捉住了莲

子的手。可是莲子倒笑了笑,用手背揩去眼角的泪珠,说:

他那个手指头生错了地方……

这一说,唐月霜也笑了。她想不到莲子还有如此的幽默感。她把莲子的手捏得好紧,说:

原来你的命也苦……

女人的命都是一样的,太太。

你别叫我太太。

我叫惯了。

如果我不是"太太",就好了……

这也是命。

是命……是命……

你去睡吧,太太。

我睡不着……我刚才做了个梦,梦见我那孩子……

太太,这事都过去了,你想开点。

我怎么能……能想得开呢……

太太你别这样,身子受不住的!

莲子,有句话我说出来你不会生气吧?

你说吧,太太。

你那块肉是……他的吗?

我倒真想是这样的……

莲子咬着嘴唇,两行眼泪无声地淌下来。两个女人偎在一起,不再说话。锅里的水已经开了,热气弥漫着像罩了一层雾。这时,柴房里传来窸窸窣窣的声响,莲子一下立起,拿过油灯。她们搂着走进柴房,看见柴火中的那扇小门打开了。接着一阵突如其来的阴冷的风将油灯扑灭……

日落之前陈士林回来了。他像是出了趟苦差似的疲惫不堪。这种一日不见如隔三秋的印象很让我生疑,似乎那浓密的胡子是才长出来的。有类似化妆的感觉,极不真实。他没有吃晚饭,抑或在外头吃过了,合衣躺在床上抽烟。我来看他的时候他也并不招呼,眯着眼看自己吐出的烟圈。我不想打扰他,准备离开,可这时他又坐了起来:

"他找我了？"

"对，"我说，"想找你聊聊吧。"

"有什么好聊呢？我不会随他去的。"

"你都知道了？"

"秦贞告诉我的。我也叫她转告我的态度……总之，我不想进城。"

我接过他递来的香烟，点上。他的态度如此果决，我总觉得有点意外，因为有悖情理。陈士林无论怎样能耐，毕竟还是个农民。我不敢说林重远调他到城里去干算是龙门之跃，然而这无疑是一次机会，别人做梦也不会去想的良机，岂能轻率放弃？

"你应该慎重考虑，"我说，"机不可失，时不再来，别由着性子。"

他笑了笑说："我都什么年纪了，哪还有什么性子？我只是不想去，懒得去。"

"这根本不是理由。"我说，"你心里最清楚。"

他似乎有所震动，重新躺倒，叹道："人做事未必都是有理由的。比方你写这本书，又有多少理由可言呢？可你还是哗啦啦地写下去了，没准儿还是本好书！"

这种近似诡辩的反驳倒让我无言以对了。我想他的话也的确有些道理，人是个复杂的东西，出现在小说中的人就更是难以捉摸了。生活中的陈士林同我小说里的陈士林不是一回事，可我却不知道哪一个更复杂！其他的人也仿佛如此，他们有时和小说中的同名者是很协调的，然而更多的是矛盾。这是一种特殊的形影关系，给人的表面印象永远只能是"大致差不多"，其实相距甚远。

"你写到哪了？"陈士林问道，"是不是还在围着郑海打转转？"

"现在看来，"我说，"郑海倒是次要的了。"

他一下坐直："怎么是次要的？你不想写他了？"

"我没法写。"我说，"他像风一样，只能感受它，却无法把握。"

陈士林续上一支烟，沉默了一会儿，说："也许你是对的……可我不希望这样，不希望……"

我看得出他内心的沉重。这让我想起一年前，我第一次来罐子窑的第一个晚上，他向我说的一句话——"这个幽灵也许会纠缠我一辈子。"当时我除了感到一点疑惑之外，没有多想。可是现在，我却想到了一个连我本人也不敢相信的问题。我于是说：

"你是不是认为……"

他做了个手势打断我的话，然后说："那个夜里上山来摸我的人就是郑海……这些年来我一直在这么想……"

"你是说，郑海是你的父亲？"

他苦笑了一下，很平静地点点头。他说："樵夫叫他陈先生，其实就是郑先生的意思。那一带的方言，'陈'和'郑'是一个音。"

我说即使是这样，也显得证据不足。战争时期出现这样的事虽然很平常，但作为一个历史事实，尤其是像郑海这样的人物身上很重要的事实，不可轻率处之。"那么，谁是你母亲呢？"我这样问道。

"就是我娘。"他说，"娘临终前把我喊到她屋子里……"

我吃惊地看着他："这是真的？"

他叹了口气，说："事情麻烦就麻烦在这上头。那天，娘把我喊去……开始她还是很好的样子，让我替她换衣服。她说她的命数到了……我以为她是在说胡话，可是看到她的眼睛突然那么明亮，我吓住了。人死之前的那一刹就是这样的。娘叫我坐在床沿上，拉过我的手，说有些话该对我说了。我就叫她说，我听着，记着。娘好像又不愿意讲似的。眼泪不停地往下淌。可偏偏这个时候田藕在院子里被马蜂叮了，痛哭起来，我连忙跑下去给她搽药。等我转身上楼，还没进娘的门槛，就听见她像是挣扎着喊了一句：'海……'便咽气了……"

我不免有些遗憾地问："就这一个字？"

"就一个字，海。"

"会不会是孩子的'孩'呢？"

他瞪了我一眼："我讲的你不信，你他妈就知道信当官的！"

我连忙解释："我不是这个意思。"

他越发气愤地说：

"你就是这样的！他们怎么说你就怎么信，你为什么不去说他们'证据不足'？几封信能说明什么鸡巴问题？老子一夜会给你写出几十封几百封！"

我只好不说了，想离开又怕他失去面子，下不了台，就点上香烟默默吸着。这时候，陈士林突然抽泣起来，他说：

"我从哪来的?难道不是人日出来的?"

陈士林所说的无疑是件大事,之于这部小说也算得上是爆了个冷门。但他显然不是理直气壮的,他实际上和我一样对这桩事感到疑惑,只不过在感情上比我投入得多。他仅仅是一种猜测,一种感觉。

民间关于莲子曾帮助过郑海进行革命工作的传说,对陈士林的这一猜测起着推波助澜的作用。无风不起浪,郑海和莲子由共同的理想走到一起进而结合继之生子,这也是有可能的事。然而陈士林却忽略了另一个观点——他纠正了我原来所安排的叶千帆同唐月霜之间的感情关系,说"这样写我娘会难过的"。他又说一个女人一辈子最终只会爱一个男人,只有一个男人才能"彻底占有她"。那么这个男人究竟是叶千帆还是郑海呢?

我为此又专门走访了王裁缝。他现在好像有意回避我,对郑海的那种热情也消退了。我有些意外,但我还是提出了这样一个问题:莲子是否还生过一个孩子?裁缝说那些年他不常在家,只记得莲子的孩子比二姨太的孩子早生一年的样子,季节差不多,也是秋天。在我离开的时候,王裁缝又重复了上回的意思:关于"三和尚"一说,全是耳朵出了毛病所致,让我千万别捅出去。

陈士林还提到了信——林重远保留的郑海给他的信件。这东西的复印件我曾给陈士林看过,当时他只是付之一笑。现在他的态度很明确,他不相信这种带有档案性质的东西,并认为是伪造的。尽管这个可能性也难以排斥,但我还是觉得陈士林言重了,想得有点离谱。因为无论从哪方面看,林重远都不至于干这种事。也许是"郑海的战友"使陈士林对林重远产生了对立的情绪,他怀疑这一点,却又相信自己是郑海的儿子了。

人实在是一个谜。

——作家手记

那时候天空里总有一股煤油的气味,仿佛只要点一根火柴,世界便会燃烧。这是个干燥的春天,几乎没有落过一场有模有样的雨。

但是几天后的一个拂晓,唐月霜被一声春雷惊醒。这是第一声春雷,好像自遥远的天边滚来。她觉得浑身的筋骨出现了少有的酸胀,需要外来的力量把自己紧紧钳制住才感到舒服。她惺忪地看着窗外越发灰暗的天空和沉重的乌云,心想一场大雨将在所难免。

然而起风了。

风像一把刀子刮薄了那些沉重的云,刮青了天,于是又使这一天同过去的情形相同。这实在是个多疑的季节,她想。人的痛苦在于期望太多,结果往往被无端捉弄了。她不想再睡下去。穿好睡衣坐到椭圆形的大镜子前,开始整理自己的头发。她觉得头发散披着比挽成髻要好看一些。接着她吃惊地发现了三根白发,就一一拔了去。可是头发脱离头皮瞬间产生的轻微疼痛又让她有了一种莫名的快慰。她很自然地想到那首著名的词章,不禁吟道:多情应笑我,早生华发……

这时她听到了由远而近的马蹄声。

第一眼看见叶千帆时她竟喊了声"老爷"。也许是从叶千帆的眉宇间让她找到了和叶念慈的联系,而更多的是叶千帆倏然出现的忧郁与临死前的叶念慈的神情完全一致。也许不知从何时起她已把他们合二为一了。

怎么?买卖没谈成?

叶千帆没吱声,坐到凳上。然后从皮靴里摸出香烟,点上,费力地吸了一口。

他平时很少吸烟。她想他此番出门一定是遇到了极大的麻烦。可她现在不准备去打听这些。她抚着白马粘满尘埃的鬃毛,觉得这马也和人一样的忧郁,眼大无光。六指来了,用那多余的指头抠着宽大的鼻孔。

宗淼,你随我来一下。叶千帆说完,把半截烟扔到地上用靴子踏灭,去了自己屋子。六指愣了一下,大约"宗淼"这称呼太生疏了。大少爷叫你呢!唐月霜说。六指猛然醒过神来,追叶千帆而去。唐月霜继续抚着白马,想牵它到河里洗一洗,又担心这样会让它受凉——这马正出着汗。大少爷一定是没命地往回赶的,把马累成这样。他也累了,显得又憔悴又苍老。这一趟出去想必是格外辛苦,可到底发生了什么事呢?

突然听见叶千帆屋里"啪"的一响,好像是什么坚硬的东西砸在桌子上。紧接着传来叶千帆的吼声:

你他妈的瞎了眼!

她惊讶地搂紧那马的脖子。千帆这样粗暴是从未有过的。她来不及多想便立刻跑过去,可是门已经打开了,六指缩着脑壳沮丧地走出来,眼睛有点红。他嘀咕着什么牵马去了。唐月霜迟疑地走进千帆的屋子,一眼就看见了桌上的那把左轮手枪。

沉默。

她慢慢拿过手枪,说:你太累了,睡一觉吧。要不要先洗个澡?
叶千帆摇摇头。

买卖不顺心是常有的事,她说,想开点。

倒不是不顺心……

那你为什么这样烦躁?

我只是不想做这笔买卖。

是不是没个赚头?

不,是赚得太大了。

噢……那可得好好掂量掂量……不过,该做的、非做不可的,还得去做。

叶千帆沉思着,把身体重重地靠到椅背上,眼光集中到墙角的那只蜘蛛上。他觉得此刻自己就是那只蜘蛛,艰辛地工作但最终把自己织到网里。这时唐月霜又说道:

你要是不动,别人恐怕就抢先了。你父亲不就是吃了这个亏吗?

难道非如此不可?叶千帆自语道。

你好自为之吧。唐月霜说着便悄悄离开了屋子,她没忘记带走那把手枪。

这天夜里我又失眠了。大概是喝了浓茶的缘故,加上天气有些闷热。楼下没有动静,我估计陈士林又去了秦贞那里。这样想了便有一种和异性接触的欲望,自然盼望田藕能来坐坐,闲聊一会儿。可是她已经睡下了,带着她的黑儿。林重远在外面跑了一整天,直到天黑后才回来。那时陈士林还在屋里，可专员没有唤他过去。我想秦贞已转达了陈士林的态度，林重远觉得不便再提这件事，况且也只是想法而已。小刘说，专员今天有些不舒服，午餐时仅喝了一碗西红柿鸡蛋汤。所以，我没去找他谈郑海的事。我躺在床上看钱钟书的《围城》，看到方鸿渐和孙柔嘉在三闾大学交谈的那一节，觉得人生有时实在是将错就错。方鸿渐仅仅是为了那么一点尊严，为了给李梅亭一点颜色，便让孙柔嘉一口吞了下去。看久了，人有些倦，可又睡不进去，只好披上衬衣去院子里乘凉。这时候大约是子夜时分。

没料到林重远先来了，也披着衣，坐在石凳上抽烟观月，那情调委实有些典雅。我走到他边上他才发觉，好像我的到来打断了他的思绪。

"你看这月色多好，"他说，"城里是看不见这等月色的……"

"或许因为这个，很多人不愿进城。"我说，在他对边的石凳上坐下来。

"你是指陈士林？"

"不止是他。"

"还有谁？"

"田藕。她的成绩很好，可不肯考大学。"

林重远笑着说："这一家人还真怪……不过人各有志，安守田园之乐也乃人生快事！"

"这是一种境界。"我说，"可是很传统。"

"传统的境界……我同意你的归纳。"他把折扇打开摇了两下，"这种境界的美好，完全靠人去领悟。很多人不明白这一点，有些人虽然明白但不愿意去得到它，还有些人明白过来又为时晚矣！"

"那么你属于哪一种人呢？"

"我想我不会属于第一种人，和第二、三种人也不完全相似，大概属于二、三之间的那种状态，就是说，我很矛盾，也很不轻松……"言毕，他又去看月。

这番话在我看来仿佛掷地有声，尽管都是些极平常的言语。我把它理解为一个临近黄昏的人的心声袒露。心声的情感是原装货。这时林重远又转向我：

"那姑娘睡了吗？"

"我想是睡了。"我说，朝田藕的屋子看看。

"你是不是爱上她了？"他问道，不等我回答又接着说："你的眼光不错。这姑娘的确很让人喜欢。看得出你又很矛盾，毕竟她是个农民……不过这些困难都只是暂时的，我也会帮助你……"

我笑了笑说："你说的或许不错，可即便是一切现实问题都解决了也无济于事。她对我并不怎么感兴趣。"

林重远吃惊地看着我："这是真的？"

我点点头，我说田藕曾经向我表明过态度，在这个问题上，她对我是不信任的。她有所担忧，害怕遭受类似传统戏曲里出现的那种始乱终弃的厄运。

"始乱终弃？"他笑起来，"这是从何谈起呢？想不到这姑娘还如此封建……"

我不同意这种说法。我觉得田藕不是一个简单的女孩子，她与这个时代的关系是密切的。一个女人为自己的利益深思熟虑不能看做封建。她一定有她自己的安排。"她追求的是完美，"我说，"至少在她看来是完美的爱情和由此导致的婚姻。"

"你认为有完美的爱情和婚姻吗？"林重远说，"你客观地说。"

"有没有是另一回事。"我说，"这仿佛宗教，信则有，不信则无。有些人一辈子虽然是单身独处，但始终在爱河里漫游。"

"你这是柏拉图的论调，看起来是一种辩证意味，但本质是形而上学的。"他笑着说，"精神至上终归是脱离实际的。"

"可是很美。"我反驳道，"就像你在夜阑人静时坐在这棵槐树下赏月一样充满诗情画意。你难道不觉得你的灵魂被月牵去了吗？月亮唤起了你的记忆，你不觉回到了过去那些难忘的岁月里。你在追思一件往事，抑或在重温初恋的梦境。月亮让你想起一个曾经向你投来的秋波，抑或让你想到一道至今隐隐作痛的伤口。你望着那月亮，于是又记起了许多令你自豪的经历，也许突然想到让你懊恼的某个细节。你在这月光里激动、沉思甚至默默忏悔——这些都是精神的化身，都是那么动人……"我停止了这番高谈阔论，因为林重远点上了香烟。

"你怎么不说了？"他回头看看我，"你往下说……"

"我说的太多了，很抱歉……"

"你说得很好。真的,很好……"林重远意味深长地吐出一口烟,说:"你不是个小说家,倒像个诗人……人是需要诗的。"

这一刻林重远显得特别安详,而且还带有凝重的肃穆。他像接受月光洗礼般地伫立良久,然后开始踱步。槐树的枝影在他身上移动着,把他染得斑斑驳驳。他的背有些佝偻,这使他变得像一位名副其实的老者。露水已经出现了,寒气滞留在我的胳膊上,我想劝他去休息,这时他说:

"我准备明天走……"

"天气很热。乡下要凉快一些……"

"家里还有一摊子事,不能再住了……说实话,那张床真舒服。"

"那你就买下带走吧。"

"不行的。床这东西不能乱挪。这张床只能摆在这屋子里,搬到任何地方都不会有这种舒服……不过,以后我还会来,还会睡它。"

"有一件事不知你是否了解,是关于郑海的。"

"郑海?你说说看。"

"据说他有一个儿子,可能留在这一带……"

"这是讹传。郑海生前是没有成家的。"

"他会不会和一个女人相好呢?"

"这个……我没有理由说它。我们的交往中,一般只谈工作。他很严谨。"

"可是这个传说……"

"你不要痴迷于某种传说,要重证据。"

"证据有时也是靠不住的。"

"至少比传说有分量吧?"

"却没有传说优美……"

突然传来两声狗吠。我们沉默下来。不一会儿,一片乌云遮住了皓月,地上顿时转暗,空间变得狭小而深邃。等月亮重新显露出来时,我觉得它和刚才的面目已经大不相同了。

那个晚上我和林重远的交谈是难忘的。在以后的许多日子里,我还时常想到那夜的月色以及由此生发出的典雅的氛围。我们仿佛接受了一次月光的洗礼。但是后来出现的一个细节给这个妩媚的月夜蒙上了一层阴影。

狗吠声终止了我们的谈话。我不能断定这是怎样的一只狗。（在我的印象中，一樵身边的那只大狗是从来不叫的。它很像一位智者，也很像一名间谍。）不过有一点可以肯定：门外的狗吠是冲着我们来的。于是我们静立了一会儿，又一次感到胳脯上的凉意，就离开了院子。此刻月光把槐树的身影写到了墙壁和屋檐。

突然出现的狗吠声并没有根本改变这个沉醉的月夜留下的美好印象。我们甚至不愿去注意这个事实，它的意味和从槐树上滴落的一粒露珠一样平淡。我们各自回到自己的房间，林重远连灯也不开。看来他对环境熟悉了，或许是不忍去破坏这个月夜的意境。我开始有些睡意，合衣躺到床上，大约不久便浅浅地睡去了。我在梦中还在同林重远进行交谈，但是谈话的地点已经改变了，转移到一座很抽象的山上，白云在我们身边流淌着。他向我诉说了许许多多，遗憾的是我一句也没听见。山上的风很大，松涛盈耳。于是林重远用手势比划着，那都是些充满深情的手势，我觉得是在描摹一个悲剧的起源。我有些明白了，而这时突然出现了一条金色的蛇昂着脑袋窜向了林重远，接着是他的一声绝望的呼叫，然后我醒了。

不可思议的是这声虚构的惊叫被证实了！或者说我实际上是被这客观存在的叫声所唤醒的。起初我怀疑这一细节的真实性，可是第二天一早，田藕见面就低声问我：你听见天亮时他叫了一声吗？我惶惑了。这是多么难以理喻的现实！主观与客观、现实与超现实、理性与非理性，竟在一瞬间达到了惊人的统一，重合到一点上。

只有一种解释：

我们共同制造了那个惊险的梦境并且各自扮演了自己。

——作家手记

第二十一章

那声惊叫差不多是和鸡鸣狗吠同时出现的。因此这一天的黎明在我眼里要显得比以往浑浊一些。我没有向田藕描绘那个略带恐怖色彩的梦境，因为倘若事情与我的猜测一致，那么这个梦的陈述权则归我和林重远共同拥有。我不能单方面地进行介绍。我于是这样回答田藕：好像听见了，但感到不很真实。田藕对我白了一眼，说："你这人真会说话！"就下厨房准备早餐去了。

路过林重远门前我不觉住了脚。屋里没有动静。我想林专员这会儿可能又睡得挺香了，那张床会给他一种甜蜜的补偿的。可是门竟在这时打开了，林重远略显臃肿的身躯填满了狭窄的门框。"你没多睡会儿？"他微笑着问道。我来不及现出窘态，便接道："我们大概是同时醒的。"他很愉快地说这就叫心有灵犀一点通，然后同我一道下楼来。我们对那个可能彼此知晓的梦境只字不提。

林重远决定今日启程，所以早饭后，秦贞领着乡干部来给首长送行同时聆听临别赠言。这一回秦贞进这个院子要自然一些，倒不是因为她不在乎田藕了，而是田藕暂时离开了这个环境，去池塘洗衣了。秦贞还特地通知了糙坯子，安排他参加与专员的合影。糙坯子便换了上回出门开会的那套蓝制服，很感激地站到林重远的身边。林重远提议把槐树作为背景，并让我来进行拍摄。"你们搞文学艺术的，会拍出美感来的。"他说，"不过我这个形象基础不理想。"我说你是很有风度的，可以想象出你年轻时的风流倜傥。林重远哈哈一笑，把折扇合拢矜持地放在两手之间。这个道具与他脸上的变色镜交相辉映，让人一眼就可看出谁是首长。我把焦点放在林重远的脸上，放在两眼中间。（哪一只眼睛是假的呢？）我撤了快门，然后又拍了一张。接下来是我和林重远的合影，由小刘来拍。小刘很怯地说他玩照相机不在行。秦贞就说要是陈士林在就好了。这时的秦贞，脸上显出很失望的样子，这自然是为陈士林惋惜，也即是为她本人惋惜。林重远走过去问："昨天同他谈了？"秦贞点点头，又摇摇头，说："这人太犟了……"林重远说这事就暂时放放吧，以后再说。秦贞却激动地说："以后？等你下台了还有指望？"林重远停了会儿，比较严肃地说："不要感情用事。"然后招呼大家落座，糙坯子一一斟茶、拿烟。

"该说的差不多都说了，"林重远清清嗓子说，"你们的工作总的来说还是有成效的。方向没有错，典型也没有抓错。现在的问题是下一步怎么办，要有个计划。我这两天去周围看了，这地方的条件还是不坏的，有潜力可挖……陈士旺同志最近的新想法，我看可以再试一试。常言道有志者事竟成嘛！我是很乐观的……你们信不信？"

大家都说信。可是突然一个微弱的声音插进来："我不信！"大家朝那声音望过去，田藕正背着身子在晾衣服，她是什么时候进门的？这声音在场的人都听见了，糙坯子顿时上了火，就骂了句："大人讲话你插什么嘴！"

田藕仍嘀咕："我也是大人……什么有志者事竟成？我想当撒切尔，成吗？"把手中的一件衣服凌空一甩，发出"啪"的一响。

林重远微笑着说："这孩子倒蛮幽默的……"

田藕一转身说："我不是说笑话，是说真话。这地方的土质不行……"

糙坯子站起来斥道："你懂什么土质？"

田藕也高声地："我怎么不懂？罐子窑的土全是红壤，就只能烧出这等的贱货！"

糙坯子脱下一只鞋朝女儿砸去，骂道："你才是贱货！"我连忙拉住他，边上人也来劝阻，可是糙坯子还在挣扎，脸气得白一阵红一阵。林重远没有料到事态会急剧恶化，自然也有些不安起来，他想说几句话来制止这场家庭风波，但已是杯水车薪了。秦贞手脚无措地往槐树荫里躲，仿佛这树荫是间屋子，进去了便与外界隔绝了。那边的田藕毫不示弱地站在原地，激动地说：

"你以为他们是在为你好吗？他们是在玩你！你那罐子是真出口了吗？如今人撒尿的东西也比这罐子强百倍，你们还想改什么革？"

糙坯子哇地哭起来，骂道："你这不要脸的，你逼走了你娘还想逼死老子吗！"

田藕晃了一下，转身就往门外跑去。可是陈士林进来了，他一把抓住田藕。

糙坯子几乎是歇斯底里地叫道："你放了她，让她去死！"

陈士林冷冷地说："该收场了！"

大家把糙坯子架回屋里，他大叫起来："天哪，我这是作了什么孽呀！"田藕也抽泣，黑儿在她脚间偎着。致命的打击使她看起来已像一株芦苇那样的虚弱。但又仿佛确实是死过了一回，因此含泪的目光中又透露出一分无所畏惧来。屋里的声音渐渐平息下去，一直默坐着的林重远这时抬腕看了看表。他该走了。门外的车子在等着他。可他总希望这个院子能真正地恢复平静，才好离开。然而这已不可能了，他只能把这份遗憾揣着，将它带走。

我和秦贞送林重远出门。他在门口停下来，又回头看了看这个院子。然后异常沉重地说了声："我很抱歉……"

在大少爷叶千帆返回家门的当天傍晚，二少爷叶之秋也回到了罐子窑。这是他此番回故里探亲的几十天中，单独外出最长的一次。他在外面住了一周。据他声称是去青云山考察释道合流的渊源关系，他要作一篇论文。但是在外人看来，二少爷一定是做了什么很辛苦的事，以至于一周之中他的形象发生了显著的变化而判若两人。

这是一九四九年春末的一个傍晚，村里人正围着昏黄的油灯在吃夜饭。然而最显赫的叶家的上空却没有一缕炊烟。因为这一天是叶念慈的"满七"。七七四十九天之前的那个春寒料峭的夜晚，德高望重的叶念慈魂归西路了，为后人留下谜一般的两根指头。按照当地的习俗，所谓"满七"是下人戴孝期满的日子。这一天要全家禁食守夜，灵堂秉烛添香。所以叶之秋一走进家门便即刻嗅到一股浓郁的香火味，他为这味道所恼，心底的哀伤重新泛起。那时分天还没有完全断黑，院子里阴森寂静，他倚在门框上，凝视着眼前这幢别致的建筑。他觉得这屋子仿佛是一件纸扎品，再也经受不起风雨了，说不定有一天会有一把天火将它化为灰烬。这屋子完了。叶家完了……

二少爷你回来了？六指的声音自草垛后面传出。从他灰暗而又呆滞的眼睛里，叶之秋并没有发觉什么反常迹象。可是这时六指又怯怯地伸出那根多余的指头凌空晃了一下。叶之秋还没来得及悟出这是何意，楼上的一扇窗户便突然打开了，接着他望见了身着素服的唐月霜。他觉得这女人仿佛是活在传说中，落在现实的只是她的投影。在女人平静的面容上刻写着难以察觉的冷酷。他想也许是有什么大事将要发生了。他躲开女人俯视的目光，沉重而迅速地去了楼上。香火的气味越发浓烈。当他来到父亲的灵堂时，老人安泰的眼神使他不禁倒退了半步，他就势坐到左侧的椅子上，看着老大把一炷新香插入铜炉里。

我来迟了，叶之秋说，我是急着赶回来的。

叶千帆回到原来的位置上，沉默着。兄弟俩对面望着各自凝视着靠近的烛台。红烛高烧，烛泪暗流，烛光里弥漫着哀伤与苍凉。烛光产生了恍若隔世的感觉，又把人带入逝去的岁月，唤醒睡死了的记忆。逝去的将永远逝去，不该忘却的将永远不会忘却。

你去青云山了？半晌，叶千帆才问道，你的事办完了吗？

还没有。叶之秋说，不过我想快了……

你这个一贯的无神论者怎么对宗教有了兴趣？

我想揭穿宗教的伪善面目。

宗教这种东西倘若能轻易地揭穿，就不会有那么多的人去信仰了。

你是说我在做无效之劳？

我不是这个意思。揭穿宗教者其实也是因为一种信仰，信马克思，信尼采，或者别的什么。都是可信的，但不要去妨碍他人。

你这是调和……

是和睦。与人为敌者必将为人之敌。

你难道不觉得中国的宗教是一大悲哀吗？

也许是。有人信教是专为利己，或祈护佑自身。或祈算计他人。这是一种悲哀，但还不是真正的。真正的悲哀在于一些口称不信教者却又喜欢装神弄鬼……这倒真该揭穿！

你真把我弄糊涂了……

我想我已经把话说清楚了。

叶千帆说完，对着父亲的遗像肃立了片刻，然后离开了。叶之秋迟疑地目送着他，觉得那个男人每走一步都是很吃力的。叶之秋慢慢把自己从椅子里拔出，对着烛焰点燃把玩多时的香烟。他很困惑，想不到这个行伍出身的老大也有口若悬河的一天。好一番宏论，但绝不是在同他商谈什么宗教，而是传递了另外的意思，是警告？他取下眼镜拭着，吐出一口烟，暗自笑了！

莫非是这副眼镜给人壮了胆吧！

楼道上又响起了脚步声。这是唐月霜过来了。她同样是走得很慢的，走得拖泥带水。然而这声音现在听起来完全没有懒散之感，倒是平添了一份惊慌。那女人重新出现时脸容显露了迷人的温柔，这或许是烛光映照的结果。他想女人在烛光里总是特别温柔的，但是他很快将身体一侧——女人手里拿着枪！

我吓住你了？她说，你坐呀，二少爷！

他勉强地咧了咧嘴：你怎么也玩起它了？

我来给老爷守夜。

父亲生前是从来不碰这东西的。

可最后却叫这东西碰了他，不是吗？

叶之秋默然注视着那把枪。这不过是一块普通的铁，却能产生如此强大的威胁。它能轻松地将一个生命毁灭于顷刻之间。可是父亲的死则是漫长的，经历了整整一个冬季。他想象得出父亲在那截最后的时光里是怎样的心境。痛苦、恐惧、焦虑，这些山一般的沉重压迫着他，又如同一把锋利的刀子在切割着他的肉体。老人实际上是受凌迟之罚！太残酷了，太毒辣了……我永远不能忘记那罪恶的一枪！

二少爷你在想什么？

我在想……父亲临终前的两根指头……

是呀，那两根指头……怎么，你也不清楚？

叶之秋为之一怔，他已从唐月霜那双迷人的丹凤眼里觉察到了一个巨大的恐惧！也就在这一瞬间他意识到自己的行动出现了严重的失误。天哪，这简直是……他冷静而严厉地问道：

太太，你这话是什么意思？

唐月霜为这意外的反应也感到内心一阵惊慌。但她竭力控制住了自己，并不解释，而是意味深长地一笑。她转身走开，在将要迈出灵堂的门槛时她没有忘记把那把左轮手枪留在茶几上。

著名的叶家实际上已于四十年前破落了。其时正是民族历史发生惊天动地变革的前夜。在这样广阔的背景下，叶家的兴衰犹如沧海一粟而不为人正视，是很自然的事。

作为叶家的建业者,叶念慈原来不过是一名手工业主,一位江湖老客。逐渐开阔的视野使他企图放弃安贫乐道、饱食终日的原则。而民族的危机又把他刚刚调整的理想变为现实——他走出了罐子窑,投身于民族救亡的洪流。这仿佛是命运的安排。当你的民族处于危难之际,你只能选择正义和良知。八年的抗日战争使叶念慈获得了一种前所未有的自豪感。他觉得自己为这个民族尽了心力,同时重新认识了存在的价值。他几乎想违背祖训去干另一种事业,以便把自己同民族的命运扣得更紧。在那些日子里,沉着持重的叶念慈显得异常焦躁,甚至满树的槐花也不能叫他心动而留恋田园的恬静。他有了一种失落感,觉得自己与时代的距离拉远了……

但是正如战争是和平崩溃的产物一样,和平本来就是战争的间歇。新的战争爆发了,叶念慈似乎本能地卷了进去。当他意识到这是一场更加残酷的战争,是同室操戈,是中国人杀中国人时,已经欲罢不能。他的命运被他人掌握着。抗日时期他同日本人的周旋被视为卖国行为,而在不短的时间里,他又由汉奸成为抗日英雄。他被抛到历史的十字街头,彷徨着。也许在那个时刻,叶念慈才深切地感受到有生以来最大的孤独。他失去了左右逢源的信心,也就陷入了进退两难的境地。他决意返回最初属于自己的位置上,重振家业。但这只是一厢情愿。况且,他的良知又不允许他对这场战争袖手旁观,弥漫的硝烟中是寻觅不到一块世外桃源的。他们坚持做了一些在他看来是正义的事情,然而热情却消退了。正是在这样的时刻,有人向他举起了枪,但是,没有瞄准。

这只是随手一枪。

——作家手记

叶家大院在经历了一次意外的波动后显得异常平静,仿佛一切都冷在那里,连槐树的叶子也丝纹不动。天上没有一片云,空气中有一种焦烘烘的味道,人感到又热又闷。这天的黄昏姗姗来迟,但是这个黄昏是被风送来的,也似乎暗示着一场大雨将在所难免。

乡长秦贞邀我去她那里用餐,自然陈士林也去。可是陈士林却摇摇头,沉重地叹了口气。这个反应让秦贞很有些失望,她没有再劝甚至连不悦的眼神也没有,就默默地走了。我迟疑不决地望着这两人,觉得很棘手。这时候陈士林把手里的半截烟掐灭,对我说:"还是去吧!"我们追上秦贞,发觉她的眼圈已经红了。我暗自一惊,心想这件小事是不至于去伤一个女人的心的,然而又的确是伤了这个女人的心。陈士林对此熟视无睹,一路骂着这狗日的天怎么老不下雨,骂得咬牙切齿。

  这回秦贞没有从床底下拿酒。陈士林也不索,表情平淡且有些心不在焉。他的言语明显地少了,但他似乎也不掩饰这种反常。或许在他看来一些事情都是那么清晰可辨了,欲盖弥彰反倒更加愚蠢。这让我很不安。我自始至终是个局外人,希望通过采访来完成一部书。我原以为"过去"是座陡峭的山,爬上去是很困难的;可是事情却恰恰相反——很不轻松的是现在而并非过去。我在"过去"的那片天空里越发感到身轻若燕来往自由,而"现在"则是一口井,落进去便沦为井底之蛙。我只能逼真地看见一片叶子却不能去想象这叶子是从哪棵树上落下的。这是真正的悲凉,因为你对身边发生的一切不知所措。你唯一的选择只是跟在后面起哄。

  "你今天话这么少……"秦贞望着陈士林说,"想存着对谁说呀?"

  陈士林停住筷子:"我的话不中听。"

  秦贞把一块咸鱼夹到他碗里:"你不能拣些中听的说吗?"

  "都是不中听的。"陈士林说,"中听的全让你舅舅说尽了。"

  秦贞说:"他难道不是为了你好?你这人也太……我不说了,作家在这里。"

  陈士林放下筷子,淡笑了一下,说:"我这人,天生的贱命,城里的那套做派,我消受不起。就像目下城里时兴的旅游,他们眼里的风景和我眼里的风景是不一样的。我眼里尽是些野山野水……我不就是个野种吗?野种就野种吧,反正大半辈子都过去了,倒也不见身上少掉什么物件……"

  "你一扯就远!"秦贞说,"谁嫌你这个了?"

  "我嫌。我没有一日不嫌!"陈士林有些激动地说:"做人就图个自在,穷也有穷的乐子。总比送给人家踩着好。落雨了,你没有伞你就缩到屋檐下去,让人说你叫花子好了。但你要是缩到他人的伞下,你非但躲不了雨反倒淋得更湿,作家你说是不是这个理?"我还没来得及表态,秦贞便说:"你这人太消沉了!"

陈士林把碗筷推开,说:"消沉未必就坏,活跃未必就好。这要看什么事……没有一九五八年的活跃哪有一九五九年的消沉呢?那时我比活跃还活跃,结果呢,被人玩了自己还蒙在鼓里。就拿眼前这事看,也犯不着你那舅舅多费心事的。我不是说我,是说罐子窑。田藕那孩子话在理上,这地方的土质不行。没有高岭土,要不罐子窑就叫景德镇了。也没有宜兴的紫砂。罐子窑的土只能做罐子烧夜壶。"

秦贞很不服气地驳斥道:"你这人就少志气!你嘴上讲不躲到人家伞下,可还是巴望着人家的伞。什么都是人家的好,我看将来讨老婆也这样!"

"老婆自然是人家的好,不错的。"陈士林调侃道。"我这光棍眼里,人家的老婆就更好了。"

秦贞的脸微红着,可眼里又充满着感激。见我注意到她,便故意沉着脸对陈士林说:"你少给我东扯西拉。你说罐子窑的土质不好,怎么我们产的罐子也大量出口了?"

"出口?"陈士林轻蔑地说,"你穿草鞋出国是不是这草鞋也算出口了?那些罐子原本是给土产公司装出口皮蛋的。结果皮蛋途中变质了,罐子贱卖给当地的华侨腌咸菜。这他妈的也叫出口?"

秦贞似乎真的动火了:"你这是嫉妒!"

陈士林停下来,点上烟,淡笑着说:"好好,我嫉妒。那么你马上要当县长了,我是不是也嫉妒呢?你放心,我陈某不会出你的洋相拆你的台,这样你对上也好交代,一了百了,顺顺当当。你打你的伞,我戴我的斗笠。"

"你这是什么意思?"秦贞突然不安起来,眼睛盯着陈士林。

陈士林默默吸着烟,眼睛竟也有些红。过了很长一会儿,他才轻轻地叹道:

"天下没有不散的筵席……很对不起了。"

秦贞颓然坐下,伏在桌上抽泣起来。

叶之秋把左轮手枪放到桌上,看着坐在桌子那边的叶千帆。那时候外面的天空已经发白了,鸡鸣声此起彼伏。然而这个黎明仍是阴沉的，而且显得疲倦，仿佛和这屋里的人一样彻夜未寝。对于叶家兄弟来说，过去的一夜是如此的漫长！烛光里的叶念慈用恩威交融的眼睛注视着自己的两个儿子，当最黑暗的时分降临之际，老人的脸呈现出一片鲜红。他的儿子后来只是肃穆地静坐在他的灵位两侧，相对无言。等到两根蜡烛完全消融，父亲的脸色暗淡下去，兄弟俩才进行了"满七"最后的仪式——绕灵位默行一周，然后三拜。

那把枪正是在叶之秋跪地叩首时让叶千帆发现的。他从叶之秋异样皱褶的衣纹里认识了那把属于自己的小东西。显然是唐月霜把这把枪交给了老二，可是那女人为何这么做，叶千帆却一概不知。他没有追问这件事，所以现在那枪放在桌面上，他也没有表现出丝毫的惊讶，甚至不去多看一眼。他想老二来一定会有话说的。他等待着。

这是你的东西，叶之秋说，你最好不要乱放。

老二的语气是平静的，但叶千帆还是能听出这话中之话，似乎是一语双关。他把枪慢慢拿到手里，像把玩一只小鸟似的拨动了一下转轮。然后他说：

我喜欢把它放在裤袋里。

当然，这样好看一些。不过很累赘。

累赘？肩上扛个脑壳，裆里吊只鸡巴，不也同样累赘吗？

这句粗俗而幽默的话并没有引起叶之秋的兴趣。他只是浅浅一笑，似乎是在笑老大一反常态的故作潇洒。这个男人越来越深不可测了，叶之秋想，也越来越老练。他刚才拨动枪的转轮其实是在检验膛上是否有子弹。现在那枪还握在他的手上，一旦有事他便会在一秒钟内把子弹射出去，无论对手是谁。那枪的有效射程是五十米……

我这么晚来，你不觉得意外吗？

应该是这么早来，外面的天已经亮了。

可我总觉得昨夜没有过去，就像父亲还在屋里睡着一样……

不。这时候他在院子里练剑。

是呀，练剑。父亲太天真了，以为这年头剑还能防身。父亲口袋里倒真该有把枪。

那也无济于事。所谓明枪易躲,暗箭难防。倘若向父亲射击的人能站出来把老爷子杀了,我倒真有三分的敬佩……

那个杀手太愚蠢了,也很不在行。

我看是太胆怯了。

胆怯?不错。只有恩将仇报的人才如此胆怯。他不是怕他的敌人,而是害怕自己的灵魂!所以事到临头他的手发抖了。

叶千帆慢慢站起来,但是拿枪的手松开了。枪还在原来那个位置上,于晨曦中闪着寒光。他在回味老二的这番话。显然这番侃侃而谈触动了他以致几乎迫使他放弃刚刚形成的一个念头。在叶之秋说这番话时,他注意到这个斯文的书生面色现出罕见的冷峻,镜片后的眼睛里还透露着一丝轻蔑。他暗自冷笑了一下,然后突然转过身:

可奇怪的是父亲的手也在发抖!

叶之秋望着老大阴沉的表情也站了起来。这不是冲动,而是惊讶。恍惚中他仿佛看见了父亲那只颤动的手。父亲为何伸出两根指头?难道这老人直至临终还有所顾忌,生怕泄露了什么?可是他又分明不肯将苦衷与隐痛禁锢同自己一并埋葬。他选择了暗示。然而这暗示却有可能导致一场悲剧的延续与扩大。这必定是老爷子万万没有料到的!叶之秋正想说话,听见院子里传来唐月霜傲慢的声音:

我就不信有过不去的河!

女人是在说马。那马的确很烈,不过她现在已基本降住了它。那马这些日子一定累坏了。却仍然犟。这是秉性。秉性是不能改变的。于是马短嘶了两声,四只蹄子碎碎地蹈响着,然后形成规律的节奏,远去了。这时候叶千帆走到门口,对院子里正提着斧子准备去修船的六指说:

你跟着去看看。

我这手里的活……六指说,语气是犹豫的。

你不能先放下吗?叶千帆有些不耐烦地说,谁急着要用船?

六指不响了,把斧子扔到石桌底下。

叶千帆退回来,随手掩上门。屋里暗下来,叶之秋已经坐下,把香烟装入象牙烟嘴。是我让六指修船的。他说，我想明天去江上走走。

叶千帆一边挽着袖子一边说：这几天天气不好，江上恐怕很不好走。

好在风向对头。叶之秋吸了口烟说，顺风而下我想不至于会遇上什么麻烦的。

俗话说，天有不测风云……你还是谨慎为好。叶千帆说完，坐到原来的椅子上。

叶之秋这时拿起桌上的枪，说：你是不是愿意它借我一用？

叶千帆突然哈哈大笑：

老弟，你过谦了！你怀里揣着的难道是一只鸟吗？

第二十二章

县里传下话来，决定增补陈士旺为本届人大代表。这消息不算突然，也没有在小小的罐子窑引起多大的热闹。因为明眼人都能看出，这是林专员一手抬举的结果。而且之于糙坯子的形象，似乎也有点不够光彩的。罐子窑人就是这么个古怪的心理，当初你混不成个样子，大家怜惜你；一旦你的日子好过了，大家便开始数落你的手段。满窑都是做一样活的，手艺如何，彼此心下都有底的。糙坯子的手艺在什么档次上，大家清楚，只是不当面说罢了。我这两天所听到的，差不多都是些关于糙坯子的"隐私"。诸如用罐子装皮蛋的所谓出口，也都不胫而走。我就有些诧异，觉得这罐子窑人不像我想的那么简单。然而他们的议论，又不能完全算是嫉妒。他们似乎也想得很开，感叹的是这些好事儿怎么全叫糙坯子摊到了。

这些议论糙坯子显然装在耳里的。但他没有因此改变面色，有一种闻所未闻视而不见的风度。他像平常一样安排着自己。在每天的晚上，他端着一壶冷茶坐在颤抖的电视机前，轻摇着蒲扇。电视节目很糟糕。我知道这个敦厚的男人并不在乎这个，他是在尽情地享受着荣誉。这时候田藕便在厨房里不断弄出些声响来。他们父女间的那场风波并没有平息，看来会僵持一段时间。田藕那天的情形给我们的印象太深刻了。父亲突然抛出的那句恶毒的话使她险些晕倒。可是局外人却只感到茫然。连陈士林也不知所措。"怎么说田藕逼走了她娘呢？"我问陈士林，希望他能说点什么。陈士林沉默了良久，终于只是叹道："天晓得这是怎么回事！"说这话时陈士林的表情异常凝重，仿佛是在努力回忆。但是在我看来，他是在决心掩埋一个巨大的秘密。我不相信他也是局外人。

因此我决定和田藕谈一次。为了避人耳目，我又把这次谈话的地点安排在户外。（那屋子机关太多！）这夜还有月亮，虽已不再明净，但仍然给这个夏夜带来了几分温柔。我们沿着那次去青云山的路，也即是长水的故道，缓缓而行。事先我大致想了一下谈话的脉络，不能太陡也不可太不着边际。我想从陈士林开始。我说了关于陈士林同她母亲以前的关系，但隐去了糙坯子乘虚而入的部分。"如果不是因为陈士林坐牢，你可能就是他的女儿了。"我这样说。

田藕浅笑着说："这是上帝的旨意。"

她又说："这安排未必不好。"

"你好像对陈士林有看法？"

她想了想，然后说："怎么说呢？他这个人一眼是望不穿的。其实这些年他活得很不如意，很不走运。"

"那么，"我说，"这回上面想调他去，为何他又不肯呢？"

田藕就抿抿嘴，说她也不明白。她觉得这里面一定有很复杂的东西埋着。"我想这就是陈士林吧！"她说。

她的语气是赞赏的，并且为此而感到自豪。她说这样陈士林就完整了。停顿了一会儿，田藕突然用低沉的声音说："你知道吗，他曾经想自杀。"

我委实吃了一惊。田藕却又笑了。那是好几年前的事了，田藕说，是个晚上。那天村里放电影，陈士林没有去。田藕说吃晚饭的时候她就觉得陈士林神色很不对头，"脸上荡着一股阴气"。所以电影刚放了一会儿。她就折回来了。"我很害怕。"田藕说，"我没有从大门走。大门掩上了。我是从后墙翻进去的，再绕到槐树后面。我不想惊动他。"在后来的一个钟头里田藕没有听到屋里有什么动静。陈士林抽了很多的烟。烟味从门缝里钻出来，使田藕越发觉得"像要出事的样子"。

田藕说到这里停下来,似乎不想再说了。可能她也意识到她的判断很没有力量吧。于是我轻松地说:"你太敏感了。"

显然她听出了我话中的揶揄,就扬起眉毛看我:"难道非要见到什么才是可信的?"她把脚下的一块石子踢飞,黑儿便晃悠悠地追过去。田藕说后来陈士林熄了灯,人也没出来。她觉得他可能要动手了,就让黑儿去叩他的门。黑儿跑得比刚才快,到了门口就像个刚断奶的孩子似的嗷嗷乱叫。陈士林突然把门打开,他走出来的时候月亮正好照在他的脸上。"他穿得一身整齐,衣服的叠褶清清楚楚,胡子也刮净了。"田藕有些激动地说:"他把黑儿抱起来,亲它。我看见他流泪了……"

"你……没同他说话?"

"他看见了我,慢慢走过来,坐在石凳上。我在他对面站着。他看了看月亮,过了很长一会儿他才问我,人死的那一瞬间是不是很痛苦?我没吱声。他又说人死的样子怎么那么难看,他说人在两头的样子都是特别难看的,而夹在中间,人又实在不好受。我听不懂他的话。"

"你不觉得这与你母亲有关系吗?"我这样问道。我注意到田藕这时的表情显出了一丝慌乱,然后她用手撩了撩头发。

"也许是。我母亲爱陈士林……她肯定找过他。可这是个没法解决的问题。陈士林是个德行无常的男人……"

"所以他要解脱。"

"不。"田藕说,"他不会因为一个女人才干那种事的。他很会解脱。他和秦贞混到一块就是一种解脱。也许他根本就不爱我母亲!要不,他怎么不同她私奔呢?"

我沉默了。渐渐地,我对陈士林产生了一点怀疑。田藕的口气是非常自信的,她不认为陈士林是那种一往情深的男人。我又问:

"你母亲离家又怎么解释呢?"

田藕说她至今也弄不清楚什么是导致母亲出走的真正原因。"当然她是感到在这屋子里无法待下去了。她和我父亲是分着住的。"田藕像是边想边说,"为这事我还劝过她。可是到头来,父亲却怨我……"田藕没有就这件事往下说,她只承认在母亲出走的前一天,她们吵了一架。吵架的起因是黑儿咬烂了母亲的一只鞋。

那个清晨莲子一直没有出现。

在六指无奈地随唐月霜遛马之后,叶之秋突然意识到这一事实。莲子是什么时候离开的?昨夜灵堂里就似乎没有见到这女人的身影……她去哪了?!叶之秋还没来得及深思下去,叶千帆像匕首一般的目光已将他的胸脯挑开——枪。一把勃朗宁手枪。但他现在握着的是左轮。这两种枪都是可以连击的并且可以使用同一种子弹。从父亲胯下穿过的也是这种子弹——六指从船帮里挖出了一粒,很像缩小了的核桃。这东西已在叶之秋袋里放了很久了。此刻他感到了它的沉重。他就是为了消除这份沉重来找老大的。然而老大仍是那么固执,他远不及唐月霜有悟性。叶之秋在经过足够的铺垫之后,决定开诚布公地同老大作进一步交谈。他相信同胞手足之间是能够沟通的。可是这时他想到了莲子。旋即,他有了一种被自我捉弄的感觉。他看着老大微微抖动的二郎腿,他想自己简直太浅薄了,视线完全被父亲的死牵去,而老大似乎看得更远一些。老大实际上是虚张声势,是声东击西,是调虎离山!他想立即就走,不再作茧自缚。但是,已经迟了!已经赶不上莲子了。而且老大是那么从容不迫地认识了他怀里的勃朗宁。

叶千帆在等着叶之秋把勃朗宁掏出来。这个动作的完成时间是三秒钟。三秒。三秒很快过去了。叶之秋并没有把手伸向怀里,而是很潇洒地把那把左轮推到他的面前,然后慢慢站起来,吹了吹象牙烟嘴:

我很佩服你的眼力。

过奖。其实很简单。一嗅便知。

嗅?

是的。它上面有一种特殊的气味……

特殊的气味?我懂了……但绝没有血腥气!被激怒了的叶之秋突然抬高嗓门说。

叶千帆冷冷一笑道:那它就是个废物。

沉默。屋内的空气仿佛凝结了。然而这冷漠的氛围又让他们彼此走近了一步。这是一种奇妙的效应,类似自然界中的物极必反现象。叶之秋渐渐平静了,接着他感到了轻度的虚脱,动作也显得有些迟缓。当他准备开门时，听见叶千帆说：我想你该去休息一下。你累了。

叶之秋反问道：你呢？……

我也累了，像那匹马……

可你还会骑它的。

也许……这是最后的一次。叶千帆躺到自己床上，望着窗外，叹息道：我们都累了。

你躺着会觉得怎么样？

同样是累。我想这是命中注定的事。男人的命。男人可能都很看重一种使命的东西，因此便为之辛劳，甚至不惜血本。父亲是这样的男人。我们呢，似乎也是……

这是男人的天性。肖伯纳说过，世界上有两样很脏的东西：政治和阴户。而几乎所有的男人都喜欢去搞……男人都是不安分的。

不安分？是的，是不安分……有时我常这样想：究竟是因为天下的不太平才引起男人的不安分，还是男人的不安分造成了天下的不太平？说不清……很多事情做起来，事前与事后的想法却是南辕北辙！就难免要扪心自问：这是何苦呢？但是想把腿拔出来又似乎不甘心……

叶之秋在床前踱着步。显然他被老大的这番话打动了。他认为这是肺腑之言。可是他又觉得，与其说老大这番话是自我表白，倒不如说是对他的规劝。老大是以这种方式企图阻止自己上那条船，然而又表示还要动用那匹已经很累了的马。尽管"可能是最后一回"。看来老大不想再虚着干了，要明目张胆地去做完那件事。老大是什么人？谁在背后点拨他？叶之秋在老大的对面停住，很冷静地说出一句话：

你不觉得父亲的死与那个郑海有关吗？

叶千帆没有及时回答，但在思索这个终于被老二抛出的问题。他反问道：

你的意思是郑海杀死了父亲？

也许是。叶之秋说，青云山那一带差不多都是郑海的"防区"。

叶千帆从床上坐起来：我倒觉得，可能是有人认为老爷子帮了郑海，才下了手。就目下的形势看。这个可能是不是更大一些呢？

你好像认识那个郑海……

不。我只是和你一样，很想见识他。

叶之秋一时语塞。过了一会儿，他认真地扶了扶眼镜，说：不错，我是想见识见识……

两人平静地相视着，又同时微微一笑。

门突然被推开，脸色苍白的六指跌了进来：

太太……太太从马上……

年轻的欧内斯特·海明威说："小说自身在写作，我得奋力跟上它。"

小说的发展总是让人始料不及的，它把微笑出售给历史。在新近于台湾出版的我的一部小说集里，我将这句话写进了它的序言。不久前，我在接受故乡的一家报纸记者采访时，曾这样介绍：在写作之先，所谓构思阶段，我不愿意把要写的东西想透。甚至尽可能使一些比较完整的东西消解，让它们始终处于一种暧昧、可疑的状态。此其一。第二是我非常注重"写作中"——我相信写作中的运气。至于事后，我一定会远离我的写字台去干点力气活。

所以这部小说的结局会是什么样子，我是完全没有底的。而某些原先设计的关系，几乎全被小说自身的力量所击破。作家指挥不了小说，只能永远做小说的奴隶。这无疑是小说的革命。

显然，小说业已走向结束阶段了。它所采取的是蛇的姿势。只有这种姿势才能越过陷阱。

这是一条狡猾的蛇。

——作家手记

我和田藕返回村口时发觉了那条大狗。当时黑儿很突然地向一棵枣树的阴影里扑去，牵走了我们的视线，接着大狗肃穆地从树后闪出，狐疑而阴险地注视着我们。

可是我没见到一樵。

黑儿随着它那位可疑的父亲去了。田藕并不制止，她说黑儿会自动回来的。"狗是个灵性的东西。"她不无骄傲地说,"也最忠实。"

我们在树下又停了一会儿。月光从枝叶中筛泻下来,把我们染得斑斑驳驳。这是个窒闷的夏夜,没有风,一切景物都如舞台上的布景那样的不真实。故事也不真实。我粗略地把这一年来的事回想了一遍,总觉得每一个人对我所说的话都留有余地。那也许可以看做故事的外延。在故事之外,会有更优美的传说。我看着田藕,她似乎有些忧伤。突然,她很紧张地往我边上一靠,惶恐的神色让我不知所措。她说:

"我见到了一团火!"

我顺着她的手势看过去,那是一条通往"龙窑"的小路,在月光下平静得像一条蛇。我没有看见火,但是我相信田藕所见不是错觉所致。那是一种神秘的感觉。我们慢慢转过身,往村里走去。田藕还没有摆脱惶恐,走得非常小心。我们不再说话,因此脚步声沙沙响起来。这时自对面走来一个人影,是糙坯子。他肩着簸箕,手提一柄铁锹,像是要取土。我同他打了招呼,他似乎很犹豫地停下来。而田藕便在这当儿错过了父亲,独自往前去了。做父亲的迟疑地看着女儿的背影,终于只是叹了口气。过了片刻,他才说:"孩子的话不错。"他承认这地方的土质的确很差,但又认为"还是有办法的"。他说这几天他四下看了,又查了乡志,发现那窑头的背面有另一种土,叫做"狗屎泥"的。他现在就是去取那种土,想再试一试。"可是刚才……"糙坯子说,"有人不让我去取……"

"谁?"

糙坯子的脸上重叠起阴影,这使得他的皮肤看起来像一块被风化的石头。他显然是有话要对我说,可是又忧心忡忡。这种矛盾的心理导致他语气的不连贯,在后来的叙述中他可能采取了另外的方式,而把事实本身掩盖起来。他说他刚才做了一个梦。"我可能是累了,"他这样说,"我在躺椅上睡着了。当然不是睡得很沉的,迷迷糊糊,人像云一样的轻……后来有人在林子里对我说话了,听起来是一个老人,口音沙哑得厉害。他说你还想去取那种土吗?我说要去的。他就叹气,说你不能去动那块土,千万千万……"

"为什么不能动?"

"他没说。"糙坯子叹道,"这真是怪事……"

"你以前做这种梦吗？"

"没有，从来没有。"

说完他看着我，大概是希望我就此现象继续发表意见，再作些解释。但是我已无话可说。我劝他今夜别再加班了。他于是很疑惑地问："你也觉得这里面有问题？"

"不不，我不是这个意思。"我笑着回答，"我看你有些疲倦。"

他也笑着，但笑得有些勉强。他说他的时间不多了，想争取在去县里开会之前搞出些眉目来。说着，我们准备分手。这一刻糙坯子变得有些沉重，把铁锹从左手换到右手。他好像下了很大的决心似的说：

"有件事，我一直想同你谈……我的父亲其实是郑海……"

我不能不感到震惊。

"这是真的。是我妈在世时亲口对我说的。她不许我告诉任何人……她说不和郑海有牵连，人要活得自在些。"他停顿了一下，望望头上的月亮，又接着说："我还留着一件小褂，是用郑海的衣料改的。你不信，可以去问问王裁缝。是他改的。"

我递给他香烟，他谢绝了。他说这事说起来话长，改天再慢慢对我说。然后，他就上了刚才"滚过一团火"的小路。我目送着他，觉得那路仿佛落满了青霜。我停在原地吸完了一支烟，返回到小林子边上，田藕从里面走出来，吓了我一跳。

"他对你说了些什么？"

"没说什么。"我说，"他说他去取那种'狗屎泥'来试试。"

田藕显然是不相信的，然而也不再问下去。我们迟疑地站了一会儿，就折进了村子。这一路上彼此都缄口不语。等进了院门，陈士林风风火火地从屋里出来，见面就问田藕：

"你爸呢？"

"去窑头取土了。"

"窑头？他怎么去那里取土！"

"是去取'狗屎泥'。"我说，"他准备……"

"简直是乱弹琴！"陈士林打断我说，"那儿的地势很凶险……再说'狗屎泥'又能玩出什么绝活呢？"

大家都不响了。陈士林蹲在地上吸着烟突然跳起来骂了一句粗话，就出门了。

这时的月光显得特别清冷，村里一片寂静。

他们赶到"龙窑"脚下，唐月霜已经奄奄一息。

据事故的目击者六指说，二姨太策马驰上窑头的那会子，白马并没有受惊。惨剧发生在唐月霜下马的瞬间。当时白马像是感到屁股奇痒似的摇晃了一下，失去重心的唐月霜便如同一片叶子那样轻盈地飘了下来，落入近三丈高的坡下。

唐月霜静静地躺着，身体压平了一片狗尾巴草。她依旧是美丽的，四肢极度放松，像是浴后的那种酥软的酣睡。她的面部非常干净，只有右耳孔里流出一股细细的血液，仿佛是爬出一条蚯蚓，作为背景的那匹雄壮的白马，纹丝不动。如一尊汉白玉的雕塑。

同时出现在叶家兄弟眼中的唐月霜都是一样的虚幻，犹如隔了一层薄雾。他们在距离她两米的地方停住，沉默使时间变得漫长而冰冷。他们都被这突如其来的悲惨事件吓住了，不寒而栗。在村里的人逐渐围拢过来之后，冰冷的气氛开始消融。叶千帆慢慢走上前，放倒一条腿，伏在唐月霜流血的耳边低声呼喊：

月霜你醒醒……有件事我要对你说……你一定要听我说……等我说完，你会睡得更香的……你能听见吗？！

周围的人声被他突然高扬的嗓门压住。但是唐月霜却无法听见。叶千帆用手捂住了面孔，身体显出了摇晃。而这时，沉默良久的叶之秋奋力一把将兄长拎起：

你……你下手太毒了！

然后是左右开弓的两记耳光。叶千帆没有动弹，仿佛大梦初醒。他看着叶之秋充满悲愤的眼睛，重新响起的人声让他把目光最终落到那匹白马的头颅上。他就这样注视着，而白马这时也扭过脖子注视着他。接下去是六声枪响。白马的头颅完全裂开，像闪了腿似的悠悠倒了下去。等那马的四蹄停止抽搐后，叶千帆才轻轻说了一句：

你这婊子养的！

……

那个时候莲子出现在河边。突然传来的枪响使她为之一震，疲劳感顿时消散。她意识到家中发生了大事，但她绝没有想到唐月霜惨遭不幸。等莲子赶到"龙窑"脚下，人们正拥着横抱二姨太的叶千帆沉重地返回。于是莲子靠在一棵树上，目光同大少爷有过短暂的交流。大少爷完全沉浸在无限的悲哀之中，他的双眼已经为泪水模糊，因此莲子眼中的内容他一无所知。莲子从唐月霜僵硬的身体上看出了事情的性质，就不能自制地扑过去，嚎哭起来。然后她本人也倒下了，后面的叶之秋和六指将她架起。她几乎是像一摊泥那样给拖进了叶家大院。而太阳正把院内照得分外明净。

掩埋唐月霜的尸体是在第二天早晨进行的。一并埋葬的还有那匹白马。它的坟在唐月霜的墓冢稍后一点的地方。由于唐月霜不是叶念慈的原配，加上又是外乡人，因此按祖制规定她不能葬在叶家的坟地上。叶千帆选择了长水岸边一块朝阳的坡地，作为这个红颜薄命的女流之辈最后的栖息之所。在唐月霜的墓碑上，也只有这么几个字：

唐月霜女士之墓
（1920—1949）

碑文由叶之秋所书，采用"唐隶"之风。墓碑迎着东方，与长水流淌的方向一致。整整十年前，唐月霜便是由这条汩汩流水驮到罐子窑的。这条水现在正以回忆的方式默默流淌着，仿佛在倾诉一个女人不幸的一生。青石一般的河面上散落着几点粉红色的花瓣，这是莲子刚刚撒下去的。这花瓣在叶千帆眼里业已成为唐月霜魂灵的象征。而作为一贯的无神论者，叶之秋对这种比较典雅的祭奠方式此刻也关注着。人们用悲凉的目光默送这些花瓣随波逐流。按这种流速，明天的黄昏她便可以回到家乡了。叶千帆暗想着，不禁随那花瓣走动起来。

大少爷你快看！

莲子惊异的喊叫使叶千帆住脚。他顺着莲子的手势望过去，发现那些花瓣突然调头了，并且在与叶家大院相对的位置上打着转！叶千帆怔怔地注视着这难以理喻的景象，热泪夺眶而出。这时候叶之秋也走近来，点上了香烟。河面上的风大了，因此那些花瓣也加快了旋转，渐渐汇聚到一块，形成一朵整齐的花。叶千帆喃喃地叹道：

苍天有眼！

接着那些花瓣又扩散开来，开始沉没，一点一点地沉没。直到最后一点粉红色消失，叶千帆才背过身去。他听见叶之秋说：

一个旋涡……

叶千帆沉默着向泊在水边的船走去。这时他忽然想起。整个葬礼过程中，六指一直没有出现。他的手下意识地伸进裤袋，然而那已是一支空枪。这一刻他认识到杀死大白马是一个很大的错误。但他并不后悔。他想让那匹马躺在唐月霜稍后的位置上，是最合适不过的了。

这地方对待死人的料理，是极讲究的。不同的死有着不同的待遇。寿终正寝者，一切从优，丧事操办得体面堂皇，是地地道道的白喜。死在门外的，尸首搬运回来却不能在屋内停放，只能置于门口临时搭起的棚里。最不走运的是那些非正常死亡者。病死的要摔碎一只药罐子，淹死的要砸破一口水缸，意味着引以为戒。更过分的，要算自缢而死的。先得一把揪住死者的头发，左右开弓狠抽两巴掌，然后跺脚咒道："现世宝，早知如此何必乱投人胎！"无论男女老幼高低贵贱都得这么个着落。当年唐月霜的死，由于那匹马被叶千帆崩了，所以在她的身上，没有做多的手脚。

入棺要看时辰，安葬要测风水，自不必说。这里的风俗，一般是人死三春不入土，露棺地面，周围用砖头砌起，顶上披脊盖瓦，谓之"丘"。三年丘毕，须重新开棺整骨。其时若发现棺内尚有一块未烂尽的布，便有不少人来争夺，拿回去给孩子缝一条围兜或者做一件小褂，以为是很吉祥的。意思是不怕阎王爷的朱笔勾到这孩子的名上，因为有了替死鬼。如果那死者是有名望的人，这布就更有价值了。

糙坯子所说的"郑海的料子"便是这种布。

王裁缝说这事也真是奇了。当郑海的棺木重新打开时，他的那件黄咔叽布的褂子"几乎没有怎么烂"。"大家就感叹了，"裁缝回忆道,"说到底不是凡人,衣都这么经烂!"裁缝说那件黄褂子剥下来后就到了莲子手里。大家也不争抢,大约是莲子曾帮过郑海跑过交通的缘故。"当天晚上,莲子就让我改了一件小褂,说给糙坯子穿。"裁缝又补充一句:"如今糙坯子这等红火,与这小褂的保佑是有关的。"

这是一九五二年春天的事。

——作家手记

第二十三章

惨剧实际发生在子夜光景。那时候我正准备同谈兴很浓的王裁缝道别,并谢谢他刚才关于这地方殡葬习俗的介绍。我认为这些很有意思也可能是很有用处的。裁缝说,这都是老式的做派,如今不兴这一套了。人死了往火葬场一拉,倒也省事。裁缝又说重新整骨装殓的郑海于第二天的黎明送往青云山。据说这是依照上面的裁决做的。青云山为三省交界的地方,这样郑海便归三省所有了。"那是个雨后的黎明,"裁缝回忆道,"人们一早就起来了,跟着棺木走了好一大截子。但一直跟上山的,大概只有莲子了。"这以后发生的事裁缝无从知晓。裁缝说莲子在山上过了一夜,也许两夜。她返回罐子窑时"好像变成了另一个人",着实瘦了许多,以至于"很难看出奶子"。

我把茶喝尽,又递给裁缝一支香烟。他把烟熟练地夹到耳轮上,然后送我出门。这时我听见有嘈杂的人声自窑头铺过来,却听不清嚷着什么。我有了不祥的预感,便匆匆放掉裁缝干瘦的手,朝人声奔去。人声也渐渐迎我而来,等我赶到几小时前曾停留过的那棵枣树下,我已经看到了横抱着糙坯子的陈士林!在他们的身后是唧唧喳喳的人群。我完全被惊吓住了,居然说不出一句话。陈士林从我面前走过时也一话不发。我跟着人群走,到了叶家大院,只见一个小伙子抢先下掉了一扇门,平放到院子中央。然后是陈士林慢慢把怀里的糙坯子安置在门板上,身体往后一挫,坐到地上。月光仿佛全集中到糙坯子身上,他浑身是土,七窍冒血!

披头散发的田藕从屋里冲出来了,两个中年妇女紧紧搀扶着她。显然她已知道了这个不幸的消息,已昏过去几回。她伏到糙坯子身上大嚎一声:"天哪——"便又昏了过去。几个小伙子七手八脚地把田藕往屋里搬。这时,陈士林从地上爬起来,摸一把鼻子对我说:"你也去吧。"我迟疑了一下,问他糙坯子是不是还有救?陈士林吃力地摇了摇头。接着他接过别人递来的一叠草纸,将糙坯子歪曲的脸严严盖住。

我坐到冰凉的石凳上,怔怔地看着糙坯子直挺的尸体。我目睹了一个生命的毁灭。人的生命实在是脆弱的。死是一件容易的事。眼前的事那么平静地发生了。很多年过去后,当这幅悲惨的图景在我脑海里重新得到复制,我突然意识到这完全是上帝的安排。辛劳一世的糙坯子终将被自己布满老趼的大手所埋葬。而在此时此刻,我除了震惊和悲哀,还能想到什么呢?在这个不寻常的夏夜,朦胧的月光使辽阔的天空充满着虚无。

乡里很快来人了。这种事情对于女乡长秦贞来说是很难操办的。其实我的估计完全错了。秦贞仿佛早已料定了这一结局,除了不敢正视糙坯子的遗体外,这位中年妇女把一切安排得井井有条。我便从中看出了她的干练,且生出了几分敬佩。秦贞表情凝重地把陈士林叫到一旁,告诉他乡里准备把糙坯子的后事"一把揽过来"。

"糙坯子是为改革献身的,是烈士。"她说,"应该由政府出面。"

陈士林叹了口气,吸着烟。

秦贞继续说:"丧事要从简,但规格要高。要争取县里送一个花圈,另外,我舅舅会发唁电的……"

陈士林冷冷地说:"不行!"

秦贞有些意外,口齿也变得不很伶俐了:"怎么不行?"

"这太便宜你们了!"

陈士林把烟蒂扔到脚下踏灭,望着月亮说:"人都死了,要图个实惠……你们真要插手,就破点财,把糙坯子热热闹闹地送上山,别他妈的尽来虚的!"

秦贞很吃惊地望着他,半晌才说:"这,合适吗?"

陈士林厉声道:"不合适就别插手!"说着,撇下秦贞进屋去了。

这时的秦贞面部显出了僵滞,委曲与尴尬参半的表情使她看起来像一台突然电力不足的留声机。她被所有忙碌着悲痛着的人们冷落了。我慢慢走过去,这似乎是出于对一个孤立无援的女人的怜悯。秦贞也不再掩饰有失尊严的表情,问我这事该如何收拾。我说还是入乡随俗的好。她认真考虑着我的意见,然后叹息道:

"钱是小事。就怕影响不好……"

我苦笑着说:"事到如今还怕什么影响呢?"

秦贞眼里闪着泪光,说:"我好难呀!要想对得起死人就要得罪活人,要不得罪活人就要给死人抹黑。"

接着她向我谈起几小时前的一件事。

她说吃晚饭的时候糙坯子到了乡里。她以为他来是有急事,可事实上他几乎什么也没说。她问他可吃饭了,他点点头;然后又突然说乡长你这里还有酒吗?她说有,就拿出酒。他把酒瓶子玩了一会儿,才喝,喝了三口的样子。秦贞说当时她就觉得糙坯子有点反常,因为他平时根本不沾酒。于是她就问糙坯子到底出了什么事,还劝他改革的事不要太急。糙坯子笑了笑,样子有些古怪。他木讷讷地坐了一会儿,听见食堂喊开饭了,才站起来。秦贞送他出了乡政府的大门,在门槛上,糙坯子停下来问:乡长,我要是为改革死了,可还算得上烈士?秦贞说她听了这话脑子嗡了一下,她想他大概是给酒精刺激的,他差不多是在说醉话了。她就说:老陈你这是想到哪儿去了!糙坯子还是笑笑,不再言语,离开了。秦贞难过地说:"我没想到他真的就离开了……"

女乡长在说这番话时显然是有顾虑的,而且声音很轻。她希望我任何时候都不要把这个补充的细节披露出去。"对陈士林也不要说。"她郑重指出,因为"这样会把事情弄糟的"。

我沉默了。我联想起糙坯子成为烈士之前在蛇一样的小路上与我交谈的情形。想起他的那个梦,想起田藕所见的那团火。我诧异这些偶然在同一时刻的集合。这是些荒诞不经的偶然!最后,我又想起了那道可怕的签文:蛇吞其尾。蛇的全部努力在于最终消灭自己。

谁也不能断定大少爷叶千帆是何时离开罐子窑的。在唐月霜清冷的葬礼举行完毕后,相关的人们顺原路返回。叶千帆走在最前头,与后面的人相距大约两丈。但是他分明沉重地迈进了叶家大院。他似乎还回了一下头，凄迷的目光从每个人的脸上平移而过。

这是最后的一瞥！

那是个漫长的下午。叶家的上空始终盘桓着一块浅灰色的云。昔日的月琴声挥去了。昔日的马蹄声也挥去了。偌大的庭院顷刻之间失去了平衡，唯有夕阳与槐树的阴影相伴。

那个下午叶之秋很不安定，尽管他在自己书房里静躺着闭目养神。这姿态在莲子看来完全是一种欺骗。她知道这个男人惯于玩这种伎俩。他并不累，莲子想。他的血比平时流得更快。莲子在凑近他放下一杯清茶时注意到叶之秋波动的太阳穴。她想这可能是眼下阴谋的继续。六指去哪里了？那个窝囊了一辈子的男人去哪里了?!莲子正想着离开，但是叶之秋拿住了她的手。叶之秋的眼睛仍旧闭着，均匀地呼吸着气，半晌才慢条斯理地说：

你怎么不随他去呢？

莲子心里顿了一下。她突然觉得自己实在太傻了。他走了……他难道真的走了？

二少爷，你这是……莲子轻轻抹去叶之秋的手。我不懂你的意思。她说。

叶之秋这才欠起身子，一边把香烟塞进象牙烟嘴一边说：

老大走了。恐怕这辈子不会再回来了……叶之秋看了莲子一眼，然后点上烟。

莲子的身体往后移了移，牢牢地看着二少爷。

二少爷在莲子面前来回走动着。唐月霜死了，他叹道，老大的日子也就过到头了。

不，不……莲子喃喃地说：他不能走。他不能这个时候走！莲子抱着自己的膀子哆嗦着：这样会叫人以为是他把她杀了……这会洗不清的！莲子软软地坐到凳子上，哭泣起来。

二少爷站住。他的背影似乎反映出他被莲子对老大的痴情所震撼。这时他听见莲子说：是你逼走了他。

不，二少爷冷笑道：不是我在逼他。是你或者是他自行相逼！

莲子停止了抽泣，泪珠几乎被叶之秋投来的冷峻目光全部粉碎。叶之秋正色道：

一个男人是不能忍受两个女人的撕扯的，不能永远活在人鬼之间。

他不是这种男人……

他是。叶之秋说，莲子，你不懂男人。你尤其不懂叶千帆这样的男人……当然，他现在离开还有别的原因。他是赶着去办那件大事……不是这样吗，莲子？

莲子慢慢站起来，说：二少爷，我该走了。

去找叶千帆？

莲子也冷笑道：既然二少爷说是我逼走了他，我何苦还要去寻人家呢？

莲子，不许以这样的口气同我说话！

那你叫我怎么说？像从前在床上那样吗？

叶之秋扬起手准备照面前这张好看的脸颊打下去，但在半空中悬住了。莲子纹丝不动，于是高悬着的那只手悠悠降了下来，抄住了莲子圆润的腰：我太难为你了。

莲子还是不动弹。当男人的脸向她贴近时，她将面迅速转开：二少爷，别费工夫了。

叶之秋紧紧将莲子搂进怀里。

莲子一字一句地说：二少爷，我正来红的，你不怕脏了你洁白的身子？

……

那个漫长的下午就这样融进了莲子的记忆。很多年后，当年迈的莲子站立在地狱的门槛上，或许又回想起这一截难以消磨的时光。她突然记起叶千帆那短暂而含蓄的最后一瞥。她这时才完全明白其中的一切含义。莲子仿佛知道，大少爷沉重地闭上自己房门之后的内容。在那天的黄昏，莲子坐在老槐树下把那间每天最早亮灯的屋子打量了很久。然后她想到了那块活板、那扇神秘之门。等黄昏的颜色铺满庭院，莲子像往常一样去了河沿。那时候长水像一条美丽冬眠的大蟒，在夕阳的余晖里尽情展现着粼粼波光。微弱的风吹皱了这一江春水，却仿佛送来了外江船队的棹声。莲子静坐在青石埠头上，双脚浸在清澈的水里。于是一群鱼秧围拢上来，啄着这藕似的腿。这小动物造成的快感迅速流遍了莲子的身体,让她想起哺乳婴儿和男人简单明朗的抚摸。

那时候莲子想:外江的船队不会来了。

米兰·昆德拉在解释他的长篇处女作《玩笑》时,曾这样宣布:

《玩笑》的故事情节本身就是一个玩笑。不仅仅是它的故事情节,甚至还有它所表达的"哲理"也是一个玩笑。

在这位天才的小说家看来,一个人陷入了玩笑的圈套而遭到飞来横祸,然而他个人的灾难在外界看来却是荒谬可笑的。《玩笑》起源于一件捷克小镇上发生的真实事件:一个姑娘由于偷取公墓里的鲜花作为献给自己情人的礼物而被捕。从而触发了作家的灵感,因为在米兰·昆德拉眼里,这件事已非同寻常。用他本人的话来说,即他的悲剧在于这玩笑剥夺了他悲剧的权利。由此作家进一步指出:历史的悖论与个人生活具有相同的基本特性——人们拼命挤进天堂的大门,但是,当这扇大门在身后砰然关上时,他们却发现自己是在地狱里。

历史总是喜欢开怀大笑的,作家最后这样总结说。

——作家手记

事情正如我所料,秦贞最后还是妥协了。她甚至全部接受了陈士林的条件,答应给糙坯子割一口全杉木的棺材,做"五领三腰"的丧服。只是把"请瞎子说书"改为放一场电影。她认为这样好一些,没有迷信色彩,但仍然是不够严肃的。"毕竟是件丧事,"她说,"总不能弄得欢天喜地的吧?"

陈士林缄口不语,似乎有不满足的意思。我觉得应该适可而止,不要太难为秦贞了,就接过来说:"我看这样可以,老陈你看呢?"陈士林懒懒地立起来,点点头,说天气还暖着,尸不能久留,便差人去周围买杉木了。

这时候天已破晓,村里弥漫着晨雾。熬了一通宵,人有些乏了,可是没有睡意。大家都为糙坯子忙着,院子里人来人往,啼哭声此起彼伏,谁见了鼻子都酸。于是秦贞要我同她到外面走走,我同意了。走过糙坯子的遗体,我不禁住脚,总觉得这不是事实,而是梦幻或者是彩排一幕悲剧。我和秦贞去了长水的故道。这一路上,我的思路杂乱如麻,始终沉默着。可是秦贞却感叹不已。她说这件事真是太突然太奇怪了,糙坯子好像知道自己大限已到似的,把后事都安排好了。"但人们还是不理解他,"秦贞抱怨道,"他们违背了死者的愿望,好心办了错事,太封建了!"

"你为什么不解释?"我说,"我觉得你可以把糙坯子的遗愿对大家说出来的。"

秦贞停住脚:"这怎么能说呢?这样会让人以为糙坯子是……是自杀。"

我暗自一惊。我怎么竟没想到这一层?经女乡长这么一点拨,我倒清醒了许多。我没有去过出事现场,但我可以想象出那地方,用陈士林的话来说,是"很凶险"的。难道糙坯子果真是这么想的?他凭什么这样想?他陈士旺正处在一生中最辉煌的阶段呀!我不能不感到极大的困惑。

"秦乡长,"我说,"你对这件事是怎么看的?我是说你觉得糙坯子会自寻绝路吗?"

"这只是个巧合。"秦贞回答得很轻松。但她的神色却不很安定。她或许已经在后悔了,不该对我点拨,把事情弄复杂了、弄被动了。我们继续往前走,一群黑色的小鸟扇形展开从面前无声地飞过。走了几步,又停下来。远处的青云山的轮廓这时分最为清晰,给人以逼近感。秦贞理了理头发,对我说:

"有件事还得麻烦你。"

秦贞说着就叹了口气。她说糙坯子的牺牲(她第一次用了"牺牲"),无论怎么讲对乡里甚至对县里都是个损失。他是为改革献身的。死得其所。"虽然,"秦贞强调道,"他生前还没有完成新的试验,但这种不屈不挠的精神无疑是要发扬的,因此要宣传。陈士旺是个好典型。"

我明白了。但是我没有做出秦贞所希望的反应,也没想给予回答。

"这事还得抓紧才是。"秦贞又叮了一句。

我口苦得很,就想抽烟。可是烟盒已空了。我把烟盒揉成团扔到地上,然后说:

"眼下要紧的,是给死者张罗一口棺材。"
……

棺材没有着落。

出去的人于吃早饭的时候都相继回来了,都说现成的杉木难搞。有人物色到一方的楮树,问陈士林是否将就着点?陈士林说不行,坚持要用清一色的杉木。这时候乡长秦贞上前说,天气原因事情不能再耽搁了!陈士林吸口烟,说这事不麻烦你了,一边歇着去。然后退后几步一挥手:

"拆屋!"

大家都很惊讶,却又不敢去制止。陈士林见无人动弹,就自个儿找来梯子往墙上一靠,准备上房顶。忽然间门外响起了一声极嫩的狗吠,大家一齐朝门口看去,是黑儿回来了!于是田藕从屋里跌出来,弯腰将黑儿抱起,这才注意到它尾巴上拴着一张折叠的纸条。田藕把这纸条递给陈士林,他犹豫了一下,迟疑地把条子展开,是一封简信,只有寥寥几字:

棺已备好,来牛王庙取。

没有署名。但我很快想到了一樵。倘若这事确属那位仙风道骨的一樵所为,那么他与这一家子究竟是何种关系呢?他到底是哪路好汉!

牛王庙坐落在长水西岸不远的山洼里。庙实际上已不存在了,只剩下一个废墟。这周围的荒坡上,是七零八落的坟冢。有几只乌鸦在坟与坟之间无所畏惧地踱着。我们从坍塌的正殿穿过去,看见这残垣的后面竟有间灰暗但完整的小屋。门是虚掩的,陈士林轻轻咳了两声,把门推开,里面立刻散出一股浓烈的山漆气味。走进去,果然看见迎面的墙沿下放着一口锃亮的棺材!陈士林用手将棺材抚了抚,又勾起食指敲击了两下,然后说:"真地道!"就吩咐他人将绳索备好,抬走。

陈士林是最后一个离开那间小屋的。我在外面等他。大约一袋烟的工夫,他出来了,认真地将房门扣好。他的眼睛已有了些湿润,但是没有说什么。我们在废墟上停了一会儿,彼此点上烟。我把自己对这件事的看法同他说了。他的眼光放得很虚很远,似乎并不往心里去,依旧沉默着。也许他对发生的一切都非常清楚吧,我想。

枪声给那个久久不愿离去的黄昏画上了句号。在枪响的瞬间,河边的莲子突然感到天地间失去了界限。暮色包孕了一切。在几十年后的一个细雨蒙蒙的傍晚,莲子把那个黄昏之后的情景描绘成"一切都长了毛"。那时候莲子正转身往村里走,在见到一伙荷枪实弹的士兵后,莲子找出了一个熟悉的身影,他刚刚自村口的枣树后面闪出——这是六指!

但是六指后来始终没有出现在叶家大院里。莲子知道这班带枪的家伙是冲着谁来的,心下却很坦然。于是莲子尾随那伙人而去,在她接近大门时,听见了二少爷冷漠的声音:

怎么连门也不敲就进来了?

说着就一步一步走下楼来,左手持着象牙烟嘴。二少爷走近一个挂盒子炮的矮子:你们想干什么?

我们是奉命前来捉拿凶犯的!

谁是凶犯?

叶千帆。

证据呢?再说,你们来迟了一步。少校走了,游山玩水去了。

叶之秋优雅地吸着烟,坐到石凳上,接着说:这是本家的私事,就不劳驾各位弟兄了。请转告你们县太爷,敝人改天登门拜谢!莲子,送客——

莲子就重重地把大门打开了。等那班人刚离开,叶之秋咬牙切齿地吐出两个字:

废物!

也许这时候叶之秋才陡然意识到,怀里的那把漂亮的勃朗宁已经不在了。但他并没有因此而恼怒。他想事到如今或许用不着这玩意儿了。不过,那实在是一把好枪。在每天的晚上,他都要用绸布将它擦拭一遍。他喜欢摸它冰凉的表面,喜欢在黄昏之际从窗口向远处的目标瞄准。现在倒轻松了……

第二天,叶之秋一早便起床了,像他一个多月前回来那样装束着,来到莲子门口。他知道莲子一宿没睡,而他也不过是打了个盹。莲子打开门便很有些意外:

二少爷，你这是……

我该走了。

那，那什么时候再回来？

不回来了。这是叶家全部的钥匙……

二少爷……

莲子，我唯一拜托的，是想你带好这两个孩子。

这你放心，二少爷。

我对不住你，莲子。我对不住很多人……

二少爷……

莲子，你不能叫我一声之秋吗？算了，不难为你了……

  莲子记得那是个烟雨蒙蒙的早晨，叶之秋提着皮箱打着雨伞走上了通往小码头的路。他没有回头，只是在半路上将雨伞收拢，让毛毛细雨落到脸上。在以后的几天里，莲子始终与两个孩子相伴。有一天傍晚，门口来了个陌生人。那人自称是外江的船夫，是六指江湖上的朋友。莲子忙问六指呢？那人说六指在外面躲风，怕卷进家中这场命案，因为唐月霜出事那天，边上就只有六指，而且那马一直是他喂养的。莲子说现在风头过去了，县里只盯着叶千帆，让六指回来。陌生人说这只是假相。接着陌生人用脚在潮湿的地上写了个"牛"字，压低嗓门说：晚上到这地方来。然后那人压低斗笠走了。莲子目送那人好长一截子，心里打起了小鼓。那人拐弯时遇到一阵由巷口蹿出的风，不禁身体斜了斜，衣摆随即撩开，露出了别在后腰上的驳壳枪。这个冰凉的东西使莲子在黑暗降临时分不寒而栗。

  但莲子还是闭门外出了。她叮嘱两个孩子不要点灯不要说话谁叩门也别开。然后她进了厨房找出大菜刀，藏到篮子底下。莲子是自那扇暗门出来的。其时外面的雨细了，风却比天黑前更大。莲子急急地走过一段泥泞的小路，听见了长水的响声。叶家的船依旧泊在那里，油纸灯笼里还剩有半截蜡烛。莲子没有点亮它，而是将这蜡烛取下塞到怀里。接着她升帆起锚，于是船便借着这灵性的风悠悠向对岸驶去。莲子用舵把支撑着身体，她累了。直到船抵到沙滩上，莲子才松了松腰。这时候她突然想：我这是来找谁的？那个陌生人并没有明确指出这一点。而那个"牛"又可能是两个地方:牛王庙和牛头岭。莲子一时心绪乱了,她望望对岸的灯火,心想要折回去是不可能的了,逆着风,她一个妇道人家是无论如何也摆弄不了这条船的。然而再往前走便是乱葬岗了,那可是个鬼魂出没野狼穿梭的地方!莲子越想越感到恐惧,一股凉气爬上了背脊。她握住了那把大菜刀。

这时候她听见一个低沉的声音:我在这儿。接着一个挺拔的身影慢慢竖起,莲子鼻子一酸,手里的篮子和菜刀全落到地上。那人两步迈到莲子面前,把女人软软下坠的身体一把揽在怀里……

陈士林回忆说,二少爷叶之秋离家后的有一天晚上,他娘的确不在房里。他说他当时又被那个巨大的乳房"压醒了"——这不知是第几次了,他总摆不脱这个梦魇。至于娘去哪里,做什么他无从知晓,但他认为"娘一定是去办一件急事"。

陈士林还清楚地记得,关于大少爷叶千帆随蒋军撤向台湾的消息是在这之后传到罐子窑的。当时人们普遍认为,叶千帆重返军旅这一着走对了。因为这样不仅可以摆脱地方上对他的追捕,同时也含有戴罪立功的意思。何况那时战局已发生了根本性变化,国防部无暇顾及一名校官涉嫌的命案。

我的意思是,叶千帆不能就这么一走了之。他至少要和莲子见上一面,交代一下。这便是那一夜莲子出门的内容。陈士林说他没有见到什么陌生人,倒见到门口的地上有一个脚画的"牛"字。"我还在上面撒了泡尿,"他说,"把'牛'变成了'干'。"

你为什么偏要认为娘是去同大少爷约会呢?陈士林问。她难道不可以去见别人吗?比如说郑海。

我说当然可以。我申明,这样安排绝没有别的意思,完全是小说自身的需要。

小说的逻辑对常人来说往往是站不住脚的,但又往往具有征服力。

我指的当然不是所有的小说。绝不。

——作家手记

第二十四章

　　糙坯子的葬礼如期举行了。县、区、乡三级都献了花圈。民政部门同意把陈士旺的以身殉职作为烈士考虑，要乡里抓紧报材料。在下葬的当天，行署副专员林重远拍来了唁电，措辞却不是例行公事的，而是很朴素的一句话：士旺逝世，我很悲痛。这份唁电给我以亲切感，甚至一定程度上调整了我对林专员的看法。这天晚上，秦贞安排在叶家大院放电影，因为是香港的功夫片，所以吸引了不少人。陈士林热情招待了大家，端茶散烟还炒了许多瓜子。这个男人现在突然变了，脸上阴沉的颜色似乎给水洗去了。对他这种达观我是又惊讶又钦佩，陈士林不愧为一条汉子，拿得起也放得下。

　　陈士林是敏锐的。他显然已经看出了我的心事，担心我对他的误解。于是料理好这一切，他便走近我说：出去转转吧。

　　我们就出门了。这时候月亮刚刚起山，村子已安静下来。我们脚下的这条路，便是几天前糙坯子走过的那小径。从这个角度看去，那棵枣树和平时的样子不同。像一只干瘦的胳膊却伸张着粗肿的五指。我告诉陈士林，那夜田藕就是在这里见到一团火的。陈士林"哦"了一声，并不歇脚。这条路的末端是个下坡，再往下，是一片杂草丛生的沼泽地。陈士林说这边上有一个泉眼，水自地下渗出，终年不断。我们借着月光从较干的土面踩过去，往西北角一拐，就豁然见到一面土壁。在土壁的顶部即是龙窑之首。这天窑熄火了，几缕很浅淡的烟随风飘过。陈士林停下来，指着暗处的一堆乱土说：糙坯子就在此出事的。

　　这实际是一块普通的土呀！

　　"我想他当时是没命地往里掏……越掏越深，结果，塌了。"陈士林蹲下来说，"我只来迟一步。我想他一定听见了我的话。我喊了他。"

　　"你是说你追来时他还活着？"

　　"活着的。我在坡上喊，叫他住手，叫他从眼里出来。他没回话。几秒钟后，听见一声大响，土崩了……"

　　"可是你……"

　　"我什么？"陈士林霍地站起来，"我连忙冲过去，可是我陷进了那块沼泽地！我难道会见死不救吗？"

"不，老陈，我不是这个意思。我是说……这些事全搅到一起了，太偶然了，像是在劫难逃。"我递给他香烟。

陈士林看看月亮，表情又有些沉重。过了片刻，他说：

"这块土是动不得的，是龙脉。我以前并不信这个……可是我很不懂，糙坯子干吗偏要动这块土呢？这不是找死吗？"

我心里一动，很想把秦贞那番话说了。但是不等我拿定主意，陈士林又接着说：

"也许是他实在没有退路了。你还记得那回林重远来吧？他中暑了，给抬下了窑。其实他并没有中暑。他没法向林重远交代，所以只好装病。我不是栽他。我去屋里看他，拭他的额头，全是汗。哪有这样中暑的呢？我又切他的脉，但他把膀子绷得紧紧的，就是不把手伸出来。他知道我识破了，所以恨我。他几乎恨了我一辈子……现在他给逼得没有一点余地了，罐子窑人都盯着他，秦贞也盯着他，那个林老头子照样盯着他！你说，他怎么办？我心酸的就是这个！"

我无言以对。而且我被陈士林这种斩钉截铁般的分析弄得不知所措。我想起培根关于死亡的一种解释：一个人虽然既不勇敢，也不困穷，然而为了倦于屡次做同一的事，也会寻死的。培根又说：死可以打开名誉之门，熄灭妒忌之心。生时受人妒羡的人死后将受人爱。总之，死可以了结一切。在这个月色惨淡的夜晚，面对这堆沾血的乱土，我要做的不过是把这支香烟吸完。不说了。无话可说。但是陈士林却没有回去的意思。于是我们又折过去，再岔到长水的故道。这时他突然问我：糙坯子临死前同你说过什么吗？他的口气很随便，但在我看来，他是考虑再三才这么说的。他陈士林或许就是为了这个才约我出来的。

"你关心这个？"我反问道。

"我不过随便问问。"他浅笑了一下接着说："其实对你说什么，我大概也晓得的。"

我也浅笑着。这狗日的！

陈士林续上一支烟，说："他是想认亲爹吧？"

"何以见得呢？"

"这也不怪，"陈士林说，"既然我有这念头，他也该有的。但我们不一样。"

"怎么个不一样？"

现在陈士林沉默了。他似乎是想把头绪理清楚一些，同时寻找最准确的表达。我们在一块断裂的青石上坐下来。陈士林侧过脸来问我：你听见什么声音了吗？我说没有。

"可我听见了，"陈士林说，"是这条河流动的声音。"

陈士林说虽然这条河业已不存在了，但它却没有被消灭。也许现在还有些人，从这些泥沙里翻出的卵石上去想象这河，然而再过几年、几十年。它什么都看不见了。到那时候，还是有人记住它的，记住历史上曾有过这么一条河……"人心中的东西是抹不掉的。"陈士林这样说，"它不需要得到证实。也无法证实。"

我自然是受到了这情绪的感染。他的意思我明白。但是我认为完全反过来，认为那些可以证实的事都值得怀疑，我也不能够接受。我想糙坯子或许掌握了什么凭据，才作出这个结论的。可是，不幸的糙坯子如今业已作古了，对于我这无疑是个很大的遗憾。我甚至怀疑，陈士林也知道这些，但他把它们掩盖起来了。我回想起这漫长的一年里同陈士林的接触，每次交谈他都闪烁其词。这一切究竟是事情本来的面目还是人为混淆的结果？

"我想糙坯子不至于胡诌吧，"我说，"这似乎没什么必要。"

陈士林没有回答，吸着烟。过了一会儿，他拉着我站起来，说："你这样写小说一定很累。"

"有时也很轻松。"我说。

那人后来几乎是把莲子横抱到庙后的小屋子里。他把她放倒在地铺上，自己也跌坐下来。黑暗中莲子认真地听着男人有力的喘息声，摸索着拿过他的大手，按到心口上。男人为女人均匀的心跳感到吃惊，他想这女人真是好胆量。男人又想，女人的眼力都是那么好，什么事都瞒她们不过。她们有鹰一般的眼和狗一般的鼻子。男人想着就笑了。就觉得好轻松，连日的疲惫不觉抖去了。这时他听见女人说：

点灯好吗？我怕黑。

男人说没有灯。

于是女人就像攀附藤萝似的抓住男人的胳膊欠起身，说：我带着蜡烛。

女人把火柴塞给男人，自己持着那半截蜡烛。女人想这蜡烛真好，她只需要亮一会子，看看这个男人的脸也让男人看看自己的脸。够了，就亮一会子。以后她需要的是无边的黑暗，像坠落到一只深井里，与世隔绝。好像这天地间只剩下最后一对人。

男人过了好长一会儿才划着火柴。蜡烛于嗞嗞声响中渐渐明起来，女人却吃了一惊：

大少爷……你瘦脱形了！

大少爷就把蜡烛放到一只破罐子里，微弱的光亮使这间不大的屋子更显得狭窄与幽深。那扇窗户完全被蓑衣蒙住了，墙角的蜘蛛网又和斗笠差不多。莲子木木地看着大少爷，不禁泪珠滚动。

他们来捉过你。

我知道。

你不能老藏在这儿。你躲远点。

可我不能不见到你。

你要命还是要我？

都要……

男人这时转过身去，把女人紧紧搂到怀里，同时用手背将女人脸颊上的泪痕抹去。女人感到乳房开始酸胀，希望男人用厚实的胸脯挤压它们。可是男人没有这么做，反而又把手松开了，平静地躺到草上，轻叹了口气。

你是不是想她了？莲子轻轻说了句。然后温柔地睡到大少爷边上。

他看了看她，想说什么又没说。接着他将身体侧了侧，斜压着她。他想这女人真是个精灵。死去的那一个也是。女人都是精灵。想到这里他突然起了警觉，问：

你是怎么知道我在这一带的？

不是你叫人……

那人什么长相？

细高个,脸很窄……你没叫人捎信?

两人松开,同时坐起来。叶千帆意识到这件事的危险所在,但无法判断危险来自何处。也许在这个时候,他那一贯的自信心才开始真的崩溃。在听过莲子紧张的叙述之后,他陷入了沉思。他对那个于暮色细雨中匆匆而过的长脸人毫无印象。他想那人真是神机妙算,轻轻一点拨,竟使一切围绕他转起来。那人一定把叶家盯了很久……他拿出了那把左轮手枪。

二少爷走了?叶千帆问道。可是他又后悔这么问。他觉得自己显然犯了一个严重的错误,只要遇上麻烦,他首先会想到老二。或许老二长期以来也是这么想的。这就更糟了!

走几天了。他说他可能不会回来了……

叶千帆从莲子躲闪的眼神里看出了一丝思念之情。这给他对老二的理解提供了佐证。女人的心是一面镜子,是专门反映男人的。

你们都难为了对方。莲子说,你们是同胞兄弟可你们怎么就处不到一块?你们应该多想想老爷,想想他临死前的两根指头——那是要你们在一起好好过,不要分离!

莲子说着就哭泣起来。叶千帆很吃惊这女人的悟性,在昏暗的烛光里,他浑浊的目光又一次像油一样从莲子身上缓缓流过,然后他把枪放到靠墙的一排土砖垛上,冲动地搂住女人,把她压在身体之下。

这儿不能多待了。女人说。但她的话已经被男人坚硬的嘴唇堵住。重新激起的欲望之火使男人和女人暂时忘记了处境的凶险,却使欲望更加强烈。他们在草铺上迅猛地耗尽了一切精力。等他们像从沼泽地中挣扎出来之后,罐子里的蜡烛已经燃到了根部,烛光开始颤抖,男人和女人松软地偎在一起,似乎在等待最后光亮的消灭,让黑夜把他们卷入温柔之乡。也就在这时,蒙窗的蓑衣被突然从外面顶开,紧接着一个蒙面人破窗而入。那人第一个动作是拿过置于土砖垛上的左轮手枪,在他的另一只手里,稳稳地握着一把勃朗宁。那人把两支枪同时对准面前的两个目标,然后用肩头把蒙面的黑布搓去——是多日不见的六指!这个平常近乎呆滞的男人现在有了惊人的敏捷,铁青的面色上泛出狡黠而淫荡的一笑:

大少爷，你们辛苦了！

六指作为叶家第三位神秘的失踪者——我坚持这么认为，无疑与叶家整个走向衰败是有关的。这个卑微的男子在唐月霜身遭不幸之后再也没有出现。重新活跃的六指是在作家的想象之中。据糙坯子生前回忆，他"父亲"的死讯是"很长时间之后"才传回罐子窑的。"有人在江上看见了他的尸首。"糙坯子这样说。但所谓的尸首还是下落不明。人们对这件事并没有过分地关注，甚至是淡漠的，它顶多只能成为一个教训，告诫后人牢记水火无情。另一个意义，在某些人眼里，这宗意外的命案并非意外，而是一种报应，因为与六指涉嫌唐月霜悲惨的结局相关。

正如布罗代尔所指出的："事件是历史上昙花一现的现象，它们像萤火虫一样逝去，几乎没有闪光就回到了黑暗之中，常常进不了人们的视野。然而，每一事件，无论多么简单，都确有其意义，它照亮了某些黑暗的角落，甚至某些历史背景。"我们今天仍然没有把握去谈论唐月霜的非命之死，是一次意外事故还是一次策划的阴谋。我们更没有理由去怀疑六指是这场阴谋的制造者。我们仅仅只能作出这样的设想：六指的突然失踪并非偶然，他将会使这个故事的轮廓更加复杂，同时又将使故事的本质趋向明朗。这是一种奇怪的逻辑，犹如蛇吞其尾。

——作家手记

几天后，县人民代表大会如期召开了。开幕那天的议程增加了一项：全体起立，为陈士旺烈士默哀一分钟。这次大会的高潮是换届选举，产生新的领导机构。正如会前普遍预料的那样，秦贞当选为副县长。但是据后来与会的代表说，秦贞最后没有随新一届政府班子上主席台就座，她告假了。这个举动给人们的印象是"不好意思"。汉语是一种暧昧的语言，单就这"不好意思"的解释，至少有"腼腆"与"羞愧"两种。而之于秦贞，似乎两种成分都有。

也就在这天的黄昏，衣着整齐的秦贞回到了罐子窑。在经过短暂的迟疑之后，她迈进了叶家大院的门槛。那个时候，田藕正在老槐树下支起火焰焚烧父亲的遗物，浓烈的青烟随风升腾飘荡，使这个黄昏过早地失却了光彩而暮气沉沉。秦贞就倚在门框上看着舞动的火苗，听着不时响起的噼啪声。她的神情恍惚而凄迷。我不知道田藕是有意冷落她还是没有看见，这场面是很让人尴尬的。于是我放下手稿，准备下楼来打破僵局。但又觉得，看来秦贞的不期而至，是瞄着田藕来的。我作为旁观者（或者是窥视者）或许更合适一些。

"田藕，"秦贞这时说，"你忙吧？"

田藕就回过身，倒是出人意料地笑着答道："是秦乡长来了……现在该叫秦县长了吧？"

这意外的热情很让秦贞感激，但又仿佛是如坐针毡的不自在了。天地良心，我听不出田藕的话语里含有一丝的揶揄。我只是觉得，这热情来得太陡，与以前的冷若冰霜反差太大。田藕这小女子也真是个特殊的角儿！我的直觉是，今天这场戏一定非常精彩。我不想惊动她们。

田藕说刚才广播里还播着新一届县政府的事，说秦贞当选是众望所归，说这下你们一家能团圆了，然后关切地问："你可是来辞行的？"

"不，我是来……"秦贞手脚无措地说，"我来看看你。"

"你太客气了。"田藕说，"我现在很好。"

"虽然你父亲不在了，可组织上……"

"我真是很好，县长。"

"你别这么叫，田藕。"

"你本来就是县长了嘛！"

说着田藕就进屋给秦贞沏茶了。那堆火渐渐熄灭了，而余烟更浓、更呛人。田藕把茶送到秦贞手里，然后用一截细竹竿去拨动火堆，让它重新燃起来。

"都烧了？"秦贞喝口茶问。

"烧了，"田藕说，"驱驱霉气。"

"你父亲是个好人……"

"好人不长寿……我爷爷也差不多是这个年纪死的。也不是正寝。"田藕的语气沉重了一些，毕竟她还在戴孝。

"我对不起你父亲，田藕！"秦贞难过地说，"我万万没有想到……"

"这怎能怨你呢县长？天有不测风云，人有旦夕祸福，生死由命，富贵在天。你喝茶,我这就好。晚上在这儿吃饭,陈士林打兔子去了……"田藕一气说了这些。言毕,端起一盆凉水浇到那堆灰烬上,发出嘶嘶的响。火灭了,烟也尽了,院子也似乎静了下来。这时候,太阳只剩下最后的光芒,西天由橘色演变成黛色。

我在楼上踱着步。田藕这番戏剧性的表演,在我看来是很不可思议的。我不知道她这种雅量是从哪儿获得的。她对秦贞一贯有偏见,甚至有敌意,而现在则一反常态地卖起乖来!她的父亲惨死不过半月,她强作欢颜是不难理解的,但现在的她却是由衷的平静与想得开,想得太开。我不能不感到困惑……

秦贞说有件事要同田藕商量。"是这样的,"秦贞说,"县里马上要兴办麻纺厂,集资招工,每人五千元。因为你是烈属,我想是可以照顾的……"

田藕就笑了,说县长的好意她领了,不过她不想进城去当什么工人。"我连大学都不想考还指望什么招工呢?"田藕进一步说:"我说过哪儿也不去的,就守着这个家。"

"你还是好好想想。"

"我早就想过了。"

"这是大事……"

"我想的也是大事,县长。"

接着是田藕开始忙晚饭了,虽然她努力挽留秦贞,但实际上是以这种方式下逐客令。秦贞谢了,表示以后还会来的,就送出了大门。我望着那女人的背影,居然生出了一分怜悯。我想秦贞来并非是要谈帮田藕招工的事,而是另有用意。她似乎是要同田藕谈一笔交易,同时寻求一种心理上的平衡与解脱。

院子里响起了田藕低沉而轻松的歌声。那是一支很老的歌,是描写男欢女爱的。

这天晚上,陈士林没有回来吃饭。也没有住进其他客人,这顿饭就我和田藕在一块吃,气氛倒不冷清。田藕好像显得特别的高兴,居然还陪我喝了两杯酒,其实是我陪她。我不希望田藕是这个样子,她应该像以前那样的清纯,不要轻易丢弃这个年纪最可爱的东西。所以,在饭桌上我很少同她搭话。我想她可能看出了我的反应,因此在饭后送水上楼时，她坐下了。她问秦贞来了你可都看见了？我点点头。她说我今天的态度总算可以吧。我说："你这是故意做出来的。"

她就笑了。她说这你就错了，我不是在出她洋相，我也是真的高兴。

"为她当选副县长？"我试探地问。

"不，她当什么官我不在意。"田藕不屑地说，"我是为我自己。"

我冷静地看着这位不过二十岁的姑娘。她拥有的气质、文化、智慧，都是与这个年龄极不相称的。（很长时间以后，我仍在想这个问题。）她的性格竟如此怪僻，以致我无法去认识她。点上香烟，我问她：

"你真的很快活？"

"难道你看不出来？"她说，"这说明你这人还不了解女人。你说一个女人最大的愿望是什么？是上大学吗？是招工赚大钱吗？不是。女人和男人不一样。女人就是女人。女人要靠着男人活。别看城里的那些女人多么逞能，干这干那，其实都是装的。她们内心只装一个东西：男人。我不是在说醉话。我没醉。这个家现在好了，没人了，太平了……我能不高兴吗？我会有的，有城里女人的一切，有城里女人没有的一切，你说是这样吗？你不懂？亏你还是个作家哩！"

"我想，我现在懂了……"我说。我真是个十足的傻瓜！

突然门开了。陈士林阴沉地站在门口。看来我们的谈话他都知道了。

田藕站起来，问陈士林可吃晚饭了？陈士林没吱声。田藕又问：是去秦贞那儿喝酒了吗？喝分手酒？

陈士林轻声说："你喝醉了，去睡吧。"

田藕说："我没醉……我是高兴……"

陈士林猛一转身，出其不意地打了田藕一巴掌：

"你疯了吗田藕？！"

最初的一刻莲子是恐惧的。她觉得那两个黑洞洞的枪口分别对准了自己的两只眼睛。只要六指的食指一动弹，顷刻间她的脑袋便会粉碎。她怕，她不想就这么轻巧地去见阎王爷。但是叶千帆面对死亡却毫无惧色，他握住了莲子微微战栗的手，盘腿坐立着。

大少爷，还没亲热够？六指说。这个男人脸上浮动着空前的得意。他大概想像猫逮老鼠似的先耍一阵子然后消灭。

莲子意识到刚才的做爱场面一定被六指窥视了。而且她断定六指以前也有过不少类似的经历。现在她明白了。难怪六指从来不向自己打听哪怕是试探性地打听孩子是谁的。也从来不妨碍她与叶家少爷的接近。原来这个卑贱的废物需要这个！需要借别人的男女之欢来使自己快乐。他就是靠这种下作的行为来打发光阴的！莲子想起自己第一次发现这个可怜的东西于半夜月下艰苦手淫，那种像过鸦片瘾一般的丑恶表情使她恨不得一刀捅了他！可她绝没有想到，自己最终会落到这个废物的手里，而这一天已经到了。也许是叶千帆的镇定神色使她增添了勇气，也许是六指一贯的无能让她恢复了胆量，莲子突然哈哈一笑：

你都看见了？你可真有眼福呀！

闭嘴！你这臭婊子！

六指换上一副阴险的面孔，同时把枪端平。

沉默着的叶千帆这时昂了昂头：

你就是冲这个来的？既然如此，何不早些下手呢？

六指略为怔了怔，然后把一条腿架到土砖垛上，冷冷一笑：

大少爷，你是个明白人。我陈宗淼虽说不是江湖上的正角，却也见识过一些世面。老子不会那般小肚鸡肠，为一个臭娘们儿来与你拼命的！

那你为何要对我下手？

怎么，怕死了？想活倒也不难，不过有一个条件。

你说吧。

只要你把那个郑海交出来，我可以让你带着这婊子远走高飞。

我根本就不知道什么郑海？

姓叶的，你少跟老子磨牙！我他娘的在叶家忍气吞声，就为了这个。

我说了，我不认识郑海。

那你就是郑海！

我？你看我像吗？你应该去问问叶之秋，他这次回来也是为了那个郑海……

不，他也是郑海。

这不奇怪了吗？我们兄弟都成了郑海……我看你是弄错了。

错了？我也许错了，可是老爷能错吗？

你说什么？你说清楚！

叶千帆不禁浑身一怔。摇曳的烛光里浮现出父亲那张恩威相融的脸孔。这形象时而清晰时而模糊，最后像一团迷雾似的漫开。六指冷蔑而阴险的目光全部集中到他身上，他仿佛被这目光击倒了，感到一股寒气直往心口钻，莲子扶住他。莲子说六指你这狗娘养的！叶千帆竭力使自己平静下来，他制止了发怒的莲子，然后对六指说：

是的，我就是郑海……郑海是我，不是叶之秋。你不必去找他了。

六指扬扬手中的勃朗宁说：

大少爷，你这句话说晚了。

怎么，你已经……

我也是身不由己呀！

你这浑蛋！莲子骂道，你这没良心的畜生，叶家对你的恩情还少吗？

不错，说的是。六指说，我就是要报这个恩……好了，老子没工夫了！

等等！叶千帆叫道，你把话说完……

六指犹豫了一下，而后又冷笑道：

你想死个明白？好，老子依你。最后依你一次。叶千帆，你总不会忘记老爷升天前的那两根手指头吧？那是说……

砰——

一声枪响。

倒下的是六指。

烛光随之而灭……

尼采说："一种作者是将所有灯火（从一个点灯的经验他便能很快地将之偷取回家）的光线都收集在他的书本里；另一种则只给予人们影子和灰黑色的复制品——原作在这之前便早已矗立在他的心灵中。"

关于这部叫做《风》的小说，至此大概可以粗略地画上一个句号。我的意思是说，小说的结局已基本呈现，但还不是真正的结局。这也许是一部永无结局的书。至于另一种字体排出的结局当然同它的整个文本一样，都是作家的虚构，读者不必认真。我相信读者会设计出很多更漂亮的结局来。

我这个结局，在写就的当晚，曾请陈士林看过。他并不很感兴趣，但表示"不妨先这么写着"。陈士林说过去的那些事，他都觉得其中存在着一个巨大的误会，然而又无法解释清楚。"比如说我吧，"他叹道，"究竟是谁弄出来，仍然是个问号。"说这番话时他显得有些悲伤。对此我完全理解。就眼下而言，他与田藕的忘年之恋——姑且这么说吧，也是不可能有所进展的。在那个淡抹着伤感色彩的秋夜，我们最后都以沉默的方式越过了零点。而那时候，田藕正搂着她的黑儿在庭院的老槐树下轻唱着同样古老的歌谣……

然而我的结局又似乎变得可信了。第二天，我离开罐子窑是与进城买布的王裁缝结伴。在临近城关的桥边，裁缝用胆怯的口吻向我吐露了一件要闻：郑海的棺材里其实装着六指。"重新开棺时我在边上。"裁缝说，"我一眼就看见左手指骨有六根！"我大为震惊，可不久又把它淡忘了。对这个细节的重新关注是在一年以后，它使我相信我所安排的结局至少还有几分道理。

这年的冬天，我在列车软卧车厢邂逅了一位现已退役的将军。很巧，他曾参加过渡江战役，任团参谋长。而且他的部队所要攻占的，正是高村至马家圩一带的防地。于是我提到了郑海送江防部署图一事。将军对此还有记忆，他说情报的确是一个叫郑海的人获取的，但直接送来的却是一个姑娘。将军说这份情报太重要太及时了。他们过江后，曾多方打听过那个郑海，然而一无所获。将军最后说，据他判断，这个郑海可能是个化名，可"郑海"在这一带又名声挺大。

"也许这是个永久的谜，谜底只能在各人的心中。"

——作家手记

第二十五章 （尾声）

　　著名的叶家大院于一个隆冬的深夜化为灰烬已是多年前的故事。实际上在作家的记忆里不过是一片风景。谁也无法知道那场无端的大火是怎么引起的。人们只记得，在那个充满欲望的夜晚，不期而至的大风凛冽地从这片土地刮过，使人们普遍放弃了操演性爱的念头，而一味沉醉于温柔之乡。那是个多梦的时节。当黎明降临之际，人们才恍然大悟，然而已无法改变叶家彻底毁灭的事实。于是这个凄楚的故事却以优雅的方式在历史的侧面开始了安静地流传。

　　那也许是一场天火，该烧的全都烧了。当作家后来伫立在那片废墟上，他从这个景象联想到亨利·摩尔的著名作品《拱门》。作家再也没有见到陈士林和田藕。显然他们没有成为火中的凤凰。作为叶家大院最后的幸存者和最后的失踪者，他们自然会使这个具有古典悲剧情调的故事涂上一笔新的颜色。同时出现在废墟面前的还有副县长秦贞。她似乎是以哀悼者的身份前来的，然而这个能说会道的女人现在已无话可说。在我们离去之时，阔别已久的黑儿突然由废墟里蹿出，仰天高吠。它业已成为一条野狗，可怜的小东西……

　　第二年清明的前一日，我被当地行署邀请上了青云山，前来出席重修郑海墓的揭碑仪式。实际上这已是个空墓，知情人眼中它与高大厚重的汉白玉墓碑显得很不谐调。碑暂时由红绸面蒙着，期待行将下台的副专员林重远来揭。青山依旧，白云依旧，人面却是一日不见如隔三秋了。我第一眼看到林重远不觉吃了一惊，迟到的暮色使他的仪态格外像个老人。但他的精神还是很不错。我们像老朋友一样不拘形式地交谈。看来他的兴趣已经转移了，很不愿意涉及官场的人事纷争，而是纵横于琴棋书画之中。林重远算得上见多识广之士，言谈中颇有曾经沧海难为水的气韵。自然，他关心《风》的进程。我说这部书大致写完了。他对这种回答并不满意，说什么叫"大致完了"呢？他明白我的表述并非意味着对书稿的润色修改。我于是作出这样的解释：就像大火使叶家大院成为一堆废墟，但关于叶家的故事却没有完结一样，《风》大概永远只是一部暂时休止的书稿，它将在读者心中以多种方式得到延伸。

林重远把身体往后靠了靠,又扶了扶他那副精致的变色眼镜,沉默了。他似乎在思考着什么,又似乎对所考虑的东西显得没有信心。当他正准备讲话时,那位曾经做过我的向导的年轻道士推门进来,对林重远说:外面有人找您。

林重远连简单的询问也省去了,就随来人走出房门。在门口,他一边整理衣服一边对我说:"过去的一切都会成为美好的怀念。我欣赏普希金的这句诗。"然而他这一去就是半天,直到黄昏也没有回宿舍。我突然产生了一种不祥的预感,很替这位专员担心。我于是找到年轻的道士,他正在给菜地施肥。他说林重远和一个老人到"铁顶"下棋去了。而那个老人就是一樵。我的脑子不禁嗡了一下,便邀道士一同向"铁顶"走去。这时外面已拥来暮色,山腰的流云也转为暗淡。

年轻的道士问我是不是还在调查叶家的事?我点点头。他就说他想起了一件事,也是他爷爷告诉他的。他说叶家二少爷其实并没有死,有人想要他的命,可结果只使他身上失去了一件东西。道士说他就想起了这个,或许对我有点用处。我说这是个非常重要的细节,然而此刻我的心绪却不允许我关注它。说着我们已到了那个铁亭子面前,但是并没看见一樵和林重远。在亭内的石桌上的确置着一盘棋,那是个残局,是个我所熟悉的残局——和几年前在叶家大院里林重远与陈士林对弈的结局完全一样!

这天晚上我通宵未眠。我的思绪纷乱无比,那个残局在折磨着我。临近黎明之际,我才有了一点困意,便合衣而卧。可是刚刚躺下,一阵急切的敲门声就将我惊醒了。我似乎已经感觉到一桩可怕的事终于发生了,某种意念操纵了一切,别无选择。我忙乱地打开房门,那个年轻的道士便跌撞了进来,然后结结巴巴地说——

林……死了!半夜里……一条蛇……钻进了他的夜壶……
……

我独自去了阴阳界。那片茶园依然是苍翠欲滴,它让我想起一双女人的手。在重修的郑海墓上立着两只黑色的小鸟,像是凝固了一般。当我接近时,它们便扑地向远方飞去,渐渐融入了天空,成为这个朦胧背景的一笔颜色。那块厚重的汉白玉石碑还由红绸面蒙得严严实实,现在该谁来揭去呢?

我徘徊着……

蓦然一阵清风,仿佛自九霄而落,优雅地将那红的绸面从容撩开,而后吹进了幽谷,墓碑便赫然呈现了——

这已是块无字之碑。

1991年春末至秋初

于合肥寓所西窗之下

(连载自《钟山》1992年第3—6期)

附　录：

想象与形式
——关于《风》的一些话

现在看来，当初关于《风》的种种安排是毫无必要的。这部小说所暗示的一切差不多都是"闪烁其词"。这似乎是历史的形态，然而也是小说的形态。这形态正对我的胃口。

《风》缘起于我的一部不曾出世的中篇小说《罐子窑》。罐子窑是确有的，是我母亲的故乡。早在1986年我就写出了这篇东西，有六万字，可是我不感到满意，就一直压着。在平静的时代却时常想起它。

1990年夏，我在歇笔一年后开始写作中篇小说《蓝堡》、《流动的沙滩》和《爱情岛》。这几篇东西可能代表着我对当代小说尤其是所谓"新潮小说"的所作所为。我甚至觉得，作为小说家，我最好的中篇也不过如此了，于是兴趣转移到了长篇。我写过一部长篇，就是《日晕》，由海峡两岸颇有声望的出版社分别出版了，也引起了一些关注。但是我的一位朋友曾经说过类似这样的话：《日晕》写得很潇洒，但是它有一种"习作感"。这是非常准确的批评。显然，我希望新的一部长篇会改变这一点。很长一个时期以来，我一直对当代长篇小说的创作持悲观态度。我的悲观也许仅限于形式，或者说营造方式。无论是朋友的还是我的，大都让我悲凉地感到"气数已尽"。青年小说家一旦迈上长篇的台阶，似乎脚就很难提得起来了——我是在"革命"的意义上强调这种忧虑的。

这便是我在写《风》之前的心态。

我越来越切实地感觉到，作小说有一个叙事意识问题。短篇有短篇意识，长篇有长篇意识。《大淖记事》的字数不比《阿Q正传》少，但前者还是短篇，后者无疑是典型的中篇构架。作为长篇应该有怎样一种意识？我说不清楚。我只是隐约感到可以这样或不可以这样。之所以把六年前的《罐子窑》扣下来，可能就是一种直觉判断：它好像是部长篇才对。

写作是一次精神漫游。我写东西，无论长短，大都省略了所谓的"构思阶段"。小说赖以生存的基本条件是小说家的想象，这想象又时常是即兴发挥而出，从第一个句子开始。小说家是在营造一个想象的世界或想象的现实，就像《去年在马里昂巴德》中的那个男人所叙述的那个想象的约会一样，一步一步地，让女人适应了并最终相信，与其私奔。想象是需要情绪的，因此我很看重那么一种状态，"写作中"的状态，就像根据心绪的好坏去喝酒一样。应该说，在写《风》的日子里，我的状态调整得还不错，因此会比较轻松地把它写完并且有兴趣看了一遍。

现代小说的创作从某种意义上而言是形式的发现与确定。可以肯定地说，我是先找到了属于《风》的形式然后再去写《风》的。三种字体的安排并非故弄玄虚，是需要。《风》是"历史回忆"＋"作家想象"＋"作家手记"，三者合成。回忆是断简残编，想象是主观缝缀，手记是弦外之音。正是这种形式在诱惑着我，让我冲动，欲罢不能。鲁枢元兄在读完《风》之后把这种形式理解成三种颜色，非常令我佩服。这无疑是一次发现。我们在交谈中涉及一个有趣的话题：小说的可看性。不是可读性。即小说家在创作中对将要出现的图景的可看程度。我说我差不多是一目了然，连人物身上的一粒纽扣我都能看见。那时我要做的其实只是把看见的东西记下来而已。不同的是，我只能逐渐看到而不是一开始就纵览全局。这种感受在写《风》的过程中贯穿始终。

我已经说过，《罐子窑》是《风》的缘起。其实《罐子窑》在后来的《风》中已完全消解甚至渺无踪迹。《风》所叙述的是一个虚无缥缈的故事，是一个极端浪漫的传说。《风》似乎是说了些什么，又仿佛什么也没说，它以暗示的方式最终给人们留下的只是印象和疑云，随风飘逝……但是《风》所确定的形式以及"写作中"倾注的那份情感，至今让我怦然心动。

对《风》，我是尽了心力的。

1993年12月31日　海口